Werner Jentsch

Der Seelsorger

Beraten — Bezeugen — Befreien

Grundzüge biblischer Seelsorge

BRENDOW VERLAG

CIP-Kurztitelaufnahme der Deutschen Bibliothek
Jentsch, Werner:
Der Seelsorger : Beraten — Bezeugen — Befreien ;
Grundzüge bibl. Seelsorge / Werner Jentsch. —
3. Aufl. — Moers : Brendow, 1984.
   (Edition C : C ; 74 : Paperback)
   ISBN 3-87067-180-7
NE: Edition C / C

ISBN 3 87067 180 7
Edition C — Paperback Nr. C 74
3. Auflage 1984
© 1982 Copyright by Brendow-Verlag, D-4130 Moers 1
Titelgestaltung: Gerd Pels
Printed in Germany
Brendow-Druck

Inhalt

ZWEITER TEIL:

8

Vorwort

Seelsorge ohne Seelsorger, — das führt zum Leerlauf. Da läuft bald überhaupt nichts mehr. Erst ist noch Betrieb mit viel ,,Beratung''; man hat ja einen Trimm-dich-Pfad. Aber es fehlt das geistliche Ziel. Niemand will Verantwortung für einen Nächsten übernehmen. Das endet bei dem Gegenteil von dem, was der Apostel sagt: ,,Ich laufe aber so, nicht als aufs Ungewisse'' (1. Kor. 9, 26). Hier droht eine Seelsorge ,,ins Blaue hinein''.

Seelsorger ohne Seelsorge, — das macht unglaubwürdig. Wie leicht wird da einer zum bloßen Funktionär: ein Techniker der Mitmenschlichkeit mit religiösem Vorzeichen! Noch schlimmer, wenn einer meint, so etwas wie Seelsorge an Seelsorgern nicht nötig zu haben. Früher nannte man den Typus des selbstgerechten Christen einen ,,Pharisäer''. Die Ratsuchenden merken das bald, wenn ein Seelsorger ,,anderen predigt und selbst verwerflich wird'' (1. Kor. 9, 27).

Im Horizont dieser beiden Möglichkeiten der Seelsorge ist das Folgende geschrieben worden. Es möchte Gefahren aufzeigen und sie überwinden helfen. Das Buch beruht auf einer jahrzehntelangen praktischen Erfahrung in der Seelsorge und mit Seelsorgern. Der Verfasser hat sich zudem immer wieder mit den theologischen und humanwissenschaftlichen Grundsatzfragen beschäftigt, insbesondere in den Bereichen der Jugend- und Briefseelsorge. Er hat im Laufe seines Lebens manches aus den Anregungen anderer und auch aus eigenen Fehlern gelernt. Nun möchte er etwas von dem Gelernten und Durchdachten, aus dem Erfahrenen und Ausprobierten weitergeben. Das Buch richtet sich nicht nur an Pfarrer und Prediger, sondern auch an kirchliche Mitarbeiter und Evangelisten, Jugendleiter und Berater, Mitarbeiter der Diakonie, kurz an alle Christen, die als Amtsträger oder ,,Laien'', als Männer oder Frauen ein Stück Seelsorge üben. Vielleicht haben auch Psychotherapeuten und Sozialarbeiter etwas davon für ihren Dienst am Menschen.

Wer ein Leben lang in der Seelsorge tätig war, weiß, daß die *Person* des Seelsorgers eine Schlüsselstellung einnimmt. Das ist wie in der Predigt. Auch da gibt es das Problem ,,Prediger und Predigt'', dem der Autor ebenfalls eine besondere Studie gewidmet hat. Im Grunde genommen geht es in der vorliegenden Arbeit um das analoge Problem ,,Seelsorger und Seelsorge''. Merkwürdigerweise ist dieses Thema bisher mehr oder weniger nur als ein Kapitel oder Seitenthema behandelt worden. Auch die sogenannten „Pastoraltheologien" berühren es gewöhnlich nur im Rahmen einer breit angelegten theologischen Lehre vom „Amt" oder im Kontext mit soziologischen bzw. psychologischen Fragestellungen.

Unser Buch kann natürlich eine größere Monographie (die sich übrigens lohnen würde) nicht ersetzen, es will vielmehr schlicht eine theologische Denkhilfe und eine praktische Handreichung für das Selbstverständnis des Seelsorgers geben. Wenn darüber hinaus noch einiges für den Gesamtbereich der Seelsorge abfallen sollte, dann wäre das nur erfreulich. In erster Linie aber konzentrieren wir uns auf den Seelsorger als solchen. Wer zu den „Betroffenen" gehört, weiß um die neuralgischen Punkte seines Dienstes. Hier ein Stück Starthilfe und Nothilfe zu vermitteln, ist der stille Wunsch, der hinter dem Ganzen steht.

Was den *Titel* angeht, so will der Haupttitel *„Der Seelsorger"* zeigen, daß dieses Seelsorgebuch personorientiert ist. Wenn man so will, könnte man sagen: hier wird der Gesichtspunkt einer personalen Seelsorge vertreten. Damit soll nicht „alles", was zum Thema „Seelsorge" gehört, auf eine Formel zusammengepreßt werden. Die Seelsorge ist größer als der Seelsorger. Aber ein wichtiges Moment in der Seelsorge heute ist die Person des Seelsorgers sicher! Gewiß geht es uns um den einzelnen Seelsorger, wie auch der einzelne Ratsuchende im Mittelpunkt unserer Betrachtungen steht. Aber das soll nun nicht heißen, daß uns der soziale Kontext und der kirchliche Horizont gleichgültig wären. Nach dem einzelnen fragen heißt in einer Seelsorge unter dem Evangelium nie, dem Individualismus Weihrauch streuen. Vielmehr bleiben hier der einzelne *in* der Gesellschaft und der Seelsorger *in* der Gemeinde im Blick.

Die erste Zeile des Untertitels signalisiert die drei Haupttätigkeiten, die vom modernen Seelsorger erwartet werden: *Beraten — Bezeugen — Befreien*. Diese drei Verben ziehen sich durch alle Kapitel hindurch. Der Seelsorger als Berater soll sachlich mit dem Ratsuchenden umgehen und sich zurücknehmen können, d. h. möglichst objektiv sein. Der Seelsorger als Zeuge soll sich selbst einbringen, d. h. persönlich engagiert sein. Der Seelsorger als Befreier soll etwas bewirken und verändern, d. h. zur Emanzipation des Ratsuchenden helfen. Immer wieder versuchen wir so fair wie möglich zu fragen, was an diesen Anliegen dem Auftrag einer christlichen Seelsorge entspricht und wovon wir dankbar lernen können. Auf der anderen Seite bemüht sich die theologische Interpretation der drei Schlüsselbegriffe um klare Sachkritik vom Evangelium her. Wir scheuen uns dabei nicht vor unbequemen und weniger populären Gegenfragen: Macht die Beratung mit Gott und der Dimension des Glaubens Ernst, oder hält sie die Fragen immer nur ins Offene? Geht es dem Seelsorger noch um ein Zeugnis von Jesus dem Gekreuzigten und Auferstandenen, oder ist er nur an dem aufrichtigen Einsatz seiner selbst interessiert? Zielt die Seelsorge wirklich auf die im Evangelium begründete ,,Freiheit eines Christenmenschen'' oder folgt sie — wenn auch in bester Absicht — bloß dem emanzipatorischen Trend unserer Zeit? Natürlich stellen wir solche Fragen nicht aus Lust an der Polemik, sondern im Interesse der Sache. Wir möchten mit unseren Überlegungen gleichsam ,,am Ball bleiben''. Nur in diesem Sinne werden die leitbildartigen Vorstellungen, die die Gesellschaft vom Seelsorger hat, auf den Seelsorgeauftrag des Evangeliums bezogen und umgekehrt. Damit hoffen wir deutlicher zu erkennen, welche Aufgaben dem Seelsorger heute wirklich gestellt sind.

Die zweite Zeile des Untertitels *,,Grundzüge biblischer Seelsorge''* möchte zusammenfassend die Eigenart des Buches beschreiben. Es geht nicht von einer vorgefaßten und gesetzlichen Meinung aus, was im gegebenen Fall biblisch oder christlich sei und was nicht, sondern unterzieht sich bei den Einzelproblemen der Seelsorge wie bei der Hauptfrage nach der Person des Seelsorgers jeweils neu der Rückfrage nach dem biblischen Wort. Damit unterscheidet es sich von einigen anderen neueren Auffassungen der Seelsorge, denen die Orientierung an tiefenpsychologischen oder sozialwissenschaftlichen Methoden manchmal fast wichtiger zu sein scheint als das Ernstnehmen von bestimmten Aussagen der Schrift, das dann unter Umständen sogar noch der Überholtheit oder der konservativen Reaktion verdächtigt wird. Wir plädieren aber — das sei eventuellen Kritikern sogleich entgegengehalten — nicht für eine biblizistische, sondern für eine biblische Seelsorge. Im übrigen begnügen wir uns absichtlich mit dem schlichten Wort ,,Grundzüge''. Wir halten nämlich die biblische Seelsorge weniger für ein festes Programm, sondern für einen lebendigen Prozeß. Ihm liegt das reformatorische Schriftverständnis zugrunde, wonach das Evangelium von Jesus Christus die Mitte der Schrift ist, das Wort Gottes sich letzten Endes selbst interpretiert und die Bekenntnisse der Kirche eine Denk- und Glaubenshilfe darstellen. Aus diesem Grunde ist gelegentlich auch von einer ,,biblisch-reformatorisch'' verstandenen Seelsorge die Rede. Damit wollen wir uns nicht in eine anti-katholische Position abdrängen lassen. Im Gegenteil, die jahrzehntelange Mitarbeit des Verfassers in der ökumenischen Bewegung hat ihn gelehrt, daß in der Schwesterkirche seit längerem eine Wiederentdeckung der Bibel im Gange ist, ja, daß eine neue Hinwendung zur Mitte der Schrift, zum Christusevangelium, stattfindet. Darüber dürfen wir Evangelischen trotz aller bestehender Unterschiede uns von Herzen freuen und sollten nicht müde werden, aus gemeinsamer Liebe zu der e i n e n Kirche voneinander zu lernen. Die Bezeichnung ,,biblisch-reformatorisch'' ist also immer auch ,,ökumenisch'' gemeint.

Der Inhalt des Buches gliedert sich in zwei Teile. Der erste Teil *,,Probleme''* handelt von den zur Zeit umstrittenen *,,Theologischen Fragen''*. Im I. Kapitel wird eine Problemanzeige versucht. Als Auftakt dient hier das schöne, aber auch delikate Verhältnis der ,,Seelsorger unter sich''. In Kapitel II fragen wir nach dem, ,,was dem Seelsorger Not macht'' (Pastorale Existenz), und in Kapitel III nach dem, ,,was dem Seelsorger not tut'' (Pastorale Kompetenz). Dabei werden die ,,Anfechtungen'' des Seelsorgers offen ausgesprochen. Die Rückbesinnung auf die sorgemotivierte, christuszentrierte und bruderorientierte Seelsorge des Neuen Testamentes und die ,,alten Mittel'' der Väter ruft in Wahrheit nach vorn und macht dem Seelsorger Mut zum Sagen, Geben und Sorgen. Ein ausführliches Kapitel (IV) ist den bereits genannten drei ,,Hauptverben'' oder Tätigkeitsworten der Seelsorge heute gewidmet: Beraten, Bezeugen und Befreien. Die Leitfrage lautet hier: Schließt sich das gegenseitig aus, oder geht das in der Person des Seelsorgers zusammen?

Der zweite Teil *,,Impulse''* möchte *,,Praktische Hilfen''* für den Alltag des Seelsorgers geben. Die beiden Kapitel V und VI stehen unter dem Leitgedanken ,,Hilfen für das Helfen''. Diese gemeinsame Überschrift läßt leicht erkennen, daß es uns um methodische Anregungen für den Vollzug der Seelsorge zu tun ist. Dabei werden die Rückfragen nach dem biblischen Wort und die theologische Reflexion nicht zu kurz kommen. Theorie und Praxis greifen gerade im Bereich des seelsorgerlichen Handelns eng ineinander. Nach einer Einleitung, die sich mit dem immer noch mangelhaften Informationsstand vieler Seelsorger in Sachen Humanwissenschaften und Methodik auseinandersetzt, stellt das umfangreiche Kapitel V die ,,Angebote der Psychotherapie'' dar. Zehn Richtungen lernt der Leser kennen, nämlich die Psychoanalyse mit ihren verschiedenen Schulen, dann die Gesprächstherapie, Transaktionsanalyse, Gruppendynamik, Themenzentrierte Interaktion, Krisenintervention, weiter die Realitäts-, Verhaltens- und Kommunikationstherapie, schließlich die Gestalttherapie. Bei jeder Richtung werden die psychotherapeutischen Anstöße herausgearbeitet, die der Seelsorger für seine Arbeit fruchtbar machen kann. Neben den Möglichkeiten werden aber auch die Grenzen dieser methodischen Hilfen deutlich. Das Kapitel stellt an jede Richtung theologische Anfragen, um auf die neuralgischen Punkte und Gefahrenzonen für die Seelsorge aufmerksam zu machen. Auch in diesem komplexen Kapitel steht die Person des Seelsorgers im Mittelpunkt. In jeder Richtung der Psychotherapie bekommt der Helfer ein für ihn charakteristisches Prädikat und eine spezielle Funktion zugesprochen. Erstmalig versucht eine ,,Synopse'' den Leser bzw. den Seelsorger durch den Dschungel der psychotherapeutischen Richtungen, Namen und Begriffe hindurchzuführen und ihm das Ganze verständlich, überschaubar und merkbar zu machen. Es ist zu hoffen, daß das Buch auf diese Weise dem didaktischen Anliegen, das leider so oft vergessen wird, Rechnung trägt.

Mit dem Kapitel VI treten wir in die unmittelbare Praxis des Seelsorgers ein. Die ,,Beispiele zur Methodik'' sind um drei Schwerpunkte herum gesammelt: Bei den ,,Gesprächen'' interessieren Anfang, Durchführung, Einstellung, Zielsetzung und Überprüfung. Die Vorgehensweisen werden sachlich erläutert und durch Fallbeispiele konkretisiert. Ähnlich geschieht das bei der Seelsorge durch ,,Briefe''. Ein besonderer Abschnitt untersucht den Umgang des Seelsorgers mit den ,,Träumen'' seiner Ratsuchenden. In diesem Zusammenhang möchte die eingehendere Analyse einiger Traumtexte neue Horizonte für den Dienst des Seelsorgers erschließen.

Ein geistliches *Nachwort* geht von der defizitären Lage der hilflosen Helfer, der trostlosen Tröster, der ratlosen Berater und der sorglosen Seelsorger aus. Anschließend entfaltet es die trinitarischen Zusagen des Evangeliums an den verunsicherten, gescheiterten und überforderten Seelsorger. Dieser Schlußabschnitt sucht noch einmal, leise und behutsam, so etwas wie ,,Seelsorge an Seelsorgern'' zu üben.

Wie ist das Buch entstanden? Es hat zum Teil eine kleine *Vorgeschichte.* Einige Kapitel beruhen auf Vorlesungen und Vorträgen, die der Verfasser vor Studenten (FHS der Augustana-Gesamthochschule), Pfarrern und Jugendleitern (Westbund und Gesamtverband des CVJM) gehalten hat. Sie sind aber völlig umgearbeitet und faktisch neu geschrieben. Ähnliches gilt von den Abschnitten, die bereits im Schrifttum der ,,Offensive Junger Christen'' erschienen sind. Für die Erlaubnis des Abdrucks sei herzlich gedankt. Der weitaus größte Teil des Buches ist völlig neu. Besonderen Dank schulde ich Herrn Verlagsleiter H. Steinacker für die engagierte und sachkundige Förderung des Buches, meiner Frau für das Korrekturlesen und Herrn Diakon J. Bammann für die Erstellung der Register.

Noch ein persönliches Wort zu der *Grenz- und Brückenfunktion* des Buches: Sein Standort in einer biblisch-reformatorischen Theologie muß nicht noch einmal ausdrücklich begründet werden. Das habe ich in dem mehrbändigen Handbuch der Jugendseelsorge und anderswo wohl zur Genüge deutlich gemacht. Gerade deswegen aber liegt mir an dem sachlichen und brüderlichen Gespräch zwischen allen Beteiligten des seelsorgerlichen Dienstes. Landeskirchler und Freikirchliche, Bekenntniskreise und Reformgruppen, Evangelikale und Progressive sollten ihre Differenzen nicht auf dem Rücken der Ratsuchenden austragen. Wenn wir es nur mit dem Evangelium von dem gekreuzigten und auferstandenen Christus halten, braucht man seine Meinung nicht schüchtern zu verschweigen, sie aber auch nicht pausenlos und rücksichtslos dem anderen um die Ohren zu schlagen. Es führt zu nichts, wenn die einen den anderen voreilig mangelndes Denken vorwerfen und die anderen den einen mangelnen Glauben vorhalten. Was uns allen in der Seelsorge Tätigen und Nachdenkenden not tut, das ist, in der Wahrheitsfrage „hart am Winde der Sache zu bleiben" und in der Bruderliebe unentwegt „nicht das Seine, sondern das des anderen zu suchen" (Phil. 2, 4). Nach der „Zwischenbemerkung: Neuralgische Punkte zwischen Universitätstheologie und Gemeindefrömmigkeit" (1968) und „Prediger und Predigt" (1978) rufe ich hierdurch nun zum drittenmal in dieselbe Richtung. Ich könnte mir vorstellen, daß gerade die Sache der Seelsorge die Jünger Jesu wieder im Boot zu sammeln vermag. Letzten Endes sitzen sie ja schon in demselben Boot. Sie wissen es nur nicht, oder sie haben es einfach vergessen. Deswegen rudern wir ja auch so oft gegeneinander. Dadurch aber bleibt das Schiff der Kirche stehen, oder es dreht sich im Kreise. Christus aber will, daß es fährt, und zwar nach vorn. Mancher Mensch in Not, der unseren Rat braucht, wartet schon lange am anderen Ufer, daß endlich einer kommt und ihm zuhört. Es könnte übrigens sogar ein Bruder im Amt, ein anderer Seelsorger sein, der etwas Seelsorge an Seelsorgern braucht. Diesem einen und vielen anderen möchte unser Buch dienen. Adolf Schlatter hat einmal gebetet: „O barmherziger Gott, mach uns eins. Wir finden den Weg zueinander nicht, weil wir das Unsrige suchen. Aber Du vergibst Deiner Christenheit alle ihre Eigensucht und machst uns Deinen Namen groß, der uns von ihr befreit. Um dieses Wunder Deiner allmächtigen Barmherzigkeit bitte ich Dich. Amen." Diesem Gebet ist nichts hinzuzufügen. Es muß nur gebetet werden.

Werner Jentsch

Vorwort zur zweiten Auflage

Rascher als erwartet ist eine zweite Auflage notwendig geworden. Der Verfasser hat Grund zum Danken. Sein Versuch, die Seelsorge neu im Sinne einer biblisch-reformatorischen Theologie zu entwerfen, auf die Person des Seelsorgers abzuheben und in kritisch-konstruktiver Begegnung mit den Humanwissenschaften auch Hilfen für die Praxis zu vermitteln, ist weithin freundlich aufgenommen worden. So etwas macht Mut zur Seelsorge und läßt für die Kirche hoffen. Der Text brauchte nur geringfügig verbessert zu werden. Einige Literaturangaben sind ergänzt worden.

Die Seelsorge an Seelsorgern will weitergesorgt werden.

Werner Jentsch

ERSTER TEIL

Probleme

Theologische Fragen

I. Seelsorger unter sich

Eine Problemanzeige

In dem Roman „Das Vorbild" läßt Siegfried Lenz den jungen Lehrer Janpeter Heller einmal etwas Wichtiges über das Verhältnis von Wahrheit und Erfahrung sagen: „Es gibt taugliche und untaugliche Wahrheiten. Es gibt Wahrheiten, die uns nichts angehen, und andere, die unmittelbar für eine Vermehrung von Helligkeit sorgen. Jedenfalls sei erlebte Wahrheit noch keinesfalls beispielhafte und mitteilenswerte Wahrheit. Er möchte (dem älteren Kollegen) Pundt nicht zu nahe treten, es liege ihm vor allem fern, hier persönlich zu werden, doch im Interesse der Sache sehe er sich gezwungen festzustellen, daß die persönliche Erfahrung vieler Menschen nur aus alten Hüten besteht oder aus Käseauflauf. Sie gewinnt doch erst damit Wert, wenn andere sich in dieser persönlichen Erfahrung erkennen können. Meine Erfahrung ist nichts wert ohne die gleichartige Erfahrung anderer."[1]

Es muß sich nun im folgenden zeigen, ob es sich bei den hier mitgeteilten Erfahrungen um taugliche Wahrheiten oder um untaugliche handelt, ob sie nur erlebt oder auch erfahren sind. Das Gebiet der Seelsorge ist wie kaum ein anderes für solch eine Doppelerfahrung geeignet, ja auf sie angewiesen. Da geht es nicht bloß um die helfende Beziehung zwischen Betreuer und Betreuten, wie das etwa zwischen Therapeut und Klient oder zwischen Lehrer und Schüler der Fall ist. Für den Seelsorger ist auch der Mit-Seelsorger interessant, vor allem der „erfahrenere" Kollege bzw. „Bruder" oder „Vater", dem er sich selber einmal seelsorgerlich anvertrauen darf. Dieser findet sich in den Erfahrungen jenes vor und umgekehrt. Was wäre ein Seelsorger ohne Seelsorger! Die Isolierung eines seelsorgerlichen Verhältnisses müßte eigentlich von der Natur der Sache her ausgeschlossen sein. Leider sieht die Wirklichkeit anders aus. Es herrscht heute geradezu ein Defizit an geistlichen Vätern und Müttern. Seelsorge an Seelsorgern ist eine Mangelerscheinung.

Deswegen erheben die hinter unseren Überlegungen stehenden „Erlebnisse" auch nicht ohne weiteres den Anspruch, als wegweisende „Erfahrungen" eingestuft zu werden. Was hier weitergegeben wird, sind weniger Problemlösungen als vielmehr Problemanzeigen. Dies allerdings möchten sie sein, zumal es sich durch viele Gespräche und Briefe herausgestellt hat, daß die Probleme, die den älteren Autor bewegen, sich tatsächlich mit vielen Nöten der jüngeren Brüder und Schwestern berühren, manchmal sogar decken. Vielleicht kann dem einen oder dem anderen auch die Anzeige eines Betroffenen zu einer eigenen Lösung helfen, aus Glauben zum Glauben. Jedenfalls gilt das insbesondere für dieses einleitende Kapitel. Wir greifen sechs Problemfelder heraus, die einen in der Seelsorge Tätigen früher oder später zu belasten pflegen und die auch von „Seelsorgern unter sich" ausgemacht werden könnten, wenn es noch intensivere „Seelsorge an Seelsorgern" gäbe! Es sind dies die schwierigen Wege, die fehlenden Brüder, die bedrückende Einsamkeit, die verwirrende Anfechtung, die fragwürdigen Leitbilder und die sperrenden Hindernisse.

Schwierige Wege

Aller Anfang ist schwer. Das gilt offenbar auch für die Seelsorge an Seelsorgern. Mancher Pfarrer hat es nicht leicht, über seinen Schatten zu springen oder seinen Schatten anzunehmen. So bleibt manche Not unausgesprochen. Außerdem ist das Feld der Seelsorge unendlich weit und methodisch unklar geworden. Viele Wege führen nicht nur nach Rom, sondern anscheinend auch zur sogenannten Selbsterfahrung. Und wer tut den ersten Schritt, der ratsuchende Seelsorger oder der beratende Seelsorger? Mancherlei Wege zum seelsorgerlichen Dienst an Seelsorgern bieten sich an. Es ist schwer, zwischen ihnen zu wählen, und oft auch schwierig, sie zu gehen. Wie lange er dauert (Kurzberatung oder mehrere Sitzungen), wo er geschieht (in einer Sakristei oder in einem Café), ob er stärker praktisch-soziale Akzente trägt oder theologisch-intellektuelle Klärungen anstrebt, ob es bei einer ins Offene gehaltenen Frage bleibt oder zu einer unmittelbaren Andienung des Wortes Gottes kommt, ob jemand besser eine Seelsorgegruppe aufsucht, um seine Hemmungen überwinden zu lernen, oder ob eine Gebetsgemeinschaft zu zweien angezeigt ist, das läßt sich nur in der konkreten Situation, vor Ort und an Hand des einzelnen Falles entscheiden. Maßstab ist dabei die eigentliche „Ur-Methode" der Seelsorge, die Liebe, die „das des anderen" sucht (Phil. 2, 4). Für den einen mag es gut sein, daß es zunächst einmal bei einem Gespräch ganz im Rahmen der Rogers-Regeln bleibt. Vielleicht ist für ihn sogar ein Analytiker (wie Rudolf Affemann), eine personale Psychotherapeutin (wie Johanna Herzog-Dürck), ein Logotherapeut (wie Viktor Frankl) oder eine Psychagogin (wie Christa Meves) besser als jemand von „uns"[2]. Es könnte aber auch sein, daß einem anderen die direkte Konfrontation mit der Botschaft fehlt, daß mit ihm immer nur darum herumgeredet worden ist und daß jetzt der

Moment für ein klares Zeugnis gekommen ist. Die Liebe Jesu hat viele Wege. Sie ist ja das Lebensprinzip der neuen Schöpfung und hat dementsprechend etwas Schöpferisches an sich. Sobald sie zu sehr nach Schema F in eingeschliffenen Bewegungen vor sich geht, ist sie schon keine Liebe mehr, sondern nur noch seelsorgerliche Routine. Das „Hätte der Liebe nicht" gilt gerade für die Seelsorge.

Fehlende Brüder

Um es einmal etwas überspitzt zu sagen: es gibt fast zu viele Wege der Seelsorge, aber bestimmt nur wenig Brüder, die die Gabe der Seelsorge haben. Brüder, insbesondere Amts-Brüder, an die man sich zwecks Seelsorge an Seelsorgern wenden könnte, sind Mangelware. Das Phänomen der „Väter in Christo" (1. Kor. 4, 15) scheint in der kirchlichen Praxis wie vergessen und in der sozialkritischen Theorie auch noch verdächtig. Solche Brüder aber sind notwendig, und sie werden auch je und je geschenkt, wenn ein Betroffener Gott darum bittet und wenn er sich im Kreis der Seelsorger unter sich eingehend umsieht. Wir dürfen und müssen die Tatsache neu entdecken, daß die Seelsorge trotz aller Lehrbarkeit und Methodisierbarkeit doch auch in den Bereich des Charismatischen gehört: Der Geist weht, wo er will, wann, wie und bei wem er will. Bezzel hat einmal tröstlich gesagt: „Der Herr wollte seine Zeugen so, daß sie einander ergänzen, daß mit dem Reichbegabten der Einfache, mit dem Wagemutigen der Bedächtige, mit dem still Betrachtenden der weithin Ausschreitende sich zusammentun. Es ist seine Art, daß die Vielfältigkeit der Wahrheit in mancherlei menschlichen Subjekten sich abschatte und ausgestalte, denn er ist nicht ein Gott der Eintönigkeit, sondern des Einklanges. Die Wahrheit verträgt und verlangt es, von mehreren bezeugt zu werden, die eine Erfahrung richtet an der anderen sich auf, die andere stärkt wiederum die eine. Sorget nur dafür, daß ihr Zeugen Jesu Christi seid."[3] Nicht jeder muß ein Seelsorger an Seelsorgern sein, aber mancher kann es werden, wenn ihn plötzlich jemand anspricht. Die Voraussetzung ist nur, daß die Seelsorger untereinander offen und füreinander da sind, sei es für das Beichtgespräch unter vier Augen oder das Gruppengespräch im Plural. Heute schlägt mehr denn je die Stunde für Luthers Postulat des „wechselseitigen Gesprächs" (mutuum colloquium) und für den „Trost der Brüder" (consolatio fratrum). Das hat sich inzwischen auch im Kreis der Psychotherapeuten und Ärzte herumgesprochen. Die Erfindung der sogenannten „Balint-Gruppe" spricht Bände. Ähnliches gibt es seit einiger Zeit unter Pfarrern und kirchlichen Mitarbeitern. Man könnte auch an „Pfarrfrauen unter sich" oder „Pfarrersehepaare unter sich" denken. Da ließen sich Amts-, Ehe- und Erziehungserfahrungen austauschen. Im übrigen muß in solchen Kreisen dann nicht in bekannter „protestantischer Dauerreflexions"-Manier ständig diskutiert werden. Hier wäre auch eine Gelegenheit zu gemeinsamem Meditieren, Beten und Forschen in der Schrift.

Bedrückende Einsamkeit

Erich Schick hat recht, wenn er festgestellt hat: „Je mehr der Mensch Hilfe ausstrahlt, um so mehr wird er in irgendeiner Weise *einsam.* "[4] Das ist tatsächlich der Fall, obwohl diese Sorte „helfende Menschen" oft von ganzen Menschentrauben umgeben sind und sich anscheinend vor Kontakten nicht retten können. Aber immer müssen sie die Gebenden sein und niemals dürfen sie einmal richtig nehmen. Manchmal aber kann man das, was man in der Seelsorge hört, gar nicht allein verkraften. Nicht einmal gebetsfähig ist man dann. Und wo ist der Mit- oder Vorbeter? Zuweilen schämt man sich auch in Grund und Boden, weil die anderen immer denken, man sei eigentlich ein halber Heiliger. Und es ist doch alles ganz anders: Heimlich ist der Seelsorger vielleicht ein „Schweinehund", und zu Hause in der Familie gebärdet er sich wie ein „Ekel"! Diese Art von Leistungsstreß („persona"!), anderen stets etwas vormachen zu müssen, obwohl man selber ein armer, elender, sündhafter Mensch ist, das strengt an und richtet u. U. schließlich auch körperlich bzw. nervlich zugrunde. Nur allzu verständlich ist es, wenn ein dermaßen überstrapazierter Seelsorger klagt: „Kein Mensch versteht mich", — oder noch deutlicher gesagt: „Kein Christ versteht mich." Es ist leichter, über Einsamkeit zu reden, als selber einsam zu sein. Jeder fünfte Bundesbürger fühlt sich einsam. Dazu gehören auch Seelsorger. In dem neuen Sammelband „Einsamkeit" fehlt eigentlich ein Kapitel über die Einsamkeit des Pfarrers! Nicht immer muß es eine bestimmte Schuld sein, die uns quält. Lähmender und geistlich vernichtender ist es, wenn sich in uns gleichsam Schicksal und Schuld, Verfehlung und Verhängnis, Tat und Widerfahrnis miteinander vermählen und dann nicht mehr loslassen. Karl Krolow hat einmal einen solchen „Robinson" so geschildert:
„Diese Gewohnheit, irgendwo sehr lange / Auf einem Stuhl zu sitzen / Und zu horchen, ob es / in einem regnet / Oder in der Leber / Der Skorpion sich noch rührt! / Gezählt sind alle Blitze, / Alle Streichhölzer, die übrigblieben. / Bis man es leid ist, / Und den letzten Wimpel / im Meer versenkt."[6]

Es gibt solche Robinsone auch und gerade in der „christlichen" See-
fahrt, in der Seelsorge. Ihnen gilt dann die alte Verheißung, an die
Jesus selbst geglaubt hat: „Ich bin nicht allein, der Vater ist bei mir"
(Joh. 16, 32). Er macht sie immer wieder greifbar, er „verifiziert"
sie: „Ich bin bei euch alle Tage, bis an der Welt Ende" (Mt. 28, 20).

Verwirrende Anfechtung

Eine besondere Not sei noch erwähnt: die Anfechtungen. Sie sind
beim Seelsorger vielfältiger Natur. Er kann eitel werden, weil er Erfolg einsammelt, aber auch verzweifeln, weil andere reüssieren, er
selber aber auf der ganzen Linie ein Versager zu sein scheint. Er kann
erotisch-sexuell versucht werden, sei es im Prozeß der Übertragung
(der Ratsuchende verliebt sich in ihn) oder der Gegenübertragung (er
verliebt sich in den Ratsuchenden). Phantasien, Gedankenspielerei-
en, Tag- und Nachtträume mögen uns da peinigen, u. U. auch eine
massive Verschuldung, die uns an der Barmherzigkeit Gottes zweifeln läßt. Da sind Bindungen, die ewig nicht reißen wollen und uns
wie Schlingpflanzen umgarnen. Nicht zuletzt sind es die Ängste, die
uns anfechten; Auftrittsängste waren es vielleicht am Anfang, später
wurde es gelegentliches Scheitern im Vollzug der Seelsorge, und dann
kam es zu regelrechten Blockierungen, bis man schließlich menschen-
scheu wurde, was faktisch zur Seelsorge unfähig macht. Wir wissen
nicht, wovor wir uns ängstigen, nur daß wir uns ängstigen, das wissen wir nur zu gut. So kann Anfechtung aussehen. Luther sah noch
tiefer. Er rechnete, ganz im Sinne des NT, mit dem Satanischen, mit
dem Bösen, mit der Wirklichkeit des Teufels. Der Antichrist siedelt
sich ja besonders gern in der Gemeinde der Christen an (Mt. 24,
5.24). Das pervertierte Sorgeziel des Satans ist immer dem Sorgeziel
des Guten Hirten zuwider. Wo Gottes Gnade eine Seele gewinnen
will, ist der Teufel bestrebt, sie ihm abzujagen. Aber was sagt Gott
dazu? Nun, es gibt so etwas wie Verstockung bzw. Verwerfung, so
wahr es so etwas wie Erwählung und Errettung gibt. Will doch Gott,
daß der Sünder, er sei nun Ratsuchender oder seelsorgerlicher Berater, „nicht verloren", sondern „gerettet" wird (Röm. 11, 11 ff.).
Luther meint, „Anfechtungen sind Umarmungen Gottes". Hinter
ihnen steht der Gott Jesu Christi, der daran interessiert ist, daß echt
geglaubt, leidenschaftlich geliebt und wirklich gehorcht wird. Wer an
Jesus glaubt und seine Sorge wahrnimmt, lebt nicht in einer sturmfreien Zone. Aber er hat einen wirksamen, großen Alliierten, den Parakleten, den Heiligen Geist, der nicht müde wird, als Anwalt vor
Gott für uns einzutreten, und zwar bis in die Fürbitte hinein (Röm. 8,

26). Er zieht mich dann auch in sein Beten hinein und weckt in mir eigenes Beten, das vom verborgenen Gott an den offenbaren appelliert: „Kyrie eleison." Wir mögen zur Zunft der „hilflosen Helfer" gehören, wie sie Wolfgang Schmidbauer bei seiner Analyse des „Helfer-Syndroms" genannt hat[7]. Aber wir haben in Christus einen Helfer, der selbst Helfern hilft; sein „Arm ist nicht zu kurz, daß er nicht helfen könnte" (Jes. 59, 1).

Fragwürdige Leitbilder

Die Kirche Christi hat genug Vor- und Leitbilder der Seelsorge. Ph. J. Spener und S. Keller haben Tausende von Seelsorgebriefen geschrieben. Der Gründer des englischen YMCA (CVJM), G. Williams, konnte ein weltliches Austernessen geben, um einen jungen Londoner zu gewinnen, und am Russel-Square jemand ansprechen: „Was tun Sie? Was tun Sie für den Herrn?" Blumhardts seelsorgerliche Devise lautete: „Warten und Eilen." Der Forstmeister von Rothkirch hatte seinerzeit wohl den gesegnetsten Beichtstuhl im „Eins-ist-not-Zimmer" des CVJM Wilhelmstraße. Immer wieder begegnen uns einmal Dekane und Pröpste, die sich als begnadete Lastenträger erweisen und in der Seelsorge am Seelsorger mehr vom „Fußwaschen" und weniger vom „Kopfwaschen" halten. Also an Exempeln mangelt es hier nicht. Aber trotzdem will es mit unseren Vorbildern nicht immer klappen. Warum wohl? Siegfried Lenz läßt Herrn Pundt sagen, das Vorbild „rechtfertige sich dadurch, daß es Mängel bewußt mache und daß es ein Stichwort, eine Parole liefert, mit deren Hilfe diese Mängel beseitigt werden können". Der junge Heller aber wendet ein: „Es gibt keine größere Arroganz, als wehrlosen Schülern verkleidete Botschaften zu übermitteln, Heilsworte, die man sie unter üppiger Verpackung aufstöbern läßt." Frau Rita Süßfeld mischt sich schließlich in das Gespräch ein: „Sie sagen: Botschaft. Ich kann mir denken, woher Ihr Mißtrauen gegen alles kommt, was nach Botschaft schmeckt, nach lehrhafter Eröffnung — Manipulation, nicht wahr? . . . Was aber, wenn man den Namen wechselt, wenn man statt Botschaft Erfahrung sagt oder Überzeugung . . ."[8] — Vielleicht ist hier das Wort „Botschaft" etwas überzogen worden. Das Erbe der Väter, die biblische Botschaft, muß ja nicht unbedingt pingelig und studienrätlich gebracht werden. Im Gegenteil. Ihr dynamischer Inhalt und ihr appellativer Charakter verlangen geradezu nach erfahrenen und überzeugten Boten und Seelsorgern. In jedem Falle ist aber in dem Lenz-Gespräch ein neuralgischer Punkt der Seelsorge an Seelsorgern angesprochen: Vorbilder,

Vorgesetzte, Vorstände, Superintendenten, Oberkirchenräte und älTere Kollegen können auch zu Hindernissen der Seelsorge werden. Günter Grass sagt (,,örtlich betäubt''): ,,Dem Lehrer steht die Figur des Lehrers im Wege.'' ,,Lehrer haben an andere Lehrer zu erinnern.'' [9] Seelsorger etwa auch?!

Sperrende Hindernisse

Was bedeutet aber nun Hindernis konkret? Es ist schwer, das Amt eines Vorgesetzten mit einer seelsorgerlichen Tätigkeit zu verbinden. Da sperrt sich etwas. Selbst wenn man das Ganze dann den Dienst der ,,leitenden Brüder'' nennt, wird es nicht einfacher. Die Blockierung bleibt. Man kann eben Gesetz und Evangelium nicht ohne weiteres vor denselben Wagen spannen. Bei nicht-theologischen Vorgesetzten wirkt sich dann zusätzlich noch die nun über ein Jahrhundert alte Spannung der Kompetenzen zwischen Laienchristen und Amtsträgern aus. Da geht es den Laienwerken der Kirche nicht besser als einer synodal verfaßten Landeskirche von heute, vor allem, wenn noch eine ,,kritische Synode'' und mehrere kirchenpolitische Richtungen dazukommen. Gewiß soll man seelsorgerliche Vertrauensverhältnisse in solchen Fällen nicht von vornherein ausschließen, aber sie auch nicht ohne weiteres erwarten. Ähnliches gilt in dem Verhältnis von jüngeren zu älteren Mitarbeitern. Hier sind zwei Sperren zu bedenken: die Generationsfrage (,,zu meiner Zeit war das so''; ,,wir Jüngeren empfinden das aber so'') einerseits und die Mitwisserschaft. Der ältere Kollege ist ja ein ,,alter Hase''. Der kennt all die Pannen und Pleiten, die Tricks und Schliche, der weiß einfach zuviel. Und man muß ihm doch zeigen, daß man auch jemand ist. Das Bedürfnis, seine eigene Identität als junger Vikar oder Jugendleiter zu finden, einmal selbständig zu experimentieren, erschwert das spontane Gespräch. Dazu kommt das unangenehme Mitwissen des älteren und vorgesetzten Bruders. So etwas belastet, macht unfrei und schafft u. U. richtige Komplexe. Natürlich können auch sachliche Fragen trennen, theologische Meinungsverschiedenheiten, ethische Differenzen und methodische Streitigkeiten. Manchmal hat jemand auch noch nie den Segen eines solchen Seelsorgeverhältnisses kennengelernt. Dann darf der Vorgesetzte sein Nicht-Kommen auch nicht falsch auslegen und den Betreffenden nicht überfordern. Die Frage ist nur, ob der Jüngere dann in seinem Alleinsein wirklich glücklich wird (die Freundin als Seelsorgerin reicht auch nicht aus), ob er es nicht mündlich oder schriftlich bei einem anderen älteren Bruder oder Vater in Christus versuchen sollte. Möglicherweise sind die sogenannten Hindernisse durch die anderen in Wirklichkeit eigene Hemmungen, die es gerade verdienten, seelsorgerlich aufgearbeitet zu werden. Auch Kollegen untereinander haben es schwer. An seinem Lebensabend bekannte ein älterer, nun schon heimgegangener Theologe dem Verfasser, wie ein Kollege ihm nach einer Sitzung gesagt habe: ,,Bruder NN, Sie sind mir unerträglich.'' NN war anschließend erschrocken über sich selbst. Er wußte nicht, wie er auf andere wirken konnte. Die beiden Männer haben sich daraufhin nach dem ,,lösenden Wort'' ausgezeichnet brüderlich verstanden. Wieder ein anderer, Heinrich Giesen, erzählte, wie er einst in Kirchentagsfragen zerstrittene Kirchenführer mit damals ganz großen Namen in ein Zimmer gesperrt und abgeschlossen habe, damit sie sich erst wieder versöhnen konnten, ehe es weiterging. So sieht das im Reiche Gottes seelsorgerlich vor Ort aus. In den letzten Jahren ist oft vom priesterlichen Dienst des Pfarrers, ja des Seelsorgers überhaupt die Rede gewesen. Dabei ist viel Gutes gesagt worden. Da wir aber alle wissen, wie schwer Seelsorge an Seelsorgern ist und wie unbrüderlich es gerade unter denen zugehen kann, die sich Amtsbrüder nennen, sei hier lieber auf ein ungewöhnliches Wort von K. Barth aufmerksam gemacht. Es findet sich in seiner ,,Kirchlichen Dogmatik''. Barth meint, der Seelsorger sei kein ,,Priester'', sondern nur ein ,,Meßbub'', der im entscheidenden Augenblick das Glöcklein läutet; ,,eben das ist er aber, eben in solcher Art tut er mit. Zu solchem ministrierenden Dabeisein ist er berufen, und das macht ihn zum Christen. Das zeichnet ihn aus, daß er bei dem, was Christus tut, ministrierend mittut.''[10] Lassen wir in der Seelsorge an Seelsorgern nur Christus reden. Was der macht, ist immer gut. Es genügt, wenn wir dabei die Meßbuben sind. Für ihn und für andere. Nicht mehr, aber auch nicht weniger. Soweit die ,,Problemanzeige''. In diesem Sinne möchten die weiteren Kapitel verstanden werden.

II. Pastorale Existenz

Was dem Seelsorger Not macht

Seelsorge an Seelsorgern bedarf einer Rückschau auf das, was dem Seelsorger Not macht, und einer Vorschau auf das, was dem Seelsorger not tut. Theologisch gesehen erfordert eine Besinnung hierüber ein Stück ,,Pastoraltheologie". Diese Disziplin der Praktischen Theologie hat schon in der Alten Kirche bei Gregor dem Großen und Gregor von Nazianz eingesetzt, ist in Luthers Lehre von den ,,Zeichen" (notae) der Kirche und im Augsburger Bekenntnis (Art. 5 und 14) reformiert, von der lutherischen Theologie zu Beginn des 19. Jahrhunderts durchgebildet (Vilmar, Löhe) und in jüngster Zeit erneuert worden (Seitz, Rauh, Josuttis)[1]. Die Pastoraltheologie hat sich eigentlich nie so recht über die Grenzen einer Theologie des Pfarramtes hinaus weiter entfalten können, und unter den Pfarrern selbst hat sie auch oft nur das Interesse derer gefunden, die sowieso für Grundsatzfragen aufgeschlossen sind. Dabei geht doch die Sache der Seelsorge alle Amtsträger, ja die ganze Gemeinde an. Natürlich hat diese Engführung bzw. Innenwendung des Amts-Themas ihre Gründe. Die Pastoralbriefe des Urchristentums und die Alte Kirche dachten hoch vom Amt. Dazu kommt die Tatsache, daß sich die Angehörigen eines bestimmten Berufsstandes über die Angelegenheiten ihres Berufs gern in der Fachsprache — um nicht zu sagen: im Fachjargon — unterhalten. Völlig läßt sich das auch auf den folgenden Seiten nicht ganz vermeiden. Wo es notwendig ist, wird deswegen ein deutsches Wort in Klammern gesetzt. Der Sinn der beiden Kapitel über die pastorale Existenz und die pastorale Kompetenz liegt jedenfalls darin, die hier anfallenden pastoral-theologischen Fragen und Antworten so umzusetzen, daß die ,,Betroffenen", d. h. die Seelsorger, sich persönlich angesprochen fühlen und daß es bei den sonstigen Lesern zu einem geistlichen Problembewußtsein kommt. Wir möchten mit dem ,,Amt", das die Versöhnung predigt, und mit Luthers Wort vom ,,allgemeinen" Priestertum aller Gläubigen gleichermaßen Ernst machen. In diesem Sinne fragen wir nach dem, was dem Seelsorger menschlich und geistlich Not macht und was ihm biblisch und seelsorgerlich not tut.

Wir wenden uns zunächst dem ersten Problemkreis zu. Die pastorale Existenz umfaßt ein riesiges Fragefeld. Da fällt es nicht leicht, den richtigen Einstieg zu finden. Glücklicherweise kommt uns da ein Vorgang in der Modernen Literatur zur Hilfe. Hier ist nämlich die

Person des Seelsorgers in jüngster Zeit wieder interessant geworden. Zwei Schriftstellerinnen, die das Pfarrhaus aus Erfahrung kennen, vermögen das exemplarisch deutlich zu machen. Sie geben Denkanstöße für die folgenden Gedanken zur pastoralen Existenz bzw. zu dem, was dem Seelsorger heute Not macht. .

So lesen wir bei *Ruth Rehmann* ,,Der Mann auf der Kanzel'': ,,Seine Sache sind Menschen, einzelne Menschen, das Wesentliche im einzelnen Menschen, das, was Gott meint, wenn er sagt: ,Ich habe Dich bei Deinem Namen gerufen, Du bist mein' (S. 77). An diesem Krankenbett habe er erfahren, daß er noch viel zu lernen habe, um ein ,rechter Tröster' zu werden, schreibt Reinhold im Brief. Es genüge eben nicht, mit den Traurigen traurig, mit den Ängstlichen bang zu sein. Irgendwann müsse man die Kraft aufbringen, sich aus dem Elend zu erheben und sichtbar die Macht zu offenbaren, die auch in dem Schwachen mächtig ist. Die auf den Herrn harren, kriegen neue Kraft, daß sie auffahren mit Flügeln wie Adler — darüber dürfe man nicht nur reden, das müsse der Schwache sehen und spüren, um wirklich Trost zu empfangen. Es ginge also darum, niedrigster Diener und gleichzeitig würdiger Statthalter des mächtigen Herrn zu sein. Und zu scheinen! Das sei sein Problem. Mit dem Dienen käme er schon zurecht, aber von der Macht Gottes sei ihm offenbar nicht viel anzumerken. Das müsse anders werden (S. 84). Das ist es, was mich an dieser Geschichte beängstigt: diese besondere Art von Einsamkeit, die gar nicht nach Einsamkeit aussieht, weil sie von wohlwollenden Menschen umgeben ist, nur daß der Einsame keine andere Möglichkeit hat, ihnen näherzukommen, als die von oben nach unten, durch ein Hinabbeugen, wie der heilige Martin sich vom hohen Roß zum armen Mann hinabgebeugt. Man kann das mit den verschiedensten Namen nennen: wohltun, helfen, schenken, raten, trösten, belehren, sogar dienen, das ändert nichts daran, daß oben oben und unten unten bleibt, und daß der, der nun mal oben ist, sich nicht wohltun, raten, trösten, belehren lassen kann, und wenn er es noch so nötig hätte, weil in dieser festgefahrenen Konstellation keine Gegenseitigkeit möglich ist, bei aller Liebe kein Funke von dem, was man Solidarität nennt. Kein Elend ist elend genug, als daß so einer vom hohen Roß seines demütigen Dünkels herunterkäme. Das könnte die besondere Art von Einsamkeit sein, in der einer trotz täglicher minuziöser Kontrolle an Gottes Wort und Geboten in Schuld geraten könnte, ohne Schuld zu bemerken, weil die Wahrnehmung gewisser Sünden ein Wissen voraussetzt, das durch Sehen, Hören, Verstehen zustande kommt, nicht durch Dialoge im Innenraum (S. 213 f.). Denn genau da, im Unwesentlichen, könnte die undichte Stelle sitzen, das heimliche Leck, durch das unbemerkt Schuld eindringt (S. 215)."

Die andere Autorin, die unsere Aufmerksamkeit verdient, ist *Gabriele Wohmann,* „Frühling in Badenweiler": „Den Gebrauch der Vokabel GOTT versagte Hubert sich vorsichtshalber und aus Diskretion. Auch kam es ihm so vor, als erübrige sich eine übertriebene Bennungseindeutigkeit, und nebenbei: mit dieser Fixierung auf ein fast etwas anstößiges Hauptwort wurde zu wenig erfaßt, viel zu wenig erreicht (S. 9). Er war in einem Pfarrhaus aufgewachsen, und das gesamte Göttliche blieb stets unangetastet, doch anwesend, gewissermaßen als ein nicht ganz durchsichtiges Hintergrundsystem und Gerüst . . . (S. 9). Der Vater von früher zitierte viel häufiger Goethestellen als aus der Bibel. Aus der Bibel zitierte er eigentlich nie. Bis auf die fast geflüsterten Tischgebete und die Weihnachtsgeschichte des Apostel Lukas fiel Hubert nichts ausdrücklich GEISTLICHES ein aus dem Mund seines Vaters. Nur etwas mit tröstendem ‚Stecken und Stab' eines ‚Hirten' und etwas von einem ‚Haus des Herrn Immerdar', worüber gelacht werden durfte. Und doch, oder gerade deshalb, in rätselhafter Verschwiegenheit über letzte Fragen, ist er unser aller SEELSORGER gewesen. In diesem Klima der Duldungen konnte man frei atmen (S. 177)."[2]

Die erste Stimme klingt etwas kritischer, die zweite etwas positiver. Ob sie wohl beide recht haben? Die nachstehenden Überlegungen möchten dem Leser helfen, seine eigene Antwort auf diese Fragen zu finden.

1. Die menschliche Existenz

Die Anfechtungen des Seelsorgers

Die Praxis der Seelsorge an angefochtenen Seelsorgern lehrt, daß es in der menschlichen Existenz des Pfarrers, Predigers, Jugendleiters und Sozialarbeiters (die weiblichen Trägerinnen dieser Ämter eingeschlossen) einiges Tatsächliche, einiges Nachdenkliche, aber auch einiges Freundliche zu untersuchen gibt.

a) Tatsächliches

Es sind offenbar drei Bereiche, in denen die Anfechtungen des Seelsorgers besonders greifbar werden: Angst, Schuld und Zweifel.

Angst

Nicht jedem Seelsorger spürt man es an, daß er Angst hat. Redet aber jemand zu laut, so wirkt ein „gebrülltes Evangelium" nicht nur unästhetisch, es kann auch ein Zeichen für den heimlichen Wunsch des Predigers sein, seine inneren Verlegenheiten zu übertönen. Ähnliches gilt für zu schnelles und zu vieles Reden im seelsorgerlichen Gespräch. Man kann nicht mehr zuhören und hat Angst, den Faden oder die Führung des Gesprächs zu verlieren. Nicht zuletzt gilt das für die Suada mancher Predigten, mit der der Prediger die geistliche Leere seines Herzen überspielen möchte: wehe, wenn er Pause machen würde! Zuweilen quält nur die simple Angst steckenzubleiben. Deswegen kleben vor allem jüngere Prediger heute am Manuskript — falls sie überhaupt eines haben. Einige Ängste des Pastors sind mehr vordergründiger, nicht wenige sind mehr hintergründiger Art[3]. Oft liegen beide Angstformen ineinander. Weit verbreitet ist z. B. die Angst um das Echo der seelsorgerlichen Beratung und der Verkündigung, die bedrückende Entwicklung des Kirchenbesuchs, den Rückgang der Bibelstunde und das Ausbleiben der erhofften Erweckung bei einer missionarischen Veranstaltungsreihe. Das Motiv der Angst kann hier ganz äußerlich die Furcht vor der Blamage sein, weil der Seelsorger eitel ist und seinen Privaterfolg in der Beratung mit dem Wirken des Heiligen Geistes verwechselt. Dahinter kann aber auch eine ganz tiefe Urangst stecken, die sich vor sich selber, vor der Welt und vor Gott fürchtet, oder eine Resignation, die keinen Mut mehr hat, überhaupt noch aufzutreten und sich am liebsten in einen Winkel verkriechen möchte.

Schuld

Erfüllt von den neuen Erkenntnissen zur Menschenführung und Menschenbehandlung haben wir in den letzten Jahren auf Akademietagungen, Sozialseminaren und Jugendkursen die These vertreten, das Betriebsklima hänge nicht nur von innerbetrieblichen, sondern auch und nicht wenig von außerbetrieblichen Faktoren ab. Richtig —, aber nur zu schnell haben wir dabei vergessen, daß auch der Pfarrer im Seelsorgegespräch sein eigenes Privatleben und seinen häuslichen Alltag mit hineinnimmt. Dazu gehört neben dem Schönen auch das Häßliche, neben dem Guten das Böse, neben den schicksalhaften Umständen die ganz handfeste Schuld. Unvergebene, manchmal auch ungebeichtete, vielleicht längst vergangene Schuld kann den Seelsorger zu einem gehemmten Menschen machen. Er neigt dann dazu, bestimmte Themen und Texte auszuklammern oder mit und ohne Dekor darum herumzureden. Dabei muß es sich nicht immer um massive Verfehlungen, etwa gegen das 6., 7. oder 8. Gebot handeln. Diese gibt es auch, aber meistens ereignen sich die Anfechtungen des Predigers in den Randzonen, und sie haben gewöhnlich feinere Strukturen. Immerhin, nach einem kleinen Ehekrach am Vorabend im Pfarrhaus läßt sich am nächsten Vormittag nicht so ,,leichtmundig'' das fällige Traugespräch halten. Auch nimmt es den älteren Seelsorger oder Erziehungsberater schwer mit, wenn er die Haustafel von Epheser 6 auf der Kanzel oder unter vier Augen auslegen soll und zu Hause weder mit dem aggressiven Sohn noch mit der emanzipierten Tochter erzieherisch fertig wird, — wo es doch alle ,,wissen''! Auch macht es sich nicht gut, wenn der Pfarrer in der Sonntagspredigt sich enthusiastisch in Sachen Bruderliebe ergeht, obwohl er seit Jahren mit dem ,,Herrn Amtsbruder'' derselben Gemeinde ,,auseinander'' ist. Konflikte mit Mitarbeitern, Sekretärinnen wie Diakonen, Kompetenzstreitigkeiten zwischen Pfarrern und Laien, all das hinterläßt Spuren. Soviel Maske gibt es gar nicht, um so etwas mit einem pastoralen Ton oder mit einem frommen Gesicht zu kaschieren.

Zweifel

Wie gesagt, die Anfechtung des Seelsorgers, die ihn wirklich anficht, kann sehr tief und verborgen sitzen. Das wird gerade im Bereich des Zweifels deutlich. Der Zweifel kann bekanntlich leicht in die Verzweiflung umschlagen, und die läßt sich der Pastor ungern anmerken[4]. Die Anfechtung des Zweifels setzt bei dem Verkündiger des Wortes im Kopf an: Soll er den Text so oder so deuten? Kann er den Hinweis auf die Textunsicherheit oder ein ,,mythologisches'' Moment zumuten? Noch tiefer nagt der Zweifel, wenn er sich einmal bis zur Mitte des Glaubens durchgefressen hat: Stimmt die Sache mit Jesus wirklich? Ist er vielleicht doch nur der klassische Modellfall des Mitmenschen, der uns auf Gott und den Nächsten hinweist?

Sollte tatsächlich etwas daran sein, daß die Theologie des Kreuzes ,,paulinisch'' bedingt, d. h. mit überholten zeitgeschichtlichen Bildern von Sühne und Opfer belastet ist? Kann ich dann noch auf Versöhnung abheben? Ist die Auferstehung Jesu nur ein ,,Interpretament'', ein bloßes Deutungsmittel? Insofern ist der Weg zu den brutalen Anfechtungen des Glaubens nicht weit: Kann ich wirklich der Gnade Gottes gewiß sein? Habe ich mich über meine Berufung getäuscht? Halte ich das als Seelsorger überhaupt auf die Dauer aus?!

b) Nachdenkliches

Anfechtung und Anfechtung sind nicht immer dasselbe. Gerade der Seelsorger muß da sorgfältig differenzieren.

Die eigentliche Anfechtung

Zweifelsohne verdanken wir Luther die tiefsten Einsichten in das Wesen der Anfechtung[5]. Wir tun deshalb auch gut daran, mit ihm das ,,gemein creutz" von dem ,,güldenen Leiden" zu unterscheiden. Das erste haben auch die Heiden, das zweite eignet nur den Christen. Diese erfahren in der eigentlich geistlichen Anfechtung den ,,verborgenen" Gott, der sich unter dem ,,Gegenteil" offenbart, notfalls Gutes durch Böses wirkend. Der wirklich angefochtene Christ befindet sich in einem Konflikt zwischen zwei sich widersprechenden Gotteserfahrungen; er durchleidet ihn, weil er gleichwohl weiß, daß dahinter nur ,,ein" Gott steht.

So kennt Luther die Anfechtung als Zweifel an Gottes Güte, als Unsicherheit im Blick auf die Erwählung, als Bedrohung durch den religiös maskierten Satan und nicht zuletzt als Widereinander von Vernunft und Glaube. Klassisches Beispiel für solche Anfechtungen ist das Verhalten des Josef zu seinen Brüdern. Hier redet Luther ausdrücklich von einem wunderlichen ,,Spiel der göttlichen Güte", das Gewissen weckt und durch Tötung zum Leben führt[6]. Der letzte Urheber (Autor!) des Anfechtungszweifels ist also Gott selber. Freilich verbirgt sich hinter der Anfechtung des Glaubens nach Luthers Meinung ein seelsorgerlicher Gott. Ihr Ziel ist nicht die Hölle, sondern die ,,getroste Verzweiflung". Damit der Glaube nicht anfängt zu schwärmen oder sich in blasse Abstraktionen aufzulösen, erteilt Gott gleichsam Kurse in Anfechtung. Der Reformator nennt das die ,,Schule des Heiligen Geistes"[7]. Hier lernt man Desillusion und bekommt Illumination auf dem Wege mit Gott.

Die Haut des Seelsorgers

Nicht alles, was aussieht wie Anfechtung, ist tatsächlich Anfechtung des Glaubens. Insofern ist die Rede von der Anfechtung gelegentlich selber anfechtbar. Manche derartige Erscheinungen hängen einfach mit der ,,Haut" (Malaparte) des jeweiligen Seelsorgers zusammen. Nicht jeder hat eine Elefantenhaut. Im Gegenteil, dünnhäutige Seelsorger sind gar nicht selten. Hinter dieser Feinfühligkeit kann ein bestimmtes Erbe oder auch eine besondere Erfahrung stecken. Viel-

leicht hat die „Mutter als Schicksal" gewirkt, indem sie den Seelsorger als Kind zu sehr geliebt hat; verwöhnte Kinder, denen Enttäuschungen wie Erfahrungen erspart wurden, sind später leicht beleidigt, etwa bei Widerspruch und Kritik junger Menschen, und bleiben oft ein Leben lang unselbständig. Andere erleben den „Vater als Schicksal". War er zu streng, wird der Sohn leicht rebellisch oder ein ewiger Kritikaster. Fehlte er, ist oft Ich-Schwäche die Folge. Dazu kommt die Not mit der Gescheitheit. Als Geistesarbeiter ist der Seelsorger, ob er will oder nicht, ein sogenannter „Intellektueller". An sich muß Denkenkönnen ja nichts Böses sein. Und wenn Predigten Niveau zeigen, so ist das nur zu begrüßen. Andererseits hat es aber der intellektuelle Mensch als Seelsorger nicht immer leicht, im Gespräch Kontakt zu bekommen, weil er nicht die Sprache seines Partners spricht und seine Problemhorizonte zu wenig kennt. Ja, er kann manchmal auch mit sich selber im Krieg liegen, weil er vor lauter rationalen Zweifeln nicht mehr zum Glauben kommt, geschweige denn davon Zeugnis ablegen kann. Schließlich neigen einige Seelsorger zu Depressionen und brauchen selber Seelsorge! Das sind nicht die Schlechtesten, wohl aber die Dünnhäutigsten ihres Standes.
Vielleicht sitzt da in der Tiefe eine unverarbeitete Enttäuschung, ein Trauma. Aber nicht alles, was neurotisch aussieht, ist schon eine Neurose. Manche gewöhnen sich auch an ihre kleinen „Symptome". Kopfhängerei kann bei Seelsorgern zur Berufskrankheit werden.

Die Gestalt der Anfechtung

Seitdem die Praktische Theologie wieder den Menschen ernst nimmt, ist auch der Seelsorger als Mensch interessant geworden. Theologisch gesehen ist der Prediger bzw. Seelsorger ein Mensch, das heißt genau wie sein Zuhörer bzw. Gesprächspartner „Gerechtfertigter und Sünder zugleich".

Der Auftrag der Seelsorge prägt den Pfarrer bis in die Tiefe hinein, was sich dann an seinem Verhalten, seiner Frömmigkeit und seiner Theologie auswirkt[8]. So lassen sich in der Anfechtung nicht ohne weiteres Geistiges und Geistliches, Körperliches und Seelisches, Menschliches und Göttliches voneinander trennen. Die Anfechtungsgestalt des Seelsorgers bildet eine eigene Variante der Anfechtung. Im Lichte der psychologischen wie der theologischen Betrachtung kann man sie etwa so beschreiben: Die Anfechtung des Seelsorgers erwächst einmal aus dem Druck der Rolle: Jeder erwartet etwas von ihm, der Ratsuchende, die Öffentlichkeit, nicht zuletzt Gott. Wie soll man das aushalten? Werde ich nicht überfordert? Ich bin doch noch so unfertig. Immer geben, nie nehmen! Gerade das Ineinander von Menschenerwartung und Gottesforderung ist das, was zermürben kann.

Dann gehört zur Seelsorgeranfechtung die Bedrängnis des zu zarten Gewissens. Sie rührt letzten Endes von dem erwähnten Zwiespalt her. Bin ich nicht gescheitert? So lautet die niederschmetternde Frage, die nicht schlafen läßt. Das Gewissen des christlichen Beraters ist hauchzart wie eine Membrane, weil es jede Selbst- und Fremdkritik unwillkürlich in die Dimension der Verantwortung vor Gott hinausprojiziert.

Das dritte Kriterium der Anfechtung des Seelsorgers ist die Unsicherheit des Experten. Der Seelsorger gilt als Fachmann für Beratung und Religion. Er sollte doch klarer Zeuge Jesu und vollmächtiger Seelsorger sein. Aber da ist so viel Ratlosigkeit, Kleinglaube und Ungewißheit. Die der Sache Jesu Nahen sehen diese Problematik näher. Die Situation Hiobs wiederholt sich in der Verunsicherung des seelsorgerlichen Beraters.

c) Freundliches

Gewiß, die Anfechtungen des Seelsorgers sind groß. Aber ihre Wirklichkeit wird umgriffen von der noch größeren Wirklichkeit Jesu. Anfechtungen sind Umarmungen der Liebe Gottes. Anfechtung intendiert Durchfechtung. Sie ist Aufgabe und Möglichkeit des Glaubens, der Berge überwindet. Das bedeutet für den Seelsorger Mut, Trost und Halt.

Mut
zum Selbstsein, zur Identität des Seelsorgers.

Das Wort von der Identität ist heute in aller Munde. Gemeint ist damit die Selbigkeit des einzelnen, der zur vollen Mündigkeit frei wird und sich annimmt, wie er nun einmal ist, einschließlich seines „Schattens". Zwar gibt es im Lauf der Entwicklung des Menschen hie und da einmal Krisen der Identität (Erikson), aber sie können, recht verstanden, konstruktive Durchgangsstadien werden[9]. Der Mensch ist ein Wesen, das durch Rückfälle vorankommt. Das gilt auch für den Seelsorger und seine speziellen Anfechtungen. Nicht wenige sind ganz einfache Reifungshilfen des Schöpfers, der sein Geschöpf lieb hat. Welcher Vikar ist denn schon so „fertig", daß er so etwas nicht mehr nötig hätte! Allerdings, jeder Pfarrer ist ein besonderes Instrument im Konzert von Verkündigung und Seelsorge. Es wäre schrecklich, wenn wir alle orgelten. Es muß auch Blockflöten im Reich Gottes geben.

Trost
durch das Gültigsein der Vergebung.

Das Durchzustehende ist durchstehbar. Erinnert die erste Hilfe zur Überwindung der Anfechtung mit ihrem Mut zum Selbstsein an den 1. Artikel (Schöpfung), so die zweite mit ihrem Trost aus der Vergebung an den 2. Artikel (Erlösung). Ordinierte absolvieren als Absolvierte. Niemöller hat mitten im Kirchenkampf diesen Trost unterstrichen: „Auch wir Pfarrer, und wir vielleicht erst recht! . . . Wir Christen sind selber nichts; wir Christen haben selber nichts; wir Christen schaffen selber nichts. Wir leben von einem Wunder, und dieses Wunder heißt Christus: Der ist alles, der hat alles, der tut alles."[10] Der Gekreuzigte lebt, Ostern macht das Kreuz gültig.

Halt
am Dabeisein Jesu.

Wir wollen die Anfechtungen des Seelsorgers nicht verniedlichen. Sie sind da, und sie können zur Hölle werden: die Erfolglosigkeit der Predigten, das ausbleibende Echo der Seelsorge, der vereinsamende Mangel an Gesinnungsfreunden, die Gebetsmüdigkeit, die auch den Boten Jesu nicht verschonenden Versuchungen geschlechtlicher Art, die Angst vor der Entscheidung und nicht zuletzt der bohrende Zweifel an Gottes Gerechtigkeit in unserer Zeit bis hin zur Totalfinsternis des Unglaubens. Hier gewinnen wir Halt allein an der Wahrheit, auf die der 3. Artikel hinweisen will, an der lebendigen Gegenwart des Herrn und seines Geistes. Er nimmt uns die seelsorgerlichen Urteile, Impulse und Entscheidungen nicht ab, aber er ist dabei, wenn wir sie geben und fällen. Er erspart uns weder Angst noch Versuchung, aber er erweist sich dabei als der Helfende, weil er selber gelitten hat und versucht ist (Hebr. 2, 18). Er kann einen Seelsorger notfalls in die Hölle oder in die Wüste schicken, aber er besucht ihn dann auch und führt ihn heraus, wenn er die Stunde für gekommen hält. Jesus solidarisiert sich in einer wunderlichen Weise mit seinen Boten.

2. Die geistliche Existenz

Die „alten Mittel" der Seelsorge neu gesehen

„Du wirst öffentlich und sonderlich, vielleicht in hundert und tausend Weisen Deinen Pfarrkindern nahe kommen können, aber übertreib es auf keine Weise, mit keinem Mittel, mit keiner Gabe. Tue in Einfalt das Deine. Brauch betend die uralten Mittel auf jede Weise, die sich indiziert, und laß Gott sorgen, wie es geraten werde." So heißt es in der Pastoraltheologie des bayerischen Diakonissenvaters Wilhelm Löhe, die er unter dem Titel „Der evangelische Geistliche" veröffentlicht hat[11]. Wir greifen drei der „alten Mittel", nämlich Bibel, Gebet und Beichte, heraus. Diese Mittel „neu" sehen heißt, sie kritisch und konstruktiv für die Situation des Seelsorgers sehen. Sie machen weithin die „geistliche Existenz" der gemeindlichen Pfarrer und sonstigen Seelsorger aus. Sie sollten es jedenfalls. Aber da liegt manches im argen. Einige haben nur noch ein gebrochenes Verhältnis zur Schrift, können nicht mehr richtig beten und wissen mit der Beichte nichts anzufangen. Der folgende Abschnitt sucht diesen Tatbestand schonungslos aufzudecken. Das geschieht im Horizont der eigentlichen Sinnbestimmung dieser Mittel. Dadurch fällt Licht vom „Soll" auf das „Ist", aber auch Licht vom „Ist" auf das „Soll". Wir könnten auch sagen: Licht von der Existenz auf die Kompetenz! Insofern bildet der Abschnitt auch einen Übergang zum nächsten Kapitel.

a) Bibel

Die Not des Seelsorgers im Umgang mit der Bibel liegt auf der Hand: er „benutzt" sie. Sie ist sein Handwerkzeug, ohne das er verloren wäre. Damit geschieht ganz unbewußt eine Instrumentalisierung der Schrift. Der Seelsorger liest sie meistens nur im Blick auf seine potentiellen Ratsuchenden oder Zuhörer. Durch diese Verzweckung der Bibel kommt es früher oder später zu einer Verkümmerung des eigenen Bibellesens und damit auch zu einer Lähmung des geistlichen Lebens überhaupt. Die andere Gefahr besteht darin, daß wir als sogenannte Fachleute der Verkündigung die Bibel innerhalb der Familie zuviel und zu schematisch anbieten. In Tilmann Mosers „Gottesvergiftung" heißt es ausdrücklich von dem ach so christlichen Elternhaus: „Überall in meiner früheren Welt hingen deine Tages-, Monats- und Jahreslosungen, die Welt war vollgehängt mit deinen Sprüchen aus der Heiligen Schrift . . . Bei manchen Verwandten lag das Losungsbüchlein der Herrnhuter Brüdergemeinde auf dem Frühstückstisch. Gemeinsam beten und singen war die intensivste Weise des Zusammengehörens, du warst Familienkitt und Beziehungsillusion zugleich . . . Immer wieder wurdest du mir als die Hauptquelle allen Trostes genannt. Ich kannte viele Bibelstellen auswendig, in denen du dich und deinen Sohn angepriesen hast als Zuflucht für alles Leid und als Quelle aller Freude. Nur für mich schienst du nicht zuständig zu sein, ich donnerte an verschlossene Eisentore und kratzte am trockenen Kalk deiner Kirchenwände.'' [12] Offenbar ist hier einer geistlich überfüttert worden, zumindest wurde die Bibel an seinen Problemen vorbei gelesen.

Unsere Frage intensiviert sich: Inwiefern ist die Bibel wirklich Gottes Wort, und wie kann es bei einem Berufsarbeiter des Reiches Gottes zu einem gesegneten Umgang mit der Bibel kommen?

Bibel und Wort Gottes

Brauchen wir noch Bibel? Wie ist das Verhältnis von Bibel und Wort Gottes zu bestimmen? Kennen wir überhaupt die Bibel genug? Das sind die Fragen, die in den letzten Jahren Theologie und Kirche, Christen und Christentumskritiker beschäftigt haben. Sie zu ignorieren, hieße für den Seelsorger, ein blinder Blindenleiter zu werden. Er muß sich ihnen stellen, wenn es bei ihm wieder zu einem glaubwürdigen Umgang mit der Bibel in seinem persönlichen Leben kommen soll. J. Chr. Blumhardt konnte (1850 gegen Dr. Valenti) noch in schöner Zuversicht sagen: ,,Ich bin ein Seelsorger und nichts weiter. Ich zeuge von dem, was die Bibel sagt, wie ich es verpflichtet bin. Ich gehe nirgends über die Bibel hinaus in meiner Lehre, will aber auch nicht unter ihr bleiben. Das Evangelium ist nicht bloß Wortwerk, sondern eine Kraft, und daß ich letzteres festhalte . . . , daß ich mich an die ganze Bibel und nicht bloß an Bruchstücke derselben halte . . . , verschafft meiner bloßen Belehrung, Tröstung, Ermutigung und Warnung die Wirkung, von der man Zeugnisse vernehmen kann.'' [13] Bringen wir heute noch dieselbe Gewißheit auf?

Das Ergebnis der jahrelangen Streitgespräche um die Bibel läßt sich so zusammenfassen: Das ,,Und'' in der Formel ,,Gottes Wort und die Bibel'' ist zum Problem geworden. Betrachtet man aber einmal die Sachlage anders herum (Was wäre eine Bibel ohne Wort Gottes oder ein Wort Gottes ohne die Bibel?), dann wird bald deutlich, daß es weder ein bibelloses Wort Gottes gibt noch eine wortlose oder gar gottlose Bibel. Wir verstehen deshalb heute in einer biblisch und bekenntnismäßig orientierten Theologie die ,,Bibel als Gottes Wort'', wobei wir das ,,als'' im Sinne von Luthers Abendmahlslehre gebrauchen, nämlich im Sinne von „in, mit und unter": Das Wort Gottes ist (realpräsent) „in" der Bibel[14].

Der Chor der biblischen Zeugen bzw. Verfasser ist menschlich genauso differenziert und mannigfaltig wie der Kreis der heutigen Pfarrer, unter denen es ja auch verschiedene Charismata gibt und die nicht alle nach Schema F verkündigen. Zusammengehalten wird dieser Chor durch ein Thema: durch Christus; er ist die Mitte der Schrift. Im übrigen ist die Bibel kein ausgebügeltes Lehrbuch, bei dem alle Ecken und Kanten elegant abgeschliffen sind, sondern selbst ein seelsorgerliches Zeugnis von Christus, ein an- und zuredendes Wort. Die Formwerdung des Wortes Gottes ist selbst ein Stück Evangelium. Luther deutete diesen Tatbestand so: „Schlichte und geringe Windeln sind es, aber teuer ist der Schatz, der darin liegt."[15] Die Windeln sind nicht der Heiland, aber wir sind froh, daß wir sie haben und ihn dort eingewickelt finden können.

Umgang mit der Bibel

Für den Seelsorger entsteht nun eine Reihe ganz konkreter Aufgaben. Er muß im Umgang mit der Bibel darauf achten, daß er nicht in die „Haltung eines Funktionärs" verfällt, „der seinem System dient, ohne selber innerlich beteiligt zu sein"[16]. Am nachhaltigsten gelingt das wohl durch stilles Einzellesen, nicht ohne davor um den wichtigsten „hermeneutischen" Schlüssel zu bitten, nämlich den Heiligen Geist, der in alle Wahrheit führt (Joh. 16, 13). Dazu kommt die fruchtbare Lesegemeinschaft in der Familie oder im Bibelarbeitsgespräch einer Gruppe. Heilsam ist dabei eine Leseordnung, ob sie sich nun herleitet aus der Lectio continua der Evang. Jugend, aus der Kirchenjahrlese, aus den Herrnhuter Losungen oder aus dem Neukirchener Kalender. Entscheidend ist bei allem die Bereitschaft des „Ohrs". Vor unseren seelsorgerlichen Gesprächen rangiert das evangelische Hören, wie es beim Propheten Jesaja zur Sprache kommt: „Gott, der Herr, hat mir eine Zunge gegeben, wie sie Jünger haben, daß ich wisse, mit den Müden zu rechter Zeit zu reden. Alle Morgen weckt er mir das Ohr, daß ich höre, wie Jünger hören" (Jes. 50, 4).

Die Pastoralbriefe enthalten bezeichnenderweise eine Art seelsorgerliches Lernziel für den Umgang mit der Schrift: Die Schrift (hier das Alte Testament) stammt danach „aus Gottes Geist" und dient (nützlich = erziehlich)
1. der "Lehre", d. h. der radikalen Erhellung meines Denkens,
2. der „Überführung", d. h. der Aufdeckung meiner Schuld,

3. der „Besserung", d. h. der Aufrichtung meines Lebens,
4. der „Erziehung in der Gerechtigkeit" (Rechtschaffenheit), d. h. der Erneuerung meines Handelns.

Die gelesene und verstandene Bibel verleiht eine bestimmte Kompetenz, sie macht den Leser fähig, ein „Mensch Gottes" zu werden, „zu allem guten Werk geschickt". Das Lesen lehrt das Lieben. Gemeint ist nämlich das „Liebeswerk"[17]. Die hier angesprochene Bildung (paideia!) durch die Bibel trägt sowohl einen heilspädagogischen (V. 15: sophisai = weise machen zum Heil) als auch einen heiligungspädagogischen (V. 17) Charakter.

b) Gebet

Das Beten ist in eine Krise geraten. Einer aus der amerikanischen „Gott-ist-tot-Theologie" hat es angesichts des modernen Denkens für fraglich erklärt, ob man im Gebet noch „jemand supponieren" müßte, zu dem gesprochen werden könnte (van Buren). Die Rationalisierung des Betens scheint im vollen Gange. Fürbitte ist keine Fürbitte mehr, sondern nur ein „Überdenken" der Notlage des Mitmenschen im Lichte des Evangeliums (Sölle)[18]. Aus dem Dialog des Gebets wird der Monolog der religiösen Selbstbesinnung. Das Dankgebet wäre so nur noch „Ausdruck der Freude eines Menschen, der ein bestimmtes Maß von Freiheit gefunden hat". Schon hat eine Gegenbewegung gegen diese Vereinseitigung des Kopfes eingesetzt. Jetzt appelliert man wieder an das Gefühl. Die sogenannten „Liturgischen Nächte" sind ein gewiß aufrichtig gemeinter, aber doch auch zum Teil fragwürdiger Versuch in dieser Richtung.

Der Seelsorger hat es mit vier Hauptfeinden seines Betens zu tun: mit dem Streß, der Routine, der Publizität und der Timidität. Der *Streß* unseres Dienstes bewirkt oft große Müdigkeit. Abgespannt schläft man über dem Gebet ein oder vergißt es ganz. Die *Routine* kommt von der Häufigkeit des Betenmüssens. Zumal in wirklich frommen Kreisen bürgert sich manchmal ein regelrechter Gebetsjargon ein. Oft weiß man schon nach den ersten Worten eines Gebetsbeitrags in der Gebetsgemeinschaft, wie der nächste Satz lauten wird. Manche Anredebegriffe sind bereits zu Floskeln oder Worthülsen geworden. Weiter macht uns die *Publizität* zu schaffen. Immer wieder erwartet man von uns ein öffentliches Gebet, am Ende oder schon zu Beginn. Da besteht dann die Gefahr, daß dem rhetorisch Gewandten das Gebet zu elegant gerät, daß der Diensteifrige unter einem geistlichen Leistungsdruck steht und dann mehr religiöses „Show-Business" bietet als wirklich betet. Schließlich hemmt die *Timidität* das Beten des

Seelsorgers. Wir haben eine seltsame theologische Angst vor Frömmigkeit. Man könnte uns doch eines reaktionären Pietismus verdächtigen!

Biblisch-theologisch gesehen ist das Gebet nicht nur ein partieller Abschnitt, sondern eine totale Grundeinstellung des geistlichen Lebens („Betet ohne Unterlaß": 1. Thess. 5, 17). Es hat den Primat unter allen Aktivitäten des Christseins („Vor allen Dingen zuerst Gebet": 1. Tim. 2, 1). Die spezielle Problematik des Betens im persönlichen Leben des Verkündigers kann am besten unter ein Wort aus dem Jakobusbrief gestellt werden: „Des Gerechten Gebet vermag viel, wenn es ernstlich ist" (5, 16).

Drei Kriterien kennzeichnen danach das im besten Sinne des Wortes evangelische und pastorale Gebet, die Erlaubtheit, die Wirksamkeit und die Jeweiligkeit.

Fragen wir zunächst nach der *Erlaubtheit:*
Wer ist denn eigentlich „gerecht"? Der Verfasser des Jakobusbriefes ist nicht mehr genau auszumachen. Wahrscheinlich war es ein hellenistischer Judenchrist aus der außerpalästinensischen Diaspora, dem an einer praktischen Nachfolge Jesu lag und der sein Zeugnis in einer Art seelsorgerlichen Unterricht an den Mann zu bringen suchte. Theologisch vertritt Jakobus das Anliegen der „Armenfrömmigkeit", wie sie ja auch in der Seligpreisung der „Armen" durch Jesus anklingt[19]. Gläubig, fromm, gerecht, arm sind hier mehr oder weniger synonym. Wenn die angeblich „stroherne", in Wirklichkeit doch recht existentielle Epistel des Neuen Testaments das Gebet des Gerechten fordert, so hat sie gerade nicht den frommen Leistungsmenschen, den Mann mit der weißen Weste, den Überchristen als genuinen Beter vor Augen. Wer könnte dann unter den Seelsorgern noch beten! Außerdem würden die Gebetshemmungen unter unseren Zeitgenossen nur noch ins Unermeßliche wachsen.

Ungerecht ist ein Gebet immer dann, wenn der Beter seinen Kopf durchsetzen will, wenn er sein Beten wichtiger nimmt als den Herrn, zu dem er betet, oder wenn er schließlich nur mit und zu sich selber betet, und wäre das auf hohem Reflexionsniveau. Ungerecht ist ein Gebet, das sich ständig um das eigene Ich dreht und das zu sehr darauf achtet, wie es in der Öffentlichkeit ankommt. Bonhoeffer hatte schon recht, wenn er sagte: „Das Gebet ist niemals demonstrativ", es ist „das schlechthin Verborgene"[20]. Zum Gebet des Gerechten kommt es erst dann, wenn der Beter sich in einem rechten Verhältnis zu dem befindet, dem sein Gebet gilt. Ein solches Verhältnis ist nicht

„machbar" wie die Welt der Sachen. Das Gebet des Gerechten ist als solches ein Wunder. Gebete mit Gott sind immer vermittelte Gespräche. Zum Gebet gehört nicht nur ein Beter, sondern auch ein Mittler. Das Gebet des Gerechten ist ein Gebet im Namen Jesu. Es ist nicht das Gebet des Nicht-Sünders, sondern das Gebet des gerechtfertigten Sünders.

Die weitere Frage gilt der *Wirksamkeit:*
Wieviel vermag denn das Gebet des Gerechten? Was leistet es denn? Mancher Skeptiker in unseren Versammlungen zweifelt: Hat dieses Gebet überhaupt einen praktischen Nährwert? Aber auch der erfahrene Berufsarbeiter des Reiches Gottes, der schon eine Ahnung hat von „der Heilgen Beten", fragt doch einmal, vielleicht ganz heimlich und aus der Anfechtung des Glaubens heraus, nach dem inneren Wirkgehalt des Gebetes. Die Antwort, im Geist der biblischen Botschaft gegeben, lautet dann: Wieviel vermag das Gebet des Gerechten? Immer so viel, wie Gerechtigkeit im Gebet vorhanden ist. Kommen die Gerechtigkeit des Gebetes und die Gerechtigkeit Gottes im geistlichen Ringen des Beters durch die Gnade unseres Herrn Jesus Christus zur Deckung, dann ist Gott am Wirken[21], sei es im Beten des Beters oder im Erhören und Verwirklichen des Gebetsanliegens. Praktisch heißt das: Wieviel? Nicht alles. Wir kennen zwar das paulinische Wort an die Philipper: „Ich vermag alles durch den, der mich mächtig macht, Christus", aber hier ist nicht das fromme Ich das Alles-Erreichende, sondern Christus, der die Dynamik in Gang setzt. Bei Jakobus heißt es deswegen nicht überschäumend: Das Gebet vermag „alles", sondern nur nüchtern-dankbar: Es vermag „viel". Allerdings heißt es auch nicht: Es vermag „gar nichts". Nur keine falsche Resignation! Der Seelsorger darf nur nicht sein Beten überfordern. Das Gebet des Gerechten funktioniert nicht automatisch. Wer beten will, muß mit der billigen Schwarz-Weiß-Malerei und der Alles-oder-Nichts-Parole aufhören. Der wahre Beter berechnet nicht den Erfolg seines Gebets, er betet, d. h. er läßt sich von Gottes Güte überraschen. Dies aber kann das Gebet: es vermag viel, „wunderlich viel". Wir haben nicht ohne weiteres apostolische Vollmacht und charismatische Begabung, aber Gott kann es in dem einen oder anderen Falle schenken, daß Kranke gesund werden, Zweifler zu Bekennern, Dirnen zu Heiligen, Mörder zu Brüdern werden. Wir dürfen uns nicht Mächtigkeiten anmaßen, sondern müssen uns demütig der Macht Jesu anvertrauen. Viel vermag das Gebet des Gerechten nicht, wenn es viel, sondern wenn es wenig redet, nicht wenn es Jesus beschwatzt oder beschwört, sondern wenn es Jesus hört und vor ihm still wird.

40

Die letzte Frage, die wir beim Gebet des Gerechten stellen, betrifft die *Jeweiligkeit* dieses Gebetes:

Wann wird es eigentlich ernst? Luther legte bei der Übersetzung den Akzent auf die „Aufrichtigkeit" des Beters. In dem griechischen Urwort für „ernst sein" steckt das deutsche Fremdwort „Energie" bzw. „energisch". Ein echtes Christengebet ist energisch, sonst ist es nicht. Wer aber liefert die Energie dafür, wenn nicht Gott selbst. Das Gebet des Gerechten ist gekennzeichnet durch Nachdrücklichkeit und Jeweiligkeit. Ohne Glaube kein Beten, ohne Beten kein Glauben. Und doch machen es nicht die Länge, Lautstärke und Gefühlsintensität. Ernstlich wird ein Gebet nur dann, wenn es wirklich Ernst wird, und der wirkliche Ernstfall tritt ein, wenn es zur persönlichen Begegnung mit dem lebendigen Gott kommt. Deswegen strengt auch Beten oft so an. Es kostet manchmal mehr Schweiß und Selbstüberwindung als Arbeiten. Wenn es aber im Gebet zur Tuchfühlung, ja zur Hautnähe mit Gott kommt, dann läßt er auch jeweils seinen Geist energisch wirken, der ja bekanntlich weht, wann und wo er will; ich muß nur darum bitten, für den Ratsuchenden und für mich.

Die Fülle der Fälle, die unsere Fürbitte erfordern, ist oft niederdrückend. W. Löhe schreibt an seine Diakonissen: „Laß die Rauchwolke deines Gebets, deines Morgen- und Abendopfers immer wieder im Andenken der Elenden und Leidenden aufsteigen, und weil du so schwach bist in deiner Liebe und so vergeßlich in deinen Pflichten, so lege dir ein Gedenkbuch deiner Fürbitten an und halte es mit treuem Fleiße. Verzeichne darin alle Elenden, für die du beten sollst, mit großen Buchstaben, besonders aber diejenigen, die du immer wieder vergißt, und diejenigen, für welche du nie genug betest und beten kannst. Mit roten Sternen zeichne dir diejenigen an, bei deren Namen du nicht nur an die Fürbitte erinnert wirst, sondern auch an deine Schuld, weil du ihr Elend mitverschuldet hast. Sei aber nicht bloß eine Buchführerin der Fürbitten, sondern gewöhne deine Seele an die Fürbitte selber und achte den Tag für verloren, an welchem du Gott dein Opfer der Fürbitte nicht gebracht hast."[22]

Wir haben heute alle kleine Terminkalender oder alphabetische Adressenbüchlein. Was hindert uns, das Chaos unserer Fürbitten-Pflichten ein wenig zu ordnen, damit wir nicht untreu werden und das Vertrauen unserer Ratsuchenden nicht frustrieren.

Und noch ein Wort zur Gebetsgemeinschaft der Seelsorger untereinander und des Seelsorgers mit dem Ratsuchenden: Sie hat apostolischen Grund unter den Füßen (Apg. 2, 42) und bleibt ein helfendes

Angebot. Sie verstärkt (potenziert) das Gebetsanliegen (zwei oder drei über einer Sache eins, Mt. 18, 19), läutert (korrigiert) und ergänzt (komplettiert) das Gebet des Bruders. Sie darf aber nicht verabsolutiert werden. Einzelgebet und Gebetsgemeinschaft gehören zusammen!

Schließlich wird empfohlen, die Gebetsgemeinschaft immer auf einen bestimmten, in der Stille meditierten biblischen Text zu gründen, damit sie nicht ausufert und völlig versubjektiviert wird. Um so zuchtvoller kann dann in eigenen Worten für eine konkrete Sache oder eine konkrete Person gebetet werden.

c) Beichte

Beichte ist heute ein neuer Bedarfsartikel. Man kann das etwa an dem Schriftsteller Max Frisch studieren. Schon in ,,Mein Name sei Gantenbein'' sagt er: ,,Ein Katholik hat die Beichte, um sich von seinem Geheimnis zu erholen, eine großartige Einrichtung . . . Ich habe bloß meinen Hund, der schweigt wie ein Priester'' (152). In seinem halbbiographischen Roman ,,Montauk'' läuft Frisch in Sachen Beichte nahezu Amok, und zwar bis zur öffentlichen ,,Selbstprostitution'': ,,Dies ist ein aufrichtiges Buch. Leser, es warnt dich beim Eintritt . . . Denn ich bin es, den ich darstelle. Meine Fehler wird man hier finden, so wie sie sind.'' Und so liest man seine Erlebnisse mit Geliebten und Ehefrauen, u. a. mit der tragisch verbrannten Dichterin Ingeborg Bachmann: ,,Die Frau, die ich damals liebte, hatte Philosophie studiert und über Wittgenstein geschrieben und promoviert über Heidegger.'' Später heißt es: ,,Ingeborg ist tot. Zuletzt gesprochen haben wir uns 1963 in einem römischen Café, vormittags; ich höre, daß sie in jener Wohnung, Haus zum Langenbaum, mein Tagebuch gefunden hat; sie hat es gelesen und verbrannt. Das Ende haben wir nicht gut bestanden.''[23] Das ist alles. Früher flüsterte man bei kleinen Dichtertagungen hinter vorgehaltener Hand über die Affäre. Jetzt weiß sie alle Welt. Wir kannten nur ihre Klage, d. h. die Stimme auf der anderen Seite dieser Liaison. Es sei nur an das wohl schönste deutsche Liebesgedicht aus jüngster Zeit erinnert, das wir der Bachmann verdanken: ,,Erklär mir, Liebe, was ich nicht erklären kann: / Sollt ich die kurze schauerliche Zeit / nur mit Gedanken Umgang haben und allein nichts Liebes kennen und nichts Liebes tun? Muß einer denken? Wird er nicht vermißt?''[24] Genug des Beispiels! Wer Seelsorge übt, muß nicht nur Beichte hören, er sollte auch beichten. Was heißt das?

— *Die Schwere der Schuld:* In der neueren Rechtssprechung wird die Schwere der Schuld danach beurteilt, welchen Anteil der Täter, der „Delinquent", der die Rechtsgemeinschaft „verlassen" hat, besitzt und von den Möglichkeiten der „Reintegration" (Wiedereingliederung) des Täters in die Rechtsgemeinschaft her. Früher fragte man nur nach dem „Malefikanten" (dem Übeltäter) als Urheber der Tat. Als Christen wissen wir, daß es über den berechtigten Dimensionen des Gewichts des persönlichen Schuldeinsatzes und der Schwere der Gemeinschaftsverletzung noch eine letzte Dimension der Dimensionen gibt, die Schuld vor Gott. Hier fragen wir, was Schuld vor Gott bzw. Sünde ist, nämlich ein Defizit an Glaube und Liebe (P. Althaus), ja Widerspruch und Feindschaft gegen Gott (Röm. 8, 7; Eph. 2, 16)[25]. Schuld und Schuldgefühle sind zu unterscheiden. Es gibt unechte Schuldgefühle, die es verdienen, therapeutisch oder seelsorgerlich abgebaut zu werden. Man muß aber aufpassen, daß man damit nicht gleich die echten Schuldgefühle mit wegargumentiert. Hier liegen die Fallen der den guten Gedanken der „Annahme" übersteigernden „Annahme"-Ideologie (s. u. S. 97 - 103). Die Schwere der Schuld liegt nicht nur immer in ihrer Massivität. Die Formen der Schuld sind außerordentlich komplex, ob es sich nun um Versagen, Vergehen oder Verschulden handelt. Der französische Pfarrer Henri Hatzfeld kennt die spezifische Schuld des Seelsorgers aus eigener Erfahrung. In seinem Tagebuch eines Landpfarrers „Feuer und Wind" schreibt er: „Das Leben des Seelsorgers = Pfarrers hat etwas Abscheuliches. Er ist in eine Situation hineingestellt, in der die Sünde keine großen Formen annehmen kann . . . Bei ihm hat die Sünde immer die Form einer Unterlassung, einer unterdrückten Anwandlung . . . Er schöpft das Böse, das in ihm steckt, niemals aus"[26]. Das „Proprium" bzw. die Eigenart der Sünde des Seelsorgers liegt in ihrer Feinheit; sie kann hauchzart und raffiniert sein. Die Schwere der seelsorgerlichen Schuld besteht in ihrem Feingewicht.

— *Die Freude der Beichte:* Wer beichtet, bejaht etwas (althochdeutsch: bejicht; griech.: homologein = dasselbe sagen!). Im Prozeß der Beichte dürfen wir nichts überspringen, auch wenn wir inzwischen längst Fachleute oder gar Routiniers der Seelsorge geworden sein sollten: Es beginnt mit dem Erkennen der Schuld, geht über zum Anerkennen der Schuld und führt schließlich zum Bekennen der Schuld. Ich darf kein Stadium auslassen. Zwar brauchen wir nicht den Bröckelgrad unserer Zerknirschung oder den Hitzegrad unserer Herzensfrömmigkeit oder die Glaubwürdigkeit unserer Reue in die Waagschale zu werfen, wie es die katholischen Brüder zum Teil noch heute gewohnt sind, aber eine reine Technik ist nun die Beichte auch nicht. Sie läßt sich noch schwerer einer „Effizienzkontrolle" unterziehen, als das sowieso schon in der Beratung und im Religionsunterricht der Fall ist. In Manfred Bielers „Mädchenkrieg" gibt es eine solche Stelle eines tschechischen Beichtverhörs, die etwas schmunzeln läßt und die doch hintersinnig ist. Eine Frau (Sophie) hat die Ehe gebrochen. P.: „Haben Sie sich diesem Mann hingegeben?" — „Ja." — „Wollen Sie bekennen, wie oft?" — „Oft." — „Und nun bereuen Sie." — „Verzeihung", antwortete Sophie, „aber ich habe es Ihnen nur erzählt, weil sonst niemand da ist, dem ich es sagen könnte."[27] Die wenigen Sätze machen ein wichtiges Phänomen deutlich: schon Beichten als solches hat etwas Befreiendes. Es macht wirklich frei und richtig froh. Auch die Engel im Himmel freuen sich mit, wenn ein Sünder Buße tut (Luk. 15, 10). Man wird den Druck los. Die Zentnerlast ist weg. Auch und gerade die „Nieren-, Gallen- und Blasensteine", die kleinen spitzen, schmerzenden, verborgenen Sünden des Seelsorgers kann ich los werden. Ich liefere sie ja auf dem Wege über den Bruder Gott selber aus. So etwas läßt sich durch nichts ersetzen, weder durch ein Kämmerleingebet noch durch Aussprache bei einem neutralen Berater (wie neutral ist er denn?!) noch durch eine Selbsterfahrungsgruppe.

— *Die Gewißheit der Vergebung.* Wer beichtet, sagt aber nicht nur Ja zu seiner Sünde, sondern letzten Endes auch Ja zu Christus. Wenigstens liefert er sich diesem Christus völlig aus. Sündenbekenntnis und Christusbekenntnis gehören unauflöslich zusammen. Das vergißt man zu leicht. Immer ist nur von der Beichte die Rede. Sie ist zum Hauptwort geworden, obschon sie doch nur ein Durchgangsstadium zur Vergebung ist bzw. zur Absolution. Und von der reden wir nur im Fremdwort: Wenn es bei den Deutschen feierlich wird, reden sie lateinisch! Natürlich kann ich von der Vergebung auch im Römerbrief, bei Barth, Pannenberg und Moltmann, im Erwachsenenkatechismus und auf dem Neukirchener Kalenderblatt nachlesen. Aber ich kann mir nicht selber vergeben. Da gehört mehr dazu als eine rein kognitive Kenntnisnahme oder auch bloß affektive Annahme. So etwas muß ich immer wieder neu erfahren und durch ein Du dessen gewiß werden, im Sinne der Gewißheit (certitudo) und nicht der Sicherheit (securitas)[28]. Das kann mir ein Laienbruder sagen, ein von einem christlichen Werk Beauftragter oder eine kirchliche Mitarbeiterin, ein Jugendleiter oder ein sogenannter Vorsitzender. Es kann aber auch ein ordinierter Amtsträger sein, der hauptamtlich zu eben diesem Dienst berufen ist und sich nicht selbst eingesetzt hat, ein Pfarrer oder Prediger. Auch das liturgische Formular kann bei dieser Vergewisserung gerade in seiner objektiven Form eine echte Hilfe sein. Die

Reformatoren wußten schon, was sie taten, als sie die Privatbeichte ausdrücklich in Geltung beließen. Um es einmal ganz persönlich zu sagen: Ich erinnere mich jedenfalls dankbar an ein Studentenerlebnis bei einer Tagung in X., als ich zum erstenmal von meinem Professor eine Beichte mit Absolution und Handauflegung angeboten bekam und, zitternd und fröhlich zugleich, davon Gebrauch machte.

Beichte und Absolution bilden zwei Pole eines ganzheitlichen Prozesses. Sie stehen unter zwei geistlichen Imperativen: 1. (für den Ratsuchenden) ,,Einer bekenne dem anderen seine Sünden" (Jak. 5, 16) und 2. (für den Seelsorger) ,,Einer trage des anderen Last" (Gal. 6, 2). Darin liegt die ganze Theologie der Beichte begründet. In der evangelischen Beichte dürfen wir das Evangelium in der privatesten Form hören, die es gibt. Die beiden Imperative sind von heimlichen Indikativen umgriffen, denn sie gründen im Evangelium dessen, der die Sünde vergibt (Mk. 2, 10) und der fürwahr unsere Lasten, Krankheiten und Sünden tragen will (Jes. 53, 4). — Armer Seelsorger, wenn er andere krampfhaft reich machen will und selber arm bleibt!

— *Die Beichte in der Sonne.* In zweifacher Hinsicht hilft das Neue Testament dazu, in der Besinnung über die Beichte noch etwas tiefer zu loten, und zwar in Richtung auf eine Beichte in der Sonne und eine Beichte unter Brüdern. Beginnen wir mit dem Sonnenaspekt. ,,Wenn wir aber unsere Sünden bekennen, so ist er treu und gerecht, daß er uns die Sünden vergibt und reinigt uns von aller Untugend" (1. Joh. 1, 9). Das ,,Aber" grenzt sich gegen das verfehlte Selbstverständnis von V. 8 ab: ,,So wir sagen, wir hätten keine Sünde." Es ist letztlich ein Selbstbetrug. Auch der christliche Seelsorger kann nie meinen, er habe nun das Gröbste hinter sich. Bemerkenswert viele Dichter und Analytiker der Gegenwart denken heute wieder kritisch, ja fast pessimistisch über den Menschen. Wollen wir uns von ihnen beschämen lassen? Aber was ist ein sogenanntes christliches Leben wert, bei dem die Wahrheit fehlt? Haben wir als Berufsarbeiter der Seelsorge den ,,Geschmack für das Unendliche" (Schleiermacher) und den Eros zur Erkenntnis mit der Zeit verloren?[29] Es ist an der Zeit, die Wahrheit wieder hereinzulassen. Früher oder später merken es die anderen sowieso, daß wir dem Nächsten Theater vorspielen. Ist Bekennen im Sinne von Beichte ein Bejahen, dann setzt Bekennen (s. o.) ein Anerkennen voraus. Es ist ein dynamischer Prozeß. Wir dürfen ihn nicht in Scheibchen zerlegen und dann ein Partikel hochstilisieren. So muß dem Herzensbekenntnis das Mundbekenntnis entsprechen und umgekehrt (Röm. 10, 9). Es mag ja sein, daß unsere Seelsorgekrise auf einer unvergebenen Schuld beruht. Zuweilen sitzt der Schmutz in den Ritzen. Vielleicht haben wir schon zuviel routinemäßige Erfahrung, zu perfekte Kenntnis von der theologischen Versöhnungslehre, aber es mangelt uns an konkreter Vergebung. Der Maßstab dafür ist das Licht Gottes (1. Joh. 1, 5 ff.). Wir brauchen als Seelsorger eine Beichte in der Sonne. Gerade weil nicht alle Schuldgefühle der hauptamtlichen Botschafter wirklich Schuld sind, sondern manche nur unechte Schuldgefühle, heißt es auf die Kriterien achten. Freilich, die sogenannten neurotischen Phänomene sind auch nicht nur therapeutisch in einer Fachklinik aufzuarbeiten, sondern in einem Brudergespräch auf originäre Schuldhorizonte zu hinterfragen. Nur wirkliche Schuld läßt sich vergeben: ,,Wenn wir aber im Lichte wandeln, wie er im Licht ist, so haben wir Gemeinschaft untereinander'' (V. 7).

— *Die Beichte unter Brüdern.* Und nun zu dem Brüderaspekt! Nach O. Rieckers gutem Wort hat die Beichte ihren geometrischen Ort im seelsorgerlichen Gespräch, d. h. unter Brüdern. ,,Sünden bekennt man unter vier Augen. Nöte kann man einem kleinen Kreise sagen, die Siege Christi bekennt man öffentlich.''[30] In Mt. 18, 15 — 18 haben wir eine richtige Bruderschaftsregel, die Mut zur seelsorgerlichen Initiative macht: ,,So gehe hin.'' Manchmal ahne ich, daß den anderen etwas drückt. Ich muß nicht immer erst warten, bis er von allein kommt. Es kann ja auch sein, daß er gar nicht merkt, wie schuldig er geworden ist. Auch dann ist das Hingehen eine Schutzmaßnahme in seinem Interesse. Das ,,Vorhalten'' wird immer in der Wahrheit und in der Liebe geschehen müssen. Hier sollte man sich einiges von der heutigen Beratungsmethodik sagen lassen. Wie sehr sich heute die Welt nach Beratung und Seelsorge sehnt, kann man in dem umstrittenen Roman ,,Der Butt'' von Günter Grass nachlesen. Das Beratungsdefizit wird hier durch einen Heilbutt gedeckt. Die dreibrüstige Urmutter Aua sagt zu dem Erzähler: ,,Es ist nur, was ist. Sie gibt uns, sobald wir zappeln und zweifeln, die Brust. Das hilft auch, gegen die Unruhe und das Fragen. Während du, Butt, mich nervös machst. Du redest so zweideutig. Was sind das: Informationen? Sag schon, wo kommt der Fluß her? Darf man woanders mehr als drei Reusen ineinanderhängen? Und hat das, was ist, auch noch Sinn?''[31] Der Fisch flüstert beratend ins Ohr, eine Art moderner Ersatzseelsorger. Grass hat verstanden, daß der Berater die Entscheidung nicht abnehmen kann, sondern den Ratsuchenden nachdenklich machen und ihm zu eigener Entscheidung helfen soll. Das gilt auch für die brüderliche Seelsorge im Sinne einer Beichte unter Brüdern. Diese spezifische Seelsorge an Seelsorgern darf und will durch Vergebung und Versöhnung einen ,,Bruder gewinnen'' (Mt. 18, 15). Deshalb ,,vermahnt'' sie den anderen ,,als einen Bruder'' (2. Thess. 3, 15),

,,liebt" sie ,,den Bruder" und ,,bleibt so im Licht" (1. Joh. 2, 10), ja sie ist bereit, ,,auch das Leben für die Brüder zu lassen" (3, 16). Das alles ist aber nur möglich, weil er, der große Bruder Jesus Christus, selber ,,sein Leben für die Brüder gelassen hat" und sich ,,auch nicht schämt, uns Brüder zu heißen" (Hebr. 2, 11). Aus der Beichte wird im Namen Jesu Bruderschaft.

III. Pastorale Kompetenz

Was dem Seelsorger not tut

Wer A sagt, muß auch B sagen: Wir haben relativ ausführlich untersucht, was dem Seelsorger heute Not macht. Gerade der letzte Abschnitt dieses Kapitels hat gezeigt, daß sich eine solche Fragestellung nicht durchführen läßt, ohne das Problem einer Überwindung der Not zu berühren. Das eine zieht das andere nach sich. Das neue Kapitel stellt sich darum der Frage, was dem Seelsorger nun heute not tut. Die Formulierung dieser Frage darf nicht mißverstanden werden. Wir wollen uns hüten, einen ellenlangen Katalog von letzten Endes doch unerfüllbaren Forderungen aufzustellen. Ein Seelsorger wird sich bei einer Berufskrise oder bei Anfängernöten in erster Linie etwas fundamental Neues von Gott schenken lassen, anstatt selber mit unzureichenden Mitteln an den Symptomen seiner Misere oder seiner Ängste herumzukurieren. Freilich muß er auch etwas tun: Je mehr er sich schenken läßt, um so mehr wird das Geschenk zu einer Herausforderung an ihn. Die geistliche Gabe wird zur seelsorgerlichen Aufgabe. Not „tut" also die Hilfe von „oben" sowie das daraus resultierende Helfen von „unten". Nur so kommt es offenbar zu dem, was man die pastorale Kompetenz nennen könnte. Was aber heißt „Kompetenz"? Wie ist dieser Begriff gemeint, und wie wollen wir vom Boden des Neuen Testaments aus damit umgehen? Diese Vorfrage gilt es zunächst zu klären.

Die heute vieldiskutierte Frage der „Kompetenz" erfährt eine unterschiedliche Beurteilung. Die einen trauen ihr zuviel, die anderen zuwenig zu. Das biblische Wort hat da eine eigene Sicht. Die folgenden Leitsätze wollen in diesem Sinne als einleitende Impulse verstanden werden.

Robert Musil, der Autor des Romans „Der Mann ohne Eigenschaften", findet: *Keine Kompetenz!* Sein Held Ulrich sagt: „Alles ist moralisch, aber die Moral selbst ist nicht moralisch." „Es ist eine Welt von Eigenschaften ohne Mann entstanden, von Erlebnissen ohne den, der sie erlebt, und es sieht beinahe aus, als ob im Idealfall der Mensch überhaupt nichts mehr privat erleben werde und die freundliche Schwere der persönlichen Verantwortung sich in ein Formelsystem von möglichen Bedeutungen auflösen würde." „Eigentlich gibt es kein Gut und Bös, sondern nur Glaube und Zweifel."[1]

Jürgen Habermas, der Philosoph der sozialkritischen Frankfurter Schule, erweckt in seinen Schriften zum Teil den Eindruck: *Zuviel Kompetenz!* Seine Leitgedanken lauten: ,,Postkonventionelle Identität'', ,,offene Identität'', ,,herrschaftsfreie ideale Sprechsituation''. Sein Ziel, nämlich die ,,kommunikative Kompetenz'', erscheint für den Menschen der modernen Gesellschaft durchaus erreichbar[2].

Das *Neue Testament* wiederum hat eine ,,ganz andere'' Perspektive. Man könnte sie etwa so umschreiben: *Kompetenz von Gott in Christus für andere!* Als biblische Belege lassen sich die folgenden Stellen anführen: ,,Von Gottes Gnade bin ich, was ich bin'' (1. Kor. 15, 10). ,,Ich lebe; doch nun nicht ich, sondern Christus lebt in mir. Denn was ich jetzt lebe im Fleisch, das lebe ich im Glauben an den Sohn Gottes, der mich geliebt hat und sich selbst für mich dargegeben'' (Gal. 2, 20). ,,Ist jemand in Christus, so ist er eine neue Kreatur. Das Alte ist vergangen. Siehe, es ist alles neu geworden'' (2. Kor. 5, 17). Es versteht sich von selbst, daß eine Betrachtung über die seelsorgerliche Kompetenz diese biblische Blickrichtung theologisch einzuhalten und in die Praxis umzusetzen sucht. Von diesen Voraussetzungen her möchten wir prüfen, was dem Seelsorger not tut und wie es mit der ,,pastoralen'' Kompetenz steht, d. h. mit der Fähigkeit, Seelsorger zu sein oder zu werden. Ist diese Kompetenz erlernbar und erwerbbar? Ist sie nur eine Möglichkeit Gottes oder auch eine Möglichkeit des Menschen? Auf diese und ähnliche Fragen wollen die beiden folgenden Betrachtungen zu antworten suchen. Die erstere ist den biblischen Vorfragen, die letztere den theologischen Grundfragen gewidmet.

1. Biblische Vorfragen

Seelsorge im Neuen Testament

Es versteht sich von selbst, daß die Bibel nicht als Konversationslexikon benutzt werden kann. Andererseits sollten christliche Jugendleiter und Theologen auch die biblischen Texte nicht einfach ignorieren, wenn sie sich unterfangen, christliche Predigten zu halten, christlichen Unterricht zu erteilen und christliche Seelsorge zu üben. Etwas bedenklich ist hier der sonst gediegen gearbeitete und gescheite Neuentwurf der Religionspädagogik von K. E. Nipkow[3], der lange bei soziologischen und philosophischen Vorfragen verweilt und nach einem kurzen biblischen Rückblick relativ schnell zur Tagesordnung übergeht, besonders dankenswert dagegen der Entwurf des katholischen Religionspädagogen H. Schilling[4], der sich zuerst tief in die biblische Fragestellung hineinbohrt, ehe er seine didaktischen Überlegungen anstellt. Bei den Systemen der Seelsorge, die in der letzten Zeit erschienen sind, vermißt man — von Manfred Seitz[5] u. a. abgesehen — solche Rückfragen fast durchweg. Dabei ließe sich doch einiges, ja Wesentliches für den seelsorgerlichen Dienst am einzelnen in der Gesellschaft daraus gewinnen. Der Rückgriff auf die biblischen Texte ist in Wahrheit ein Vorgriff in die Zukunft Gottes und das Morgen des Menschen. Bemerkenswert sind hier vor allem drei Punkte:

Neutestamentlich verstanden ist *Seelsorge*[6]

a) sorgemotiviert:

Das Neue Testament kennt zwei Aspekte der „Sorge". Einmal steht das Moment der „Kümmernis" im Sinne eines unangenehmen und bedrohlichen Widerfahrnisses im Vordergrund, dann bildet wieder das „Sich-Kümmern" im Sinne einer geforderten Handlung die eigentliche Mitte der Sorge. Die griechischen Worte selber tragen teils eine mehr negative Tönung — wie das „merimnan", das Sorgen um das, was Sorge macht, oder um das man besorgend Sorge trägt, wie um das „Hiesige", von dem Rilke dichtete und über das Heidegger philosophierte —, teils eine mehr positive Tönung; so kann das „epimeleisthai" geradezu ein soziales Sich-um-jemand-kümmern heißen, etwa im Sinne einer „Für-Sorge".

Ein spezielles Wort für „Seelsorge" fehlt im neutestamentlichen Griechisch. Plato kennt so etwas, aber seine Seelsorge ist nichts anderes als Sorge um die eigene Seele (epimeleia heautou), was an gewisse Richtungen der Psychotherapie und der beratenden therapeutischen Seelsorge erinnert, wo man ja ausdrücklich eine „Hilfe zur Selbsthilfe" anstrebt. Gleichwohl gibt es die Sache der Seelsorge im Urchristentum. So ist die Rede von der „Sorge" des Paulus „um die Gemeinden" (2. Kor. 11, 28), der „wechselseitigen" Seelsorge der Gemeindeglieder untereinander („einer den anderen", 1. Kor. 12, 25) und den Wächtern der Seele (Hebr. 13, 17). Im übrigen wird die Sorge im Neuen Testament kritisch eingestuft, etwa im Sinne der „grauen Frau Sorge", die nach Goethe durch das Schlüsselloch hereinschleichen kann. Die Sorge ist es auch, die nach Jesus die Verkündigung erstickt (Mt. 23, 13). Sorge ist etwas, was überwunden werden muß. Jesus selber, der Bergprediger, hat sie eindeutig verboten: „Sorget nicht!" (Mt. 6, 25), und zwar „für euer Leben" (hier „psyche") im Sinne des nur menschlich-natürlichen Psychischen). Das eigentliche Monopol für Sorge liegt bei Gott: „Er sorgt für euch. Alle eure Sorge werfet auf ihn" (1. Petr. 5, 7). Die Kirche hat durchaus verstanden, worauf Jesus und seine ersten Zeugen hinauswollten, wenn sie nun dieses anstößige Wort „Sorge" zur Bezeichnung ihres geistlichen Dienstes am einzelnen gewählt hat. Seelsorge ist in der Tat sorgemotiviert. Das tertium comparationis ist offenbar die Intensität der Hingabe („du hast viel Sorge, Martha!") an die Sache, um „das Eine, das not ist" (Luk. 10, 42), das Heilsein und Heilwerden des Menschen vor Gott. So wird aus der alten Sorge eine neue Sorge. Die kritische Frage des Neuen Testaments an den Seelsorger heute lautet: Ist meine Seelsorge eine alte oder eine neue Sorge?

b) christuszentriert:

Die neue Sorge ist nicht neu, weil sie später ist, sondern weil sie anders ist als die alte, total anders, aus einem neuen Geist geschaffen, aus dem Geiste Jesu Christi. Die Sorge um den Menschen vor Gott meint ja nicht irgendeinen Gott, sondern den, der sich in dem lebendigen Gekreuzigten geoffenbart hat. Darum kann der Epheserbrief, dem wir ja schon eine Neubestimmung der griechischen „Paideia", der Erziehung und Bildung, durch Christus den „Herrn" (= kyrios) verdanken — Eph. 6, 4 spricht von einer „paideia kyriu"[7] —, nun auch von einer totalen Verwandlung dessen reden, was damals unter der Bezeichnung „nuthesia" = „Zurechtweisung, Seelenführung, Beratung und Geleit" lief[8]. Aus einer allgemeinen Seelenführung, aus einer säkularen Psychagogie wird hier eine, die vom „Herrn" bestimmt wird, eine im Namen Jesu gesorgte Sorge um den Menschen. Das ist der Sinn der Formel „nuthesia kyriu". Alles, was im einzelnen entfaltend, theologisch und methodisch, darüber hinaus im Neuen Testament über das Seelsorgerliche mitgeteilt wird, über die Ermahnung (Paränese) und den Trost (Paraklese), steht unter diesem neuen Dominus, unter der Dominante Jesus. Bezeichnenderweise fragt Paulus seine Philipper: „Ist bei euch Ermahnung (⇒ Paraklese) in Christus?" (Phil. 2, 1). Er, Jesus Christus, bildet die Mitte der Seelsorge und darf nicht von diesem Platz verdrängt werden. Eine klientzentrierte Seelsorge könnte (muß nicht!) da den Stellenwert verschieben. „Aber einen anderen Grund kann niemand legen außer dem, der gelegt ist" (1. Kor. 3, 11). Die kritische Frage an den Seelsorger lautet hier: Welchen Herrn habe ich?

c) bruderorientiert:

Wenn sich der seelsorgerliche Dienst im biblischen Verständis durch den Gekreuzigten und Auferstandenen bestimmen läßt, so wird dadurch nicht der Blick auf den Bruder, den Nächsten, den Mitmenschen verstellt. Im Gegenteil: christus-zentriert heißt bruderorientiert: In 1. Tim. 5, 1 wird der junge Amtsträger ausdrücklich angehalten, eine ,,brüderliche" Seelsorge zu üben: ,,Ermahne die jungen Männer als Brüder!" Diese jungen Männer werden als Partner ernst genommen, und zwar geistlich wie menschlich. Ihnen gilt ein ganzer Abschnitt in der seelsorgerlichen Haustafel von Tit. 2, 6-8, und von ihnen heißt es ja auch, daß sie ,,den Bösen überwunden haben" (indikativische Seelsorge! 1. Joh. 2, 14). Das brüderliche Moment kommt vor allem in der ,,Mutualität", der Gegenseitigkeit des Seelsorgedienstes zum Ausdruck, der von den Gemeindegliedern vor Gott schon im ältesten Brief der Christenheit erwartet wird: ,,einer den andern", ,,untereinander" (1. Thess. 5, 11). Das Urbild seelsorgerlichen Verhaltens ist — gerade in dieser Ausrichtung auf den Bruder — Jesus Christus selber: ,,Darum schämt er sich auch nicht, sie Brüder zu heißen" (Hebr. 2, 11). ,,Daher mußte er in allen Dingen seinen Brüdern gleich werden, auf daß er barmherzig würde" (17). Solidarität mit dem anderen um Jesu willen: darauf kommt es an. Die kritische Frage an den Seelsorger lautet dementsprechend: Welche Solidarität übe ich?

2. Theologische Erwägungen

Sagen, Geben, Sorgen

Wir dürfen nun versuchen, aus der Orientierung über den Erwartungshorizont und die kirchlichen Vorgaben von Schrift, Bekenntnis und Seelsorgelehre heraus gewisse Folgerungen für die Aufgaben zu ziehen, die der pastoralen Kompetenz morgen gestellt sind. Der Christ, der ,,von Beruf Seelsorger" ist[9], wird danach exemplarisch durch die drei Aspekte des Sagens, Gebens und Sorgens herausgefordert. Er kann ihnen nur dann Rechnung tragen, wenn er gleichzeitig die echten Möglichkeiten, aber auch die lauernden Gefahren sieht, die mit den entsprechenden Theorien und Praktiken der beratenden Seelsorge heute verbunden sind.

a) Die Kompetenz des Sagens

Der Seelsorger als Zeuge:
Zur Reduktion auf das Verhalten

Theorie und Praxis der neueren Seelsorgebewegung sind geradezu allergisch gegen das ,,Wort" geworden, das im klassischen Protestantismus sonst eine so zentrale Stellung einnimmt. Dafür steht die nonverbale Seelsorge hoch im Kurs. Mienenspiel, Schweigen, Zuneigung sind eher gefragt als die verbale Mitteilung der christlichen Botschaft. Dabei redet die ,,Gesprächs''-Therapie selber mehr als sie weiß. Ganze Kataloge für empathisches und kommunikatives Verhalten werden zusammengestellt, die von Theologiestudenten manchmal mit demselben Eifer auswendig gelernt werden, wie man sich früher aus Luthardts Kompendium der Dogmatik die einzelnen Termini der Orthodoxie für das Examen einzuprägen pflegte. Nicht das Verkündigen, sondern das Verhalten ist offenbar für die Modernität der Seelsorge ausschlaggebend. Unfruchtbare Alternativen wie hier kerygmatische, da klientzentrierte Seelsorge geistern umher. Oder: ein Pfarrer, der keine Selbsterfahrungsgruppe durchgemacht hat, ist eigentlich nicht kompetent für pastorales Handeln.

Nun dürfen wir das Kind nicht einfach mit dem Bade ausschütten. Die auffällige Reduktion der Seelsorge auf das Verhalten hat auch ihre positiven Akzente: Nach so viel dialektischer und theozentrischer Theologie, wie wir sie zwischen 1920 — 1945 gehabt haben, war ein dringender Nachholbedarf an humanwissenschaftlicher Orientierung vorhanden. Daß das ,,Bekennen'' auch den Aspekt eines ,,ad hominem'' (einer Bezogenheit auf den ,,Menschen'') hat, war von den Pfarrern neu zu lernen. Obwohl das Luthertum nie psychologiefeindlich gewesen ist und selbst Thurneysen sich ernsthaft um die Erkenntnise von C. G. Jung bemüht hat, lag hier manches im argen. Günter Grass hat in seinem Pastor Hegge (s. o. zu dem Roman ,,Der Butt'') den Schwätzer auf der Kanzel mit Recht entlarvt. Aber nun ist — typisch deutsch! — wieder das Umgekehrte geschehen: Mit einem zuweilen verbiesterten Ernst wird heute die Gesprächstechnik nach den Rogers- oder Cohn-Regeln betrieben. Der Seelsorger von Beruf gibt sich als Arzt und erscheint möglichst noch im weißen Mantel auf der Beratungsstelle. Sogar die Honorarfrage ist Gegenstand der Diskussion gewesen. Aus der Reduktion auf das Verhalten ist zum Teil eine Ideologie geworden. Der Inhalt tritt hinter der Form, das Evangelium hinter der Methode, das Bezeugen hinter dem Beraten zurück. In den letzten Jahren war bei nicht wenigen die Entkerygmatisierung im vollen Gange: nur nicht so viel von Jesus reden! Das Sein wurde gegen das Sagen ausgespielt. Oder hatte man nichts mehr zu sagen?

Hier heißt es, Einhalt zu gebieten und eine Neubesinnung vorzunehmen. Was für die pastorale Kompetenz lebenswichtig ist, könnte man angesichts dieser Lage die Wiederentdeckung des Auftrags nennen. Weder die Ratbedürftigkeit des Klienten noch die Problemorientiertheit des Beraters allein können auf die Dauer pastorale Kompetenz begründen. Seelsorger wird und bleibt einer letzten Endes nur durch Berufung, durch den Herrenauftrag: „Macht zu Jüngern" (Mt. 28, 19) und „Ihr werdet meine Zeugen sein" (Apg. 1, 19). Das Kerygma gibt der Seelsorge Grund, Ziel und Wege. Seine Mitte ist Jesus Christus (Röm. 16, 25), sein Sinn ist das „Retten" von Menschen (1. Kor. 1, 21), und die Art und Weise seiner Darbietung ist pneumatischer und dynamischer Natur (1. Kor. 2, 4). Billiger ist der Beruf des Seelsorgers nicht zu haben. Der Seelsorger darf sich selber dieses Kerygma sagen lassen, und er muß es dem einzelnen in der Gesellschaft weitersagen, wo immer „guter Rat teuer ist". Das Sagen kommt hier vom Gesagten. Der Seelsorger ist Zeuge, oder er ist es nicht. Er hat einen apostolischen Auftrag. Darauf will wohl Wölber aufmerksam machen, wenn er im Sinne der „reinen Rechtfertigungslehre" die Seelsorge definiert als das „Apostolat des uneingeschränkten Erbarmens"[10]. Es gehört zum apostolischen Zeugnis, daß der Seelsorger die in Christus durchlittene Sorge Gottes um den Menschen zur Sprache bringt. Gewiß ist es unumgänglich, daß der Ratsuchende gerade um dieser Sorge willen Gelegenheit bekommt, sich selber auszusprechen, ihm muß aber auch etwas von der „Guten Nachricht" verbal mitgeteilt werden, die niemand sich selber sagen kann. In Kurzschrift (um das Wort „Kurzformel" zu vermeiden) würde sie etwa lauten: „Du bist nicht von Dir selbst, Du bist von Gott. Du hast Dich vor Gott zu verantworten. — Gott ist in Christus Jesus, Jesus liebt Dich, wie Du bist, Du darfst an Jesus glauben. — Der Geist macht Dich lebendig, er schenkt Dir in der Kirche Gemeinschaft, Du sollst ganz für den anderen da sein." Der Seelsorger von Beruf muß das Sagen wieder lernen, nicht indem er Formeln abspult, sondern dadurch, daß er dem einzelnen Menschen in seiner konkreten Situation, in seiner Sprache und in der reifen Stunde das Evangelium erschließt.

Das Was und Wie sind in diesem kerygmatischen Sagen nicht zu trennen. Die Rechtfertigung des Sünders in Christus bedarf der Konkretisierung bis in den seelsorgerlichen Vollzug hinein. Wer von der Liebe Gottes weiß, muß sie auch üben. Dem einen hilft ein leises, dem anderen ein lautes Wort, dem einen sagt man es besser unter vier Augen, dem anderen lieber in der Diskussion einer Gruppe oder in der Predigt von der Kanzel. Die Seelsorge hat singulare und plurale Formen. Selbstverständlich wird der Seelsorger nicht dadurch gerechtfertigt, daß er bei jeder möglichen und unmöglichen Gelegenheit den Namen Jesu im Munde führt, er wird aber auch nicht dadurch gerechtfertigt, daß er diesen Namen ständig verschweigt. Weder das Verbale noch das Non-Verbale macht einen Pastor selig.

Aber nicht nur die Form des Sagens muß dem Inhalt des Gesagten entsprechen, das kerygmatische Sagen wird zuletzt nur glaubwürdig, wenn ihm ein kerygmatisches Handeln korrespondiert. Es geht ja nicht um das Sagen an sich, bloß damit etwas gesagt wird. Als „keryx" (Herold) will der Seelsorger mit seiner ganzen Person einen „kyrios" (Herrn) ankündigen. Er soll deutlich und verständlich werden. Da muß einer schon seine Person wirklich einsetzen. Insofern gehören Verkündigen und Verhalten in der Seelsorge zusammen. Eine Isolation des Verkündigens und eine Reduktion auf das Verhalten wären beide vom Übel. Die vertikale Linie des Verkündigens schlägt vielmehr notwendigerweise um in die horizontale Linie des Verhaltens. Seelsorge ist auch Mitmenschlichkeit, aber sie erschöpft sich nicht darin[11]. Sie hat einen Auftrag. Der Seelsorger als Zeuge ist jemand, der den neuerdings in der Briefseelsorge explizit gestellten Fragen nach einer „konkreten und differenzierten Antwort aus der Bibel" eine Antwort zu geben vermag, der sich der Herausforderung eines ironisch zitierten Satzes „Aber erwarten Sie zuversichtlich etwas von Gott" mitten in einer Ehekrise stellt und der dem ratsuchenden religionslosen Menschen im Ernstfall auch missionarisch begegnen will, ohne sich schwärmerisch aufzudrängen. Nicht jeder Fall in der Seelsorge ist eine „missionarische Gelegenheit", aber ebenso klar ist: ein Pastor kann die Stimme seines Bruders Abel überhören, wenn er die Reduktion auf das Verhalten überbewertet.

Vor einiger Zeit hat Christine Bourbeck auf einer Landessynode ein gutes Wort über den Zusammenhang von geistlichem Auftrag und praktischem Dienst in der Seelsorge gesagt: „Und so muß denn für die Seelsorge genauso wie der Satz, daß die Beichte ihr eigentlicher Maßstab sei, ebenso der andere gelten: Die beste Seelsorge ist die, die nicht nur klar und deutlich Bescheid von der Lehre gibt, die Grund unseres Lebens ist, sondern die sich in der absichtslosen Hilfe am Nächsten, im Vollzug der täglichen Begegnung bewährt"[12]. Inzwischen sind viele Jahre ins Land gezogen. Das Wort ist nicht veraltet, wohl aber hat inzwischen eine eingehende, zuweilen recht grundsätzliche Diskussion über die Konzeption der Seelsorge eingesetzt, die einerseits manches hilfreich klären konnte, andererseits aber auch einige Seelsorger in ihrem Dienst verunsichert hat. Um hier zu der notwendigen Bereinigung zu kommen, sollen noch zwei Denkhilfen angeboten werden.

— *Herrenauftrag und/oder Partnerbestimmtheit:* Wenn D. Stollberg meint, es gebe „keine christliche Seelsorge", sondern „nur christliche und nichtchristliche Seelsorger", so droht hier eine Überpersonalisierung. Wenn er dann auch noch die Seelsorge als „Psychotherapie im kirchlichen Kontext" versteht, verschiebt er den Akzent auf die Psychotherapie. Das Kirchliche wird zum Kontext. Der Text selber bleibt das Therapeutische. Anders urteilt da H. Tacke, der die Kirche ausdrücklich zu ihrer, nämlich zur christlichen Seelsorge ermutigt: „Hat die Stunde der Seelsorge in vieler Hinsicht den Charakter der Herausforderung an die Kirche, sich auf die komplizierten Gegebenheiten einer zeitgemäßen Sorge um den Menschen einzulassen, so muß sie zugleich den Mut beweisen, an ihrem im Evangelium begründeten Auftrag (!) festzuhalten" [13]. Das sind eben doch zwei verschiedene Denkansätze, so nahe sie sich sonst theologisch auch stehen mögen. Zwar hat Stollberg seiner mehr nach dem Erscheinungsbild der Seelsorge fragenden, d. h. phänomenologischen Erklärung noch eine „theologische" Definition hinzugefügt; sie löst aber neue Probleme aus: Da spricht er nämlich von dem „Sakrament der Kommunikation", welches sich die beiden Gesprächspartner aus der „Solidarität der Not" im Vollzug ihres allgemeinen Priestertums gegenseitig spenden. Aber wozu diese gesuchte Hochstilisierung? Hier wird das Mitmenschliche unnötig heiliger gemacht als es ist. Tacke hat schon recht, wenn er die Sorge äußert, daß in einigen neueren Seelsorgeentwürfen die Kommunikation selber zum Evangelium wird.

Das ständige Betonen, daß Seelsorge „beziehungsimmanent" sein müsse, und die Erwartung, daß man in den Selbsterfahrungsgruppen dem Erlebnis der sozialen „Gefühle" fast mehr zutrauen könne als der bloßen Bezeugung des „Wortes", geben doch zu denken [14]. Inzwischen hat Stollberg seine Thesen präzisiert und zum Teil auch korrigiert. So kann er sagen: „Weil sie an einen seelsorgerlichen Gott glauben, treiben Christen untereinander Seelsorge", und die These vertreten, daß „Seelsorge aus Glauben und auf Glauben hin geschieht". Dem stimmen wir gern zu. Auf der anderen Seite hält er an der „Kontext"-Formulierung fest, die zumindest mißverständlich ist [15]. Sie geht — das ist der neuralgische Punkt — von einem formalen und neutralen Allgemeinverständnis der Seelsorge als eines „Kommunikationsmodus" (Mitteilungsform) aus, obwohl es die menschliche Sorge um die Seele so ideologiefrei und weltanschauungsneutral eben doch nicht gibt. Die griechische Sorge um die Seele denkt, wie wir in den neutestamentlichen Aussagen sehen konnten, immer an die eigene Seele (Plato), nicht an die Seele des anderen, des Nächsten, wie das im Christentum der Fall ist. Sorgen und Sorgen ist im übrigen nicht dasselbe. Es gibt eben auch die Sorge um das „Hiesige", und die lehnt Jesus ab.

Gewiß wollen und dürfen wir in der Seelsorge nicht einem abstrakten Verbalismus Vorschub leisten. Ein partnerbezogenes und kommunikatives Verhalten gehört unabdingbar dazu. Es entspricht dem Christusruf zur Nächsten- und Bruderliebe. Gleichwohl erfordert das Vorgehen des Seelsorgers Transparenz. Es hat deutlich zu bezeugen, welches Wort eigentlich sein seelsorgerliches Handeln trägt. Es muß Klarheit darüber bestehen, wer hier das Sagen hat, ob der Herrenauftrag gilt oder ob man sich die Direktiven nur vom Gesprächspartner, vom Ratsuchenden, vom Klienten, vom Therapeuten oder von dem Ablauf eines Gruppenprozesses geben läßt. Einseitige Partnerbestimmtheit kann zur gefährlichen Ideologie werden. Für eine Seelsorge, die sich an der biblischen Botschaft und an dem Herrn Jesus Christus ausrichtet, ist das doch wohl ganz eindeutig: „Predige das Wort, stehe dazu, es sei zur Zeit oder zur Unzeit" (2. Tim. 4, 2). „Ich schäme mich des Evangeliums von Christus nicht; denn es ist eine Kraft Gottes, die da selig macht alle, die daran glauben" (Röm. 1, 16). „In keinem anderen ist das Heil, ist auch kein anderer Name unter dem Himmel den Menschen gegeben, darin wir sollen selig werden" (Apg. 4, 12). Insofern kann die Gruppe nicht zum Heil werden, und der Seelsorger darf sich nicht immer dabei beruhigen und damit abfinden, daß er seinen Partner verstanden und ihm zu einer selbständigen Entscheidung in einer ihn bewegenden Frage verholfen hat. Damit kein vermeidbares neues Mißverständnis entsteht, sei ausdrücklich hervorgehoben, daß es auch eine echte christliche Partnerbestimmtheit gibt. Sie ist nur nichts für sich selbst, sondern sie erwächst aus dem Herrenauftrag Jesu Christi. Er ist der Meister, und wir sind die Brüder, nicht umgekehrt!

— *Glaubenshilfe und Ich-Stärkung:* Das ist der andere zusätzliche Denkanstoß zu dem Kompetenzanliegen des „Sagens". Eine ganze Reihe von Entwürfen der neueren Seelsorgelehre hebt darauf ab, daß der Ratsuchende aus seiner Unsicherheit herauskommt und ein mündiger, „emanzipierter" Mensch wird. Worauf die ganze Seelsorge abzielt, ist dann die offenbar in christlichen Kreisen oft fehlende „Ich-Stärke" des Ratsuchenden. Man will ihn nicht „bekehren", sondern ihm zu einer Art „besseren Selbst" verhelfen. Wo aber bleibt in diesen Entwürfen die Aufforderung Jesu (Mk. 1, 15) „Tut Buße" = „Ändert euch total, kehrt um" und „Glaubt an das Evangelium" = „Laßt euch bedingungslos auf Jesus ein und gebt ihm euer ganzes Vertrauen"? Seelsorge ist so oder so immer ein Stück Glaubenshilfe, direkt oder indirekt, intentional oder funktional, explizit oder implizit. Selbst wenn Seelsorge sich nur mit einem weltlichen Alltagsproblem beschäftigt, ist doch das Motiv ein Dienst aus Glauben, und die Intention bleibt auch hier die Bemühung, einen kleinen praktischen Baustein (etwa als Selbsthilfe) zur Gewinnung, Erhaltung oder zum Aufbau von Glauben zu liefern, auch ohne daß das Wort „Jesus" überhaupt fällt und ohne daß „verbaliter" (ausdrücklich, ausgesprochen, wörtlich) von „Glauben" die Rede sein müßte.

Gerade weil man aber heute so vorsichtig geworden ist und nur ja nicht jemand religiös zu nahe treten möchte, wird es notwendig, auf die missionarische Funktion der Seelsorge aufmerksam zu machen. Der bekannte Evangelist und Jugendpfarrer Johannes Busch hat sie nie aus dem Auge verloren. In seiner herrlich-einfachen Art eines „männlichen Kanaaniters" konnte er oft fragen: „Brüder, habt ihr noch einen Auftrag?", um dann einmal so zu formulieren: „Bei aller Jungmännerarbeit geht es im Grunde um drei ganz einfältige Fragen: a) Wie erreiche ich den jungen Mann? b) Wie sage ich ihm das Wort von Jesus? c) Wie bringe ich ihn zum Dienst?" [16] Nun, — nur keine falsche Scham! Angst ist hier nicht am Platz. Heute fragen schon 13jährige nach „Tips und Ratschlägen", „wie ich eventuell den wahren Gott erkennen könnte". Man lese nur einmal dazu A. Sommerauers Antwort und besonders seine Replik an die Konfirmandengruppe, die ihm 7 Fragen des Glaubens eingesandt hatte. Jesus wird dabei zitiert, der auf eine ähnliche Frage nach einem kurzen Glaubensinhalt sich nicht darauf hinausgeredet habe, daß „im Glauben Kürze nicht möglich sei", sondern dann das Doppelgebot der Liebe mitteile [17]. Glaubenshilfe ist heute mehr gefragt, als manche Seelsorgetheoretiker meinen: „Wenn der Gesprächspartner sich ausgesprochen hat, möchte er angesprochen werden." Ansprechen heißt nicht „sich aufdrängen". Hier gilt es, die „angenehme Zeit" von 2. Kor. 6, 2 zu berücksichtigen, aber auch nicht zu versäumen.

Wieder müssen etwaige Mißverständnisse abgewehrt werden. Zunächst dies: Glaubenshilfe und Lebenshilfe schließen einander nicht aus, sondern bedingen einander; es wäre eine falsche Alternative, zwischen beiden wählen zu wollen. Im Gegenteil, wirkliche Glaubenshilfe schlägt früher oder später in Lebenshilfe um. Sie geschieht im Vollzug einer Lebenshilfe oder umgekehrt. Der Auftrag soll ja in Gestalt eines Dienstes an den Mann gebracht werden. Glaubenshilfe ist Liebesdienst. Nur als solche hilft sie zum Leben. Das andere Mißverständnis liegt in der Annahme, als sollte jede Art von Ich-Stärkung als unchristlich disqualifiziert werden. Davon kann gar keine Rede sein. Das Neue Testament nimmt das „Ich" ernst, wenn es von ihm sagt, es vermöge alles (Phil. 4, 13), oder die Christen zur Stärke aufruft (1. Kor. 16, 13), aber es wird eben auf das Ich in Christus bzw. auf den Christus in mir (Gal. 2, 20) abgehoben, und die Stärke ist als eine „im Herrn" (Eph. 6, 10) bzw. als eine „durch den Geist" (Eph. 3, 16) qualifiziert. Wogegen wir uns wenden, ist die harmlose Identifizierung von christlicher Glaubenshilfe und psychologischer Ich-Stärkung, gegen die Ersetzung der ersteren durch die letztere. Ich-Stärkung kann bei depressiven und entwicklungsgestörten Menschen therapeutische Maßnahmen notwendig machen. Ich-Stärkung kann auch eine Frucht seelsorgerlicher Glaubenshilfe sein, sie ist aber nicht die Vorbedingung des Glaubens.

b) Die Kompetenz des Gebens

Der Seelsorger als Geistlicher:
Zur Regulation des Vorhandenen

Betrachtet man neuere Handreichungen für die praktische Seelsorge des Pfarrers, bietet sich ein Material an, das im Sinne der Klinischen Psychologie fast klinikreif ist. Mancher junge Theologe, der nach einer Überfütterung mit Soziologie, halb abwechslungsbedürftig, halb in eigener Sache neugierig, für Psychologie und insbesondere Psychotherapie besonders aufgeschlossen ist, findet: Da kann eigentlich nichts mehr passieren. Anderen kommt das komplizierte Instrumentarium nicht ganz geheuer vor. Sie tun sich schwer, die angebotenen Langzeittherapien in der kurzen Zeit anzuwenden, über die ein „normaler" Gemeindepfarrer, wie er im Buche steht, faktisch verfügen kann. Gleichwohl ist tatsächlich viel von Freud und Jung, Rogers und Cohn, Berne und Slavson zu lernen. Das muß nun auch einmal dankbar festgestellt werden, auch von denen, die sich einer an Bibel und Bekenntnis orientierten Theologie verpflichtet wissen. Aber der Lernprozeß darf nicht vorzeitig aufhören. Zum Lernen gehört das kritische Verarbeiten. Kritik scheint uns vornehmlich am Zielproblem angebracht zu sein. Viele Therapievorschläge sind nämlich mehr oder weniger an dem ursprünglich von Freuds Tiefenpsychologie initiierten Regulationsmodell ausgerichtet. Danach wird der Mensch mit seinem Verhalten und seinen Tätigkeiten als Ausdruck eines homöostatischen Prinzips verstanden. Wo immer Störungen des leibseelischen Gleichgewichts auftreten, sucht man sie auszubalancieren, um als Ziel die Wiederherstellung des psychophysischen Gleichgewichtszustandes anzupeilen. In der klientzentrierten Gesprächstherapie von Rogers wird dann ein stärker nach vorn tendierendes Heilungsprogramm durchgeführt, das an den Selbstverwirklichungsdrang des Menschen appelliert und sein Ziel in der Wieder- oder Neuherstellung der Ich-Stärke sieht. In beiden Fällen geht es um eine Regulation des Vorhandenen.

Nicht wenigen hat dieses psychische Training durch das „Gespräch als Therapeutikum" geholfen, andere sind bei der Einzeltherapie oder im Zuge von gruppendynamischen Sitzungen in neue Verwirrung geraten, etwa im Blick auf das schwierige Verhältnis von Ich-Stärkung und Selbstverleugnung. Woran liegt das?

Anscheinend haben die Seelsorger, die sich einseitig auf die Regulation der seelischen Störungen und die Erreichung der Ich-Stärke durch sogenannte Identitätshilfe spezialisiert haben, die geistlichen Kräfte vergessen oder unbewußt hintangestellt, die in den gleichsam unendlichen Reservoiren von Gottes Gnade liegen und deren eigentliches Kraftzentrum der Heilige Geist ist. Nicht umsonst nennt ihn der johanneische Jesus den Tröster schlechthin, den „Parakleten". Was der Mensch in seiner oft so endogen oder exogen durcheinandergewirbelten Seelentiefe braucht, ist nicht bloß ein Ausgleich der Meeresoberfläche, sondern das Einfließen ganz neuer Ströme lebendigen Wassers (Joh. 7, 35 f.; 14, 7). Mit anderen Worten: Die Seelsorge kann heute wie ehedem nicht auf die Energie des Heiligen Geistes und seine charismatischen Gaben verzichten. Sie leistet jedenfalls noch etwas ganz anderes als „Hilfe zur Selbthilfe", geschweige denn die Selbsthilfe allein. Als der Geist Jesu Christi „hilft er unserer Schwachheit auf", auch der unserer Ratsuchenden (Röm. 8, 26), er „leitet in alle Wahrheit" (Joh. 16, 13), auch unsere Klienten, und er „macht lebendig"; dieser Creator Spiritus ist kompetent für unsere „Seelsorgekinder", die völlig am Boden zerstört liegen. Kein Mißverständnis: Nicht einer gesunden Gesprächs- und Gruppenseelsorge gilt dieses Ausrufezeichen, sondern ihrer Vereinseitigung, die meint, vor lauter Beratung und Therapie auf den Heiligen Geist und eine geistliche Sicht der Dinge verzichten zu können. Wie heißt es doch Kol. 2, 18: „Lasset euch niemand das Ziel verrücken!" Wir dürfen als Seelsorger nicht weniger geben, als wir (an Gaben) haben.

Was also der pastoralen Kompetenz zu wünschen wäre, ist das charismatische Geben. Damit ist nicht die Entwicklung der Pfarrerschaft zu einer enthusiastischen Gruppe von selbsternannten Propheten und schwärmerischen Glossolalen gemeint, sondern das Ernstmachen mit der Berufung derer, die von Beruf Seelsorger sind. Zuletzt ist es der Geist, der beruft. Aus gutem Grund trägt der Pastor den schönen und verantwortungsvollen Titel „Geistlicher". Der Seelsorger ist ein „Spiritual", oder er hat seinen Beruf verfehlt. Natürlich darf sich die Kirche freuen, wenn es hier und da unter Amtsträgern oder Laien zu echten Erfahrungen der Charis (Gnade) und zu gesunden charismatischen Gruppen kommt.

Aber nicht minder sollte ihre Freude sein, wenn der eine oder andere Pfarrer, der vielleicht den Beruf des Pfarrers gewählt hat, ohne sich einer tiefen religiösen Erfahrung rühmen zu können, bei oder nach der Ordination, im Vikariat oder nach längerer Amtspraxis auf einmal die Wirklichkeit des Heiligen Geistes entdeckt, den Sinn des Gebets um diesen Geist für seine Seelsorge erfaßt und schließlich merkt, daß er doch ganz originäre Gaben hat, ,,Pfunde'', wie die Bibel sagt, wenn es auch im Einzelfall nur ,,Viertelpfunde'' sein mögen. Der Hallenser Prediger Heinrich Hoffmann hatte recht, wenn er meinte: ,,Wir sollen uns daran gewöhnen, daß unser Herr die Kunst versteht, mit lauter Nullen zu rechnen und aus ihnen Produkte herauszumultiplizieren.'' [18] Gerade das erbetene und angenommene Ineinander von natürlicher — besser gesagt: schöpfungsmäßiger — und besonderer geistlicher Gabe im Sinne von 1. Kor. 12 macht das Geheimnis der pastoralen Kompetenz aus. Die geistlich gewandelte und im Rechtfertigungsglauben geheiligte Identität kann als Charisma erfahren werden. Und wer sie erfährt, ist um so mehr gefordert, sie charismatisch weiterzugeben, damit ein anderer Mensch in seinem konkreten Leben zum Glauben kommt oder beim Glauben bleibt. Lebenshilfe durch Glaubenshilfe hat eine charismatische Dimension. Aus seelsorgerlicher Liebe zu seinem Nächsten sollte der einzelne Pfarrer selbst meditierend und, von einem Konfessionator beraten, aufzuspüren suchen, wo seine besondere Gabe liegt.

Diese Gabe gilt es dann, in den Dienst der Seelsorge einzusetzen. Charismatisch geben — darauf kommt es an. Die Leute, ,,diese Menschen unter uns'', warten darauf, jeder in seiner unverwechselbaren Eigenart. Die Stimme eines Menschen, der sich mit Suizidgedanken abgequält hat, ich-schwach war und gerade eine Therapie hinter sich hatte, mag zeichenhaft für andere stehen: ,,Die Therapie ist also beendet, ich habe gelernt, mich zu wehren, Wut zu empfinden. Was fange ich nun mit all der Wut, dem Haß an, der sich wohl über die Jahrzehnte in mir aufgespeichert hatte und nun gelockert, bewußt ist? Natürlich habe ich jetzt keine Selbstmordgedanken mehr . . . Ist das das Ziel der Therapie? Wo ist das Licht, das im Herzen eines Menschen angezündet werden sollte, der diesen harten Weg ging, der wohl zum Überleben führt, . . . aber zum Leben?'' In der Tat, die Nur-Regulation des Vorhandenen reicht nicht aus. Ein Seelsorger, der Geistlicher ist, sollte das, was er mit dem Geist erfahren hat und was andere mit ihm erfahren können, charismatisch weitergeben, charismatisch, d. h. wann und wo es Gott gefällt.

c) Die Kompetenz des Sorgens

Der Seelsorger als Hirte:
Zur Rekonstruktion des Vergangenen

Die tiefenpsychologische Analyse hat einst als ein neuer Zweig ärztlicher Hilfe für den seelisch belasteten und gestörten Menschen angefangen. Sie hat sich in ihren verschiedenen Richtungen längst zu einer Reformbewegung für den ganzen Bereich des persönlichen und gesellschaftlichen Lebens entwickelt. Mit einzelnen Ausprägungen hat sie sogar den Charakter einer Weltanschauung angenommen. Die von ihr befruchtete moderne Seelsorge, die gleichzeitig von der Gesprächstherapie wesentliche Impulse empfangen hat, ist ebenfalls am Krankheitsmodell ausgerichtet. Um den Menschen sorgen heißt auch, ihn „heilen" wollen. Die Person des Seelsorgers ähnelt immer mehr der des Therapeuten bzw. Arztes. Schon der Name „therapeutische Seelsorge" spricht Bände. Wenn es nun in der Psychotherapie um „Rekonstruktion" geht, d. h. um Wiederherstellung und Bewußtmachung von Erinnerungen aus der frühen Kindheit, von prägenden Erfahrungen des Jugendalters und von gegenwärtigen Entstehungsursachen bei Konflikten eines Erwachsenen, könnte man annehmen, daß sich dieser Denkansatz ebenfalls auf Programm und Praxis der beratenden Seelsorge auswirkt. D. Rößler ist diesen Überlegungen nachgegangen. Dabei kommt er zu dem Ergebnis, daß die Seelsorge mit der Übernahme des Krankheit-Therapiemodells zugleich deren Problematik übernimmt. Mit Recht hebt er darauf ab, daß der Gedanke der Rekonstruktion die Frage nach der „Rekonstruierbarkeit" nach sich zieht. Während die Psychotherapie die Rekonstruktion zum Mittel ihrer analytischen Heilung macht, wird sie in der beratenden Seelsorge als Rekonstruktion des „ganzen Menschen" zum eigentlichen Ziel. Dabei nimmt der Arzt den Weg über das Ganze zum einzelnen, der beratende Seelsorger den Weg vom einzelnen zum Ganzen. Der Theologe und Mediziner Rößler kennt nüchtern die geistlichen und ärztlichen Grenzen dieser Versuche. Deshalb ist seine sachliche, sowohl einschränkende als auch befreiende Empfehlung bemerkenswert: die beratende Seelsorge möchte „nach Logik ihrer Prinzipien" ihren spezifischen Beitrag leisten, nämlich eine eigenständige „Assistenz bei der alltäglichen Rekonstruktion individuellen Lebens" [19].

Wir möchten diese Frage aufnehmen und kritisch-konstruktiv weiterführen. Wie steht es denn letzten Endes mit der Rekonstruierbarkeit des Menschen? Stößt nicht die Seelsorge, wenn sie ihr Geschäft wirklich ernst nimmt, immer wieder einmal auf letzte Untiefen im Menschen, die den Schreiber vom Röm. 7 beispielsweise referieren lassen: „Das Gute, das ich will, das tue ich nicht. Das Böse, das ich nicht will, das tue ich. Ich weiß nicht, was ich tue, ich hasse, was ich tue." Kein Wunder, wenn dieses Ich dann am Schluß schreit: „Ich elender Mensch, wer wird mich erlösen von dem Leib dieses Todes?" Und doch ein Wunder, wenn es dann betend-bekennend fortfährt: „Ich danke Gott durch Jesum Christum, unsren Herrn." Angesichts dieses Tatbestandes kann das Rekonstruieren ein Mittel zur Erhellung der dunklen Vergangenheit sein, und die Rekonstruktion des totus homo darf ein angestrebtes seelsorgerliches Ziel werden. Aber zur radikalen Ausleuchtung der Untiefen und Winkel im Menschen kommt es erst, wenn das Vergangene im Lichte des Wortes Gottes als das Verlorene erkannt wird. Ja, die vom Menschen, weder vom Ratsuchenden noch vom Berater je erreichbare Totalwiederherstellung wird erst dann erfolgen, wenn aus der Rekonstruktion des Vergangenen wunderlicherweise die Regeneration des Verlorenen wird. Für den Glauben ist dies und kann dies heute geschehen: „aus Gnaden um Christi willen durch den Glauben" (CA 4). Theologische Chiffren wie „Wiedergeburt", „neue Kreatur", „neues Sein" wollen zeigen, welche Möglichkeiten einer unter dem Evangelium gesorgten Sorge um den Menschen als Angebot und Zielsetzung geschenkt sind. Heidegger hat vom Menschen als dem „Hirten des Seins" gesprochen. Übertragen gesprochen könnte man den Seelsorger als einen Hirten des neuen Seins verstehen. Er nimmt im Namen Jesu die neue Sorge um die Sache Gottes wahr, indem er die Sache des Menschen ernst nimmt.

Es gibt kaum einen gültigeren Titel für den Pfarrer von morgen als den eines „Hirten" (griechisch: Poimen), der seelsorgerlich zu begleiten und zu führen versteht. Ob er Bischof oder Gemeindepfarrer, Oberkirchenrat oder Volksmissionar ist, man wird ihm in der säkularisierten, pluralistischen Industrie- und Massengesellschaft auf die Dauer nur glauben, wenn er ein richtiger „Pastor" ist, der sich um die „Herde", d. h. die Gesellschaft, die Gemeinde, die Gruppe, aber auch und nicht zuletzt um den einzelnen, das verlorene und manchmal auch das schwarze „Schaf" kümmert. Er muß poimenisch führen, d. h. „sorgen" können. Gerade das wird die pastorale Kompetenz von morgen ausmachen, daß jemand da ist, der in den Millionenstädten, in den Gassen und Cliquen der Kleinstädte und draußen auf den verlassenen Höfen des dörflichen Landes nur an eins denkt: „das Verlorene zu suchen". Denn beim Hirtendienst im Namen Jesu gilt: „Das Verlorene hat Vorrang." [20] Natürlich macht so etwas Ar-

beit. Da heißt es ja im Verhältnis von 1 zu 99 auf den Einzelfall sorgfältig eingehen (Luk. 15, 3 - 7). Nur so bleibt Seelsorge wirklich eine
,,Sorge''. Ihr Sorgecharakter darf nie heruntergehandelt werden.

In der johanneischen Hirtenrede (10, 1 ff.) lassen sich am Beispiel des
großen Hirten Hilfen für die pastorale Kompetenz gewinnen: der gute Hirte ist kein Dieb (1), d. h. er schleicht sich nicht irgendwo ein,
sondern geht offen von vorn durch die Tür in die Hürde. Etwas pointiert gesagt: der Seelsorger kann gar nicht ,,direkt'' genug sein. Freilich kann der indirekte Weg der Beratung manchmal direkter sein als
ein frommer Direktvorstoß, der u. U. mehr Überfall als Liebesdienst
ist. Der gute Hirte ist kein ,,Fremder'' (5), sondern ein Naher, ja ein
Nächster, der sein Wort von Jesus in einer glaubwürdigen Atmosphäre sagt. Dazu muß er eine ,,helfende Beziehung'', ein Vertrau-
ensverhältnis aufbauen. Der gute Hirte ist kein ,,Mietling'' (12), sondern ein Treuer, der bei der Herde bleibt und sie nicht führerlos läßt,
wenn es ernst wird. Poimenisches Führen ist kein Selbstzweck. Immer geht es dabei um das Suchen des verlorenen Menschen und das
Sammeln zum Ganzen der Kirche Christi. In S. Hiltners Entwurf des
,,Sheperding'', jener Konzeption vom ,,Hirtendienst'' der amerikanischen Seelsorgebewegung, spielt das ,,Führen'' (= guiding) eine
große Rolle. Als Deutsche, die einen totalitären Führer-Staat hinter
sich haben, tun wir uns mit der Vokabel schwer. Die Übersetzung
,,Leiten'' macht es aber auch nicht besser. Mit Recht räumt Hiltner
bei der Interpretation des Führens dem Klienten ein Lebensrecht ein.
Der ,,spiritual guide'' ist nach ihm nur eine Art fachkundiger Fähr-
tensucher und Pfadfinder, der einen Weg durch den Urwald zeigt,
ohne dem Ratsuchenden die Entscheidung und das Gehen abzuneh-
men. Nur in einem Punkt muß Hiltner widersprochen werden, nämlich dort, wo er sich gerade beim Führen wieder seinem Lieblingsge-
danken des ,,Eductiven'' (Herausführens) verschreibt, d. h. der Auffassung, daß an das im Klienten ,,Vorhandene'' (!), an seine potentiellen eigenen Heilungskräfte angeknüpft werden müsse[21]. An sich
muß das ja kein theologischer Schnitzer sein. Bedenklich ist nur der
hohe Grad der Akzentuierung dieses Gesichtspunktes bzw. die Gefahr einer erneuten Nur-Regulation des Vorhandenen. Geistliches
Geleit, poimenische Führung, pastorale Sorge ist noch etwas anderes
als Hilfe zur Verwirklichung des eigenen Selbst. Heil und Heilung
sind zutiefst nicht im Selbst, sondern im gekreuzigten und auferstandenen Heiland begründet.

Sorgen und Führen erfordert die beratende Maßarbeit einer christlichen Liebe, die den einzelnen ernst nimmt, sich in ihn einfühlt, ihn

versteht und für ihn mit der ganzen Person da ist. Diese Liebe räumt dem anderen auch Freiheit ein, arbeitet mit ihm zusammen das jeweilige Problem auf und ermutigt ihn zu eigener Entscheidung. Zur pastoralen Kompetenz gehört aber auch das den Nächsten liebende geistliche Führen, das Alternativen aufzeigt, Denkanstöße gibt und problembezogene Glaubenshilfe leistet. Beraten und Bezeugen schließen sich in der Seelsorge nicht aus, sondern bedingen einander. Seelsorge bedarf biblischer Impulse und klarer Hinweise auf Christus. Ihre Kunst besteht nur darin, daß sie fragebewußt und fallbezogen gegeben werden. Hier tut sich dem Seelsorger von morgen ein weites Feld an Möglichkeiten und Diensten auf.

Die alten Seelsorgeelemente der Väter wie das Paränetische (ermahnen und aufmerksam machen), das Parakletische (trösten und zureden) und das Hodogetische (wegweisen und beraten) verdienen für den Pfarrer unserer Zeit wiederentdeckt und neu interpretiert zu werden. Die Leute erwarten von ihrem Pastor etwas in dieser Richtung. Wie erklären sich sonst die schwarz auf weiß geschriebenen Wünsche junger Menschen! Viele fragen nämlich für Beruf, Geschlecht und Einsamkeit notfalls einen wildfremden Pfarrer, wenn er nur ein anhörbereites Telefon oder einen offenen Briefkasten hat: ,,Was soll ich denn hier tun?'' Gesucht werden richtige Väter und Mütter, Schwestern und Brüder. Nicht daß wir Patentantworten und Rezepte hätten, wohl aber dürfen wir uns die pastorale Kompetenz von Gott schenken lassen und die pastorale Existenz einsetzen, zu der der ,,Seelsorger von Beruf'' offenbar berufen ist.

,,Führung und Geleit'' sind Mangelware. Vielleicht schlägt demnächst die Stunde des ,,Pastors''. Hermann v. Bezzel[22] hat gewußt, was ein Seelsorger von Beruf wert ist: ,,Es gibt höhere Ehren und Rangstufen, aber ein Amt, das den Müden das Herz erquickt und den Armen Trost bringt und den Sterbenden den Frieden bezeugt und einer verlorenen Welt die Heimat weist, gibt es fürderhin nicht mehr.'' Der ,,Pastor'' hat Zukunft.

IV. Beraten — Bezeugen — Befreien

Drei Schlüsselbegriffe der Seelsorge heute

Unter den Anwälten einer anthropologischen Psychotherapie spielt Hans Trüb eine wichtige Rolle. Hat er doch mit dem auf dem dialogischen Prinzip fußenden Buch *„Heilung aus der Begegnung"* wesentliche Anstöße für Psychotherapie und Seelsorge geben können. In einem Bruchstück seiner von A. Sborowitz protokollierten Gespräche sagt er einmal: „Ein Jung-Schüler: Gott begegnet dem Menschen ‚in' seiner Seele. Ich: Gott begegnet — dem Menschen ‚mit' seiner Seele. . . .Bin ich zu wenig ‚christlicher' Psychotherapeut? Man sagte mir: der Psychotherapeut bekommt es nicht fertig, dem anderen zu helfen. Er soll Christus für sich und den anderen tun lassen. — Aber der Oxfordkreis rät selbst Menschen, zum Nervenarzt zu gehen. Man soll, meine ich, den Namen Christi besser in der Verborgenheit lassen. Die These ist: Der Kranke ist von Christus schon längst erfaßt, bevor wir ihn am Ärmel heranholen . . ."[1] In diesen wenigen Zeilen scheint die ganze Problematik hindurch, mit der wir uns heute in der Seelsorge auseinanderzusetzen haben. Mit Recht hegt Trüb gewisse Bedenken gegen eine einseitig-mystische Versenkung in das eigene Selbst und legt um so nachdrücklicher den Finger auf die personale Begegnung zwischen Gott und Mensch, die ihre eigene Würde und eine letzte Unverfügbarkeit hat. Gerade wenn ein Christ als Arzt, Berater oder Seelsorger Christus ernst nimmt, wird er ihn „tun lassen". Nun ist es für den Ratsuchenden, der ohne christliche Voraussetzungen bei jemand Rat und Hilfe erbittet, tatsächlich besser, wenn er nicht von vornherein mit religiösen Vokabeln zugedeckt wird. Ein Therapeut, der zu schnell und zu viel mit dem Namen Christi herumoperiert, kann der Sache, dem Klienten und sich selbst schaden. Wie aber steht es mit dem Seelsorger, der sich der Gemeinde Jesu und seinem Amte verpflichtet weiß? Gewiß wird er so viel wie möglich von der Psychotherapie lernen, einschließlich der Zurückhaltung. Kann er aber den Namen seines Herrn auf die Dauer „in der Verborgenheit lassen"? Bestimmt nicht! Irgendwo und irgendwann wird er auch mit dem Wort für das einstehen, was er glaubt, ohne sich dabei in die Begegnung des Menschen mit Gott hineinzudrängen. Der Ratsuchende, der ihn konsultiert, ist ja „schon längst erfaßt"!

In diesem Zusammenhang bricht nun die große Frage nach den *Möglichkeiten* und *Grenzen des Seelsorgers* auf. Sie bildet heute ein zentrales Problem für die Seelsorgelehre und die Seelsorgepraxis. An drei Schlüsselbegriffen läßt sich das nachweisen. Es sind sozusagen die Hauptverben der Seelsorge im Vollzug: Beraten, Bezeugen und Befreien. Sinn und Bedeutung dieser Tätigkeiten werden Gegenstand der folgenden Untersuchung sein. Es versteht sich von selbst, daß wir dabei dem aktuellen Thema des Beratens eine etwas ausführlichere Betrachtung widmen müssen. Bevor wir aber auf die einzelnen Begriffe eingehen, soll dem Ganzen eine theologische Vorbemerkung vorausgeschickt werden. Sie möchte Rechenschaft darüber ablegen, mit welchem Grundverständnis von Seelsorge wir zu arbeiten gedenken.

Theologische Vorbemerkung

Das biblisch-reformatorische Verständnis von Seelsorge setzt eine neutestamentliche Grundlegung voraus. Sie ist im vorigen Kapitel versucht worden. Danach ist biblische Seelsorge sorgemotiviert, christuszentriert und bruderorientiert[2]. Reformatorisch und nicht zuletzt ökumenisch gesehen muß die Seelsorge trinitarisch verstanden werden, d. h. als bestimmt durch die rechtfertigende Gnade, die den Sünder um Christi willen bedingungslos annimmt (2. Artikel), ausgerichtet am Schöpfer, der den einzelnen Ratsuchenden so und nicht anders geschaffen hat (1. Artikel), und hingegeben an den Heiligen Geist, der auch in der Seelsorgepraxis weht, wann, wo und wie er will (3. Artikel). In der Seelsorge geht es um die spezifische Kommunikation zwischen Gott und einem einzelnen Menschen in seinem besonderen Fall. Dieser Verbindung will der Seelsorger dienen, nicht mehr, aber auch nicht weniger. Dabei wird er Gott die Ehre geben, die ihm gebührt, aber auch, ja gerade deswegen dafür sorgen, daß die Not des ihm anvertrauten Menschen nicht zu kurz kommt. Um dieses eigenartige Spannungsverhältnis mit seinem Doppelaspekt besser in den Griff zu bekommen, führen wir hier den heute oft gebrauchten Begriff der ,,Sache" ein. In der Tat gibt es so etwas wie eine doppelte Sachlichkeit der Seelsorge. Der Begriff der ,,Sache" wird schon seit einiger Zeit nicht mehr rein dinghaft gesehen. Wir sprechen von der Sache, die uns angeht oder betrifft, etwa im juristischen Sprachgebrauch (Sache Müller gegen Schulze), und von ,,Sachlichkeit" im Sinne einer personalen Tugend. Hier wird also nicht mehr ohne weiteres die Sache gegen die Person ausgespielt und umgekehrt. Sprechen wir von Seelsorge, so will das sagen: die Christen nehmen die Sache der Seele ernst. ,,Seele" steht dabei als Teil für das Ganze, als pars pro toto. Statt ,,Seele" könnte man auch sagen: ,,Mensch", ,,Person". Die Bibel denkt nämlich ganzheitlich vom Menschen und trennt nicht eine innere Seele von einem äußeren Leibe wie der Grieche Plato. Seelsorge ist also soviel wie Menschensorge, Personsorge. Aber es ist nicht irgendeine Sorge um den Menschen, sondern die spezifische Sorge im Namen Jesu, die Sorge vor und unter Gott. Die Sorge um den Menschen kann nur sachgemäß gesorgt werden, wenn der Sorgende die Sache Gottes wahrnimmt. So kommt es in der evangelischen Seelsorge zu dem Prinzip der doppelten Sachlichkeit, wobei die Sache Gottes eindeutig den Primat hat. Es kann kein Zufall sein, daß die Kirche ihre Bemühung um den einzelnen Menschen mit dem im Neuen Testament selbst so fragwürdigen und fast verpönten Wort „Sorge" umschrieben hat. So ernst meint sie es mit der Hingabe an die Sache Gottes und mit dem Einsatz für die Sache des Menschen.

Im folgenden soll mit diesem Verständnis von Seelsorge gearbeitet werden. Dafür sei der Versuch einer *Definition* angeboten. Sie sucht die Konsequenzen aus dem „neuen Sein in Christus" (2. Kor. 5, 17) für die Seelsorge zu ziehen. Danach folgt aus dem „neuen Sein" die „neue Sorge":

Seelsorge ist die im Namen Jesu gesorgte „neue" Sorge um das Menschsein des Menschen und das Personsein der Person vor Gott. Als evangelische Sorge sorgt die Seelsorge brüderlich in Wort und Tat um das Heilsein und Heilwerden des Gemeindegliedes, aber auch jedes „Nächsten", der existentiell Hilfe braucht. Sie ist Glaubens- und Lebenshilfe. Seelsorge ist Menschen- bzw. Personsorge unter dem Evangelium, die die Sache Gottes (Sorge) wahrnimmt, indem sie die Sache des Menschen (Seele) ernst nimmt. Insofern ist sie „sachliche Seelsorge"[3].

1. Beraten

Als erstes Hauptverbum der Seelsorge heute greifen wir die Tätigkeit des Beratens auf. „Beraten" ist nicht nur ein Modewort moderner Seelsorge, sondern auch eine wesentliche Funktion des biblisch-reformatorischen Verständnisses seelsorgerlichen Handelns. Der Seelsorger ist Berater unter dem Evangelium, oder er ist kein Seelsorger. Beraten bzw. Beratung ist ein weites Feld. Wir greifen deshalb einige Problemfelder heraus, um an ihnen exemplarisch das Wesentliche aufzuweisen. Wir halten es mit dem japanischen Wort: „Um die Windrichtung zu beurteilen, genügt es, einen einzigen Grashalm anzusehen" (T. Suzuki).

a) Pädagogische und therapeutische Beratung

Beratung ist ein altes Geschäft[4]. Es ist in keiner Weise erst jetzt oder durch die Amerikaner erfunden worden. Sie spielt im Zeitalter der Aufklärung eine wichtige Rolle. In seiner ,,Galanten Ethik'' hat bereits 1728 J. Chr. Barth jungen Lesern in einer heilen Welt und in einer stabilen Gesellschaft ,,manierliche Werke'' und ,,complaisante Worte'' empfohlen, und J. H. Campe gibt in seinem ,,Theophron'' als erfahrener Ratgeber schon durch ein Titelbild die rechte Blickrichtung: Unterschrift ,,Meide die Landstraße!'' Nun, so versteht sich heute Beratung natürlich nicht. Da wird alles Direkte verpönt, und allein das Indirekte ist Trumpf. Gleichwohl kann man aus diesen alten Büchern und besonders aus der Wortgeschichte einiges auch für das Beraten heute lernen. Die alten germanischen Väter bezeichneten mit ,,Rat'' den ganzen Pflichtenkreis eines Geschlechtsoberhauptes, das für seine Leute Schutz und Hilfe, Fürsorge und Vorsorge schuldig war. Von Anfang an hat ,,Rat'' die Doppelbedeutung des Verbalen und Non-Verbalen: Rat und Tat fallen noch nicht auseinander. ,,Rat'' ist nicht nur etwas Gesprochenes, sondern auch ein Vorgang, der ein Tun einbegreift. So erhält der Bettler im 16. Jahrhundert die Weisung: ,,Wir han kein Brot, berat euch Gott!''

Das sachliche Problem des ,,Beratens'' ist in den letzten Jahren mehrmals Gegenstand *pädagogischer* Untersuchungen und psychotherapeutischer Versuche gewesen. *Otto Friedrich Bollnow,* der Tübinger Philosoph und Pädagoge, hat sich an eine Analyse des Rates von pädagogischer Sicht aus herangewagt. Er ordnet den Rat unter die ,,unstetigen'' Formen der Erziehung ein, die er abhebt von den ,,stetigen'' Formen der Erziehung. Beraten ist nach dieser Auffassung etwas Situatives, etwas, was nicht ständig vor sich geht. Die Beratung stellt den Menschen, der einen Rat sucht, in eine echte Wahlsituation. Beraten heißt nicht, eine bestimmte Lösung empfehlen oder eine Entscheidung abnehmen, sondern gerade im Gegenteil dem anderen eine Entscheidung auflasten, ja sie radikalisieren[5].

Besonders die Sozialpädagogik zeigt sich für das Thema ,,Beraten'' aufgeschlossen. Hier hat *Klaus Mollenhauer* den Erziehungsstil untersucht, der dem jeweiligen Berater eigen ist. Für ihn ist Beratung nicht ein geschlossener, sondern ein ,,offener'' Bildungsvorgang. Der Berater offeriert danach keine fertigen Rezepte, sondern zeigt mehrere Möglichkeiten der Entscheidung auf und weist auf die Folgen hin, die durch einen bestimmten Entschluß ausgelöst werden können. Diese Hinweise ersparen nichts. Sie wollen den Ratsuchenden nachdenklich machen. Insofern bekommt das Beratungsgeschäft bei Mollenhauer eine kritische Note. Leicht pointiert kann er formulieren: ,,Beratung'' ist ,,Aufklärung im fast reinen Fall''. Die kognitive Schlagseite dieses Modells der Beratung liegt auf der Hand[6].

Wieder etwas anders hat *Thea Sprey* die Tätigkeit des Beraters definiert: ,,Beraten ist ein Handeln, das Bedingungen klärt und bereitstellt, durch die eigenständige Bewältigung einer durch Ratlosigkeit oder Beratungsbedürftigkeit gekennzeichneten Situation ermöglicht wird.'' Die aus der Schule von E. Lichtenstein stammende Arbeit denkt nicht nur an die Beratertätigkeit in den Beratungsstellen der Kommunen, der Kirche und der Massenmedien, sondern auch an das existentielle Beraten im Alltag der Erziehung. Praktisch werden also eine institutionalisierte und eine ,,situative'' Form der Beratung unterschieden. Zur letzteren gehören die ,,erfahrungs- und reflexionsorientierte Ordnungshilfe'', die ,,Entscheidungsförderung'' und das ,,fördernde Beistehen''[7].

Im Bereich der *Psychotherapie* hat sich das Beraten geradezu eine Schlüsselstellung erobert. Dazu hatten vor allem die amerikanische Sozialpsychologie und ihre theologischen Interpreten beigetragen. Längst vor den deutschen Jugend- und Erziehungsberatungsstellen gab es in den großen YMCA's (CVJM's) der USA ,,Counseling Offices'', und schon vor der 1942 einsetzenden Rogers-Welle, geschweige denn vor dem deutschen Programm einer ,,therapeutischen Seeelsorge'' (1969), hat — um nur ein Beispiel zu nennen — der Theologe *Rollo May* seine ,,Kunst des Beratens'' (The Art of Counseling) geschrieben; das war zu Beginn des 2. Weltkrieges, 1939! Dort heißt es, daß ,,Empathy'', also Einfühlungsvermögen, der ,,Schlüssel des Beratungsprozesses'' sei. Der Berater wird ausdrücklich vor einem ,,Messias-Komplex'' gewarnt und ermutigt, seine eigene ,,Unvollkommenheit'' anzunehmen (,,courage of imperfection''). Mag May auch als Schüler A. Adlers in der Gefahr stehen, die Rolle des ,,autonomen'' Klienten zu überschätzen, so hat er doch auch in der Gefolgschaft von P. Tillich am Ende seiner Studie gemeint: ,,Die fundamentalen Fragen, mit denen die Psychotherapie endet, können nur auf dem Feld der Theologie beantwortet werden.''[8]

Darüber aber kann es keinen Zweifel geben, daß sich in den fünfziger Jahren *Carl R. Rogers* mit seiner Konzeption einer gesprächstherapeutischen Beratung weithin durchgesetzt und andere zu ähnlichen Versuchen angeregt hat. Seine erste Arbeit ,,Counseling (Beratung) and Psychotherapie'' (,,Die nicht-direktive Beratung'') ist aus der

Praxis als Erziehungs-, Studenten- und Familienberater entstanden. Die Leitformel von Rogers lautet: „Wirksame Beratung besteht aus einer eindeutig strukturierten, gewährenden (permissiven) Beziehung, die es dem Klienten ermöglicht, zu einem Verständnis seiner selbst in einem Ausmaß zu gelangen, das ihn befähigt, aufgrund dieser neuen Orientierung positive Schritte zu unternehmen." Voraussetzung für die therapeutische Beratung im Sinne von Rogers ist die Bereitschaft des Ratsuchenden, sich helfen zu lassen. Der Berater sagt dem Klienten gleich zu Beginn, daß er „keine Patentlösung parat" hat, sondern daß dieser eine eigene Lösung seiner Probleme erarbeiten muß. Der Berater will ihm aber dabei helfen und macht ihm Mut zum freien Ausdruck seiner Gefühle. Die ausgesprochenen Gefühle werden „angenommen", wie sie nun einmal kommen, ob negativ oder positiv.

Der Berater versucht, sie nur durch Wiederholen und „Spiegeln" des Gesagten zu klären und zu ordnen (Strukturieren und Reflektieren), damit der Ratsuchende selber immer besser herausfindet, was er eigentlich will und soll. Die Rogers-Methode kann in der Tat manchem, der scheu oder gehemmt ist, Mund und Herz aufmachen. Die Beratungsmethode von Rogers will „Hilfe zur Selbsthilfe" geben. Sie trägt Ermutigungscharakter. Im Lauf des Beratungsprozesses bahnen sich „positive" Gefühle ihren Weg, Einsicht wird entwickelt, die zur Verfügung stehenden Möglichkeiten werden erkannt, bis es zu einer selbständigen Handlung kommt und die Hilfsbedürftigkeit mehr und mehr nachläßt. Zusammenfassend könnte man sagen: Rogers will darauf hinaus, daß der Ratsuchende sich selbst berät. Aus dem „Objekt" der Beratung soll ein „Subjekt" werden. Der hinter diesem Konzept stehende fast optimistische Glaube an die Entwicklungsfähigkeit und Veränderbarkeit des Menschen scheint immer wieder einmal durch. Besonders deutlich wird das an den abschließenden Überlegungen: „Die Einsicht des Klienten neigt dazu, sich nach und nach zu entwickeln, und geht im allgemeinen von geringfügigem zu wichtigerem Verstehen über. Sie beinhaltet die neue Wahrnehmung von Beziehungen, die bislang unerkannt blieben, die Bereitschaft, alle Aspekte des Selbst zu akzeptieren, und die Entscheidung für Ziele, die jetzt zum erstenmal klar erkannt werden." Auf Einsicht, Vertrauen und Unabhängigkeit seines Klienten zielt der Berater. Zwar helfen solche Absichten und Wege einem gehemmten und ich-schwachen Menschen, etwa in einer Entwicklungskrise oder in einem Ehekonflikt. Das Problem liegt nur darin, ob so der Mensch in seiner Tiefe erreicht wird, ob die eigenen Energien, an die hier appelliert wird, auf die Dauer ausreichen, und ob das „Selbstvertrauen", auf das Rogers mit seiner Methode abhebt, nicht früher oder später in Konkurrenz mit dem vom Evangelium gewollten und vom Seelsorger erstrebten „Gottvertrauen" geraten muß[9].

b) Beraten in biblischer Sicht

Es genügt nicht, daß der Seelsorger mit den heute gängigen Theorien und Praktiken der modernen Beratung auf dem laufenden ist, er wird sich auch und nicht zuletzt mit dem biblischen Verständnis von „Rat" und „Beraten" befassen müssen, jedenfalls dann, wenn es ihm um eine biblisch-reformatorisch fundierte Seelsorge zu tun ist. Wir suchen hier auf die Stimmen des Alten und des Neuen Bundes zu hören, soweit sie sich überhaupt zur Sache äußern. Wie so oft schweigt sich die Bibel auch für unser Thema hinsichtlich der menschlichen Ermessensfragen aus. Wir dürfen sie nicht als Konversationslexikon mißbrauchen. Aber sie macht uns im vorliegenden Zusammenhang auf bestimmte Aspekte aufmerksam, die ohne Befragung der Schrift zu Unrecht vergessen würden.

— Altes Testament

In den Büchern des Alten Testaments erscheint Jahwe als der Inbegriff des Rates (hebräisch: „esa"). *Jahwes „Ratschluß"* wird in einer himmlischen Ratsversammlung, in Jahwes Thronrat gefaßt (Jes. 5, 19; 14, 24-27): „Geschworen hat Jahwe Zebaoth: . . . dies ist der Ratschluß, beschlossen über die ganze Erde, dies ist die Hand, ausgereckt über alle Völker." Dieser Rat gilt Zion, er plant ein Heilswerk für Israel. Rat Gottes und Rat des Menschen gehören zu den zentralen Themen der Weisheitstheologie. Während der Prophet ein „Wort" sagt, der Priester eine „Weissagung" gibt, bildet der „Rat" das genuine Kommunikationsmittel des Weisen (Jer. 18, 18). Gelegentlich werden Gottesrat und Menschenrat scharf miteinander konfrontiert: an Gott findet der Mensch die Grenzen seines Beratens: „Zahlreich sind die Pläne in eines Mannes Herzen, aber der Rat Jahwes besteht" (Spr. 19, 21). Noch deutlicher 21, 30: „Keine Weisheit, keine Einsicht und keinen Rat gibt es gegenüber Jahwe." Gott hat das eigentliche Monopol der Beratung. Er ist nicht kalkulierbar. Die alte Weisheit sagt das alles nicht aus bloßer Resignation heraus, sondern gleichsam in seelsorgerlicher Absicht: Wenn mein Rat nichts taugt und Gottes Rat unberechenbar ist, darf ich, ja soll ich um so mehr auf Gottes Gnade und Führung vertrauen. Im übrigen sind die Ratschläge des Weisen in Israel schlichte Erfahrungsweisheit, etwas pragmatisch, zuweilen richtig weltlich-natürlich. Ihnen fehlt eigentlich jedes „Erlösungspathos" (v. Rad.) Der Rat wird auch nicht starr kommandiert, sondern undoktrinär weitergegeben, sozusagen nur

,,an-geraten". Man erwartet nicht servilen Gehorsam, sondern sachliche Prüfung. Deshalb erscheint der Rat oft in alternativer Form. Die Entscheidung wird dem Hörer selbst überlassen. Erwartet wird eigentlich nur, daß der Rat gewogen wird[10].

Der beratende Weise gebraucht dafür eigentümliche Stilmittel, die zum Teil ganz modern wirken. So sind eine Reihe Räte nichts anderes als ,,Aussage"-Sprüche, die allerdings nicht ,,absichtslos konstatiert" werden, sondern eben eine verborgene ,,seelsorgerliche" Lebenshilfe verfolgen. Zuweilen wählt der Berater die Form des ,,komparativen" Spruches, im Sinne der Vergleichung: ,,Besser ist A als B" (Zimmerli). Auch in Bekenntnisform bzw. mit einem Erlebnisbericht äußert sich der Weise. Die Beratung der Weisen in Israel ist ,,eine Antwort des mit bestimmten Welterfahrungen konfrontierten Jahweglaubens" (v. Rad). Sie lassen dem Ratsuchenden einen Spielraum der Freiheit zum Mitdenken, gerade dadurch, daß sie in, mit und unter ,,Regeln" raten. Ursprünglich war der Berater in Israel so etwas wie ein politischer Beamter am Hof des Königs (2. Sam. 16, 23). Er hatte also weltliche Aufgaben, denen er aber wohl in der Verantwortung des an Jahwe gebundenen Gewissens nachzukommen suchte. Auch an den weisen Lehrer im Schulbetrieb Israels ist zu denken. Manche Weisheitssprüche lesen sich wie ,,Schulfragen" (Spr. 6, 27 f.; Amos 3, 5-8). Nicht zuletzt sind Vater und Mutter immer wieder einmal verpflichtet, den Kindern (,,mein Sohn") einen weisen Rat zu geben (Spr. 1, 8-19). So lebenskundlich die Beratung strukturiert war, so sehr war sie aber auch an Gott und seinen Willenskundgebungen orientiert. Erste Andeutungen von beratenden Weisen finden sich Jer. 18, 18 und Hes. 7, 26. Erst in der Spätzeit, d. h. etwa um 200 v. Chr., zeichnet Sirach (38, 34-39, 11) das Porträt eines Weisen bzw. eines Beraters, wie er ihn sich im Sinne eines Ideals wünscht[11]. Danach sinnt der Weise über das ,,Gesetz des Höchsten nach", sucht seinen ,,Schöpfer" und ,,betet" zu ihm. Wörtlich heißt es in 39, 7 f.: ,,Er richtet seinen Rat (!) und sein Wissen zurecht / und sinnt über die Geheimnisse nach, / er offenbart die Zucht seiner Lehre, / und er rühmt sich der Tora (Gesetz) des Herrn."

— *Neues Testament*

Auch im urchristlichen Schrifttum wird klar zwischen *Gottesrat* und Menschenrat unterschieden, etwa im Blick auf das ganze Werk Jesu (Apg. 5, 38). Die Pharisäer sind es, die den Rat Gottes verachten (Lk. 7, 30). Zumal die lukanische Überlieferung in der heilsgeschichtlichen und heilspädagogischen Darstellung der Apostelgeschichte hat eine besondere Vorliebe für die Wortgruppe ,,raten" (2, 23; 4, 28; 20, 27).

Der Epheserbrief (1, 11) faßt die theologische Grundeinstellung seiner Zeit gut zusammen, wenn er sagt: „In ihm (in Christus) sind wir auch zum Erbteil gekommen, die wir zuvor verordnet sind nach dem Vorsatz des (Gottes), der alle Dinge wirkt nach dem ‚Rat' (‚bulé') seines Willens." Allerdings hat die theologische Bedeutung des Rates Gottes in der urchristlichen Botschaft stärker die Note des zwar mit sich selbt Beratenen und auch intensiv Durchdachten, aber nun Abgeschlossenen, Unwandelbaren und Verläßlichen. Abraham, der Erbe der Verheißung, hat nach Hebr. 6, 17 ff. schon erfahren, daß „Gottes Ratschluß nicht wanke", daß Gott sich noch „mit einem Eid dafür verbürgt" hat. Nun dürfen „auch wir" uns darauf verlassen, wie auf einen „sicheren Anker" [12].

Der Vorgang des *„Beratens"* im modernen Sinn findet in der Wortgruppe „raten/Rat" (griech.: buleuo/bulé) keinen Niederschlag. Nur das Medium im Sinne von „mit sich zu Rate gehen" (Lk. 14, 31) kommt vor. Allein in Verbindung mit der Vorsilbe „syn" = „mit" begegnet der Vorgang des „Ratens" („symbuleuo") [13], etwa wenn Pilatus den Juden „rät", es sei besser, „ein" Mensch stürbe für das Volk (Joh. 18, 14), oder wenn der Engel der Apokalypse der Gemeinde von Laodizea „rät", sich bei Jesus Christus echten Reichtum, wirkliche Geborgenheit und volle Heilung zu holen (Offb. 3, 18). In diesem griechischen Wort „sym-buleuo" schwingen die Momente des „An-ratens" und des „Zusammen-Beratens" (Mt. 26, 4; Joh. 11, 53). Das rückt unserem „Beraten" näher, ist aber nicht dasselbe. Was wir heute unter „Beratung" verstehen, nämlich das mitbedenkende Helfen zu einer eigenen Wahl des Ratsuchenden, kommt noch am ehesten in den neutestamentlichen Seelsorgeworten wie „Zurechtweisung/Sinngebung" („nuthesia kyriu": Eph. 6, 4) oder „Anrede/Zurede" bzw. Ermahnung/Trost („paraklesis en Christo": Phil. 2, 1) zum Ausdruck. Beidemal aber ist das Wort pointiert mit einer „christlichen" Bestimmung versehen: „des Herrn" und „in Christus"!

c) „Beratende" Seelsorge

Deutsche Theologen gebrauchen gern das Fremdwort „Kerygma". Es ist seit R. Bultmanns Programm der Entmythologisierung geradezu zu einem Modewort geworden. Gemeint ist damit schlicht die „Predigt" Jesu, die evangelische „Verkündigung". Da es der sogenannten „Dialektischen Theologie" (Barth/Brunner) betont um die Verkündigung ging und Seelsorgelehrer wie der reformierte E. Thurneysen und der lutherische H. Asmussen mehr oder weniger zu dieser theologischen Erneuerungsbewegung gehörten, kam das Schlagwort von der ,,kerygmatischen Seelsorge'' auf. Die Barthianer hatten bei ihren theozentrischen Interessen die Humanwissenschaften etwas vernachlässigt. Psychologie und Soziologie waren hier nicht gerade großgeschrieben. So ist ein Nachholbedarf entstanden. Das erklärt die teilweise massive Kritik jüngerer Theologen an den Kerygmatikern und die zuweilen leidenschaftliche Hinwendung zu den amerikanischen Beratungslehren. Die hier gehegten Erwartungen für eine Revision der Seelsorge sind manchmal regelrecht euphorisch. Ganz gerecht wird man dabei mindestens Thurneysen nicht. Er war für tiefenpsychologische und psychotherapeutische Aspekte, etwa C. G. Jung gegenüber, durchaus aufgeschlossen[14]. Außerdem muß man berücksichtigen, daß die Dialektiker ja gegen eine liberalistische und psychologistische Ideologie zu Felde zogen. Heute sind These und Antithese wieder umgekehrt. Wie sehr sich die Bilder gleichen! Der alte Hegel hatte so unrecht nicht.

— Beratung im Gespräch

Das Beraten durch Gespräch hat in der neueren Seelsorge zwei wesentliche Impulse erhalten, einerseits durch die Tiefenpsychologie Freuds, der mit dem Patienten auf der Couch dessen Träume gesprächsweise aufarbeitete, und dann durch die klient-zentrierte Beratungstechnik, wie sie Rogers in den USA entwickelt hat. Von dem Leitbild Freuds ist *J. Scharfenbergs* Entwurf der ,,Seelsorge als Gespräch'' bestimmt. Er versteht Sprache als ,,Therapeutikum'' und orientiert das seelsorgerliche Gespräch an der ,,helfenden Beziehung''. Dabei werden Beratung und Betreuung unterschieden: In der ,,Beratung'' gehe es darum, in einem regelmäßigen Zuwendungsquantum Gespräche stattfinden zu lassen. Sie sei immer ,,Konfliktberatung'', wolle den Ratsuchenden verstehen und ihm neue Horizonte erschließen. Die ,,Betreuung'' dagegen beschränke sich darauf, dem psychisch Erkrankten, besonders dem Depressiven, ,,ein Stück mitmenschlicher Wegbegleitung anzubieten''[15]. Auch *H.-J. Thilo* folgt methodisch weitgehend dem analytischen Modell. Er möchte ,,Lebensberatung als Hilfe zu einer besseren Lebensführung'' geben, freilich nicht im Sinne einer ,,moralischen Bewertung des Wortes ‚besser' ''. Je personbezogener, verständnisvoller und wirklichkeitsnäher die Beratung sei, um so näher rücke sie dadurch auch an die ,,Botschaft des christlichen Glaubens'' heran, um die es Thilo ausdrücklich zu tun ist. Gleichwohl lehnt er ,,verbindliche Weisungen'' ab und fordert ausdrücklich eine ,,beratende Seelsorge''[16]. Anders, nämlich von Rogers beeinflußt, ist das Beratungsprogramm bei *D. Stollberg*. Auch er will ,,keine oder nur sehr formale Ratschläge'' geben. Zunächst meint er, Therapie habe es mit „pathologischen" Fällen, Beratung mit „normalen" Krisen zu tun. Andererseits will er der Beratung „therapeutische Qualität" nicht absprechen. Stollbergs Parole der „therapeutischen Seelsorge" sucht ja den „ganzheitlichen" Aspekt der christlichen Sorge um den Menschen zur Geltung zu bringen. Die Grenzen zwischen Beratung und Seelsorge sind danach „fließend"[17].

Die genannten Ansätze sind theologisch zuerst einmal durchaus ernst zu nehmen. Außerdem kann man methodisch von diesen Versuchen viel lernen. Ihrer inneren Intention nach ist die beratende Seelsorge bei ihren Vertretern doch vom Pathos der christlichen Liebe zum Nächsten getragen, indem sie partnerzentriert und problemorientiert vorgeht. Sie sensibilisiert für die tatsächlichen Anliegen des Ratsuchenden und stimuliert den Seelsorger, sich in der Sorge für den anderen kommunikativ und flexibel zu verhalten. Die Idee der christlichen Beratung kommt nicht von ungefähr: Der „Ahnherr" dieser beratenden Seelsorge bzw. der seelsorgerlichen Beratung ist ähnlich wie bei dem curricularen oder problemorientierten Religionsunterricht, aber auch bei neueren Versuchen der evangelischen Erwachsenenbildung wie zum Beispiel dem „Ev. Erwachsenenkatechismus", direkt oder indirekt *Paul Tillich*. Mit seinem Prinzip der „*Korrelation*" lehrt er die Beratung als eine *Wechselbeziehung* von *Frage* und *Antwort* verstehen, die beide sowohl voneinander unabhängig als auch abhängig sind (Interdependenz). Tillichs Einsichten lassen sich in vier Gedanken zusammenfassen:
(1) Eine Frage zielt immer auf eine wirkliche Antwort hin.
(2) Eine Antwort greift immer auf eine tatsächliche Frage zurück.
(3) Die Frage fragt; sie ist kein Ersatz für das Antworten.
(4) Die Antwort antwortet; sie darf nicht mit dem Fragen verwechselt werden.
Die Sätze 1 und 2 sprechen von der Dependenz, 3 und 4 von der Identität. Es empfiehlt sich, diesen Tatbestand gerade in der Seelsorge statt mit „Korrelation" lieber mit dem Wort *„Korrespondenz"* zu bezeichnen, um so den Gesprächscharakter noch deutlicher zum Ausdruck zu bringen. Im seelsorgerlichen Gespräch geht es letzten Endes um die Anfrage des Menschen und die Antwort Gottes, d. h. um „korresponsorische" (dialogische) Seelsorge. Wir wollen Tillich nicht verabsolutieren. Seine Theologie hat ihre Grenzen. Er sollte auch nicht als Alibi für gesprächstherapeutische Spitzenformeln mißbraucht werden. So sind ständig ins Offene gehaltene Fragen keine Antwort im Sinne des Evangeliums, und nach Tillich selbst geht es nicht immer nur einseitig um die Fragestellung des Menschen. Er

kennt auch und gerade in seiner Systematischen Theologie wie in seinen Seelsorgeaufsätzen Fragen, die durch die Antwort des Evangeliums ausgelöst werden, d. h. also nicht nur Anfragen des Menschen an Gott, sondern auch Anfragen Gottes an den Menschen (= Infragestellung des Menschen durch Gott)[18].

Die Erwartungshaltung der beratenden Seelsorge ist groß. Das kann man an dem Handbuch der Beratungsmodelle von *Howard J. Clinebell* studieren. Der amerikanische Seelsorgelehrer will in seiner ,,beziehungsorientierten Beratung'' (relationship centered counseling) bei den Ratsuchenden innere Blockierungen abbauen, um ihnen dann zu befriedigenden Beziehungen mitmenschlicher Art zu helfen. Als Ziel schwebt Clinebell ein Mensch vor, der in der Lage sein wird, ,,die Last seiner Probleme und Verantwortlichkeiten zu bewältigen. Er wird zur Erfüllung seiner einmaligen personalen Möglichkeiten wachsen. Er wird konstruktive Beziehungen entwickeln. Sein Verhältnis zu Gott wird sinnvoller werden. Er wird ein Faktor der Erneuerung in seiner Familie, Kirche und Gesellschaft werden.'' Wenn Clinebell dann nicht wenige Seiten später auch die ,,Wiedergeburt'' das ,,eigentliche Ziel der beratenden Seelsorge'' nennen und in ,,Sünde und Erlösung'' die ,,geheime Mitte'' sehen würde, könnte man auf den Gedanken kommen, daß sich hier eine Methode selbst überfordert. So ,,unvergleichlich'' sind die Möglichkeiten der beratenden Seelsorge nun auch nicht[19]. Offenbar fehlt es noch immer an einer klareren Verhältnisbestimmung zwischen Beratung und Seelsorge: Was ist hier Text und was ist Kontext?

Die Aufwertung der Beratung in den letzten Jahren hat dazu geführt, daß die Differenz zwischen Beratung und Seelsorge immer mehr zu verschwinden begann. Die Seelsorge schien sich im bloßen Zuhören und im nur-einfühlenden Nachsprechen, in Hilfen zur Aussprache und zur Selbsthilfe zu erschöpfen. Eine seltsame Scheu vor der Verkündigung griff Platz. Das Aufbauen der eigenen Persönlichkeit bzw. die Gewinnung von ,,Ich-Stärke'' wurde zum Ziel der beratenden Seelsorge. Die Themen Christentum, Kirche, Glaube wurden mit der amerikanischen Seelsorge-Bewegung nicht selten zum bloßen ,,frame'', d. h. zum Rahmen und ,,Kontext'' herabgespielt: Beratung im Kontext der Kirche![20] Wenn man das immer wieder liest und hört, fragt man sich dann unwillkürlich, ob dieser fast optimistische Glaube an den Menschen berechtigt ist und was bei diesen — sicher gutgemeinten — Reifehilfen, Werdehilfen und Wachstumshilfen eigentlich mit der neutestamentlichen Anthropologie wird. Jesus lehrt jedenfalls seine Jünger um Vergebung der ,,Sünden'' beten, und

Paulus weiß, daß „alle unter der Sünde" sind (Röm. 3, 9). Auch in der Beratung mangelt der Mensch — der Ratsuchende wie der Berater — des „Ruhms", den er vor Gott haben sollte, und ist allein auf die rechtfertigende Gnade in Christus angewiesen (3, 28). Daraus müssen Konsequenzen gezogen werden.

In der theologischen Beratungsliteratur liest man unablässig, was der Berater nicht tun soll, bis hin zu dem fast grotesken Satz: „Die beratende Seelsorge berät nicht!" Da ist es erholsam und aufrüttelnd zugleich, wenn *Christa Meves* in ihrem „ABC für Seelenhelfer" schreibt: „Alle unsere Bemühungen um geduldiges Zuwarten, alle unsere berechtigte Zurückhaltung, um den Patienten von sich aus zu der ihm gemäßen Entscheidung kommen zu lassen, darf uns nicht zu dem falschen Schluß verleiten, daß jeglicher Rat unangebracht sei. Wir müssen auch bereit sein, Rat zu geben, wenn uns der Suchende darum bittet; wir sollten ihm dann freilich auch zu verstehen geben, daß dieser Rat keinen Befehl darstellt und daß man gemeinsam darüber nachdenken müsse, ob er durchführbar und zweckmäßig sei." Was damit über Recht und Grenze des Beratens aus evangelischer Sicht gesagt wird, unterstreicht der katholische Pastoraltheologe *R. Bärenz* in einem Sammelband zur Gesprächsseelsorge auf seine Weise. Gegenüber dem häufigen Appell an die Selbstbestimmung des Ratsuchenden heißt es da: „Inhaltlich kommt es für den Christen entscheidend darauf an, daß gesagt wird, vor wem und wofür er verantwortlich ist. Man kann sich auch in falscher Weise verantwortlich fühlen."[21]

— Beratung durch die Gruppe
Die an sich guten Erfahrungen, die man seit Jahrzehnten mit der Gruppenpädagogik in der freien Jugendarbeit und im schulischen Unterricht gemacht hat, sind in neuerer Zeit durch die Untersuchung der „Gruppendynamik" zum Teil fruchtbar ergänzt, zum Teil aber auch ad absurdum geführt worden. Vor allem die therapeutische Beratungsarbeit hat sich dieser Methode angenommen, und die Seelsorge der Kirche ist ihr stehenden Fußes gefolgt. Mit einer wahren Leidenschaft widmet man sich unter Theologen und in den Gemeinden den neuen „Selbsterfahrungsgruppen". Die Frage ist berechtigt: Was macht diese Form der Beratung so attraktiv, aber auch so problematisch? In mancher Beziehung bahnbrechend hat sich hier *D. Stollberg* engagiert. Er betont, daß sich die Kirche selbst von Anfang an als „Gruppe" erfahren hat, in der es eh und je „um die Frage nach Abgrenzung und Zugehörigkeit, Konsensus und Ketzerei, Einigkeit und Abfall" gegangen ist. Auch bilden sich immer wieder Gruppen „in"

der Kirche, geplant oder wie von selbst. Manche Gruppen sind offen, andere verbindlich. Ist die Gruppe im Unterschied zu Menge und Masse ein durchstrukturiertes Sozialgebilde, dessen einzelne Glieder aufeinander bezogen sind und je verschiedene Funktionen für die Gemeinschaft ausüben, dann ergeben sich früher oder später spannungsvolle Beziehungen. In einer solchen Gruppe kann der einzelne als Person unterdrückt, aber auch entfaltet werden. Gruppengespräche können — so lautet die Annahme — solche zwischenmenschlichen Dinge ans Tageslicht bringen und dem einzelnen zu vertiefter Selbsterfahrung helfen. Im Anschluß an den baptistischen Theologen *J. W. Knowles,* der von der Auswahl der Teilnehmer einer Seelsorgegruppe bis hin zur „Gebetstherapie" Anregungen gegeben hat, versucht Stollberg, praktische Wege zum Bewußtmachen der verborgenen sozialen Gefühle aufzuzeigen und sie theologisch im Sinne eines priesterlichen „Mitfühlens" (Hebr. 5, 2) zu untermauern. Die Gruppenglieder beraten sich gleichsam untereinander. Ziel ist dabei die „wahre" Gruppe, in der Wahrheit und Wahrhaftigkeit, Konsensus und Situation zusammenfallen. Diese wahre Gruppe bildet sich „im Verlaufe des Gruppenprozesses". Der Seelsorger als Gruppenberater lernt dabei, sich selbst zurückzunehmen bzw. Demut zu üben und sich persönlich als „Katalysator" (Stoff, der eine Reaktion auslöst oder in ihrem Verlauf bestimmt) in den Dienst der Gruppenglieder zu stellen [22].

Etwas weniger anspruchsvoll im Blick auf ihre Erfolgserwartungen sind die nach dem Vorbild des englischen Arztes *M. Balint* sogenannten Balint-Gruppen, die Seelsorgern und Beratern Gelegenheit geben, zu einem schlichten, aber wirkungsvollen Erfahrungsaustausch zu kommen, ohne daß man dabei Balints etwas vollmundige These von der „apostolischen Funktion" des Arztes übernehmen müßte. Die hintergründige Rolle des seelsorgerlichen Beraters spricht auch *H.-J. Thilo* an, der besonders auf die Eingangsphase des Gruppengesprächs hinweist. Hier falle die Gruppe oft in eine „infantil-regressive Haltung dem Gruppenleiter gegenüber". Geschult an der analytischen Interpretation menschlicher Verhaltensweisen, hinterfragt Thilo die Vater- und Hirtenrolle des Beraters: Wollte er einmal Richter oder Weiser werden? Sieht der Ratsuchende auf Grund seiner Erziehungsgeschichte in dem Seelsorger einen autoritären Vater, einen „Lammträger" oder einen „Bruder" [23]? Ähnliche und andere Erwägungen werden in *J. Scharfenbergs* Sammelband über das Verhältnis von Glaube und Gruppe angestellt. Deutlich spürt man hier schon ein wenig Selbstkritik. Sie erwächst aus der Grundthese heraus, daß die Gruppendynamik eine „religiöse Dimension" habe. An den Symbolen von „Richter, Priester, Lehrer und Prophet" sucht Scharfenberg beim Beraterverhalten Züge des Über-Ich, der Ritualisierung, der Identifizierung und des Größen-Selbst aufzuzeigen. Aber „religiös" ist nicht ohne weiteres gleich „christlich". Da ist der Verweis auf die „Magna Charta der Gruppenarbeit", nämlich das paulinische Bild von der Kirche als „Leib Christi" schon sachnäher und griffiger. Aber noch werden die Linien zu einer „Gruppenarbeit unter dem Evangelium" nicht scharf genug ausgezogen. Erste Versuche in dieser Richtung wurden bereits vor fast 30 Jahren unternommen. Die Definition der „heilswirklichen (was ist das?) Funktion der Gruppe" als „Hilfe zur Selbst- und zur Fremdverwirklichung des Menschen in dem dynamischen Wechsel von Eigenständigkeit und Bezogenheit auf die anderen, die ihn befähigt, sich seiner letzten Mitte — Gott — anzunähern, indem er seine von den Brennpunkten geleiteten Bahnen findet — zu sich, zu den anderen und zur Welt" (J. Meyer-Scheu/ W. Ruff) —, reicht wohl nicht aus[24].

Es geht nicht darum, daß wir die Gruppendynamik ohne weiteres „verteufeln". Auch *H.-K. Hofmann*, einer ihrer schärfsten Kritiker, tut das nicht. Vielmehr heißt es bei ihm ausdrücklich: „Durch die biblische Unterscheidung von Augenblickshilfe und Ewigkeitsgabe wird der Dienst der Nächstenliebe, das ärztliche, seelenärztliche Bemühen und diakonische Handeln nicht abgewertet. Auch wird die Notwendigkeit solcher ‚Wege zum Menschen' nicht bestritten. An zahlreichen Stellen ist sogar ihre Verstärkung zu fordern, aber es muß ihrer Umdeutung in Seelsorge gewehrt werden, weil ohne den Zuspruch des Wortes die rettende Dimension des Evangeliums, die über Schuld, Leid und Tod hinausführt, ausgeblendet bleibt." Mit Recht hat aber Hofmann gegenüber dem „Umpolen der Gefühle" und gegen das „Umdrehen der Grundbegriffe" bzw. den Austausch der „Inhalte" sein „Stop"-Schild erhoben. Schließlich hat, wenngleich von der anderen Seite her, auch Scharfenberg die Möglichkeit einer „Dämonisierung der Gruppenarbeit" erwogen und vor den „Abhängigkeitsverhältnissen eines süchtigen Verhaltens" gewarnt[25].

Zweifelsohne kann die Gruppenseelsorge mit dazu helfen, daß wir den früher zuweilen unerträglichen und gefährlichen Individualismus und Subjektivismus der Seelsorge erkennen, aber sie kann auch den neuen „Hahn überdrehen". Wir Deutschen neigen verhängnisvollerweise dazu, wie der Schriftsteller Robert Musil einmal gesagt hat, aus einem „Gesichtspunkt gleich einen Standpunkt", eine Ideologie, ja eine ganze Theologie zu machen. So redet man jetzt schon von einer „Consensus-Theologie" (Stollberg) oder von einer „Theologie der

Kommunikation" (Rieß). Mag man das auch nicht so meinen, es klingt doch mißverständlich und weist — gewollt oder ungewollt — in eine bestimmte horizontale Richtung [26].

Die Gruppendynamik steht innerhalb und außerhalb der Kirche hoch im Kurs. Sie kann sich dabei der vielen Gruppen bedienen, die es längst schon in der kirchlichen Praxis gab, ehe die Gruppendynamik „erfunden" wurde. Dabei hat sich eine „themenorientierte" Gesprächsrunde im Sinne von *Ruth C. Cohn* als besonders fruchtbar erwiesen, da sie nicht im uferlosen Allerlei anfängt oder gar endet, sondern von vornherein ein konkretes Thema, einschließlich des religiösen Bereichs, zur Verhandlung bringt [27]. Aber es gibt eben auch Übertreibungen, die bis zur Gruppensüchtigkeit führen können. Mit Recht hat *H. Tacke* moniert, daß die Gruppe heute beinahe zum „Heilsmittel" wird. In der Tat erscheint sie gelegentlich als das wahre Evangelium, als Entstehungsgrund des eigentlich Menschlichen und wirklich Religiösen [28]. Sie ist wie ein geistlicher „Uterus". Man wird dafür ausgewählt (Eliteprinzip? Was wird aber dann mit den anderen Nicht-Gruppenfähigen?). Die Gruppe wird gegen Luftzug und fremde Besucher (z. B. Hospitanten!) geschützt. Geistliche Introversion ist nicht ausgeschlossen. Was wird aber, wenn die Gruppenglieder dann wieder an der sogenannten frischen Luft sind? Sogar die lutherische Rechtfertigung hat man bemüht. Aber die Gruppe als solche rechtfertigt den Sünder nicht! Und der Gruppen-Berater? Gewiß, er soll helfen, daß die anderen sich zur Sprache bringen und daß die Gruppen-Moral intakt bleibt. So bleibt er weitgehend im Hintergrund. Wenn es aber dann bei Knowles und Stollberg heißt, daß der Gruppen-Berater die „Beraterrolle" der Gruppe selber überträgt [29], dann wird es früher oder später eben doch problematisch. Natürlich weht der Geist, wo er will, er kann also auch einmal durch die Gruppe als solche wehen. Manche haben das dankbar in Selbsterfahrungsgruppen erlebt. Es kann aber auch bei der reinen Aufarbeitung zwischenmenschlicher Konflikte und Spannungen durch die Gruppe bleiben, vor allem dort, wo man dann bewußt auf jede Mitteilung der christlichen Botschaft in der einen oder anderen Form verzichtet und das Zustandekommen des Beratungsaktes durch die Gruppe selbst sozusagen als den Höhepunkt der ganzen Sache feiert. Mit anderen Worten: Die nicht einfach problemlosen, aber theologisch wohldurchdachten Leitformeln von Thurneysen u. a. „Seelsorge als Gespräch" oder „Seelsorge im Medium des Gesprächs" werden hier in manchen Konzeptionen und Praktiken auf den Kopf gestellt. Heute heißt es eher: „Gespräch als Seelsorge", „Kommunikation als Seelsorge". Aus dem Medium und der Methode macht man Mitte und

Maß der Seelsorge. Verheißung haben aber allein die Sachtreue, die Selbstbescheidung und die Vollzugsbereitschaft. Was wir in der beratenden Seelsorge brauchen, ist das „Gespräch im Vollzug der Seelsorge"[30].

d) „Oikonomische" und „personale" Beratung

Die Diskussion um das Beraten in der Seelsorge geht weiter. Sie ist noch lange nicht zu Ende. In letzter Zeit haben sich zwei Stimmen zu Wort gemeldet, die beide an dem Verständnis der „Lebensberatung" interessiert sind, wenn auch von verschiedenen Voraussetzungen her. Der eine Entwurf von H. Niederstrasser sucht den biblischen Gedanken der „Haushalterschaft" fruchtbar zu machen, der andere von E. Guhr will den „personalen" Charakter der Beratung herausarbeiten.

— Haushalterschaftliche Beratung
Die Kennzeichnung des Beratungsmodells von *Heinz Niederstrasser* als „haushalterschaftlich" ist ein sicher unzureichender Versuch, den von ihm gewählten Begriff einer „oikonomischen" Beratung ins Deutsche zu übersetzen und für Nicht-Griechen einigermaßen verständlich zu machen. Die weitgespannte Untersuchung beruht auf eingehenden wortgeschichtlichen Studien und greift erfreulicherweise immer wieder einmal auf biblische Texte zurück. Leider machen die Neigung des Autors zu Fremdworten und die manchmal überladenen Wortgebilde seine Ausführungen schwer lesbar. So nennt er das Beratungsgespräch einmal „orthotomisch-oikodomisch-oikumenisch-oikonomisch" und erklärt dieses sprachliche Monstrum dann mit der Zufügung: „d. h. auf bahnbrechende Zurechtbringung, Erbauung, Wohn- und Lebbarmachung des Klienten-Lebens, auf Haushalterschaft des Zu- und Angemessenen gerichtetes ‚Beratungsgespräch' ". Worauf Niederstrasser praktisch hinaus will, das ist die Erneuerung des neutestamentlichen Gedankens von der „Haushalterschaft" (oikonomia) für Beratung und Seelsorge. Nur zum Teil knüpft er damit an die Mobilisierung der Laienkräfte an, wie sie im amerikanischen Luthertum unter dem Motto „Stewardship" und in der deutschen evangelischen „Haushalterschaftsbewegung" nach dem Kriege in Gang gekommen ist. Niederstrassers Hauptbeleg ist 1. Kor. 4, 1: „So soll man uns ansehen als Diener (hyperetas) und Verwalter (oikonomous) der Geheimnisse (mysterion) Gottes." Nach H. Conzelmann stammen die von Paulus hier verwendeten griechischen Worte aus der Verwaltungssprache, sie werden aber auch in Kultgenossenschaften gebraucht, wo es ebenfalls Assistenten und Haushalter gibt. Ausdrücklich ist aber, wie schon 1. Kor. 1, 1 und 7, von den Geheimnis-

sen „Gottes" die Rede. Mit einem exegetischen „Kunstgriff", der vom Text her weder notwendig noch berechtigt ist, erweitert Niederstrasser den Begriff „Gottesgeheimnisse" zu „Menschengeheimnisse" hin. Sicher dürfen wir theologisch den Gottesbezug der Seelsorge nicht gegen den Weltbezug ausspielen, aber daß der „Haushalter Gottes" gleichzeitig „Haushalter der Welt" ist, das steht nun einmal nicht da. Diesen Gedanken unmittelbar aus 1. Kor. 4 folgern zu wollen, wäre mehr „Einlegung" als „Auslegung"! Da ist der Hinweis auf 1. Petr. 4, 10, den Niederstrasser im Sinne der Stewardship-Bewegung ebenfalls vorbringt, zutreffender: „Ein jeder (gebrauche) die Gnadengabe (charisma), die er empfangen hat, und dient damit einander als gute Verwalter (oikonomoi) der vielgestaltigen Gnade Gottes." Die mannigfachen Gestalten der Gnade enthalten schöpfungsmäßige („weltliche") und geistliche Gaben, wie sie der Christusgemeinde je und je geschenkt werden (1. Kor. 12 und 14)[31].

Die haushalterschaftliche Beratung leugnet die „Heils"-Seelsorge im überlieferten kerygmatischen Sinne nicht, möchte sie aber durch eine an der Menschlichkeit des Menschen orientierte „ ,oikonomische ' Lebenshilfe und Beratung ergänzt " wissen. Offenbar ist Niederstrasser die „beratende Seelsorge" immer noch zu seelsorgerlich, so daß er die Losung ausgibt: „Von der beratenden ‚Seelsorge' zu der oikonomischen ‚Beratung'." Dabei schwebt ihm als Leitbild die weltliche und pragmatische landwirtschaftliche Beratung vor. Auch die alttestamentliche Spruchweisheit mit ihrer nüchternen Sachlichkeit bemüht er, freilich unter teilweiser Abschwächung des so zentralen Elements der Gottesfurcht, die doch „aller Weisheit Anfang" (1, 7) sein soll. Gewiß hat die frühere klassische Seelsorge Schwächen und Grenzen gehabt. Insofern ist Niederstrassers Kritik berechtigt. Man könnte sie einen doppelten Ruf „Zurück zu den Sachen" und „Herunter auf die Erde" nennen. Hier geht es um Wohnberatung und Urlaubsberatung, um Ehe-, Familien- und Lebensberatung sowie um Politik-Beratung. Auf der anderen Seite fällt es auf, wie allergisch der Vertreter der oikonomischen Beratung auf Elemente der Verkündigung und auf geistliche Aspekte in der Beratung reagiert. Davon soll der Berater Abstand nehmen. So warnt er vor einer „theozentrischen Neurose" und merkt gar nicht, daß seinem eigenen Entwurf nun eine „anthropozentrische Neurose" droht. Die Seelsorgelehre der Dialektiker wird kritisiert, weil sie zuviel Verkündigung und zuwenig Beratung habe. Umgekehrt werden nun wieder Seelsorge und Beratung dialektisch auseinandergerissen, so daß das Modell einer evangelischen Beratung entsteht, die sozusagen zuviel Beratung und zuwenig Seelsorge vermittelt[32].

Was über die Person des evangelischen Beraters gesagt wird, geht nicht weit über das hinaus, was auch in der säkularen Beratungsarbeit schon gefordert worden ist, nämlich, daß der Berater kein bloßer Funktionär sein soll, daß es Allround-Berater und Spezialberater gibt, daß man Beratertypen unterscheiden kann (introvertierte und extavertierte, induktive und deduktive) und daß sich Teamarbeit empfiehlt. Statt von „Seelsorge an Seelsorgern" redet Niederstrasser von „Beratung der Berater". Sie besteht in Supervision und Evaluation. Das ist bezeichnend[33].

— Personale Beratung

Ein ausgesprochen intensives Interesse am Vorgang der Beratung als solchem zeigt *Ekkehard Guhr* in seiner Analyse der „personalen" Beratung. Sie basiert auf der modernen Interaktionsforschung und geht von der folgenden Definition aus: „Die Lebensberatung ist als eine an der Person, ihrer Situation, ihrem Erleben und ihrer Sprachfähigkeit orientierte Verständigung zwischen zwei oder mehreren Personen anzusehen, die der Verbesserung der personalen Lebensfähigkeit dient." An dem Fallbeispiel einer Mutter-Tochter-Beziehung, die zu Abhängigkeit, Suizidversuch, Trennungsangst und Ehekrise geführt hat, sucht Guhr Sinn und Notwendigkeit einer kommunikativen Beratung nachzuweisen. Die Untersuchung schreitet dann die verschiedenen Beiträge der Humanwissenschaft zum Beratungsprozeß ab, immer unter dem Gesichtspunkt der interpersonalen Verständigung. Dabei zeigt Guhr begreiflicherweise gewisse Sympathien für die Kommunikationstherapie, wenn auch mit Einschränkungen; sie ist ihm immer noch zu technologisch und räumt dem Therapeuten eine zu große Vorrangstellung ein. Die befragten Programme und Autoren liefern eine ganze Reihe wichtiger Anregungen grundsätzlicher und methodischer Art. Besonders einleuchtend werden die drei Schritte des personalen Beratens entfaltet, das Wahrnehmen der Lage beim Ratsuchenden und bei sich selbst, das Verstehen durch Mitfühlen und Miterleben und das Vermitteln eines personalisierenden Angebots. Problematisch bleibt in diesem Beratungsmodell aber das Zielproblem. Guhr kommt mehrmals darauf zu sprechen und formuliert es immer wieder in derselben Richtung: „Verbesserung der Lebensmöglichkeit", „Erreichen einer dem individuellen Erleben entsprechenden Identität", Versuch, das „schwache Ich zu stärken"[34]. Aber genügt das für eine seelsorgerliche Beratung?

Nur knapp ein Viertel von Guhrs Untersuchung beschäftigt sich ausdrücklich mit dem Beraten im Bereich der Seelsorge bzw. „im Kontext der praktischen Theologie". Das „Defizit kommunikativer

Kompetenz" in den klassischen und neueren Seelsorgelehren wird bemängelt. Der bekannte Vorwurf, die herkömmliche Seelsorge sei zu „verbal", klingt wieder auf, obwohl ja auch die personale Beratung offenbar nicht wenig redet und großen Wert auf Gesprächsfähigkeit legt. Voll zu unterstreichen ist aber die Feststellung, die auch eine Seelsorge am Seelsorger zu beachten hat: „Die Antwort auf die Frage: Wie geht der Seelsorger mit dem in ihm Verborgenen um? ist also ein Schlüssel zu dem Verstehen des Gesprächspartners, der Situation und der eigenen Person." Die „pastorale Situation" (gemeint ist hier einfach die „seelsorgerliche" Situation) ernst nehmen heißt, so die „angetroffene Wirklichkeit" berücksichtigen und die Bedeutung der Person erkennen. Die pastorale Situation ist nach dieser Sicht also eine personale Situation. Die pastorale Kompetenz des Seelsorgers besteht demgemäß darin, daß er „nicht zu lernen" hat, „mit den Problemen der Ratsuchenden umzugehen, sondern mit den Ratsuchenden als Personen". Das ist ein falsches Entweder-Oder. Wenn die Aufgabe der Verkündigung „das Gewinnen der Menschen für das Evangelium" sein und sich in einem „identifikatorischen Verstehen" ereignen soll, so ist dagegen nichts einzuwenden, im Gegenteil. Es bleibt bei diesem Ansatz nur offen, wie sich die angedeutete Zielsetzung nun im Beratungsgespräch konkret vollziehen könnte. Der kerygmatischen Seelsorge wird die „Flucht *vor* der Aporie" (= Unmöglichkeit einer Problemlösung, letzte Verlegenheit) vorgehalten.

Ob eine nur „personale" Beratung ihrerseits auch die andere Gefahr genügend bedenkt, die man eine „Flucht *in* die Aporie" nennen könnte? Jedenfalls darf bei aller notwendigen „Offenheit" des Seelsorgers die Inhaltsfrage nicht ständig relativiert werden. Die etwas schüchterne Andeutung einer Beziehung des Beratungsvorgangs auf „Glaube, Hoffnung und Liebe" läßt die Richtung ahnen[35]. Es wäre aber zu wünschen, daß die oben erwähnte Linie des „Gewinnens für das Evangelium" kräftiger ausgezogen würde. Das „Personale" in der Beratung ist ein wichtiger Aspekt der Seelsorge bzw. einer evangelischen Beratung, aber es ist nicht das Evangelium selber.

e) Berater und Seelsorger

Solschenizyn hat in „Archipel GULAG" das russische Sprichwort zitiert: „Vom Guten zum Bösen ist's einen Windstoß weit. Demnach auch vom Bösen zum Guten." Das gilt in einem gewissen Sinne auch für das Verhältnis der beiden Dienste am einzelnen, genannt Beratung und Seelsorge. Aufs Ganze gesehen lassen sich vier Möglichkeiten denken, das Verhältnis von Berater und Seelsorger zu bestimmen.

(1) Eigenständigkeit: Modern heißt das „Identität" oder „Selbigkeit". Weniger die Beratung, wohl aber die Seelsorge ist in eine Identitätskrise geraten. Hat man etwa den Ausdruck „beratende Seelsorge" deshalb erfunden oder gebraucht man ihn darum so gern, um den Zug nicht zu verpassen, um als hoffähig zu erscheinen? Oder gibt es da echte Gründe? M. Seitz hat jedenfalls mit Recht gemeint: „Das Gespräch zwischen Psychotherapie und Theologie leidet, und zwar nach Meinung vieler Psychotherapeuten, unter einer Ich-Schwäche der Theologie."[36] In der Tat haben manche Seelsorger ihre Zelte längst auf dem Ufer der therapeutischen Beratung aufgebaut und sind nun keine guten Gesprächspartner der Therapeuten mehr. Die Seelsorge braucht sich aber nicht bei der Beratung zu entschuldigen, daß es sie gibt. Zwischen Seelsorger und Berater besteht zunächst wirklich einmal eine Differenz. Seelsorge wird nicht immer Beratung sein, aber sie wird immer, direkt oder indirekt, verbal oder non-verbal, etwas mit Jesus zu tun haben. Ein Berater aber muß, um beraten zu können, nicht unbedingt etwas mit Jesus zu tun haben.

(2) Unterstützung: Wer heute einem Menschen helfen will, ist seinerseits für jede Hilfe dankbar, sei es durch einen Fachmann oder durch ein Team von Helfern. Insofern ist es nicht nur denkbar, sondern auch wünschbar, daß einer dem anderen hilft, der Berater dem Seelsorger und der Seelsorger dem Berater. So haben sich Vorarbeit, Nacharbeit und gleichläufige Zusammenarbeit bewährt, ohne daß man sich dabei mittels einer Überweisungsstrategie „klammheimlich" aus der Affäre zieht. Junge Menschen z. B. vertragen das nicht immer. Manchmal vertrauen sie sich nur einer Person an. Man kann aber die Unterstützungsmaßnahmen ausdrücklich vereinbaren.

(3) Entsprechung: Seelsorge ist in ihren Arbeitsformen — Gespräch, Brief, Umgang, Hilfsaktion — so oder so ein dialogischer Prozeß. Sie muß also antworten und mitfragen, d. h. sich bemühen, konkret zu entsprechen. Seelsorge steht und fällt mit ihrer korresponsorischen Haltung. Wie oft haben wir während der letzten Jahre im Heidegger-Jargon die vermeintlich allein-protestantische Grundregel am Schluß von Akademietagungen gehört: „Wir müssen die Fragen ins Offene halten!" Nun, wir wollen bestimmt nicht im Zeichen der Korrelationsmethode in die alte Ideologie des „Nur-Antwortens" zurückfallen, aber wir sollten es auch vermeiden, jetzt einer neuen Ideologie des „Nur-Fragens" zu erliegen. Entsprechung in der Seelsorge ist übrigens nicht nur im Blick auf den einzelnen Ratsuchenden und seine Fragen zu leisten, sondern grundsätzlich — übertragen verstanden — auch im Blick auf den Bereich der Beratung als ganzen, und zwar

ganz ungeplant und funktional. Während der streng nach den Rogers-Regeln arbeitende Berater einer kommunalen Jugendberatungsstelle einer Stadt tatsächlich die Aussagen der christlichen Botschaft ausklammern wird, können sie im seelsorgerlichen Gespräch mit demselben Jugendlichen durchaus eine Rolle spielen. Das beides muß sich nicht widersprechen, sondern es kann, ja es sollte sich gerade einander entsprechen. Eine solche Dialektik vermag sogar sehr fruchtbar zu sein (man kann dies natürlich nicht erzwingen, und es kann echten Widerstreit geben); sie hat zutiefst eine theologische Bedeutung: man denke nur an die heilsame Spannung von Gesetz und Evangelium, Schöpfung und Erlösung. Entsprechen heißt im vorliegenden Falle: nicht Gegeneinanderarbeiten, sondern Zusammenarbeiten von Berater und Seelsorger.

(4) Übereinstimmung: Kein Kenner der Sachlage bezweifelt heute mehr, daß es in der Seelsorge schon aus methodischen Gründen Elemente der Beratung gibt. Schließlich ist ja auch die säkulare Gesprächstherapie aus der kirchlichen Beicht- und Seelsorgepraxis erwachsen. Umgekehrt ließe sich auf die platonischen Dialoge und die Vorformen einer weltlichen „Beichte" im Hellenismus verweisen. So kommt auch die andere Möglichkeit vor: Ein „Berater", der in einer städtischen oder kirchlichen Beratungsstelle als Psychologe tätig ist, kann ein Jünger Jesu sein. Dann tritt unter Umständen die Konvergenz (Übereinstimmung) von Beratung und Seelsorge in der Person ein. Könnte es doch sein, daß ein solcher Berater einmal mitten im Beratungsprozeß Farbe bekennen muß, was er selber denkt. Er kann dann nicht ausweichen, sondern wird Stellung beziehen, ohne damit den Klienten dirigistisch zu beeinflussen. Mehr denn je schlägt zur Zeit in der Seelsorge die Stunde des „Laien" bzw. des Nicht-Experten. Was wir heute im Dienst am Menschen brauchen, ist jedenfalls nicht immer die institutionalisierte, sondern die personalisierte Beratung und nicht nur die ordinierte, sondern die personalisierte Seelsorge! Die Hauptsache ist nur, daß jeder Schuster bei seinem Leisten bleibt und nicht zum Schluß der Pfarrer bzw. kirchliche Jugendleiter mit gewollter Freud-Frisur und im weißen Arztmantel auftritt und daß der Arzt mehr fromm redet als praktisch heilt.

2. Bezeugen

„Zeugnis" als engagierte Form der Kommunikation hat inzwischen auch im außerkirchlichen Sprachgebrauch Interessenten gefunden, z. B. im literarischen Bereich. Der Schriftsteller Siegfried Lenz benutzt den Begriff gern zur Interpretation seines Hauptgeschäftes, nämlich des „Erzählens". Indem der Erzähler zum Zeugen wird, vermag er Konflikte zu lösen und Vergangenheiten zu bewältigen, die seines Helden und damit auch die eigenen. So wird der Sportberichter in „Brot und Spiele" zum „Zeugen", und die Tochter des alten Oberst im „Duell mit dem Schatten" wird zur Zeugin, als der Vater sich durch eine erzählte Beichte vom Druck des Gewesenen zu befreien sucht. Besonders erregend schildert Lenz die Zeugenschaft des Erzählers in dem Roman der norwegischen Widerstandsbewegung „Stadtgespräch". Da heißt es ausdrücklich: „Schließlich hat sich doch noch nie eine Geschichte von selbst erzählt, immer war jemand dahinter oder darin; warum sollen wir das leugnen?" Oder noch deutlicher: „Was keinen Zeugen findet, Daniel, ist nicht geschehen"[37]. In der Tat, auch die Seelsorge von heute braucht sich des „Zeugnisses", jenes alten , aber guten Lieblingswortes der Erweckungsbewegung, nicht zu schämen. Das Evangelium beinhaltet die frohe Kunde von dem Christus, der sich bis zum Tode am Kreuz für uns hingegeben hat. Es kann in einem Seelsorgegespräch letzten Endes nicht von einem bloßen Referenten, sondern nur von einem entschiedenen Zeugen zur Sprache gebracht werden.

a) Biblisch-theologische Perspektiven

Geschichtlich gesehen setzt die neutestamentliche Wortgruppe „bezeugen, Zeugnis, Zeuge" (griech.: martyreo, martyrion, martyr) einen Rechtsvorgang voraus[38]. Der „Sitz im Leben" für das Zeugnis ist das Gericht. Das Alte Testament legt Wert auf eine glaubwürdige Aussage. Deswegen sind nach Dtn. 17, 6 mindestens zwei Zeugen notwendig. Weil Jahwe das Recht schützt, wird Gott selbst als Zeuge angerufen (Jes. 43, 12). In der stoischen Philosophie gilt der Gebildete als „Zeuge der Wahrheit" (Epiktet Diss. I, 29). Greift man auf die indogermanische Wurzel von „martyr" (Zeuge) = „smer" zurück, dann bestünde das Wesen des Zeugen in einem Menschen, der sich „sorgsam erinnert", bestimmte Kenntnisse aus Erfahrung gewonnen hat und eben diesen Wissenstatbestand verbürgt bzw. kundtut. Ein Zeuge im Verständnis des Evangeliums ist ein Christuszeuge. Er erinnert sich des geschichtlich geschehenen Heils, „hält im Gedächtnis Jesus Christ", hat etwas mit dem Auferstandenen erfahren und legt davon anderen gegenüber Zeugnis ab. Im einzelnen läßt sich diese Sicht des Neuen Testaments folgendermaßen theologisch entfalten.

— *Das Wie* des Bezeugens: Die Mitteilung der Frohen Botschaft erfolgt auf verschiedene Weise. Außer der Tätigkeit des Bezeugens kennen wir im urchristlichen Schrifttum das Predigen, Verkündigen (Evangelisieren), Bekennen und Lehren. Nicht zuletzt ist das Tun ein „Modus" (Art und Weise) des Bezeugens. Ja, die Bewährungsprobe des christlichen Zeugnisses besteht gerade im Handeln. An den „Früchten" erkennt man Jünger und Gegner Jesu (Mt. 7, 16). Zum Bezeugen gehört die Bereitschaft, das Leben für die Freunde zu lassen (Joh. 15, 13). Mit anderen Worten: In Sachen Zeugnis kann das Verbale nicht gegen das Non-Verbale ausgespielt werden, aber auch das Non-Verbale ist kein Ersatz für das Verbale. Diese Erkenntnis ist für die Seelsorge heute außerordentlich bedeutsam. So sehr das Bezeugen den anderen Tätigkeitsworten der Evangeliumsmitteilung verwandt ist, so hat es doch gerade durch die „juristische" Vorgeschichte einen besonderen Zug zum Verbindlichen hin. Das Zeugnis muß „hart am Winde der Sache" (Heidegger) bleiben. Das Zeugnis verlangt schärfere Akzente. Ihm ist mit Verschwommenheit oder Zurückhaltung nicht gedient.

— *Das Was:* Der Inhalt dessen, was der Seelsorger als Zeuge bezeugt, ist ein persönliches und sachgemäßes Zeugnis vom lebendigen Gekreuzigten. Im Neuen Testament ist der „Zeuge" in erster Linie Zeuge der Auferstehung Jesu. Vor allem die lukanische Überlieferung unterstreicht diese Definition: „Ihr werdet meine Zeugen sein" (Lk. 24, 48; Apg. 1, 8). Der Zeuge gibt ein verbindliches Votum des Inhalts: Jesus lebt! Dafür ist er auch wie Stephanus bereit, als „Märtyrer" zu sterben (22, 20). Auch die johanneische Überlieferung ist an der Wortgruppe „bezeugen" interessiert. Sie geht sogar noch einen Schritt weiter als der Synoptiker Lukas. Danach erscheint Jesus selbst als der „getreue" Urzeuge (Offb. 1, 5). In dem Prozeß Gottes mit der Welt ist der Gekreuzigte der Blutzeuge schlechthin (Joh. 8, 13 ff.). Das Was des Zeugnisses ist eben doch nicht so beliebig. So notwendig es ist, in Nächstenliebe für den anderen ganz da und ganz offen zu sein, so unmißverständlich klar hat der Zeuge bei seinem Herrn zu bleiben. Dieser Herr ist die Mitte seines Zeugnisses. Der Verfasser des 1. Johannesbriefes bezeugt Jesus als „Sohn" (5, 10), „Leben" (1, 2) und „Heiland" (4, 14). In einer Art „Theologie der Antwort" reagiert er damit auf die Herausforderung des Urzeugen.

Sicher ist Jesus nicht bloß der „Gegenstand", sondern der „Grund" des Glaubens (G. Ebeling), aber es genügt nun auch nicht, den Glauben einfach als „Partizipieren" an Jesus, den ersten Zeugen des Glaubens, auszulegen [39]. Der Christ im Sinne des Neuen Testaments glaubt nicht nur an den Glauben, und wäre es der Glaube des ersten Glaubenden, er glaubt an den auferstandenen Gekreuzigten.

— *Das Wann:* Wenn die „Stunde des Gerichts" schlägt, dann schlägt auch die Stunde des Zeugnisses (Mt. 10, 20). Diese Stunde ist nicht ein abstraktes Übermorgen, sondern das Hier und Heute des Zeugen und seines Publikums, das aus Zuhörern und Richtern, Zuschauern und Mitmenschen besteht. Der Zeuge kann sich diesen Zeitpunkt nicht aussuchen, er muß sich ihm stellen. Allerdings ist dieses Jetzt des Zeugnisses umgriffen von einer vorausgegangenen Geschichte und einer noch ausstehenden Zukunft. Das Zeugnis gründet in dem Jesus der Geschichte, und es rechnet mit dem Christus am Jüngsten Gericht. Auch und gerade wenn der Zeuge den geschichtlichen Herrn in die Gegenwart hineinholt, hat er sich noch vor dem kommenden Herrn zu verantworten. Der Akt des Bezeugens als solcher rechtfertigt ihn nicht. Das seelsorgerliche Zeugnis ist mitten hineingestellt in ein „Schon-jetzt" und ein „Noch-nicht".

— *Das Wo:* Das Zeugnis des Zeugen will „vor Ort" bezeugt werden. „Vor Ort" heißt weder nur in einem fernen blauen Himmel noch nur in einer einseitig horizontalen Mitmenschlichkeit. Es heißt vielmehr im Vollsinn der Worte: „vor Gott und den Menschen". Auch der Ort des Bezeugens ist unverfügbar. Er zeigt sich immer dort, wo ein Mensch nach einem Wort hungert, das nie gesprochen wurde, oder wo jemand unter einer offenen Wunde leidet, die durch das Tatzeugnis eines Seelsorgers verbunden werden muß. Der Ort ist als solcher eine Herausforderung. Das Wo des Bezeugens führt, je nach den Umständen, in die Kirche oder in die Welt, in das Kämmerlein oder in die Öffentlichkeit (Mt. 10, 18; 10, 27). Der Zeuge ist für den anderen da. Das Zeugnis, das sich abschließt und einschließt, wäre ein Widerspruch in sich selbst. Ob er will oder nicht, der Zeuge hat immer einen Nächsten.

— *Das Wer:* Der Zeugnisgeber als Person ist ein Angerufener. Er wird von einem konkreten Gegenüber in Frage gestellt, letzten Endes von Gott selber. Dieser Umstand bringt ihn in den Status des Antwortenden. Das Antworten geschieht auch während eines seelsorgerlichen Gesprächs nicht in einer sturmfreien Zone. Da ist „Furcht und Zittern" dabei, wie das Paulus bei seinem Zeugnis in Korinth erfahren hat (1. Kor. 2, 1 - 5). Wer da vornehmen Abstand halten wollte, theologisch über den Dingen zu stehen sucht, ist fehl am Platz. Hier hilft weder „hohe Weisheit" noch ein vermeintlich „objektives Referat". Ohne „Existenzmitteilung" (Kierkegaard) läßt sich die Sache und die Person Jesu nicht bezeugen. Eher ist der Zeuge ein „Brandstifter" im Sinne des Christuswortes: „Ich bin gekommen, daß ich ein Feuer anzünde; was wollte ich lieber, als es brennete schon!" (Lk.

12, 49). Oft wird der Seelsorger unter vier Augen nur einen kleinen Funken vermitteln können. Aber das reicht völlig. Gott pflegt aus kleinen Senfkörnern große Bäume (Mt. 13, 31 f.), d. h. auch aus winzigen Funken lodernde Brände zu machen.

— *Das Woraufhin:* Zum Begriff des Zeugen, der ganz für den anderen da ist, gehört der missionarische Auftrag. Der Zeuge ist ein Gesandter. Die Intention des Zeugnisses besteht darin, daß der „andere" zu neuem Glauben an Christus kommt oder im gesunden Glauben erhalten und gestärkt wird. Knapp, aber treffend, hat das die ökumenische Konferenz in Neu-Delhi so gesagt: „Sendung und Dienst gehören der ganzen Kirche. Gott ruft die Kirche auf, in die Welt hinauszugehen und in Wort und Tat den einen Herrn Jesus Christus zu bezeugen" [40]. Im übrigen steht eine grundlegende Verheißung über dem Vollzug des Zeugnisses: Der Zeuge ist nie allein. Einer ist immer („alle Tage") dabei, der Auferstandene, der seine Jünger gerade als Seelsorger nicht im Stich läßt (Mt. 28, 28). Dem Zeugen gilt die Zusage des Pfingst- und Trostgeistes (Lk. 12, 12; Joh. 15, 26 f.). Der Seelsorger darf wissen, daß er bei der „Absenz" (Abwesenheit) des historischen Jesus mit der „Präsenz" (Gegenwart) des erhöhten Christus rechnen kann.

b) Bezeugende Seelsorge? (Zum Stand der Diskussion)

Was bedeuten nun diese biblischen Perspektiven zum Zeugnisauftrag der Christen für das Seelsorgedenken und -handeln der Gegenwart? Die Diskussion um das Moment der „Verkündigung" in der Seelsorge geht nun schon fast über ein halbes Jahrhundert, und sie will immer noch nicht zur Ruhe kommen. Sie hat durch die Parole von der nur „beratenden" Seelsorge sogar neuen Zündstoff erhalten. Wir versuchen zunächst, uns einen Überblick über den Stand des Gesprächs zu verschaffen, stellen uns dann dem Problem der Verhältnisbestimmung von Beraten und Bezeugen und prüfen schließlich, was es mit der bekannten Parole von der „Annahme" für eine Bewandtnis hat.

Bei einigen Vertretern der neueren Seelsorgelehre ist merkwürdig wenig von diesem Zeugnisaspekt zu lesen. Im Gegenteil, da karikiert man eher jede Art von „kerygmatischer" Seelsorge. Früher verehrte Namen wie Thurneysen, Asmussen und Trillhaas werden dann fast ein wenig mitleidig zitiert. Die Forderung wird laut, der Seelsorger dürfe sich nicht einseitig an „vorgegebenen" Traditionen und Methoden orientieren, daß dann so etwas wie eine „religiöse Begehung" daraus werde. Das ist gewiß ein berechtigtes Ausrufezeichen. Der Ratsuchende darf mit seinem eigenen Gesprächsanliegen nicht zu kurz kommen. Aber wie leicht kann aus einer solchen Abwehrmaßnahme das frei flottierende Gespräch werden, das dann den Zeugnisauftrag zu sehr zurückstellt, einschränkt oder gar vergißt. Die Angst, der Ratsuchende könne manipuliert werden, steht immer mehr im Vordergrund. Die Verkündigung in der Seelsorge scheint deplaziert. Zu oft liest man in einigen Entwürfen oder Randbemerkungen zur modernen Seelsorge, was man „nicht tun'' dürfe. Es scheint eine gewisse Allergie gegen das Zeugnis eingetreten zu sein. Der Abbau des „Verbalen'' im Zeugnis ist in vollem Gange. Höchstens das Implizite, Non-Verbale, Indirekte wird mit der Kommunikation der christlichen Botschaft in einem Beratungsgespräch in Verbindung gebracht und bekommt dann einen Spielraum. Scharfenberg spielt die „Offenheit'' des freien Gesprächs gegen angebliche „Dienstanweisungen'' aus. Ist da der Zeugnisauftrag Jesu an die Seinen mitgemeint, — so könnte man ironisch zurückfragen. Viel lieber nennt man den beratenden Seelsorger einen „Therapeuten'' als einen „Zeugen'' (Allwohn, Stollberg). Die Selbstüberschätzung der Person des Beraters kommt bei Clinebell zum Vorschein, wenn er von ihm als dem „Katalysator (siehe oben) im erlösenden Heilungsprozeß'' und von der „seelsorgerlichen Hebamme zu neuen Dimensionen des Menschseins'' spricht [41].

Man kann noch verstehen, wenn neuere Seelsorge-Theoretiker gegen eine allzu vorschnelle und bevormundende Seelsorge von gestern Einspruch erheben. Auch der Protest gegen den Mangel an methodischen Kenntnissen, wie sie aus der modernen Psychagogik zu entnehmen sind, überhaupt die Kritik an einer rücksichtslosen Seelsorge, die an der Problemlage und Klientensituation vorbei-sorgt, sind zu begreifen. Schlimm ist es aber, wenn diese Kritik den geistlichen Boden unter den Füßen verliert und vom Worte Gottes nichts mehr zu sagen hat bzw. von Jesus, dem Gekreuzigten und Auferstandenen, in dem seelsorgerlichen Gespräch nichts mehr zu bezeugen weiß, ja sogar davor warnt.

Unter den Stimmen der amerikanischen Seelsorgebewegung hat vor allem *Wayne E. Oates*, ein baptistischer Theologe, den Aspekt des Bezeugens in der Seelsorge betont. Er unterscheidet verschiedene „Ebenen'' der Seelsorge. Dabei ist der Pastor bzw. Seelsorger auf jeder Stufe ein „Zeuge Christi''. Fünf Stufen werden genannt. Sie reichen von der Ebene der Freundschaft über die Ebenen des Trostes, der Beichte und der Lehre bis hin zur Ebene der „Beratung und Psychotherapie". Da das Ziel dieser Stufen die „geistliche Reife" darstellt, kommt der Beratungsstufe besondere Bedeutung zu. Oates sagt damit nicht weniger, als daß der Seelsorger in seiner Funktion als Berater ein Zeuge sein muß. Auch der christliche Arzt gibt in seiner, nämlich der heilenden (therapeutischen) Weise, ein Zeugnis von der Heilungsabsicht Gottes, aber er deutet nicht. Die Interpretation ist die spezifische Aufgabe des Seelsorgers. Er lehrt gewissermaßen die Heilungsabsicht Gottes als den Heilswillen Gottes verstehen. Der deutsche Kommentator der amerikanischen Seelsorgebewegung *D. Stollberg* hat sich zunächst sehr eng an S. Hiltners „Kontext"-Modell (Seelsorge als Psychotherapie im kirchlichen Kontext) gehalten und damit manchen begreiflichen Widerspruch erfahren. Neuerdings kommt auch bei ihm das Moment des Zeugnisses zum Tragen. Ihm liegt an der Übereinstimmung zwischen Seelsorgeinhalt und Seelsorgerverhalten, also — um es noch einfacher zu formulieren — von Wortzeugnis und Tatzeugnis: „Wer die Gnade Gottes ‚sprachlich' bezeugt, kann nicht gleichzeitig durch sein Verhalten in der seelsorgerlichen ‚Beziehung' vermitteln, daß er den Klienten entweder nicht ernst nimmt (allzu gütiges Gehabe, Vermeiden jeder Auseinandersetzung) oder verurteilt. Zusammengefaßt heißt das: Seelsorge ist Glaubenszeugnis im geschichtlichen Prozeß sich wandelnder Situationen." Oder: „Seelsorge . . . bezeugt jenseits von Gut und Böse, von Tat und Folgen Gottes Liebe und kennt keine hoffnungslosen Fälle."[42]

Von anderen, mehr exegetischen und analytischen Voraussetzungen hat sich *H.-J. Thilo* dem Anliegen des Bezeugens genähert. Er nimmt Bezug auf das Zeugnis-Verständnis des Neuen Testaments. Das griechische „martyreo" habe ursprünglich das Tatsachenzeugnis vor Gericht gemeint und sei bald zu einem „werbenden Bekenntnis" bis hin zum Martyrium geworden: „Aus der Aussage wird im weiteren Verlauf die Darstellung der Konsequenz dessen, was dieses Zeugesein mit sich bringt" (vgl. Mk. 13, 9), — ohne daß damit eine „missionarische" Absicht verbunden ist. Daraus folgert Thilo: „Das Spezifikum christlicher Seelsorge liegt also nicht in dem, was wir sagen, sondern daß wir es als Christen und in der Verantwortung vor dem Vater Jesu Christi sagen, eben und gerade auch dann, wenn der Ratsuchende gar keine Ahnung davon hat, in welchem Auftrag wir handeln. Dort aber, wo wir nach dem Grund unseres eigenen Handelns, nach unserer letzten Verantwortung gefragt werden, dort haben wir gerade das zu tun, was das Neue Testament mit ‚martyrein' bezeichnet, nämlich Kunde zu geben von den Dingen, die wir selbst an uns erfahren haben, von nichts mehr, aber auch von nichts weniger."[43] Vermutlich ist die Hintanstellung des „Was" hinter dem „Wie" eine sogenannte Spitzenformulierung, die im Interesse eines besonderen Anliegens gewagt wird. Thilo hält es ja sonst durchaus mit dem Evangelium, und er will es auch, wie das Zitat am Ende bestätigt, im Ernstfall verkündigt und bezeugt sehen. Jedenfalls kann uns das „Was" nicht gleichgültig sein. Es muß unmittelbar oder mittelbar die Sache Jesu beinhalten und, es sei nun Wortzeugnis oder Tatzeugnis, vor ihm verantwortet werden können. Auch die Anführung der Grenz- bzw. Fragesituation hat ihre Tücken. Wann tritt das „Gefragtwerden" ein? Muß es immer verbal sein? Könnte es auch indirekt wahrnehmbar sein? Müssen wir immer so lange warten und erst dann Zeugnis ablegen, wenn jemand den Grund unserer Bemühungen zu erfahren wünscht? Man könnte so auch den entscheidenden Zeitpunkt („kairos") verpassen. Nicht jeder „Bruder Abel" kann sich in seiner tiefsten Not durch „Schreien" vernehmlich machen. Es gibt auch andere Weisen, sich zu artikulieren.

Wieder von anderen Überlegungen bestimmt ist der Entwurf von *H. Niederstrasser*. Er legt den größten Wert darauf, daß die Beratung von jeder Art des Bezeugens beinahe „chemisch rein" gehalten wird. Das sachliche Interesse dieser Konzeption gilt dem Beratungscharakter der Beratung. So kann Niederstrasser geradezu emphatisch schreiben: „Im Beraten gibt es keine Deklaration, Dekretion oder Moralisation; da gibt es nichts zu ‚führen', handelt es sich nicht um ‚Ratschläge', ‚bindende Anordnungen'; da regiert kein ‚status confessionis' (= Stunde des Farbe-Bekennens; d. Vf.), kein Zwang zur ‚Entscheidung'; da geht es weder um Bekennen, Zeugen oder Bezeugen noch um Glauben und Gehorchen! Im — unkerygmatischen! — ‚Beraten' ist alleiniger ‚Auftraggeber' der Ratsuchende, der Klient."[44] Radikaler läßt sich die „Entflechtung und Entmischung von Beratung und Seelsorge" nicht vorstellen. Es fragt sich nur, ob das, was Niederstrasser hier von der „oikonomischen" Beratung abwehren möchte, nämlich den „ ‚apostolisch'-missionarischen Glaubens- oder Bekehrungseifer" mit dem identisch ist, was der Christus des Neuen Testaments seinen Jüngern als Zeugnis aufgetragen hat (Apg. 1, 8). Eher hat man den Eindruck, daß die in der Hitze des polemischen Gefechtes (zum Teil in Auseinandersetzung mit dem Verfasser) gewählten Vokabeln eine verzerrte Gestalt der Verkündigung im Auge haben, die den Ratsuchenden religiös vergewaltigen, statt Jesus glaubwürdig, liebevoll und sachbezogen zu bezeugen.

Um so erfreulicher ist das, was *Helmut Tacke* zum Verhältnis von Therapeut und Zeuge schreibt. Nach ihm ist der Seelsorger „nicht der mit spezieller Annahmekapazität ausgestattete Therapeut, sondern er ist Zeuge des Evangeliums, der dadurch zum Glauben hilft, daß er sich selber im Glauben bewähren muß." Tackes Theologie der Seelsorge ist mit Recht im „Vorausein der Seelsorge Gottes" begründet. Folgerichtig möchte er dieses Vorausein seelsorgerlich zum „Tragen" bringen: „Das bedeutet: es muß zur Sprache kommen." Die Seelsorge steht und fällt mit ihrer Einstellung zum „Wort", das Gott in Christus gesprochen hat. Hier können wir Tacke nur zustimmen. Die von ihm sogenannten „Seelsorger zweiten Grades" sind für ihn „Zeugen und keine Produzenten des Heils". Während der Therapeut weitgehend sein Angebot mit der eigenen Person identifizieren muß, bewegt den Zeugen eine „leidenschaftliche Sachlichkeit" für die Sache des Evangeliums. Die Zeugenfunktion besteht darin, daß er die „Relevanz" der Geschichte Gottes für das Heute zur Sprache bringt. So gesehen ist Bezeugen soviel wie „Einstehen für die Wahrheit"[45].

c) Beraten und Bezeugen

Es wäre ein Mißverständnis des bisher über das Bezeugen Gesagten, wenn jemand darin eine Abwertung des Beratens erblicken wollte. Beraten oder Bezeugen — das ist eine ungute, ja eine falsche und unbiblische Alternative. Wir „grundsätzlichen" Deutschen neigen zu theoretischen und theologischen Kurzschlüssen. Aber wir dürfen auch in der vorliegenden Fragestellung die Kategorien nicht durcheinanderbringen. Beratung ist kein Monopol der Seelsorge. Der Berater muß, um beraten zu können, nicht Christ bzw. Zeuge Jesu sein. Seelsorge aber wird immer Zeugnis sein, das etwas von Jesus ausspricht (verbal) oder ausstrahlt (non-verbal).

Entscheidend sind bei der Seelsorge Motivation und Intention. Bleiben wir zunächst bei der *Motivation*. Natürlich gibt es mehrere Möglichkeiten, die Beratungsarbeit zu begründen. Wie wir gesehen haben, lassen sich dafür rein medizinische, aber auch tiefenpsychologische, gesprächstherapeutische und kommunikationstheoretische Motive finden. Die wesentliche Motivation der christlichen Seelsorge besteht in ihrer Christuszentriertheit, d. h. in ihrem Herrenauftrag. Und dieser Herrenauftrag ist nun einmal ein Zeugnisauftrag. Die Jünger Jesu werden nicht in erster Linie in die Welt gesandt, um andere zu beraten, sondern um Zeugen Jesu zu sein, und zwar in Wort und Tat, im Verkündigen und Verhalten. Das gilt dann auch für den Zeugendienst am einzelnen, also wenn etwa der kirchliche „Seelsorger" (Pfarrer oder kirchlicher Mitarbeiter) ein einzelseelsorgerliches

Gespräch führt oder wenn ein „Berater", der Christ ist, in einer kirchlichen oder kommunalen Beratungsstelle ein Beratungsgespräch führt. In beiden Fällen handelt es sich um Beratungsvorgänge. In dem ersten kommt es zur Beratung im Vollzug von Seelsorge. In dem anderen Fall kommt es zur Seelsorge im Vollzug der Beratung. Man muß nur wissen und beachten, wo die Akzente liegen, wer der Auftraggeber ist und was dem Ratsuchenden wirklich dient. Die starke Klientzentriertheit der modernen Seelsorge läßt die selbstkritische Frage wieder und wieder wach werden, ob wir wirklich noch einen Auftrag haben, und wenn ja, ob wir als Seelsorger uns dann auch auftragsgemäß verhalten.

Da kann es geschehen, daß wir in dem einen oder anderen Falle beschämt feststellen, wie sehr wir uns der „Führung" durch den Klienten ausgeliefert haben. Aus der Christuszentriertheit ist eine verabsolutierte Klientenzentriertheit geworden. Selbstverständlich begegnet und besucht uns Christus auch in der Gestalt des ratbedürftigen Bruders. Das Christuswort: „Was ihr getan habt einem unter diesen meinen geringsten Brüdern, das habt ihr mir getan" (Mt. 25, 4) behält seine Gültigkeit, aber es erlaubt uns nicht, die Wünsche des Mitmenschen und den Willen Gottes in Christus miteinander zu verwechseln. Auch in dieser Tätigkeit des Beratens heißt es, die „Geister" zu „prüfen" (1. Joh. 4, 1), auch die Geister der Klienten — und das gelingt nur vor Gott, im Lichte Jesu Christi. *Er* ist der Herr, weder der Berater bzw. Seelsorger noch der Ratsuchende. Gerade der beratende Seelsorger, der sich in seiner Ausbildung ehrlich und hingebend um die sorgfältige Beratungstechnik bemüht hat, sollte immer wieder einmal nach seinem eigentlichen Auftrag zurückfragen, damit er die Methode der Sache dienstbar macht und nicht den Auftrag an die Methode verliert.

Damit kommen wir zu dem anderen Richtpunkt der Seelsorge. Neben der Motivation ist das die *Intention*. Es ist heute große Mode, von Lernzielen zu sprechen. Man gibt sich alle erdenkliche Mühe, gerade auch in kirchlichen Tätigkeiten wie Religionsunterricht und Predigt, verschiedene Zieldimensionen (kognitive, affektive und pragmatische) zu erkennen, geplante Lernziele anzusteuern und sie nicht zuletzt auf ihre Effektivität hin zu kontrollieren[46]. Schon Unterricht und Verkündigung machen da Schwierigkeiten. In der Seelsorge geht das erst recht nicht so einfach. Hier lassen sich die Lernziele nicht ohne weiteres „operationalisieren". Wir sprechen in der Religionsdidaktik gern von „intentionalen" Zielen, d. h. von solchen, die zwar beabsichtigt, aber unverfügbar und nicht nachweisbar sind. In diesem Sinne dürfen und müssen wir auch von einer „Intention" der Seelsorge sprechen. Die Intention einer Beratung, die etwa in einer außerkirchlichen, rein psychologischen, pädagogischen oder therapeutischen Beratungsstelle geübt wird, läßt sich eher vorher festlegen und ab und zu beobachten, ja überwachen und überprüfen. Natürlich gibt es auch in spezifisch seelsorgerlichen Prozessen so etwas wie propädeutische (vorerzieherische) Stadien, in denen man gewisse absteckbare Teilziele verfolgen und planmäßige Teilhilfen geben kann. Die letzte Intention der Seelsorge ist aber in jeder neuen Beratungssituation die nicht machbare und auch nicht feststellbare Begegnung mit Jesus, das Erhalten und Behalten seiner Zusage, die Hilfe zum Glauben und zum Leben. Es versteht sich von selbst, daß der Seelsorger im Namen Jesu dem Ratsuchenden die Entscheidung nicht abnimmt, aber er wird doch darum besorgt sein dürfen, ja müssen, daß es nicht zu einer Entscheidung gegen den Willen Gottes kommt; er wird also in der reifen Stunde Alternativen aufzeigen und dabei auch seine eigene Position, d. h. die Haltung eines Menschen, der an Jesus glaubt, verbal bezeugen. Möglicherweise haben wir früher manchmal zu viel und zu schnell von Jesus geredet. Das kann doch aber nun nicht zu einem diametral entgegengesetzten seelsorgerlichen Verhalten führen, nämlich zum ständigen Schweigen. Pausen sind gut, Geduld kann helfen, Ins-Offene-halten mag ein Gebot der Liebe sein, aber niemals vermag das Nicht-Bezeugen des Christus, das Nicht-Reden von Ihm als solches, die Seelsorge zu rechtfertigen. Weder das monotone Verkündigen noch das eisige Schweigen machen den Seelsorger selig. Wir dürfen nicht von dem alten Fehler des bloßen Antwortens in den neuen Fehler des einseitigen Fragens verfallen. Was wir heute in der Seelsorge brauchen, ist ein dialogisches und argumentatives Zeugnis, das dem anderen die ganze Wahrheit Jesu in voller Liebe zum Nächsten sagt und das auf die Probleme des Bruders, soweit möglich, mit glaubwürdigen Argumenten eingeht. Anders ausgedrückt: das Bezeugen in der Beratung darf nicht zum Ableisten einer dogmatischen Pflichtübung werden. Dieses Zeugnis ist vielmehr ausgesprochen seelsorgerlich bestimmt, es ist ein fall- und fragebezogenes Zeugnis.

d) Die fragwürdige Kategorie der „Annahme"

In den letzten Jahren hat man sich angewöhnt, fast nur noch von „Annehmen" und kaum noch von „Vergeben" zu sprechen. Das gibt zu denken. Dafür gibt es gewiß manche theologischen Erklärungen. Aber der Grund sitzt tiefer. Er ist tiefenpsychologisch. Man muß nämlich wissen, daß dieser Begriff ursprünglich in einem vor elsässischen Pfarrern gehaltenen Vortrag von *C. G. Jung* gebraucht worden ist und dort in erster Linie die Selbstannahme (die Annahme des eigenen Schattens) und erst von daher die Annahme eines anderen bezeichnet. So ist auch der Annahme-Begriff in die psychotherapeutische Fachliteratur eingegangen. Jung legt seinen theologischen Zuhörern ,,vorurteilslose Objektivität'' ans Herz und hält den Seelsorgern das Beispiel des Arztes und seiner Einstellung zum Patienten vor Augen: ,,Man kann nichts ändern, das man nicht annimmt . . . Will der Arzt einem Menschen helfen, so muß er ihn in seinem Sosein annehmen können. Er kann dies aber nur dann wirklich tun, wenn er zuvor sich selber in seinem So-sein angenommen hat.'' Das klingt auf den ersten Blick einleuchtend, vor allem wenn man dann noch dazu den Hinweis auf die Bergpredigt erhält. Jung wendet nämlich das Wort von der Feindesliebe höchst originell auf die Liebe des Seelsorgers zu seinem ureigensten Feind an, nämlich zu dem eigenen Ich. Dieses Schatten-Selbst erscheint ihm wie ein finsterer Bruder. Deshalb meint er auch, das Problem des modernen Menschen sei weniger Schuld und Sünde, sondern vielmehr die Frage, ,,wie man den Feind im eigenen Herzen lieben und zum Wolf Bruder sagen'' könne[47]. Schaut man tiefer, so entdeckt man die Fallen und Tücken, die in diesen Formulierungen — sicher unbeabsichtigt —, liegen: Gewiß bedürfen es manche Ratsuchenden, daß Therapeuten wie Seelsorger ihnen Mut machen, mit ihren begrenzten Gaben zufrieden zu sein, ihre kleinen oder großen Schwächen anzunehmen und zu konkreter Schuld tapfer zu stehen. Wird ,,den-Schatten-annehmen'' so verstanden, ist nichts dagegen einzuwenden. Aber die meisten denken das Problem nicht zu Ende. Nicht wenige jedenfalls erliegen leicht dem Kurzschluß, das alles heiße, man sei auch nur ein Mensch, habe seine Grenzen und Fehler, müsse sich eben annehmen, wie man sei, und brauche sich dann auch nicht zu ändern. Aber damit würde man die Aspekte von Schuld und Verantwortung ausklammern. Wer sich selber mitsamt seinem Schatten annimmt, hat damit das Schuldproblem noch nicht gelöst. Auf diese Weise bleibt etwa vorhandene Schuld unvergeben. Denn niemand kann sich selbst vergeben.

An C. G. Jungs ,,Annahme''-Kategorie hat *Paul Tillich* in seiner Systematischen Theologie angeknüpft. Er benutzt diesen Begriff, um so die schwer begreifbare reformatorische Formel von der ,,Rechtfertigung'' des Sünders allein aus Gnaden, um Christi willen und durch den Glauben für den Menschen von heute verständlicher zu machen: ,,Rechtfertigung ist ein Akt Gottes, der in keiner Weise vom Menschen abhängt, ein Akt, in dem Gott den annimmt, der unannehmbar ist.'' Zwar existiert nichts, was der Mensch von sich aus vorbringen könnte, um von Gott angenommen zu werden, — „aber gerade das ist es, was der Mensch annehmen muß. Er muß bejahen, daß er von Gott bejaht ist; er muß die Bejahung bejahen." Tillich hat aus diesem theologischen Denkansatz auch für die Seelsorge Konsequenzen gezogen, freilich mit einer gewissen Um-Argumentation. Tillich kennt ja schließlich sein Neues Testament und weiß, daß es ein Angenommensein letzten Endes nur gibt, weil der Annehmende selbst vorher schon angenommen worden ist. So kann er zwar ein wenig überspitzt die „Selbstannahme" schlechthin als das „Ziel der Seelsorge" deklarieren — dieser Gedanke läßt sich biblisch-reformatorisch kaum durchhalten —, aber er schränkt diesen Zentralbegriff auch wieder ein: „Selbstannahme" ist „die Gewißheit, daß wir durch Vergebung angenommen sind. Selbstannahme ist letztlich nur möglich in der Macht dessen, was uns annimmt, obwohl wir unannehmbar sind"[48].

Wie wir bereits früher sahen, hat die Gesprächstherapie von *C. R. Rogers* den Gedanken der „Annahme" systematisch ausgebaut. Das „Akzeptieren" wird unter den Grundregeln des „Counseling" großgeschrieben. Rogers sieht das „eigentliche Ziel" seiner Beratung darin, „die Gefühle, die der Klient imstande war auszudrücken, zu erkennen und voll zu akzeptieren". Später grenzt er die Art der Annahme gegen Mißverständnisse ab. Falsch sei es, sich bloß „passiv zu verhalten". Der Klient empfände das sonst als Ablehnung, „da Indifferenz in keiner Weise das gleiche ist wie Akzeptierung". Erwartet werden also Einfühlung und aktive Hilfe zur Selbsthilfe. Es lohnt nicht, im einzelnen auf die sekundären und tertiären Rogers-Anleihen amerikanischer und deutscher Provenienz einzugehen. Wohl aber soll noch auf den amerikanischen Seelsorgetheoretiker *Thomas C. Oden* hingewiesen werden, dessen überdurchschnittliches Niveau unbestreitbar ist. Er hat zwar Rogers scharf kritisiert, aber dessen Grundposition der Annahme beibehalten, ja in einer eigenständigen Form theologisch hochstilisiert. Im Anschluß an Barths Glaubensanalogie, an Bonhoeffers nicht-religiöse Interpretation biblischer Begriffe und Tillichs Korrelationsprinzip (Entsprechung von modernen Fragen und christlichen Antworten) sucht er im Sinne einer „natürlichen Theologie" den den Klienten annehmenden Vorgang der Beratung als „implizit" (mit einbegriffen) auf das Evangelium angelegt zu erweisen. Die Verkündigung sage dasselbe, nur „explizit" (ausdrücklich). Das Annehmen sei ontologisch (seinswissenschaftlich gesehen) „in das Universum geschrieben"[49]. Wenn das tatsächlich stimmen würde, wäre der Trost des Evangeliums von Christus eigentlich nicht mehr notwendig. Jesus würde dann nur etwas bewußt machen und bekräftigen, was der Mensch im Grunde genommen von sich aus wissen könnte. Aber so „gut" ist der Mensch nun einmal nicht, er ist und bleibt, ob Ratsuchender oder Berater, ein armer, elender, sündhafter Mensch.

Kein Wunder, daß man auch im deutschen Sprachbereich über den Annahme-Gedanken von Jung und Rogers wieder und wieder nachgedacht hat und sich dabei des sogenannten „historischen" synoptischen Jesus erinnert, der vom Annehmen des Kindes (Mk. 9, 37) spricht. Vor allem hat die Rückbesinnung auf den Römerbrief gewirkt: „Nehmt einander an, nachdem uns Christus angenommen hat" (15, 7). Merkwürdigerweise fehlt diese Stelle in der Argumentation Tillichs! So verstanden ist tatsächlich das Annehmen (im Sinne des israelitischen Botenrechts: der Bote wird „aufgenommen") ein wirklich christlicher Begriff: „Jesus nimmt die Sünder an, mich hat er auch angenommen", heißt es im Gesangbuch (EKG 268). Leider geht man aber mit dieser Vokabel oft recht unreflektiert um. Sie kann dazu verführen, nur an Toleranz zu denken bzw. stillschweigend die Schuld auf sich beruhen zu lassen, ohne daß sie wirklich im Namen Jesu bereinigt und vergeben wird. Die Erfolgslogans mancher moderner Seelsorgelehren lauten: „Je weltlicher, desto christlicher" oder „Je weniger von Jesus geredet wird, um so nachdrücklicher ist der seelsorgerliche Gewinn!" Gewiß wird kein Seelsorger durch ständiges Zitieren von Bibelworten oder durch häufiges Erwähnen des Jesusnamens vor seinem Herrn geistliche Pluspunkte sammeln können, aber seine Seelsorge wird auch dadurch nicht Jesus-gemäßer, wenn er ständig diesen Namen wegläßt. Der Appell an die Selbsthilfe, die mit dem fragwürdigen Ich das eigene Selbst annimmt, bringt nicht so viel ein, wie man erwartet. Selbstannahme ist kein Ersatz für die Vergebung im Namen des Gekreuzigten und Auferstandenen.

Damit soll nichts gegen die echten therapeutischen Bemühungen gesagt werden, die auch gehemmten und schüchternen Christen oder jungen Menschen aller Couleur, die an Minderwertigkeitsgefühlen leiden, helfen wollen, zu größerer Ich-Stärke zu kommen. Aber man soll nicht denken, daß sich evangelische Seelsorge in der erzieherischen und therapeutischen Herstellung von Selbständigkeit erschöpfe. Vielmehr muß da früher oder später die Kategorie der Annahme zur vollen Ausschöpfung ihres christlichen Gehaltes kommen, nämlich im Sinne des wirklichen Aussprechens und des deutlichen Durchscheinens. Wer heute von Annahme redet, muß Farbe bekennen und klar sagen, welche Annahme er meint. Sonst kommt es u. U. doch zu einer schummerigen Verwechslung von Annehmen und Vergeben.

Die Psychotherapeutin Marlies Hirsch hat in der Zahrnt-Diskussion „Jesus und Freud" etwas Anregendes gesagt: Sie unterscheidet zwischen der „kleinen Annahme" und der „großen Annahme", „wobei die ‚kleine Annahme' (das Angenommensein des Patienten durch den Therapeuten) das Abbild und die Folge der ‚großen Annahme' (des Angenommenseins des Menschen durch Gott) bildet". Der Therapeut selbst versucht nach M. Hirsch, den Patienten dazu zu bringen, daß dieser sich selbst annimmt. Der Weg dazu führt im Lauf der Behandlung über die Annahme, die der Patient durch den Therapeuten erfährt, nämlich mittels der sogenannten „Übertragung"[50].

Langsam beginnt man in theologischen Kreisen zu entdecken, daß bei der euphorischen Woge vom „Annehmen" möglicherweise etwas faul sein könnte und daß etwas in der Seelsorge verlorenzugehen droht, was unersetzlich ist, nämlich das realistische Verständnis des Menschen als eines Sünders vor Gott und die zentrale Botschaft von der Vergebung der Sünde im Namen Jesu. Zwar bleiben auch jetzt in der einen oder anderen These kritische Fragen offen, die wir zurückgeben müssen, aber wir verzeichnen dankbar, daß der Begriff „Annahme" wenigstens bei einigen Theologen nicht mehr so naiv wie anfänglich, sondern reflektierter gebraucht wird. *D. Stollberg*, der sich schon früh sehr eng an Rogers angelehnt und damit auch das Annahme-Prinzip im Interesse des selbst entscheidenden Klienten lebhaft befürwortet hat („Annehmende Seelsorge ist nicht ‚abnehmende' Seelsorge"), nennt seinen Abriß der Seelsorge ausdrücklich „Wahrnehmen und Annehmen". Es handelt zwar fast mehr von dem ersteren als von dem letzteren, jedenfalls was die explizite Vokabel anbetrifft. Kommt aber einmal der Begriff zur Sprache, wird er beispielsweise so eingeführt: „Wer glaubt und weiß, daß Gott den Menschen als Sünder liebt, kann sich Sündenerkenntnis gestatten, also seine Selbstwahrnehmung realistischer gestalten, und er kann andere in ihren Schwächen besser akzeptieren, d. h. seine Fremdwahrnehmung realistischer gestalten." Undeutlicher wieder ist eine andere Bemerkung über die Erfahrung und Vermittlung von „Annahme und Vergebung". Stollberg meint, daß Vergebung die „Enttabuierung der Möglichkeit, . . . zueinander böse zu sein", voraussetze: „Diese Möglichkeit zuzulassen und wahrzunehmen, heißt schon, sie in der Freiheit des Evangeliums als zur Welt gehörig zu akzeptieren, zu ‚segnen', zu ‚lieben' und so zu ‚verwandeln'." Aber ist Annehmen und Vergebung immer dasselbe? *R. Rieß* hat beispielsweise im Anschluß an S. Hiltner darauf aufmerksam gemacht, daß der Indikativ des Angenommenseins leicht zu einem krampfhaften Imperativ werden kann: „Du mußt den anderen annehmen, wie er ist!" Dann würde das „Geschenk zum Gesetz"[51].

In der Auseinandersetzung mit Rogers hat *M. Kroeger* das Postulat des Annehmens gewürdigt und hinterfragt. Dabei wird das Akzeptieren als „freies Hinnehmen ganz anderer Einstellungen sowie warmes Annehmen" und nicht zuletzt als „unbedingte Zuwendung" (unconditionality of regard) positiv notiert. Problematisch erscheint Kroeger dagegen mit Recht die Potenz der „Selbstkräfte". Hier fragt er kritisch, „ob diese wirklich genügend und unbegrenzt sind", ob es bei der Annahme vielleicht doch mehr oder weniger um „Anpassung" geht und ob es sich bei dem Menschenbild von Rogers etwa um eine einsame „Monade" handelt. Inmitten der Suche nach Identität und als Wille zum Sinn gibt es die „theologische Frage" bzw. das „theologische Thema". In fruchtbarer Weise stellt sich Kroeger der Herausforderung durch das Gegensatzpaar „innen-außen". So lautet seine Frage: „Erwarte ich in der Seelsorge das Helfende aus dem Inneren des Menschen, dessen inneren Kräften ich als facilitator (Erleichterer) zum Durchbruch verhelfen will — oder möchte ich etwas (die Hilfe) ‚heranbringen', was noch nicht ‚drin' ist?" Offenbar muß der Seelsorger danach beides lernen, eine annehmende, „klientzentrierte", Selbstexploration fördernde und eine „themenzentrierte", Neues hinzubringende Einstellung. Nach Kroegers Auffassung kann sich der einzelne Seelsorger der Selbstüberprüfung nicht entziehen: „Wie will ich, als Seelsorger, mit dem Schatten umgehen?" Er muß „Mut zur Akzeptierung", nämlich des Schattens, haben[52].

Das Programm einer „annehmenden Seelsorge" im engeren Sinne des Wortes legt *Helga Lemke* vor. Auch sie orientiert sich grundsätzlich an Rogers, versäumt es aber nicht, die neuralgischen Punkte in dessen Konzept auf die theologische Prüfwaage zu legen. Das ist dankenswert. Richtig erkannt ist, daß es Rogers nicht nur um „Selbstaktualisierung", sondern auch um „Eigenverantwortlichkeit" geht. Sie versucht, konstruktive Kritik zu üben. Ihre Fragen sind echte Impulse für Anhänger und Gegner der Gesprächstherapie. So lauten ihre Fragen etwa: „Ist es immer und in jeder Situation vertretbar, auf direkte Einflußnahme zu verzichten?" oder: „Sieht Rogers das Vertrauen in die Möglichkeiten der Regeneration nicht zu absolut?" Allerdings kommt H. Lemke im Endeffekt auf ein theologisches Plädoyer für Rogers hinaus. So findet sie, der Theologe müsse „Vertrauen" in die „Fähigkeiten des Menschen, zu glauben und zu lieben" setzen, und zwar um der Schöpfung und der Rechtfertigung willen. Das „humanistische" Akzeptieren und das christliche „Annehmen" stünden im Verhältnis einer vollen Korrelation zueinander. Aber lassen sich die letztendlich erstrebte „Selbstkongruenz" der Gesprächstherapie und der „Glaube als Erfahrung von Angenommensein durch Gott" so ohne weiteres miteinander verrechnen? Die Gefahr einer bloßen Ethisierung des Annahme-Gedankens scheint noch nicht vollständig gebannt[53].

Nachdenklich machende und vorwärts weisende Impulse hat schließlich *H. Tacke* zur Thematik der Annahme gegeben. Der Verfasser sieht sich hier in seinen eigenen früheren Versuchen zu diesem Thema weitgehend bestätigt. Für Tacke besteht das Ziel der Seelsorge eindeutig in einer „Glaubenshilfe", die als Lebenshilfe konkret wird. Er möchte der heutigen Seelsorge ausdrücklich Mut machen, „an ihrem im Evangelium begründeten Auftrag festzuhalten". Er will „nicht nur den Umgang mit Menschen, sondern auch den Umgang mit dem Evangelium sensibilisieren". Deshalb plädiert er nicht allein für das „Annehmen", sondern ganz radikal für das „Aufnehmen" in den Kreis der Bruderschaft bzw. der Gemeinde. Die Analogie von Rechtfertigung und mitmenschlicher Annahme wird in Frage gestellt: Sind wir wirklich in der Lage, selber die „Verwirklichung" dieser Annahme Gottes zu sein? Tacke ist um den „Ausfall der Christologie" besorgt. Der Ansatz bei dem zwischenmenschlichen Verhalten steht grundsätzlich in der Gefahr zu vergessen, daß die Beziehung zwischen Gott und dem schuldig gewordenen Menschen nicht unvermittelt, sondern nur durch den Mittler Jesus Christus vermittelt zu bekommen ist: „Christus ist die Konkretion unserer Annahme durch Gott." Weil das so ist, streitet Tacke heute „wider den Mißbrauch der Annahme-Kategorie"[54]. Merkwürdig ist nur, daß die wichtige Stelle Röm. 15, 7 von dem Annehmen um Christi willen nicht zur Argumentation herangezogen wird. Aber das ist wahrscheinlich einer jener unerklärlichen Zufälle, die man nicht wichtiger nehmen soll, als es unbedingt erforderlich ist.

Fassen wir zusammen: Die Kategorie der „Annahme" ist vieler Fragen würdig. Sofern sie sich auf das Angenommensein des Seelsorgers durch Christus beruft, ist sie als Ethos der Seelsorge möglich und nötig. Sobald sie aber absolut gesetzt wird, also eine Annahme um des Annehmens willen ist, kann sie zur humanistischen Ideologie werden. Dann ist in der Seelsorge davor zu warnen. Vergeben im Namen Jesu und Annehmen des Klienten im Sinne der Klientzentriertheit ist nicht ohne weiteres dasselbe. Das Annehmen kann Vorstadium, Vollzugsform und Frucht der Vergebung sein, aber es ist nicht einfach ihr Ersatz.

3. Befreien

Der Druck, der auf den Menschen heute lastet, ist groß. Viele werden mit ihrer Vergangenheit nicht fertig. Martin Walser schildert in der Novelle „Ein fliehendes Pferd" den Helmut Hahn, der auf seine Weise, nämlich durch „Vernichten", die Vergangenheit zu bewältigen sucht: „Im Grunde tat er seit Jahr und Tag nichts, als sich vorzubereiten auf den Umgang mit dem Vernichteten. Ihn zog nichts so an wie dieses Vernichtete . . . Schon jetzt wollte er vergangen sein. Das war seine Richtung. Es sollte in ihm, um ihn, vor ihm so fetzenhaft sein wie im Vergangenen. Man ist ja viel länger tot als lebendig. Es ist doch grotesk, wie winzig die Gegenwart im Verhältnis zum Vergangenen ist." Was gäbe so einer darum, von diesem Druck der Vergangenheit richtig befreit zu werden. Der Druck, die Ängste, der Zweifel, die Zwänge, kurz das Schicksal und die Schuld, unter denen die Zeitgenossen leiden und von denen Telefon- wie Briefseelsorge Bewegendes zu erfahren bekommen, betrifft nicht zuletzt auch die Pfarrer und alle, die so oder so verantwortlich Seelsorge üben. Auch sie stehen unter Druck und schleppen ihre privaten Probleme die Kanzeltreppe herauf und herunter. In den Aufzeichnungen, die Wolfdietrich Schnurre unter dem Titel „Der Schattenfotograf" veröffentlicht hat, steht ein etwas boshafter Aphorismus, der den „christlichen" Leser nachdenklich machen kann: „ ‚Das Arge am Schornsteinfeger', sagte er, ‚ist nicht seine Schwärze. Das Arge ist, daß er mit ihr emporsteigt. Das heißt —' und hier zögerte er etwas: ‚— vom Pfarrer gilt das ja auch' " [55]. Wie schön wäre es, wenn es Entlastung, ja Befreiung von solchen niederdrückenden Erfahrungen und Anfragen gäbe. In diesem Zusammenhang kommt das dritte Stichwort der heutigen Seelsorge in unseren Blick. Gibt es neben der beratenden und bezeugenden Seelsorge noch eine befreiende Seelsorge?

a) Zwei Grundaspekte

Der Begriff des Befreiens in der Seelsorge steht nicht im luftleeren Raum. Er ist wesentlich von zwei Faktoren bestimmt, einmal von der christlichen bzw. biblisch-reformatorischen Überlieferung und dann von dem Freiheitsdenken der Gegenwart, das unter der Parole der Emanzipation allerorten verkündet wird. Wir suchen zu Beginn diese beiden Aspekte zu klären, um von hier aus einen Zugang zur heutigen Seelsorgediskussion und zu eigener Urteilsfindung zu gelangen.

— Das christliche Verständnis von Freiheit
Die Freiheit in der Seelsorge ist einerseits eine Freiheit, aus der heraus

Seelsorge möglich wird, und andererseits eine Freiheit, zu der hin der andere befreit werden soll. Wer Seelsorge üben will, muß die Voraussetzungen kennen, sowohl bei sich persönlich als auch bei dem anderen. Seelsorger und Ratsuchender sitzen hier in einem Boot. Der Seelsorger wird zu sich selber sagen: Ich bin gebunden. Es versteht sich nicht von selbst, daß ich sorge, rate und helfe. Ich muß frei werden von meinen eigenen Zwängen, meinem Schicksalsdruck und meiner Schuldangst, damit ich für den anderen ganz da sein und ihm zu entsprechender Befreiung helfen kann. Ich brauche Vergebung, um anderen vergeben zu können. Ich kann mir nicht selbst vergeben. Dafür ist nach neutestamentlicher Auffassung Jesus zuständig: ,,Ohne ihn'', den Gekreuzigten und Auferstandenen, kann ich ,,nichts tun'', auch nicht Seelsorge üben (Joh. 15, 5). ,,Wenn euch nun der Sohn freimacht, so seid ihr recht frei'' (Joh. 8, 36). Allerdings heißt es sorgfältig mit dieser ,,rechten Freiheit'' umgehen: die wirkliche Freiheit erwächst aus wirklicher Vergebung, und die wirkliche Vergebung bezieht sich auf wirkliche Schuld, nicht auf vermeintliche. Es gibt echte und unechte Schuldgefühle. Echte Schuldgefühle können durch die Erfahrung der Vergebung im Namen Jesu geheilt werden. Unechte (u. U. neurotische) Schuldgefühle müssen seelsorgerlich, notfalls therapeutisch abgebaut werden[56].

Wie die Artikel 11, 12 und 25 des Augsburger Bekenntnisses lehren, haben die Väter der Reformation, im engen Anschluß an das biblische Wort (Psalm 23 und Röm. 7), das Problem der Schuldwahrnehmung sehr ernst genommen. Zur Erkenntnis wirklicher Schuld vor Gott, d. h. der ,,Sünde'', die Mangel an Glaube und Liebe und letzten Endes ,,Feindschaft gegen Gott'' (Röm. 8, 7) ist, dient die Beichte. Sie kann im Kämmerlein allein, in einem seelsorgerlichen Gespräch unter vier Augen und in einer Gemeinde bzw. Gruppe von Brüdern und Schwestern abgelegt werden. Beichte ist der erste konkrete Schritt zu wirklicher Freiheit. Buße macht frei und hilft zur Freude (Lk. 15, 7). Da wird man einen Druck los. Aber das allein genügt nicht. Das Wichtigste an der Beichte ist nämlich, wie wir (s. o. S. 42 f.) gesehen haben, die Absolution. Wer beichtet, sagt zu sich selbst Nein, aber zu seinem Heiland Ja. Sündenbekenntnis und Christusbekenntnis gehören zusammen. Nur so werde ich frei, dem Nächsten, der meinen Rat begehrt, etwas zu seiner Schuld und zu seinem Schicksal zu sagen, was guten Grund hat, hieb- und stichfest ist: ,,Der Grund, da ich mich gründe, ist Christus und sein Blut.'' Freilich, ich kann mich an diese Botschaft gewöhnen. Ich brauche also immer wieder neue Vollmacht, um befreiende Seelsorge üben zu können. Und ich darf auch nicht in bloßem Sprücheklopfen steckenbleiben. Das wäre nur eine halbe Befreiung oder gar keine. Mancher seelsorgerliche Fall kostet Arbeit und Zeit, Nachgehen und Nachhelfen, Handeln und Heilen — das letztere etwa in Zusammenarbeit mit einem sachverständigen Arzt. Vollmacht empfängt der müde, zweifelnde und enttäuschte Seelsorger durch den, der die große Freiheit Christi sozusagen immer wieder neu zum Leben erweckt, nämlich den Heiligen Geist. Von ihm sagt der Apostel: ,,Wo der Geist des Herrn ist, da ist Freiheit'' (2. Kor. 3, 17). Dieser Geist mobilisiert Menschen, daß sie richtige Kinder Gottes werden. Er könnte auch und gerade heute zu befreiender Seelsorge befreien. Luther hat das urchristliche Verständnis der Freiheit sachgemäß interpretiert, wenn er seine bekannte Definition von der Freiheit eines Christenmenschen gibt: ,,Ein Christenmensch ist ein freier Herr über alle Dinge und niemand untertan. Ein Christenmensch ist ein dienstbarer Knecht und jedermann untertan.'' Das heißt für die Seelsorge, daß der Seelsorger, der sich durch Christus von ,,Sünde, Tod und Teufel'' befreien läßt, ohne gesetzliche Zwänge und ohne falsche Bindungen, etwa im Sinne einer übersteigerten Klientzentriertheit, seine Sorge um den Menschen vor Gott zuversichtlich und unbefangen üben kann. Und weiter bedeutet das, daß der Seelsorger, gerade weil er sich an den Befreier Christus gebunden weiß, nun auch die Situation des Ratsuchenden ganz ernst nehmen und ihm mit persönlicher Hingabe dienen muß.

— *Das moderne Leitbild der Emanzipation*

Nicht immer wird bei den neueren Seelsorgelehren, die viel von Freiheit reden, deutlich, welches Leitbild von Freiheit dabei dominiert, die christliche Freiheit, wie sie im Neuen Testament verkündigt und wie sie von Luther beschrieben worden ist, oder die moderne Idee der Emanzipation. Der Gedanke der Emanzipation ist ursprünglich ein politischer Begriff und meint die Befreiung aus einem Zustand der Abhängigkeit oder Beschränkung. Er versteht sich als Menschenrecht im Sinne der französischen Revolution und hebt auf Gleichberechtigung ab. Emanzipation ist verwandt mit Mündigkeit und Persönlichkeit und doch auch wieder verschieden. ,,Persönlichkeit'' ist das Leitbild der idealistisch-bürgerlichen Gesellschaft. ,,Mündigkeit'' zielt auf einen selbständigen und anpassungsfähigen Menschen, will aber den gesellschaftlichen Zustand so lassen, wie er ist. ,,Emanzipation'' dagegen setzt den Emanzipierten instand, die Welt, die Gesellschaft und ihre Strukturen zu ändern. Schon gibt es bei K. Mollenhauer das Konzept einer ,,emanzipatorischen Erziehung''. Diese gesellschaftskritische Pädagogik hat von der Frankfurter Schule, insbesondere von Th. Adornos [57] ,,Erziehung zur Mündigkeit'' gelernt, aber die Linien noch radikaler ausgezogen. Man braucht sich nur im Geiste die Schlagworte wie „antiautoritäre Erziehung", „Kinderladen", „Erziehung zum Ungehorsam" vor Augen zu halten. Man möchte den jungen Menschen von den repressiven Zwängen einer überholten Tradition befreien und zu einem völlig unabhängigen, vor allem „kritischen" Wesen erziehen, Emanzipation ist heute Trumpf. Wer nicht emanzipiert ist — und das betrifft nicht nur die feministischen Frauen —, gilt als rückständig.

Aber schon melden sich die ersten Anzeichen einer Emanzipationskrise. Das macht sich zunächst in einer steigenden Individualisierung des Emanzipationsvorgangs bemerkbar. Die von der modernen Psychologie und den Massenmedien teils mit Recht geforderte, teils unnötig angeheizte Identitätssuche hat diese Entwicklung gefördert.

Noch steht die Gruppe hoch im Kurs, von den politisch Radikalen bis hin zu den um einen neuen Lebensstil kämpfenden Alternativen. Aber wie lange noch? Karl Marx konnte einst sagen: „Die Emanzipation des Deutschen ist die Emanzipation des Menschen. Der Kopf dieser Emanzipation ist die Philosophie, ihr Herz das Proletariat."

Langsam entdecken aber einige Deutsche, daß Emanzipation nicht bloß die Sache einer „Klasse" ist, die sich von der Herrschaft irgendwelcher anderer Herrschenden befreien will, sondern daß sie auch den einzelnen selber betreffen kann. Es gibt Situationen, in denen sich der Angehörige einer Klasse eben von dieser ihn beherrschenden eigenen Klasse befreien muß. Das andere Anzeichen der Emanzipationskrise besteht darin, daß die Selbstbefreiung unerwartete und unangenehme Folgen zeitigt. In der Tat folgt neuerdings oft auf eine Emanzipationswelle nach einer Weile eine Resignationswelle. Resignation heißt ursprünglich soviel wie „Entsiegelung". Ein gebrochenes Siegel macht etwas, was bisher als kostbar galt, mit einem Male wertlos, sei es im Sinne der Enttäuschung oder im Sinne des Verzichts: die Über-Emanzipierten verlieren Mut und werden auf die verschiedenste Art müde, so als ob sie sich mit der Selbstbefreiung kräftemäßig übernommen hätten[58]. Nochmals: Es bleibt zu fragen, welches Vorverständnis von Freiheit in das Programm einer „befreienden" Seelsorge eingegangen ist, das christliche oder das emanzipatorische oder, wenn beide Momente mitschwingen, wie sich die „Mischung" bzw. Zuordnung im einzelnen ausnimmt. Dies soll nun im folgenden geschehen, indem wir eine Reihe von Seelsorge-Entwürfen auf ihr Freiheitsverständnis befragen, und zwar im Blick auf das Wovon und das Wozu der Befreiung.

b) Befreiung: wovon?

Positive Anstöße
Die Frage nach dem Wovon des Befreiens in der Seelsorge löst mit einigen Ausnahmen weithin Zustimmung aus. Wir haben Grund, den hier vorgebrachten Anstößen zunächst einmal einfach zu danken. Wir greifen einige Stimmen heraus und versuchen dann, zusammenfassende Überlegungen anzustellen.

— Beispiele
Einige Seelsorgebücher lesen sich manchmal wie Beiträge zu einer ,,emanzipatorischen Seelsorge''. Aber das ist nur ein erster Eindruck. Sieht man näher hin, muß man doch fairerweise etwas differenzieren. Die einzelnen Autoren bringen doch eine ganze Reihe höchst berechtigter Anliegen zur Sprache. Dabei gelingt es dem einen so, dem anderen anders, das Modewort ,,Emanzipation'' bzw. das Thema der Befreiung mit den Aussagen des Evangeliums zu koppeln.

Im Anschluß an O. Haendler hat *H.-J. Thilo* die Freiheit als Ziel der Rettung im seelsorgerlichen Handeln bezeichnet und sich dabei auch auf die Schrift berufen, wo von der ,,herrlichen Freiheit der Kinder Gottes'' die Rede ist (Röm. 8, 21). Heilung und Freiheit, nämlich von ,,seelischen Engen'' gehörten zusammen[59]. *D. Stollberg* nennt eine seiner Schriften demonstrativ und dialektisch ,,Mein Auftrag — deine Freiheit''. Da heißt es wörtlich: ,,Seelsorge hat schließlich eine emanzipatorische und befreiende Funktion, weil sie den Menschen auf seine potentielle Fähigkeit zur Eigenverantwortlichkeit und Mündigkeit anspricht, weil sie sich als Hilfe zur Selbsthilfe versteht.'' Dabei grenzt sich Stollberg ausdrücklich gegen mögliche Mißverständnisse ab. Er möchte von der ,,Abhängigkeit von Seelsorge'' und von der ,,Tendenz moralistischer Selbstrechtfertigung'' befreien. Wahrscheinlich hätte er dann den Begriff der ,,Emanzipation'' nicht so undifferenziert übernehmen dürfen. So bleibt es zunächst bei dem Satz: ,,Seelsorge bedeutet Freimachen durch Freilassen.'' Er versteht darunter ,,Hilfe zur Freiheit und Mündigkeit, die sich als kreative Möglichkeit zur Initiative und Selbsthilfe auswirkt.'' Später hat Stollberg deutlicher geredet. So meint er, daß Seelsorge, weil Gott uns freiläßt, ,,begriffen werden kann als Hilfe zum Ergreifen und Begreifen dieser Freiheit, die er uns durch seine ,Kenosis' (Herablassung in Christus) einräumt''. So gesehen müsse der Seelsorger lernen, sich überflüssig zu machen und ,,Verzicht als eine Komponente des seelsorgerlichen Zeugnisses'' zu üben[60].

J. Scharfenberg hat auf die „Zirkelstruktur" des Gesprächs aufmerksam gemacht, die dem Menschen seine Freiheit zustellt und „ihm einen Einübungsraum dieser Freiheit zur Verfügung" stellt. Ausdrücklich wird in diesem Zusammenhang das „theologische Prinzip der Freiheit" erwähnt, allerdings ohne dieses Prinzip eingehend zu entfalten[61]. In der Studie von *M. Josuttis* ist von der „befreienden Wirkung" der evangelischen Seelsorge die Rede, die dann eintritt, wenn es in dieser Seelsorge zu einer „Konfrontation mit menschlicher Not, Krankheit, Angst, Unterdrückung und Schuld" kommt. Dann wird nach Josuttis Seelsorge zu einer „Befreiungsaktion". In deutlicher Distanzierung von der kerygmatischen Seelsorge plädiert er etwas mehr für das „implizite" (d. h. also nicht einseitig für das explizite bzw. verbale!) Zeugnis vom Evangelium. Josuttis geht es aufrichtig darum, in der Seelsorge den Menschen „herauszureißen aus den Fesseln eines in sich eingesponnenen Ich, ihn hineinzuführen in eine Gemeinschaft von Menschen, die auf das Reich zugehen." . . . „Integration und Emanzipation bedingen einander dabei"[62].

Noch tiefer lotet *J. Moltmann,* der in seiner Christologie („Der gekreuzigte Gott") ein eigenes Kapitel „Wege zur psychischen Befreiung des Menschen" aufzeigen möchte. Er setzt ganz deutlich beim Kreuz an und bemüht sich von daher um Konsequenzen für das Verständnis des Menschen bzw. für die Anthropologie. Wörtlich heißt es da: „Wer mit Paulus von der Freiheit der Söhne Gottes im Glauben an Christus spricht, muß diese Freiheit auch in konkreten psychischen und politischen Wirkungen aufsuchen und darstellen." Dieser Freiheit billigt er „eine neue Lebendigkeit im Zwielicht der Verdrängungen und Zwangshandlungen" zu, ohne damit die Theologie in Psychologie auflösen zu wollen. Die so zu leistende Übersetzungsaufgabe nennt er eine „psychologische Hermeneutik (Lehre vom Verstehen) des Wortes vom Kreuz, des Geistes der Freiheit". Was die im Kreuz gegründete Freiheit des Glaubens leisten kann, ist nichts weniger als die Hilfe zu einer „Freiheit in Erfahrung und Aktion". Auf dem Hintergrund der von Scharfenberg interpretierten Freudschen Religionskritik enthüllt er den von Zwängen und Illusionen (auch frommen!) besessenen Menschen von heute, der apathisch geworden ist, und versucht dagegen, im „Kraftfeld des Pathos Gottes und der Passion Christi" den „homo sympatheticus" in Erscheinung zu bringen. Der Gekreuzigte befreit nach Moltmann den Menschen von der Verdrängung seines unechten Schuldgefühls in religiöse Rituale, von seiner „Unfähigkeit zu trauern" bis hin zu einer wahren Menschlichkeit, die Leiden, Trauerarbeit und Sterblichkeit annimmt. In der

„Sympathie" mit dem Pathos Gottes werde er offen für das andere und bereit zur Liebe[63].

— *Besinnung*

Der EEK (Evang. Erwachsenenkatechismus) legt die „Rechtfertigung" vom Freiheitsgedanken aus: „Wieso macht Jesus frei?"[64] Diese Perspektive ist auch an die evangelische Sorge um den Menschen anzulegen. Es kann kein Zweifel darüber bestehen, daß es nur von einem solchen Wurzelgrund her zu einer wirklich befreienden Seelsorge kommen kann. In erster Linie geht es bei dieser Befreiung um die Loslösung des Sünders von seiner *Sünde,* um die Liquidierung ihrer Schuld und Macht. Der „Befreier" Jesus ist niemand anderes als der Versöhner und Erlöser Jesus. Ohne eigenes Freiwerden durch ihn, ohne immer wieder erfahrene Vergebung kann kein Seelsorger frei sein zur Seelsorge. Als ein durch Jesus Befreiter aber gewinnt er Vollmacht und Glaubwürdigkeit zum Dienst einer befreienden Seelsorge, die dem Ratsuchenden hilft, nun selber von Gewissensdruck und Schicksalslast frei zu werden. So gesehen ist christliche Seelsorge tatsächlich so etwas wie Befreiungshilfe.

In der Schule Jesu wird man frei von seelsorgerlichen Schematismen und Mechanismen und frei zum Glauben und Lieben. Die im Namen des Gekreuzigten gesorgte Sorge um den Menschen reglementiert das seelsorgerliche Gespräch nicht und hat den Mut, Regeln alter oder neuer Provenienz zu durchbrechen. Sie weint mit den Weinenden, stärkt Schwache und hilft, daß die vergebende und schöpferische Liebe am Kreuz auch dem Ratsuchenden bekannt wird und von ihm im praktischen Leben umgesetzt werden kann. Im Lichte des *heilenden Herrn,* der Kranke gesund macht, Dämonen besiegt und Tote auferweckt, bekommt das „Befreien" in der Seelsorge noch einen umfassenderen Sinn. Es ist ja der auferstandene Gekreuzigte, der da zur Seelsorge befreit, und es ist ja der lebenschaffende Geist dieses Jesus Christus, der es je und je zu einer befreienden Seelsorge kommen läßt. In diesem Sinne — aber nur in diesem! — hat das Prädikat einer „therapeutischen" Seelsorge eine gewisse Berechtigung. Das, was Thurneysen einst den „Exorzismus" in der Seelsorge genannt hat, der im 19. Jahrhundert von Blumhardt und Löhe, jenen beiden „charismatischen" Seelsorgern, im Sinne eines *fürbittend gebeteten Exorzismus* geübt wurde[65], verdient es heute, in der Welt der modernen gesellschaftlichen und psychischen Dämonien neu durchdacht, aufgearbeitet und in unsere konkrete Gegenwart übersetzt zu werden. Natürlich sollen dadurch nicht neue Fehlformen der Seelsorge entstehen, etwa magische Praktiken oder fixierte Übertragungen auf die Person eines angeblichen Heilers. Nach der Erhörung seiner Gebete rief der Möttlinger Pfarrer bekanntlich „Jesus ist Sieger!", nicht „Blumhardt ist Sieger!". Eine glaubwürdig „befreiende" Seelsorge befreit den Ratsuchenden nicht zuletzt von einer gefährlichen Bindung an den Seelsorger.

c) Befreiung: wodurch und wozu?

Kritische Anfragen
Bei aller positiven Würdigung der Anliegen, die die Seelsorgekonzeptionen in Verbindung mit dem Befreiungsgedanken zur Geltung bringen, können wir die neuralgischen Punkte nicht übersehen, die hier und da auftauchen. Sie enthalten eine Reihe von Problemen, die sich in zwei Hauptfragen bündeln lassen, in die Frage nach dem Wodurch und dem Wozu der Befreiung. Ihnen soll anhand von Beispielen aus der Seelsorge-Literatur und in einer nachfolgenden Besinnung nachgegangen werden.

— Beispiele
Da die folgenden Namen alle schon einmal unter dem Gesichtspunkt der positiven Anstöße genannt worden sind, darf bei den nun aufzuwerfenden Gegenfragen das Mißverständnis einer Pauschalkritik von vornherein ausgeschlossen werden. Beabsichtigt ist nur eine konstruktive und helfende Kritik. So äußert sich *J. Scharfenberg* einmal problematisch. Er findet die von Freud dargestellte Rolle des Analytikers („katalytisches Ferment") als „vorbildhaft" für die Funktion des Seelsorgers: Der Seelsorger soll den Ratsuchenden im Gespräch voll freigeben und es der „Situation selber" zutrauen, daß in ihr sich Lösungsmöglichkeiten enthüllen: das Gespräch würde so zur Fundstelle der ethischen Entscheidung und die Ethik selber ihres zwanghaften, unfrei machenden Tabu-Charakters entkleidet und statt dessen befreit zu „einer Art Fahrtordnung für den Verkehr unter den Menschen". Gewiß möchte Scharfenberg nicht der Rolle des Seelsorgers als eines Heilspropheten und Ersatzheilands Vorschub leisten, aber es bleibt trotzdem zu fragen, ob die Momente des Einen-Wechsel-Förderns („Ferment") und des Eine-Reaktion-Auslösens („katalytisch") dem Seelsorger nicht zuweilen zuviel zutrauen und ihn unter Umständen einfach überfordern. Jedenfalls darf das eigentliche Wodurch der Befreiung, nämlich Jesus Christus, nicht zu kurz kommen[66].

Obwohl sich *D. Stollberg* davon abzugrenzen sucht, als wollte er mit seiner These von der „emanzipatorischen und befreienden" Funktion der Seelsorge für eine „Selbstrechtfertigung plädieren", reicht doch der Hinweis auf die Befreiung von drückendem Gesetz und falscher Abhängigkeit nicht ganz aus. „Hilfe zur Selbsthilfe" kann man auch ohne Christus geben! Auch die Erklärung, daß die Seelsorge von der „Tendenz moralistischer Selbstrechtfertigung" befreit, indem sie „zur Annahme der Tatsachen verhilft", verfängt nicht ganz. Wird so die Vergebung im Namen des Gekreuzigten wirklich vollgültig umschrieben? Stollberg hat an anderen Stellen Klareres gesagt. In seinen „Thesen" fehlt eine überzeugende Interpretation, was nun eigentlich Emanzipation positiv bedeutet und zu welchem geistlichen Ziel die befreiende Funktion der Seelsorge befreit. Evangeliumsgemäßer sind die Sätze zur Zielbestimmung der Seelsorge, die er in „Wahrnehmen und Annehmen" gibt: „Das Gesetz strebt Vollständigkeit und Perfektion an: es dient dem Festhalten. Das Evangelium ermutigt zur Unvollkommenheit: es dient dem Loslassen." Noch besser: „Evangelische Seelsorge sollte in Gestalt der seelsorgerlichen Beziehung die Erfahrung der Vergebung vermitteln." Freilich macht der einschränkende Hinweis auf die „Beziehung" wieder nachdenklich. Was ist nun entscheidender, die Vergebung oder die Beziehung? Die in der Diskussion umstrittenen Spitzensätze aus der Freiheits-Schrift Stollbergs machen dem unbefangenen Leser, der sich dem an Bibel und Bekenntnis orientierten Seelsorgeverständnis verpflichtet weiß, doch zu schaffen: „Die Frage kann niemals lauten: ‚Was' glauben Sie, sondern sie muß lauten: ‚Glauben' Sie?" — „Seelsorge dient nicht dem Christsein, sondern dem Menschsein." — „Es gibt keine christliche Seelsorge, sondern nur christliche und nichtchristliche Seelsorger." — „In der Seelsorge geht es um die Sache Jesu, nicht um seinen Namen." — „Das Ziel der Seelsorge ist nicht die Bekehrung des Partners, sondern dessen Annahme gerade in seinem Anderssein."[67] Das Wozu der Seelsorge bzw. der seelsorgerlichen Befreiung wird hier in einer unnötig provozierenden Weise subjektiviert und neutralisiert. Wäre es nicht der Sache angemessen, diese hochgepunkteten und im Grunde genommen falschen Alternativen ausdrücklich zu korrigieren oder wenigstens besser zu interpretieren?

Eine neuralgische Stelle bei *M. Josuttis* ist beispielsweise seine starke Akzentuierung der Praxis. Gewiß erschöpft sich die Seelsorge nicht im Hersagen von Bibelsprüchen und in verbalem Trost, andererseits aber geht sie auch nicht im sozialen, therapeutischen und politischen Engagement auf. Ist da nicht zu befürchten, daß bei einem solchen Ansatz aus der „Praxis des Evangeliums" leicht das „Evangelium der Praxis" werden könnte? In der Gestalt des „social gospel" war das ja schon einmal da. Ähnliche Fragen kann man auch an bestimmte provokatorische Thesen bei *J. Moltmann* stellen, wenn auch nicht pauschal. Er fragt nach der faktischen Leistungskraft der Kreuzestheologie. Daß die Freiheit der Söhne Gottes psychisch zur ,,Wirkung'' kommt, dafür sind die betreffenden Söhne verantwortlich. Sie soll in ,,Erscheinung'' gebracht und ,,dargestellt'' werden. Effizienz und Demonstration der Freiheit spielen in diesem Entwurf eine wichtige Rolle. H. Tacke fühlt sich deshalb zu dem kritischen Kommentar veranlaßt: ,,Es scheint Moltmann weniger um das wirkende Wort als vielmehr um die wörtliche Wirkung zu gehen.'' Vielleicht steht Moltmann tatsächlich etwas zu stark im Bann der Freudauslegung von Scharfenberg, der sonst doch gar nicht so sehr zu seiner Theologie paßt. Außerdem ist Freud ja nur ,,ein'' (wenn auch ein wichtiger) Aspekt der Tiefenpsychologie[68].

In letzter Zeit hat auch ein amerikanischer Theologe den Freiheitsgedanken in seine Konzeption der Seelsorge aufgenommen: *Jay E. Adams* greift in seinem Buch ,,Befreiende Seelsorge'' erfreulicherweise auf neutestamentliche Argumente zurück. Ihm geht es um eine ,,biblische'' Seelsorge bzw. Lebensberatung. Interessanterweise rückt er Eph. 6, 4 in den Mittelpunkt, wo von der ,,Erziehung'' (paideia) und der ,,Zurechtweisung'' (nuthesia = Seelenführung) ,,des Herrn'' (kyriu = vom Herrn Jesus bestimmt) die Rede ist (vgl. hier das oben auf S. 51 und 74 zu ,,nuthesia'' Gesagte). Von hier aus entwirft er das Programm einer ,,direkten'' und eben ,,nuthetischen'' Seelsorge. Gewiß ist das Anliegen einer Seelsorge dankbar zu begrüßen, die nicht nur immer alles ins Offene hält, sondern auch den Mut hat, einmal verbindlich zu sagen, was vom Glauben her gesagt werden kann. Gleichwohl muß darauf aufmerksam gemacht werden, daß auch Adams in der Gefahr steht, den ,,Hahn etwas zu überdrehen'': er schreibt als ein von Rogers und Freud Frustrierter und kommt so zu einer totalen Ablehnung aller von beiden gemachten Anregungen. Das ist sachlich sicher nicht voll gerechtfertigt. Auch der ,,biblische'' Seelsorger kann von den Ideen und Methoden der Psychoanalyse und Gesprächstherapie manches lernen, ohne dabei die Autoren anbeten zu müssen. Man wird auch gut daran tun, bei der Rückfrage an die Schrift und dem Entwurf einer ,,biblischen Seelsorge'' nicht in einen ,,Biblizismus'' zu verfallen. Schließlich ist der deutsche Titel des Buches ,,Befreiende Seelsorge'' etwas irreführend. Der Begriff wird nämlich dort gar nicht erläutert und kommt so im Text überhaupt nicht vor. Im Amerikanischen lautet der Titel nur ,,Competent to counsel''. Sachlich aber kommt das Moment der ,,Befreiung'' in dem Verständnis von biblischer Seelsorge als Hilfe beim ,,Lösen'' von Problemen zum Ausdruck. Hier hat Adams recht. Was unsere beiden Testfragen anbetrifft, so fällt bei der Frage nach dem Wodurch der Befreiung auf, wie stark Adams auf den Heiligen Geist abhebt. Er erscheint als der eigentliche „Urheber jeder echten Persönlichkeitsveränderung". Andererseits bemerkt Adams aber auch am Schluß seiner Darstellung: „Jesus Christus ist die Mitte aller Seelsorge. Dieses Buch will in der Seelsorge Christus seinen Platz geben." Dieser Umstand zeigt, jedenfalls für eine systematisch-theologisch interessierte Seelsorge, wie wichtig bei der Bestimmung des Wodurch trinitarische Ausgewogenheit und Christozentrität sind. Die Frage nach dem Wozu beantwortet Adams mit dem Hinweis auf die „Nuthesia" bzw. die geistliche „Zurechtweisung" nach Kol. 1, 28 und 2. Tim. 3, 16 und — noch spezifischer — auf die „Liebe" im Sinne von 1. Tim. 1, 5. Es ist sicher richtig, daß die Nuthesia eine Art „seelsorgerlicher" Terminus des urchristlichen Erziehungsdenkens ist, aber sie spielt nun auch keineswegs eine so zentrale Rolle, wie das bei Adams den Anschein hat. Beim klassischen Paulus kommt dieses Wort nur in der Verbindung mit der Warnungsfunktion der Schrift bzw. des Alten Testamentes vor (1. Kor. 10, 11). Im übrigen begegnet es — das allerdings öfters — als Tätigkeitswort, z. B. 1. Kor. 4, 14; 1. Thess. 5, 12. Das brüderliche (2. Thess. 3, 15) Zurecht-weisen ist also im Urchristentum mehr ein Prozeß als schon ein fest umrissener Begriff. Ähnlich wie die „paideia kyriu" (Erziehung des Herrn) ist die „nuthesia kyriu" mehr ein aufgegebenes Thema als schon ein fertiges Programm. Alles in allem: Adams hat an wesentliche Aspekte des biblischen Wortes zur Seelsorge erinnert. Er muß sich aber die innerbiblische Kritik gefallen lassen, die er übrigens sich selbst gewünscht hat. Und da gibt es gewiß einiges gegen seinen Entwurf vorzubringen. Wir haben das versucht anzudeuten. Im übrigen ist aber sein geistliches Anliegen ernst zu nehmen. Man wird ihm nicht gerecht, wenn man es ignoriert oder einfach (vielleicht sogar spöttisch) abqualifiziert[69].

— Besinnung

Das Postulat einer befreienden Seelsorge hat theologisch manches für sich. Diese Erkenntnis setzt sich interessanterweise immer mehr durch, sowohl in Bekenntniskreisen als auch in Reformgruppen, im evangelikalen wie im progressiven Bereich. Die offene Frage allerdings ist, was sich die jeweiligen Vertreter des Gedankens einer seelsorgerlichen Befreiung konkret unter der erstrebten Freiheit vorstellen. Die einen denken, daß die seelsorgerliche *Befreiungshilfe* ausschließlich oder doch zumindest wesentlich durch die Kräfte des Evangeliums von Christus zustande kommt, die anderen meinen, daß die Person des therapeutischen Seelsorgers oder zumindest bestimmte tiefenpsychologische oder gesprächs- und gruppentherapeutische Methoden im Prozeß der Seelsorge den Ausschlag geben. An sich müssen sich der Glaube an den absoluten Befreier Jesus Christus und der sachgemäße Einsatz humanwissenschaftlicher Methoden nicht gegenseitig ausschließen, wohl aber wird der Seelsorger im biblisch-reformatorischen Verständnis bei den verschiedenen Versuchen seelsorgerlicher Befreiungshilfe kritisch-konstruktive Fragen zu stellen haben: Bildet Jesus hier noch die Mitte des Befreiens, oder hat er seinen Platz an eine Person bzw. an eine Methode abtreten müssen? Ist er das letzte *Wodurch* oder nicht? Kommt es in der angebotenen Seelsorgetheorie bzw. in der empfohlenen Seelsorgepraxis wirklich zu einer Glaubenshilfe, oder bleibt es nur bei einer Selbstverwirklichungshilfe? Ist das *Wozu* der Befreiungshilfe, ist das Ziel der Seelsorge wirklich die Jesusfindung oder allein die Selbstfindung? Natürlich plädieren wir nicht für eine drängerische Konfrontation mit der Sache Jesu. Es gibt Vor- und Zwischenstadien, ja auch eine im Evangelium wohl zu begründende Zurückhaltung, ein echtes geistliches Abwarten, aber aufs Ganze gesehen müssen in der Seelsorge Christus und der Glaube an ihn grundsätzlich im Blick sein und bleiben. Die Sorge H. Tackes, daß durch die Seelsorge als ,,Aktion'' der Befreiung einmal ,,die Tat dem Worte aufhelfen'' könnte, statt daß ,,das Wort die Tat regiert'', ist angesichts mancher Entwicklungen so unbegründet nicht. Er versucht deshalb, die Anregung von M. Josuttis positiv aufnehmend und kritisch weiterführend, Seelsorge folgendermaßen zu definieren: ,,Seelsorge ist praxisbezogene Vermittlung des Evangeliums in Form eines freien Gesprächs, in dem die Seelsorge Gottes zur Sprache kommt.'' Sie ist also ,,Glaubenshilfe als Lebenshilfe''[70].

Unter diesen Voraussetzungen heißt es auch, vorsichtig mit dem Wort ,,Emanzipation'' umgehen. Das Emanzipatorische fügt sich nicht ohne weiteres, ungebrochen und unverwandelt, in eine befreiende Seelsorge ein. Wenn schon Freiheit, dann soll es in der christlichen Seelsorge um die Freiheit gehen, zu der uns Christus befreit hat. Aus diesem Grunde weist der Religionspädagoge K. H. Nipkow mit Recht darauf hin, daß unsere Rede von *Emanzipation* heute — auch in der Kirche! — oft in der ersten Hälfte steckenbleibt, nämlich bei ,,subjekttheoretischen'' Kategorien wie ,,Selbstreflexion, Selbstbestimmung, Selbstdefinition, Ich-Identität, Ich-Stärke''[71]. Im Grunde genommen sind das nur hochstilisierte bürgerlich-liberale Denkweisen. Wer wirklich verstanden hat, was er selber ist, hat entdeckt, daß bei dem Versuch, sich selbst zu verstehen und sich selbst zu bestehen, auch die Selbstentfremdung, ja die Selbstverborgenheit zu bedenken ist. Die kritische Negation genügt nicht. Auch und gerade die Kritische Theorie der Frankfurter Schule (Habermas)[72] will auf eine neue Gesellschaft hinaus (,,emancipatio a quaquam" = von etwas, identisch mit einer ,,emancipatio ad quidquam" = zu etwas!). Andernfalls bleibt die erstrebte Unabhängigkeit nur eine leere Freiheit, eine Freiheitshülse, eine ,,Emanzipation ohne Gehalt". M. Buber hat die Freiheit den ,,fruchtbaren Nullpunkt" genannt, aber damit auch ihre Grenze betont: ,,Die Unabhängigkeit ist ein Steg und kein Wohnraum." Was für eine emanzipatorische Gesprächstherapie gilt, ist auch für die Gruppentherapie gültig. H. E. Richter gibt seinem Buch über die Gruppe den bezeichnenden optimistischen Untertitel: ,,Hoffnung auf einen neuen Weg, sich selbst und andere zu befreien." Die Selbsthilfe artikuliert sich hier als Selbstbefreiungshilfe (wieweit ist es dann noch zur Selbsterlösung?), und sie bildet die Voraussetzung für die Befreiung des anderen[73].

Abschluß

Es gibt mancherlei Gründe, weshalb es in den Reihen der Mitarbeiter des Reiches Gottes nicht oder nur schwer zur Seelsorge kommt. Das können menschliche und geistliche, religiöse und ethische, technische und intellektuelle Schwierigkeiten sein. Jedenfalls erscheint es nicht selbstverständlich, daß einer Seelsorge wagt, sich selbst oder anderen gegenüber. Seelsorge ist offenbar nicht nur irgendeine Beratung. Manche haben sich schon gefragt, was denn das ,,evangelisch" am Schild einer evangelischen Ehe-, Erziehungs- und Lebensberatungsstelle bedeutet. Nicht jeder aber auch hat den Mut zum Zeugnis, wie es anscheinend doch in diesem Geschäft einmal erwartet wird. Und schließlich, klingt das Wort vom Befreien nicht zu gewaltig? Wer kann das schon? Ist das nicht das Privileg der ,,Blumhardts", ,,Löhes", ,,Rothkirchs" u. a., so wie man in bürgerlichen Kreisen sich gelegentlich mit der Bemerkung ,,Ich bin eben nicht religiös veranlagt" aus der Affäre zieht. Angesichts dieser Umstände seien abschließend *drei Leitsätze* vorgeschlagen, die das Vorgetragene zusammenfassen und zusammenbinden möchten:

— Ein durch *Gott,* den *Vater, Betreuter*
 sucht einen Nächsten in Not zu *beraten.*
 Rat: Ps. 73, 24: ,,Du leitest mich nach deinem Rat"
 Freiheit: Mt. 6, 8: ,,Euer Vater weiß, was ihr bedürfet"

— Ein durch *Jesus,* den *Zeugen, Bestätigter*
 sucht einem einzelnen das Evangelium zu *bezeugen.*

Zeuge: Offb. 1, 5: „Jesus Christus, welcher ist der treue Zeuge"
Freiheit: Joh. 8, 36: „Wenn euch nun der Sohn frei macht,
so seid ihr recht frei"

— Ein durch den *Geist* der *Freiheit Bewegter*
sucht einen Bruder von Zwängen zu *befreien.*
Beweger: Röm. 8, 14: „Welche der Geist Gottes treibt (bewegt),
die sind Gottes Kinder"
Freiheit: 2. Kor. 3, 17: „Wo der Geist des Herrn ist, da ist Freiheit"

Befreiung zur Seelsorge heißt Freiwerden zu einem Auftrag Jesu. Er
lautet: Beraten, Bezeugen und Befreien. Denen, die sich fröhlich daran wagen, gelten die Sätze von Johann Christoph Hampe[74]: „Jesus
sagt: Ich bin die Tür . . . Die Tür ist eine Gestalt der Hoffnung . . .
Die Tür ist zwar Schranke, doch zum Durchlaß bestimmt. Aufgehen
ist der Sinn ihres Dienstes." Das heißt: Der Seelsorger ist kein Tür-
schließer, sondern als Beauftragter Jesu ein Türöffner.

ZWEITER TEIL

Impulse

Praktische Hilfen

V. Hilfen für das Helfen (I)

Zur Praxis des Seelsorgers

Wer viel hilft, braucht selber Hilfe. Das will man nicht immer gern wahrhaben. So sperren sich manche Seelsorger gegen Rat und Hilfe in eigener Sache oder für den Dienst am anderen. Sie glauben, es selber besser zu wissen. Andere liefern sich bestimmten Hilfsangeboten bzw. „Schulen" derart bedingungslos und besinnungslos aus, daß sie gar nicht merken, wie abhängig und einseitig sie dabei werden. Das dient der Praxis letzten Endes auch nicht. Jedenfalls kann dadurch ein Ratsuchender Schaden leiden, der einst auszog, um sich bei einem Seelsorger Trost zu suchen und der dann nur eine therapeutische Technik gefunden hat. Zwar kann die Kategorie der „Hilfe" in überholten „sozialen Stereotypen" steckenbleiben, etwa im Sinne des Einwegsystems von Geben-Empfangen oder der Ideologie von einer ursprünglichen „Gemeinschaft" helfender Menschen, aber deswegen braucht noch lange nicht die Kategorie der Hilfe als solcher diskreditiert zu werden[1]. Die neuere Sozialpädagogik sieht mit Recht im Hilfsbedürftigen nicht nur den Empfänger, sondern auch den echten Partner, der zum kritisch-konstruktiven und mündigen Mitarbeiter werden soll („Hilfe zur Selbsthilfe"). Hilfen für das Helfen des seelsorgerlichen Helfers sind keine starren Regeln, keine gesetzlichen Paragraphen, sondern zwanglose Anstöße, lebendige Impulse. Wer den Ratsuchenden als seinen Nächsten wirklich liebt, ist auch bereit, sich für sein Helfen helfen zu lassen. Insbesondere darf er nicht müde werden, den ratsuchenden Menschen in Not dort aufzusuchen, wo er seinen neuralgischen Punkt hat. Er muß die Stelle kennen, wo ihn der Schuh drückt. Der Einsatz des Seelsorgers würde zum Leerlauf werden, wenn er mangels Wissen oder mangels Erfahrung den falschen Schuh erwischen würde. Eine alte chassidische Geschichte, wie sie aus dem osteuropäischen Judentum des 17. Jahrhunderts überliefert ist, erzählt von einem russischen Bauern. Er fragt seinen Freund: „Sage mir, Iwan, liebst du mich?" — „Natürlich liebe ich dich." — „Weißt du auch, Freund, was mir weh tut?" — „Wie kann ich wissen, was dir weh tut?" — „Wenn du nicht weißt, was mir weh tut, wie darfst du dann sagen, daß du mich liebst?" In diesem Sinne wollen die folgenden Hilfen für das Helfen verstanden werden, so und nicht anders.

Einleitung: Das Defizit an humanwissenschaftlichen Kenntnissen und methodischer Erfahrung

Der Seelsorger unserer Tage hat es nicht leicht. Er sieht sich einer Fülle von Schwierigkeiten gegenüber. Wer sich schon längere Zeit auf dem Felde der Seelsorge aufhält und es so redlich wie möglich zu bestellen sucht, dem fällt auf, daß sich die geistige Situation der Ratsuchenden rapide ändert. Nehmen wir nur einmal das Beispiel der jungen Generation: Kaum hat man sich auf eine Jugend ohne Engagement und mit viel Skepsis eingestellt, wird sie schon wieder von einer Jugend ohne „Ennui" (Langeweile) und mit viel „Pathos" (Leidenschaft) abgelöst. Und während die neueren Seelsorgelehren im Begriff sind, auf die Emanzipation der Jungen zu setzen, zeigen sich bereits wieder erste Anzeichen von Resignation unter denselben Jungen. Es ist kaum noch mitzukommen, und nur dem geschulten Auge gelingt es, in diesem Wirrwarr von Phänomenen der Diskontinuität die hintergründige Wirklichkeit einer Kontinuität zu entdecken. Aber so wie Geburt und Tod des Menschen aus keiner gesellschaftlichen Lage auszurotten sind, so bleiben bestimmte Vorgänge des Erwachsenwerdens letzten Endes dieselben, und zwar nicht nur biologisch, sondern auch geistig-seelisch. Manchmal ändert sich wirklich nur die „Verpackung". Soviel aber ist richtig: In jeder Generation antwortet der junge Mensch mit seinen bleibenden Möglichkeiten je verschieden auf die Herausforderungen seiner Zeit. „Challenge" und „Response" im Sinne des englischen Historikers Arnold J. Toynbee arbeiten ständig Hand in Hand. Der rasche Wechsel der Generationen bzw. Altersgruppen und Jahrgänge schafft spätestens alle 5 Jahre ein relativ neues Bild. In einem gewissen Sinne gilt das auch für die Einstellungen bzw. Verhaltensweisen der Erwachsenen und Senioren. Der schnelle Wechsel ihrer geistigen Situation ist offenkundig. Die für den Seelsorger daraus zu ziehenden Konsequenzen liegen auf der Hand. Es gehört zur Sorgsamkeit einer Sorge um die Seele, daß sie aufmerksam diese Vorgänge verfolgt, sachgemäß, nämlich im Lichte der Humanwissenschaften, überprüft und beurteilt, dann den einzelnen Fall in das Licht des Evangeliums stellt und schließlich daraus, in geeigneter Zusammenarbeit mit dem Ratsuchenden, um Lösungen ringt.

Hier tut sich nun eine enorme Lücke auf. Das erste Defizit bezieht sich auf das Gebiet der *Humanwissenschaften*. Von einigen Ausnahmen abgesehen, fehlt es den Seelsorge-Mitarbeitern der Gemeinde Jesu weithin an den entsprechenden Fachkenntnissen, die andere — Fachleute nämlich — für sie stellvertretend erarbeitet haben und für sie bereithalten. Nun läßt sich der Nachholbedarf natürlich früher oder später decken. Unsere Fakultäten und Ausbildungsstätten tun viel, um dem Nachwuchs zu helfen, das Defizit aufzuarbeiten, zuweilen zuviel. Hier liegt nicht das schwierigste Problem. Die entscheidende Frage besteht vielmehr in der theologischen Zuordnung und der sachgerechten Anwendung dessen, was wir an anderer Stelle „Grenz- und Vollzugswissenschaften" (um den mißverständlichen Ausdruck „Hilfswissenschaften" zu vermeiden) genannt haben. Wie lösen wir die Spannung zwischen Theologie und Empirie, zwischen dem seelsorgerlichen Auftrag und den seiner Verwirklichung dienenden Humanwissenschaften wie Soziologie, Psychologie, Pädagogik? In diesem Zusammenhang kann, wie schon oben gezeigt, Tillichs dialogische Theologie[2], die just in der Mitte zwischen Barths Theologie von Gott her (einer Theologie von oben) und Bultmanns Theologie vom Menschen her (einer Theologie von unten) steht, ein Stück weiterhelfen. Ein Stück weit, nicht mehr, aber auch nicht weniger. Tillich verbindet Philosophie (bzw. Humanwissenschaft) und Theologie wie Frage und Antwort. Beide sind abhängig und unabhängig voneinander. In der Seelsorge können humanwissenschaftliche Aspekte nicht an den theologischen Grundeinsichten vorbei eingebracht werden. Umgekehrt lassen sich hier keine theologischen Antworten erteilen, ohne die aus humanwissenschaftlicher Sicht entstehenden Anfragen ernstzunehmen. Gleichwohl dürfen humanwissenschaftliche und theologische Erwägungen nicht miteinander verwechselt werden. Sie haben und behalten ihre je eigene Identität. Das Evangelium nimmt einerseits dem Seelsorger nicht die entwicklungspsychologische oder jugendsoziologische Detailarbeit ab, andererseits kann auch die beste Psychotherapie nicht das Heil ersetzen, das in „keinem anderen Evangelium" (Gal. 1, 6 f.) liegt als in dem von Jesus Christus. Ja, die Humanwissenschaften unterliegen (übrigens auch jede wissenschaftliche Theologie!) einer Art „geistlichen" Ideologiekritik, wie das 1. Kor. 2, 14 - 16 erlaubt und gebietet.

Ist der erstgenannte Mangel an humanwissenschaftlichen Kenntnissen mitbedingt durch den Umstand, daß die psychopädagogische Betreuung des Menschen heute nicht mehr allein von der Kirche oder christlichen Bewegungen wahrgenommen wird, daß also Konkurrenzdruck vorliegt, so besteht der andere Mangel, das Defizit an Erfahrung in Sachen *Methodik,* vor allem in der Vernachlässigung der eigenen Möglichkeiten, die der Seelsorger hat. Er brauchte sich ja nur im Nahbereich der innerkirchlichen Überlieferung umzuschauen. Da liegen noch ungehobene Schätze. Nichts gegen die Informierung über die verschiedenen neuen Erkenntnisse der Humanwissenschaften —

da kann der Seelsorger gar nicht „progressiv" genug sein —, aber auch nichts gegen die (kritisch-konstruktive) Orientierung an der echten, lebendigen Überlieferung der christlichen Seelsorgelehre und -praxis — hier kann der Seelsorger gar nicht „konservativ" genug sein! Wir haben tatsächlich gleichsam eingefrorene Kapitalien seelsorgerlicher Erfahrung, gerade auch in methodischer Hinsicht. Die Methodik der Seelsorge ist nicht erst in den siebziger Jahren und auch nicht erst in der amerikanischen Seelsorgebewegung erfunden worden. Wir haben zwar aus dieser Bewegung und von ihren deutschen Schülern vieles und Neues lernen dürfen, aber auch die deutschsprachigen evangelischen „Väter" *vor* der „empirischen" und „therapeutischen" Wende haben uns noch etwas zu sagen, von den pietistischen, reformatorischen und katholischen Seelsorgern völlig zu schweigen. Besonders die „Praktiker" der Seelsorge verdienen es, wiederentdeckt zu werden. Es sei nur einmal exemplarisch an Hermann v. Bezzel (Der Dienst des Pfarrers), Walter Hoch (Evangelische Seelsorge), Otto Riecker (Die seelsorgerliche Begegnung), Ludwig Köhler (Wahres Leben) und Erich Schick (Der Christ als Seelsorger) erinnert[3]. Wer weiß heute noch etwas von diesen gesegneten Sorgern um das Neue Sein des Menschen! Vielleicht wird man einwenden, das seien eben mehr Charismatiker, aber keine ausgesprochenen Methodiker gewesen. In einem gewissen Sinne stimmt das auch. Gleichwohl haben sie sich der beiden elementaren Kommunikationsarten der Seelsorge bedient, des Gesprächs und des Briefes. Diese beiden Wege der Seelsorge gibt es seit Jahrhunderten, praktisch seit der Zeit des Neuen Testaments. Hier haben sich im Lauf der Zeit Grunderfahrungen methodischer Art herausgebildet, die es gilt, immer wieder neu zu studieren und einzuüben, zu überprüfen und notfalls umzuformen. Das schließt das Lernen von den modernen Einsichten der Humanwissenschaften nicht aus, sondern ein. Der Seelsorger ist ein lebenslang Lernender. Er sollte nur die elementaren Grundübungen nicht überspringen. Wenn es im Alltag der Seelsorge, in der oft nicht viel Zeit für lange Sitzungsserien bleibt, zum Schwure kommt, tut Elementares not. Wer das Jesuswort von dem „Brot statt Steine" (Mt. 7, 9) verstanden hat, weiß, wie not-wendig für die seelische Gesundung in solchen Fällen gleichsam richtiges und einfaches Bauernbrot ist. Manches gutgemeinte hochfeine Spezialgebäck ist dann u. U. auch nicht besser als ein toter Stein. Mit anderen Worten: was das folgende Kapitel direkt und indirekt auch leisten möchte, ist eine kleine Handreichung für das Erlernen und Einüben elementarer Methoden seelsorgerlichen Vorgehens. Was jedenfalls die Kirche heute mehr denn je braucht, das sind erfahrene Seelsorger, die bei aller Aufgeschlossenheit für das Moderne und Aktuelle geistliche und methodische Erfahrung haben, an anderen gewonnene und selber gemachte Erfahrung. Auch gerade für den Seelsorger gilt: Dankbarkeit trägt Früchte, und Übung macht den Meister.

Die folgenden Hilfen für das Helfen versuchen sich weise auf drei Punkte zu beschränken, da eben ein solches Buch nicht in der Lage ist, ,,alles'' in einer perfektionistischen Manier vorzubringen. Immerhin handelt es sich um drei wesentliche Aspekte: Das, was über die humanwissenschaftlichen Kenntnisse und die methodischen Erfahrungen gesagt wird, soll sich (1) speziell auf die Person des Seelsorgers beziehen, (2) vor allem Probleme der Praxis behandeln und (3) im übrigen geeignete Literaturhinweise geben. Die letzteren sind durchdacht, aber nicht vollständig. Eine Begründung kann natürlich im Einzelfall aus Raumgründen nicht gegeben werden.

ANGEBOTE DER PSYCHOTHERAPIE:

Psychotherapeutische Anstöße und theologische Anfragen

Der Angebote ist Legion. Darin stecken viel echte Hilfen und methodische Denkanstöße für den Seelsorger. Es gibt aber auch Fehlleitungen, wenn man nicht aufpaßt. Da werden theologische Sacheinwände (nicht bloß Formaleinwände!) notwendig. Um sich einigermaßen in dem Labyrinth zurechtzufinden, bedarf es eines gewissen Ariadnefadens. Wir können dem einzelnen Seelsorger die Entscheidung nicht abnehmen. Er muß es selber vor Gott und Menschen verantworten, wenn er sich von dieser oder von jener Stelle, Schule oder Richtung helfen läßt. Manchmal gelingt es auch, einen Fall von mehreren Aspekten her zu betrachten und sozusagen ein ,,integriertes'' seelsorgerliches Verfahren durchzuführen. Zuweilen scheint sich eine spezielle Blickrichtung besonders gut zu eignen. Es wird daher empfohlen, sich zunächst einmal über die Fülle der Schulen im Ganzen zu informieren und dann eine oder mehrere besonders geeignete Richtungen wie einen ,,Raster'' über den Fall bzw. die Frage zu legen. Im Laufe der Seelsorgepraxis wird sich langsam herausstellen, welche Hilfen welcher Schule dem Seelsorger besonders liegen und gelingen. Nur sollte er sich immer wieder die Tatsache vor Augen halten, daß es einen Plural von Methoden gibt. Er muß lernen, über die Zäune seiner Lieblingspsychologie zu blicken und darf nicht einfach innerhalb der Schranken seines therapeutischen Ausbildungswissens steckenbleiben. Vielmehr wird er von Fall zu Fall immer wieder etwas dazulernen und das bisher Gesagte einer kritischen Überprüfung unterziehen wollen. Die paulinische Mahnung, alles zu überprüfen und das Beste zu behalten (1. Thess. 5, 21), kann in der Seelsorge gar nicht sorgfältig genug beachtet werden. Wir versuchen im folgenden, die einzelnen Schulen und Methoden in ihrer Eigenart kurz zu skizzieren und das herauszustellen, was der Seelsorger für sich als helfende Person positiv daraus lernen kann. Gleichzeitig werden aber auch kritische Fragen an das jeweilige System zu richten sein. Hier sind vor allem vier Problembereiche zu berühren und ,,abzuklopfen'': (1) die Frage nach dem Menschenbild, (2) die ,,Gretchenfrage'' nach der Religion bzw. dem Glaubensansatz, (3) die Frage nach möglichen Reduktionen des Seelsorge-Auftrags (Zielverkürzung?) und (4) die Frage nach dem Ausmaß der ,,Regeln'' (Schematismus?). Eine Übersicht wird dann das Ganze zusammenfassen. Zur besseren Orientierung wollen wir die einzelne psychotherapeutische Richtung jeweils mit einem zusätzlichen Kennwort versehen. Der dabei stets verwendete Begriff ,,Helfer'' soll andeuten, daß es sich ursprünglich um eine psychotherapeutisch gemeinte Bezeichnung handelt, daß aber das ,,Helfen'' etwas ist, was beiden Tätigkeiten, der Psychotherapie wie der Seelsorge, bei aller Unterschiedenheit des ,,Auftrags'' und bei voller Wahrung der jeweiligen ,,Identität'', doch gemeinsam ist: beide wollen Menschen in Not helfen[4]. Wo es zu Spannungen, Widersprüchen und Rissen zwischen dem therapeutischen Konzept und dem Christusauftrag des Seelsorgers kommt, wird es ausdrücklich vermerkt.

1. Psychoanalyse

Der hinterfragende Helfer: Analysieren

— *Anstöße*
Unumstritten ist *S. Freud* das Haupt der tiefenpsychologischen Schulen. Sie haben alle von dieser Stifterfigur gelernt. Er hat den Bereich des Unbewußten erstmals erschlossen und der Entwicklungsgeschichte des Klienten sein Interesse zugewandt. Die gegenwärtigen Probleme, die den seelisch Kranken belasten, werden in der Psychoanalyse bis in die frühe Kindheit zurückverfolgt. So entsteht der Typus des hinterfragenden Helfers. Ausgehend von den bekannten Phasen der frühkindlichen Sexualität entdeckt der analysierende Berater im Ratsuchenden Rückfälle (Regressionen) in Entwicklungszustände, etwa in triebhaft genießende (orale) oder gehemmt-zwanghafte (anale) Zü-

ge, aber auch unaufgearbeitete Vater-Sohn- bzw. Mutter-Tochter-Konflikte, die ihre Wurzel in der ödipalen Phase haben (3. - 5. Lebensjahr). Eine wesentliche Methode, der unbewußten Tiefe des Menschen auf die Spur zu kommen, ist für Freud die Analyse der Träume des Klienten. Hier zeigen sich die eigentlichen Lustbedürfnisse unverhüllt, aber auch die Verdrängungen und Versperrungen, die gescheiterten Anpassungen an die Realität und die Widerstände gegen den Therapeuten werden so deutlich. Wir können in diesem Zusammenhang das in mehreren Denkschüben und Arbeitsperioden entstandene therapeutische System Freuds nicht in allen seinen komplizierten Einzelheiten entfalten. So wäre gewiß auch aus dem Instanzenmodell Freuds (Es, Ich, Über-Ich), der Trieblehre (Geschlechts-, Selbsterhaltungs- und Todestrieb) und den verschiedenen Gedanken zu Narzißmus, Symbol und Sublimierung für die Person des Helfers manches zu lernen. Das analytische Schlüsselthema für das Selbstverständnis des Seelsorgers ist indessen das von Freud so eindrucksvoll beschriebene Phänomen der ,,*Übertragung*''.

Bei seinen therapeutischen Gesprächen und Traumanalysen beobachtete Freud eine ganze Reihe von Gefühlen, z. B. Wünschen und Ängsten, Begeisterungen und Widerständen, die sich nicht zuletzt aus dem im Gespräch zutage tretenden Spannungsverhältnis zwischen Arzt und Patient, Berater und Ratsuchenden erklären ließen. Er merkt, daß mancher seiner Patienten während der Analyse ,,auftauchende peinliche Vorstellungen auf die Person des Arztes überträgt'' und schließt auf Grund seiner Phasentheorie der frühkindlichen Sexualität, daß hier Erinnerungen an frühe Erfahrungen kindlicher Liebe und kindlichen Hasses vorliegen, also ,,Neubildungen'', Wiederholungen und Neuauflagen bereits gehabter Gefühle. Der eine männliche Patient mag in dem Arzt den früher gehaßten Vater wiederentdecken, die andere weibliche Patientin mag, umgekehrt, den als Kind besonders geliebten Vater wiederfinden. J. Scharfenberg, der über eine besonders gediegene Freud-Kenntnis verfügt und als einer der ersten das Übertragungsphänomen aus der Sicht des Seelsorgers untersucht hat, bringt eine anschauliche Darstellung eines Falles von ,,Infantilität'', der durch einen Übertragungsvorgang herauskommt: ,,Da kommt ein Mensch in die Beratung, der sofort anfängt zu weinen und der die Beziehung mit Verzweiflungsausbrüchen eröffnet, bei denen als Refrain immer wiederkehrt: ,Sagen Sie mir bitte, was ich tun soll. Ich will ja alles tun. Sagen Sie mir nur, was ich tun soll.' Eine solche psychische Labilität erlaubt oftmals keinerlei geistige Gemeinschaft in den Lebensvollzügen, lediglich besteht ein übergroßes Bedürfnis, eine Autoritätsfigur, die einem irgendwo auf dem Lebensweg abhanden gekommen ist, neu zu gewinnen. Oftmals haben solche Menschen bereits Vater- oder Mutterfiguren geheiratet und versuchen nun, dem Berater die gleiche Rolle zuzuschieben: Er soll einer werden, der Anweisungen gibt, die dann natürlich doch nicht ausgeführt werden, der klare Verbote erläßt und Maßnahmen ergreift"[5]. So etwas widerfährt nicht nur dem Therapeuten und Analytiker, sondern, wie wir zum Teil aus zuweilen verwirrender, ja schmerzlicher Erfahrung wissen, auch manchen Pfarrern, Religionslehrern und Jugendleitern (und -innen!). Das ist oft ganz natürlich. Es darf weder (bei begeisterter Zustimmung) stets als positives geistliches Echo noch (bei gereiztem Widerstand) als persönliche Beleidigung oder Undankbarkeit ausgelegt werden.

Wie reagiert nun der *Seelsorger* auf einen offenkundigen Übertragungsvorgang? Man kann natürlich aus der Not eine Tugend machen. In gewisser Hinsicht hat das Freud getan, dadurch, daß er aus der Verlegenheit eine Gelegenheit machte: er benutzte den Hemmschuh, genannt Übertragung, nun als Laufschuh für das therapeutische Gespräch, als Hilfsmittel der Analyse. Dabei sei ausdrücklich angemerkt, daß es zum Erkennen des Übertragungsereignisses gar nicht in erster Linie durch die Lehrdeutung des Analytikers kommt, sondern durch das eigene Entdecken des Ratsuchenden. Er darf ja bei der Besprechung der Träume seine freien „Einfälle" äußern. Jedenfalls bildet in der klassischen Psychoanalyse diese Erkenntnis eine Gemeinschaftsarbeit zwischen Therapeut und Klient. Der erstere wird sich sogar äußerster Zurückhaltung befleißigen, damit es nicht zu einer unnötigen „*Gegenübertragung*" kommt, mittels derer dann der Helfer seine eigenen Sympathien bzw. Antipathien auf den Hilfsbedürftigen überträgt. Ganz im Gegensatz zu den gefühlsbetonten Rogers-Regeln der Klinischen Seelsorgeausbildung heute (s. u.) empfiehlt Freud die „analytische Grundregel", nämlich die „*analytische Abstinenz*". Gelassen, ohne sich aus der Fassung bringen zu lassen, soll der Therapeut die Gegenübertragung „niederhalten", freilich nicht völlig gleichgültig und unbeteiligt, wohl aber mit „gleichmäßig schwebender Aufmerksamkeit". Zweifelsohne stecken in diesen Überlegungen wertvolle Impulse für die konkrete Arbeit des im Evangelium gegründeten Seelsorgers. Er wird es sich gern sagen lassen, daß er sich nicht in einen Ratsuchenden verlieben darf, daß er Abstand halten muß, daß er sich aber auch nicht an unangenehmen Zeitgenossen und Gesprächspartnern unnötig ärgern soll; auch der unsympathische Ratsuchende ist und bleibt sein Nächster. Weiter ist es angemessen, sich selbstkritisch zu fragen, ob man als Seelsorger selber unter bestimmten Verdrängungen (verborgenen Triebwünschen oder gesetzlichen Zwängen) leidet, die nun im seelsorgerlichen Gespräch offenbar werden, oder ob man einen fast krankhaften Ehrgeiz hat, der auch im Vollzug der Seelsorge immer nur Erfolge einkassieren möchte, aber keine Enttäuschungen verkraften kann. Im übrigen genügt es, wenn sich der Seelsorger der Gefahren von Übertragung und Gegenübertragung bewußt ist. Es ist nicht seines Amtes, sich auf einen Übertragungsprozeß aktiv und stimulierend einzulassen. Damit würde er sich — als nicht ausgebildeter Analytiker — überfordern, ja seinem geistlichen Auftrag vermutlich sogar schaden. Der durchschnittliche Pfarrer oder Jugendleiter hat ja rein zeitlich und kräftemäßig gar nicht die Möglichkeit, im Einzelfall eine Langzeittherapie mit 200 oder auch eine Kurztherapie mit 12 bzw. 30 Stunden durchzustehen. Diese Dinge kann und soll er getrost dem Fachmann überlassen. Seine Aufgabe besteht vielmehr darin, den Ratsuchenden von seiner falschen Abhängigkeit bzw. Bindung an den Seelsorger zu der Freiheit eines Christenmenschen bzw. zu einer gesunden Bindung an Gott in Christus zu führen. Das ist nun so schwer auch nicht, wie immer wieder einmal behauptet wird. Man muß nur Mut zu den ,,alten Mitteln'' der Seelsorge (s. o. S. 35 ff.) haben, das Wort Gottes fall- und fragebezogen einbringen, im eigenen Verhalten den ,,Herrn'' bezeugen, dem der Seelsorger sich selbst verpflichtet weiß, und auf die geistlichen Hilfen objektiver Art hinweisen, die die Kirche Christi vermitteln kann, Gebetbuch und Gottesdienst, Meditation und Absolution.

— Anfragen

Die *Grenzen* der Psychoanalyse sind schon an dem bisher Ausgeführten mehrfach deutlich geworden. Die theologischen Einwände lassen sich nicht unterdrücken. Das Hinterfragen hat auch einmal ein Ende. Der analytische Seelsorger steht in der Gefahr, immer nur nach rückwärts in die Vergangenheit des Ratsuchenden zu blicken, statt auf Jesus, den Anfänger und Vollender des Glaubens, zu sehen. Fassen wir die Hauptschwierigkeiten einmal zusammen, dann ist zunächst auf das *Menschenbild* hinzuweisen. Es ist zwar erfreulich kritisch-realistisch, aber eben auch einseitig. Freud ist dem naturwissenchaftlichen Weltbild des 19. Jahrhunderts verhaftet. Er spricht zuviel vom ,,seelischen Apparat'' und will zu sehr nur Energien ,,verschieben''. Dadurch kommen deterministische Momente ins Spiel[6]. Personale und humane Liebe ist eben noch etwas anderes als die biologisch-sexuell getönte ,,Libido'' (Lust). Schließlich hat das Menschenverständnis von Freud etwas Unvollständiges. Er versteht den Menschen mehr oder weniger von seiner Vergangenheit her. Diese Wendung nach rückwärts erhellt zwar viele dunkle Seiten des Einzelfalles, räumt aber den gegenwärtigen Problemen des Klienten und seiner gesellschaftlichen Umwelt zu wenig Gewicht ein. — Was die Gretchenfrage angeht, so meinen neuerdings manche Theologen, Freud habe der Sache des Glaubens einen guten Dienst erwiesen, dadurch, daß er die neurotischen Aspekte der infantilen Religiosität aufgedeckt habe, die ja in christlichen Kreisen gar nicht so selten sei. Auf der anderen Seite hat der Vorkämpfer der Tiefenpsychologie die *Religionskritik* überzogen. Das Gesund-Kindliche und das Krankhaft-Infantile sind eben nicht dasselbe. Nicht alles in der Religion läßt sich aus seelischen Frustrationen erklären. Außerdem ist Freud durch seine Lebensgeschichte stark durch die Vorstellungen seiner gesetzlich-mosaischen Religion beeinflußt. Wahrscheinlich hat ihn auch eine negative Vatererfahrung geprägt. Die „frohe" Botschaft hat ihn nicht erreicht. Die bürgerliche Kirche seiner Zeit war für ihn wohl auch nicht die genuine Interpretin dieser guten Nachricht. — Eine Grenze der Psychoanalyse zeigt sich weiter darin, daß das Helfen auf das (kognitive) *Bewußtmachen* des Unbewußten eingeschränkt wird. Sicher profitiert der Seelsorger dadurch für seinen Ratsuchenden und für sich selber. Er versteht gleichsam beide besser. Andererseits darf er nicht in diesem Verstehungsprozeß steckenbleiben. Bewußtmachen ist noch nicht Vergeben, und Analyse ersetzt die Beichte nicht. Außerdem genügt es nicht, wenn der Seelsorger angesichts von Übertragungsphänomenen im seelsorgerlichen Gespräch im Sinne Freuds auf seine Doppelfunktion als „Anwalt des Partners" und als „Anwalt der Realität" aufmerksam gemacht wird[7]. In erster Linie ist der Seelsorger doch der Anwalt klarer Willenskundgebungen Gottes und seiner in Christus angebotenen Gnade. Man könnte höchstens sagen, daß der Seelsorger Zeuge der im biblischen Glauben erschlossenen Wirklichkeitsschau ist. — So notwendig das Hinterfragen eines Seelsorgefalles ist, so problematisch wird es, wenn es sich zu unreflektiert einem bestimmten *Schema* verschreibt. Gibt es in der Kommunikation zwischen zwei Menschen wirklich nur die Möglichkeiten von Liebe und Haß? Engen die Aspekte von Übertragung und Gegenübertragung, so berechtigt die Frage nach ihnen ist, nicht das Gesichtsfeld in dem Verhältnis von Berater und Ratsuchenden unnötig ein? So wären doch auch die verschiedenen Bildungsvoraussetzungen (Lerngeschichte) und die Schichtzugehörigkeit (Familiengeschichte) der beiden Partner ebenso ernsthaft zu bedenken. Ähnliche Bedenken begegnen der monotonen Rückfrage nach den Stadien der frühkindlichen Sexualgeschichte. Gewiß lassen sich manche Verhaltensweisen eines Ratsuchenden dadurch gut erhellen. Das starre Phasenschema (oral, anal, genital, ödipal) aber paßt einfach nicht immer. Zuweilen hat man bei den Argumentationen der analysierenden Therapeuten

und Seelsorger den Eindruck, daß die Erklärungen — sicher wohl-
meinend und ebenfalls „unbewußt" — notfalls „passend" gemacht
werden. Es gibt auch im Helfen des Helfers Zwänge, von denen er
sich schlecht freimachen kann, wenn er sich einmal an eine bestimmte Sicht der Dinge gewöhnt hat, die ihm vielleicht früher selbst geholfen haben mag (Lehranalyse z. B.).

Wenn Freud auch der führende Kopf der Psychoanalyse ist und
bleibt, so hat sich doch inzwischen das Gebiet der von ihm initiierten
Tiefenpsychologie derart erweitert, daß einige seiner Schüler und Anhänger wenigstens erwähnt werden müssen. Wir tun das gleichzeitig
mit Hinweisen auf ein Schlüsselwerk des jeweiligen Autors, das die
von ihm vertretene Richtung (inzwischen sind auch ganz neue Schulen entstanden!) weitgehend bestimmt hat, und auf einen theologischen oder christlich engagierten Interpreten, der an die betreffende
Richtung angeknüpft und sie auf seine Weise fortgeführt oder verändert hat.

Um bei S. Freud selber zu beginnen, so sind neben der zehnbändigen
Studienausgabe zwei greifbare Auswahlbände über frühe „Darstel-
lungen der Psychoanalyse" (1904 - 1926) und über den späteren
„Abriß der Psychoanalyse" (1938) zu nennen. Als besonderer Freud-
Kenner hat sich J. Scharfenberg mit einer Arbeit über dessen „Religionskritik" ausgewiesen. Er hat einmal mit einer Deutung von
Blumhardts Seelsorge angefangen, ist jetzt selbst freipraktizierender
Psychoanalytiker und Praktischer Theologe. Seine scharfe Ablehnung der klassischen und evangelikalen Seelsorgelehre ist bekannt.
Stärker dem reformatorischen Verständnis der Seelsorge verbunden,
aber ebenfalls mit Erfahrungen als analytisch arbeitender Psychotherapeut hat H.-J. Thilo ein Programm der „beratenden Seelsorge"
entworfen[8].

Unter den beiden großen Schülern Freuds hat A. Adler die große
Wendung der Psychoanalyse nach seitwärts vollzogen, und zwar als
Individualpsychologie. Als sozial interessierter Therapeut schließt er
sich den gesellschaftlichen Horizonten auf und nimmt über das Zwei-
erverhältnis von Arzt und Patient hinaus das „Wir" in den Blick. In
diesem Kontext versteht er das „Individuum" neu. Ihm geht es mehr
um die Hinterfragung des Machttriebes als um die des Geschlechts-
triebes. Die dabei involvierten Erziehungsgedanken hat F. Künkel
ausgebaut und christlich vertieft. Er hebt auf die „Sachlichkeit" des
Helfers bzw. Seelsorgers ab. Minderwertigkeitsgefühle und Geltungs-
bedürfnisse sind danach die Schrittmacher der die erzieherische und

seelsorgerliche Lebenshilfe blockierenden „Ichhaftigkeit". In dem immer noch instruktiven Buch „Sprechstunden mit deinem Ich" hat der Theologe E. zur Nieden die Gedanken Adlers und Künkels allgemeinverständlich darzustellen gewußt und sie mit einzelnen biblischen Worten korreliert[9].

Der andere eigenständige Schüler Freuds, *C. G. Jung*, ist im Kreis der Seelsorger wohl am bekanntesten geworden. Das liegt nicht nur daran, daß der Begründer der *Komplexen Psychologie* selber Pfarrerssohn ist, sondern vornehmlich an seiner inneren Offenheit für Fragen der Religion. So nimmt er ausdrücklich die Sache des Christus, aber auch Aussagen des Alten Testaments in sein Gedankengebäude auf. Freilich läuft er dabei Gefahr, das Evangelium gegen seinen ursprünglichen Sinn umzuinterpretieren (Christus = „Selbst"; zwei Söhne Gottes, Christus und Luzifer in „Antwort an Hiob"). Die Grenze zwischen Christentum und Religionen wird zuweilen fließend. Das hat ihm theologische Kritik (*Affemann*) eingebracht. Auf der anderen Seite hat Jung eine ganze Reihe von positiven Denkanstößen für die Aufgabe und die Person des Seelsorgers gebracht (*A. Köberle, W. Uhsadel*). Er hat den Bereich des Unbewußten über das rein Sexuelle erweitert (Kollektives Unbewußtes, Archetypen), den hinterfragenden Helfer ermahnt, seine eigenen gegengeschlechtlichen Leitbilder weiblicher (anima) oder männlicher (animus) Art ernst zu nehmen, auf seine Selbstmaskierungen (persona) zu achten, seinen Schatten anzunehmen und auf das therapeutische Ziel aktiverzieherisch hinzuarbeiten. Das letztere sieht er in der „Individuation", d. h. in einer bewußten Selbstfindung und gesunden Selbstverwirklichung. Während Freud in die Vergangenheit zurückblendet, Adler in die Gemeinschaft seitwärts einfügt, sucht Jung nach vorn zu bringen. Er vollzieht die große Wendung nach vorwärts. Recht und Grenze solcher „Selbstverwirklichung" kann man bei *H. Barz* studieren, wenn freilich damit die Frage nach einer Selbstüberschätzung der Selbsthilfe immer noch offenbleibt.

Eine bemerkenswerte Wirkung auf die neuere Seelsorge, insbesondere auf eine christlich verantwortete Jugendsozialarbeit und Psychagogik hat auch die sogenannte *Neo-Psychoanalyse* gehabt. Ihr Begründer *H. Schultz-Hencke* hat in seinen Untersuchungen zu dem Antriebserleben deutlich gemacht, daß das Haben-, Behalten-, Gelten- und Liebenwollen des Kindes durch Härte einerseits und durch Verwöhnung andererseits zu dem Typus des „gehemmten Menschen" führen kann. Nicht nur unter den Ratsuchenden, sondern auch unter den Seelsorgern selbst gibt es solche gehemmten Leute, die sich gehenlassen, falsche Ansprüche stellen oder heimlich gewissen Ersatzbefriedigungen frönen. In solchen Fällen tut eine befreiende Seelsorge an Seelsorgern not. Der neoanalytische Helfer sucht seinen Klienten liebes-, arbeits- und gemeinschaftsfähig zu machen, indem er die Bedingungen beseitigt, die zu den Symptomen der Hemmung geführt haben (*K. H. Wrage*). Auch die Psychagogin *Chr. Meves* hat Impulse von der Neopsychoanalyse erhalten, diese aber von ihrem christlichen Standpunkt her verwandelt und weitergeführt. Im Rahmen ihres weitgefächerten Schrifttums bildet das ,,ABC" für den ,,Seelenhelfer" eine Fundgrube für die Praxis des Seelsorgers; insbesondere die Abschnitte über das Bergen, Freilassen, Grenzen setzen, Lieben, Projektionen einordnen, Schuld ernst nehmen und Zweisamkeit schenken sind eindrucksvolle Beispiele, wie psychotherapeutische Gesichtspunkte für die Seelsorge fruchtbar gemacht werden können, ohne daß der Seelsorger seine Identität dabei verlieren müßte[11].

Neben den auf ,,humanistische" und ,,religiöse" Grenzfragen ansprechbaren Tiefenpsychologen bzw. Therapeuten wie *E. Fromm* (Flucht vor der Freiheit; Kunst des Liebens), *E. H. Erikson* (Jugend und Krise; Identität), *V. v. Weizsäcker* (Psychosomatik; Gestaltkreis; Menschenführung) und *A. Mitscherlich* (Vaterlose Gesellschaft; Unfähigkeit zu trauern), von denen der Seelsorger viel lernen kann, ist schließlich noch die von der Existenzphilosophie (Heidegger, Jaspers) angeregte *Existenzanalyse* zu nennen. Unter ihren Vertretern haben sich drei ein besonderes Echo in christlichen Kreisen verschaffen können. Der für reformatorische Fragen aufgeschlossene, überzeugte Katholik *V. E. v. Gebsattel* sieht die Urkrise des Menschen in dem selbsterfahrenen Widerspruch, ,,seiend nicht zu sein, und nichtseiend dennoch da zu sein". An diesem Konflikt partizipiert auch der Helfer. Auch er ist ein ,,Hilfsbedürftiger". Besteht die Versuchung des Therapeuten in einer apersonalen Versachlichung des Klienten, so die Gefahr des Seelsorgers in einer unsachlichen Personalisierung. Was v. Gebsattel als ,,anthropologischen" Psychotherapeuten bedrückt, ist das ,,Schisma zwischen Seelsorger und Seelenarzt". Hier plädiert er für eine fruchtbare Zusammenarbeit (Kooperation) ohne falsche Vermischung (Koinzidenz). — Unter den übrigen außerdeutschen Daseinsanalytikern (*L. Binswanger, M. Boss*) nimmt der Wiener ,,Logotherapeut" *V. Frankl* eine Sonderstellung ein. Er versteht die ,,geistig-existentielle" Person als die eigentliche ,,Tiefen-Person". Unter deutlicher Abgrenzung gegen Freud erwartet er vom Helfer, daß er den Menschen nicht bloß so nimmt, wie er ist, sondern so, wie er sein soll, nämlich ein am ,,Sinn" (nus) und ,,Geist" (logos) orientiertes, verantwortliches Wesen. Der „ärztliche Seelsorger" im Sinne Frankls bemüht sich um „seelische Heilung", der kirchliche Seelsorger um das „Seelenheil". Kann man aber so einfach trennen? *H. Thielicke* hat an Frankl gelobt, daß er die Eindimensionalität des Freudschen Denkens überwunden habe, aber er hat auch die kritische Frage nach der „weltanschaulichen Neutralität" der Logotherapeuten aufgeworfen: „Kann man denn von der normativen Instanz des Gewissens neutral sprechen?" — Vorsichtiger hat die (evangelische) Begründerin der „Personalen Psychotherapie", *Johanna Herzog-Dürck,* die Funktionen der beiden Helfergruppen voneinander abgehoben: „Der Therapeut verkündigt und absolviert nicht, er heilt." Sie hat besondere Erfahrungen mit Pfarrern, die unter psychogen bedingten Störungen leiden. Ihr geht es, nicht zuletzt bei diesen Seelsorgern, um das „Einüben in das Menschsein". Der Mensch stehe heute mehr denn je vor der Frage nach seiner eigenen „Vergeblichkeit". In der Aufarbeitung seines „Humanfeldes" möchte sie ihm zur „Reifung" bzw. Selbstfindung helfen [12].

2. Gesprächstherapie

Der einfühlende Helfer: Akzeptieren

Neben der Psychoanalyse hat sich das Angebot der Gesprächstherapie im Bereich der christlichen Seelsorge ein bemerkenswertes Echo verschaffen können. Die Begeisterung für dieses der Nächstenliebe so nahe scheinende Modell der Psychotherapie hat zeitweise zu einem regelrechten Rogers-Boom (nach dem Namen des Gründers) geführt. Zuweilen treten Verwechslungen ein: Der Seelsorger tritt nur noch als Gesprächstherapeut auf. Umgekehrt gilt das freilich nicht. So sind gewisse Verunsicherungen eingetreten. Ein Klärungsprozeß ist angezeigt. Er wird hier in bezug auf die Person des Seelsorgers versucht.

— Anstöße
Carl R. Rogers ist uns schon beim Problem des seelsorgerlichen „Beratens" begegnet (s. o. S. 70 ff.). Seine Forschungen gelten vor allem der „Einstellung" des Gesprächstherapeuten. Ihre drei Grundprinzipien sind (1) das offene Echtsein, (2) das einfühlende Verstehen und (3) das unbedingte Annehmen. Rogers hat ein Interesse daran, daß der Ratsuchende „er selbst" wird, ein durchaus ernstzunehmendes Anliegen, das ja bereits Kierkegaard („Die Krankheit zum Tode") auf seine, nämlich theologische Weise verfolgt hat. Aus diesem Ansatz ergeben sich methodische Kriterien für den Therapeuten und seine Gesprächsführung: den Klienten akzeptieren und sich für ihn en-

gagieren heißt dann, seine Gedanken artikulieren (herausarbeiten), seine Gefühle verbalisieren (zur Sprache bringen, in Worte fassen), das von ihm Gesagte reflektieren (wiederholen, ,,spiegeln'') und das von ihm Gemeinte strukturieren (ordnen, zusammenfügen). Alles kommt darauf an, daß sich der Therapeut in seinen Klienten *einfühlt* (,,Empathie'' = Einfühlung) und ihn annimmt, wie er ist. Mit anderen Worten: Gesucht ist hier der einfühlende, akzeptierende Helfer.

Aus der Sicht einer biblisch-reformatorischen Seelsorge ist manches an Rogers kritisiert worden. Auch der Verfasser hat in dieser Beziehung mehrfach seine Ausrufezeichen setzen müssen. Gleichwohl ist er der Meinung, daß wir vor aller Kritik erst einmal das positiv würdigen, was auch der bekenntnismäßig engagierte Seelsorger von Rogers praktisch und methodisch lernen kann. Dazu eignen sich die von Rogers selbstkritisch gestellten — übrigens kaum bekannten — Fragen aus seinem späteren Werk über die ,,Entwicklung der Persönlichkeit'' (On Becoming a Person. A Therapist's View of Psychotherapy). Sie werden im folgenden wörtlich wiedergegeben: Die Generalfrage heißt: *,,Wie schafft man eine hilfreiche Beziehung?''* Die zehn Unterfragen lauten:

,,(1) Kann ich irgendwie so ,sein', daß der andere mich wirklich als vertrauenswürdig, verläßlich und beständig wahrnimmt? (2) Kann ich mich so ausdrücken, daß das, was ich bin, unzweideutig mitgeteilt wird? (3) Kann ich es mir erlauben, positive Einstellungen gegenüber (dem) anderen zu empfinden — Einstellungen der Wärme, Fürsorglichkeit, Zuneigung, des Interesses und Respekts? (4) Kann ich als Mensch stark genug sein, um mich neben dem anderen zu behaupten? (5) Bin ich meiner selbst sicher genug, um ihm sein Anders-Sein zu erlauben? (6) Kann ich es mir erlauben, voll und ganz in die Sphäre des anderen, in die Welt seiner Gefühle und persönlichen Sinngebungen, einzutreten und sie so zu sehen wie er? (7) Kann ich ihn, wie er ist, annehmen? (8) Bin ich in der Lage, mit zureichendem Feingefühl in einer Beziehung zu agieren, so daß mein Verhalten nicht als Drohung empfunden wird? (9) Kann ich den Klienten vor der Gefahr einer Bewertung von außen schützen? (10) Kann ich diesem anderen Individuum als jemandem begegnen, der sich in einem Prozeß des Werdens befindet, oder bin ich durch seine und meine Vergangenheit gebunden?''[13] Solche Fragen lassen die Aufnahme von Rogers-Perspektiven für den Seelsorger als eine fruchtbare Möglichkeit erscheinen.

In Deutschland ist Rogers nicht nur von Theologen, sondern auch und in erster Linie von Fachpsychologen wie insbesondere von *R. Tausch* „importiert" und interpretiert worden. Man tut gut daran, sich bei ihm nähere Auskünfte zu holen und nicht allein bei den gesprächstherapeutisch arbeitenden Seelsorgern. Tausch grenzt die mehr auf „Information" abhebende „psychologische Beratung" ab von dem Gespräch, das ausdrücklich der „Gesprächspsychotherapie" dient. Da reichen Informationen nicht aus, weil es um „emotionale" Schwierigkeiten geht, z. B. um „mit Furcht und Angst verbundene Verhaltensreaktionen". Nach Tausch stellt die Gesprächspsychotherapie keine inhaltliche Beratung dar. Sie will vielmehr Ängste vermindern, zur Selbstannahme helfen und den Entscheidungswillen des Klienten stärken. Daraus resultieren drei Verhaltensforderungen an den einfühlenden Helfer (in dieser Reihenfolge!): (1) Verbalisierung emotionaler Erlebnisinhalte, (2) Positive Wertschätzung und emotionale Wärme und (3) Echtheit und Selbstkongruenz[14].

— Anfragen

Wie steht es nun mit den *Grenzen* dieser Sicht? Wo sind Einwände zu erheben? Das Menschenbild von Rogers trägt humanistische Züge. Es ist vom *Entwicklungs*gedanken her konzipiert. Die Gesprächstherapie traut dem Menschen viel zu. Die Veränderbarkeit durch den einfühlenden und verstehenden Helfer („facilitator" = Erleichterer, Ermöglicher, Förderer) wird oft etwas zu optimistisch beurteilt. Der Mensch hat eben nicht nur eine unausgeglichene Persönlichkeit, nein, er ist ein richtiger Sünder vor Gott. Andererseits appelliert Rogers mit Recht an die Selbstverantwortlichkeit des einzelnen. — Die Gretchenfrage berührt Rogers entweder überhaupt nicht oder nur indirekt. In den Sachregistern seiner Bücher kommt das Wort „Religion" nicht vor. Er ist also den Weg von der Theologie zur Klinischen Psychologie mit seltener Konsequenz gegangen. An die Stelle von Gott und Glaube rücken gleichsam *Freiheit* und Selbstverwirklichung, ohne daß damit Gott und Glaube ausdrücklich abgelehnt würden. Man hat eher den Eindruck, als ob der biblische Aspekt des Glaubens, fast im Sinne Bonhoeffers, „nichtreligiös" interpretiert würde. Bezeichnend ist jedenfalls der in der Spätphase seiner Forschungen öfters vorkommende Hinweis auf Kierkegaard und dessen Betonung des „Selbst". Rogers hebt auf eine Freiheit des „existentiellen" Lebens ab, die nicht mehr von „Vorstellung und Glaube beherrscht sein will". Spitzenformulierungen wie: „weg von der Selbstverleugnung" (anders Jesus: Mk. 8, 34) und: „keine Wertsetzung von außen" (anders das „extra nos" des Heils bei den Reformatoren) sind gewiß aus dem rein psychologisch-therapeutischen Denkansatz von Rogers erklärbar, aber sie sind eben doch auch mißverständlich und können den Seelsorger wie den Ratsuchenden geistlich in die Irre führen. — Die Gesprächstherapie hat eine Tendenz zur puren *Gegenwart*. Dabei können die Vergangenheit mit ihrer Schuld, aber auch die Zukunft mit ihrem Horizont von Gericht und Gnade zu kurz kommen. Alles dreht sich um das *Selbst*. Für den Christen kann aber dieses Selbst nicht letzte Instanz sein. Anders ist das mit der *Du*-Perspektive bei Rogers. Mit Recht macht er immer wieder darauf aufmerksam, daß der beratende Helfer, d. h. auch der Seelsorger, den Gesprächspartner ,,annehmen'' soll. Das Einfühlen in ihn, das Teilnehmen an seinen Problemen und das volle Wertschätzen seiner Person sind in der Tat Anliegen, die auch die vom Evangelium bestimmte Seelsorge bewegt; sie sind sogar notwendige Früchte einer aus dem Christusglauben kommenden Liebe. Diese Gesichtspunkte dürfen nur nicht zu einem ideologisierten Standpunkt hochstilisiert werden. Insofern ist die Rede von der ,,Klientzentriertheit'' eben doch wieder problematisch. Das Zentrum einer christlichen Seelsorge ist eben letzten Endes weder das Selbst noch der Mitmensch, sondern Christus selber. — Die bekannten Rogers-*Regeln* für das Psychotherapeutenverhalten (s. o. S. 133 f.) können dem Seelsorger beim Vollzug seiner Gespräche manchen guten Dienst tun, sie tragen aber auch die Gefahr in sich, zum starren Prinzip zu werden, so daß man vor lauter ,,Spiegeln'' nicht mehr zum Zeugnisgeben kommt. Jedenfalls ist dem Seelsorger nicht ein gesetzliches Verhalten, sondern eine evangelische Verkündigung aufgetragen, aus dem dann auch ein evangelisches Verhalten bzw. Verstehen hervorgeht [15].

Die amerikanische Seelsorgebewegung hat entscheidende Impulse von Rogers empfangen. Um ihre Umsetzung in den deutschen Sprach- und Arbeitsraum hat sich vor allem *D. Stollberg* bemüht. Seitdem sind hierzulande Namen wie S. Hiltner, W. E. Oates, W. Hulme u. a. geläufig. Weniger bekannt ist die Tatsache, daß es schon seit längerem eine inneramerikanische Kritik an Rogers gibt. So hat der Psychologe O. H. Mowrer davon gesprochen, daß die Seelsorge in der Gefahr stehe, ihr ,,Erstgeburtsrecht'' für ein Linsengericht an diese Art von Psychotherapie zu verkaufen, und daß Rogers mit seiner Annahme-Konzeption zu einer Verharmlosung des Zornes Gottes verführe. Der Theologe Th. C. Oden hält zwar methodisch viel von Rogers, wirft ihm aber vor, daß er eine ,,Soteriologie (Heilslehre) ohne Christologie (Christuslehre)'' entworfen habe. D. Stollberg selbst hat sich ebenfalls von Rogers anregen lassssen, ohne sich völlig mit ihm zu identifizieren. Er versucht die weltanschaulich ,,neutrale''

Methode (ist sie wirklich so neutral?) in sein Seelsorgeverständnis einzubauen und entsprechend „theologisch" zu interpretieren. Schlüsselbegriff dieser Konzeption ist, so gesehen, die „Kommunikation". Das erinnert an Rogers, dem es ja um die einfühlende Beziehung des Therapeuten zum Klienten geht. Dementsprechend vertritt Stollberg auch das Programm einer „therapeutischen" und „annehmendem" Seelsorge. Erreicht wird dieses Verständnis durch die Unterscheidung einer allgemeinen Eigentümlichkeit („generelles Proprium") der Seelsorge als eines „Kommunikationsmodus" (Mitteilungsart, Weise zwischenmenschlicher Hilfe) und einer besonderen Eigentümlichkeit („spezifisches Proprium") der Seelsorge als einer kirchlichen Psychotherapie = „Psychotherapie im Kontext (Zusammenhang mit, im Rahmen) der Kirche". Die innere Einheit der beiden Eigentümlichkeiten („Proprien") sieht Stollberg im dreieinigen Gott. Während der Trinitätsgedanke sicher die Zustimmung vieler finden wird, bleibt der Kontextgedanke nach wie vor umstritten (s. o. S. 77). Wieso man „getrost vom Sakrament der seelsorgerlichen Kommunikation sprechen" könne, ist gerade vom reformatorischen Gesichtspunkt aus bisher nicht überzeugend genug einsichtig gemacht worden [16].

Nach ersten europäischen Versuchen in den Niederlanden, die H. Faber/E. van der Schoot mit dem Training von „annehmenden" Seelsorgern angestellt haben (der Seelsorger kein Psychotherapeut, aber Seelsorge mit möglichen therapeutischen „Folgen"), ist es auch zu deutschen Initiativen mit einer Klinischen Seelsorgeausbildung gekommen. U. a. sei hier besonders *H.-Chr. Piper* genannt, der sowohl Gesprächsanalysen als auch Predigtanalysen vorgelegt hat. In den ersteren beklagt er mit Recht, wie schlecht es um unser „Zuhören" bestellt sei. Die Seelsorge leide heute mehr denn je an „Hörstörungen": „Wir hören, was wir gern hören möchten." Häufig wollen unsere Ratsuchenden „mehr" sagen. Ihre Sprache ist mehrdimensional. So ruft Piper den Seelsorger zu einem annehmenden und schöpferischen Verstehen auf: „Verstehen ist kreativ und befreit zur Kreativität." Es hat etwas zu tun mit dem „Creator Spiritus", dem Schöpfer Heiligen Geist. — *H. Lemke* ist uns schon bei der Überdenkung des Annahme-Gedankens begegnet. Sie hat versucht, das Menschenbild von Rogers und das Menschenverständnis des Neuen Testaments zu parallelisieren. Wenngleich Rogers in manchen seiner Aussagen über den Menschen und dessen Tolerierung durch den Gesprächstherapeuten, bewußt oder unbewußt, von seinen vorgängigen theologischen Studien beeinflußt sein mag, so geht die Analogie doch nicht einfach nahtlos auf. Wir können Rogers nicht „christlicher" machen, als er ist. Gewiß dürfen wir uns von Rogers zu einer Art „meditativen'', die Gefühle klärenden Gesprächsvorgang (so Lemke) als einem Stück ,,Verkündigung'' anregen lassen. ,,Direkte verbale'' Verkündigung und Verkündigung als ,,heilendes, zeugnisgebendes Handeln'' schließen sich nicht gegenseitig aus, nur sollte dann das Meditative nicht gegen das Missionarische ausgespielt werden, geschweige denn einen Vorrang beanspruchen[17]. Das ,,Wort'' hat nun einmal in der christlichen Botschaft (Joh. 1, Röm. 10) eine eigentümliche zentrale Qualität. Wie sang doch Luther: ,,Das Wort sie sollen lassen stahn''!

Die sachlich gediegensten kritischen Anmerkungen zu einer einseitig gesprächstherapeutisch bestimmten Seelsorge haben M. Seitz und H. Tacke gemacht. *M. Seitz* bemerkt: ,,Die Menschen suchen in uns Klagegenossen. So ist es, wenn wir uns solidarisieren. Zu jeder Hilfe aber gehört Distanz . . . Nur aus dieser Distanz (nämlich ‚vor Gott') heraus ist . . . Seelsorge möglich.'' *H. Tacke* wendet sich gegen eine ,,namenlose'' Seelsorge, die den Namen Gottes verschweigt. Mit Recht liegt ihm am ,,Kontrapunkt'' des Seelsorgegesprächs: ,,Aufgabe'' des Seelsorgegesprächs ist es nach dieser Sicht, ,,das Evangelium gesprächsgerecht in das Seelsorgegespräch einzubringen. Es gilt, nicht nur den Umgang mit Menschen, sondern auch den Umgang mit dem Evangelium zu sensibilisieren (feinfühlig machen)''[18].

3. Transaktionsanalyse

Der befriedigende Helfer: Transagieren

Seitdem die ,,Spiele der Erwachsenen'' aus der Feder des amerikanischen Psychiaters *Eric Berne* in Deutschland bekannt wurden, erfreut sich die Transaktionsanalyse (TA) steigender Beliebtheit. Sie enthält Elemente der Psychoanalyse, erfordert gesprächstherapeutische Einstellungen und wird in der Einzeltherapie, aber auch mit verständlichem Erfolg in der Gruppenarbeit praktiziert. Nicht zuletzt wurde sie von H. Harsch in der Ausbildung von Mitarbeitern der Telefonseelsorge verwendet. Unter der Sekundärliteratur treten zwei Aspekte hervor, der der Erziehung und der der Religion. Der erstere ist von D. E. Babcock/T. D. Keepers, der letztere von M. James/L. M. Savary bearbeitet worden. Beide Bücher wenden sich an Eltern, Erzieher und nicht zuletzt an Pfarrer. Zu den deutschen Übersetzungen hat H. Harsch die Einleitung geschrieben.

— *Anstöße*
Die Analyse der Transaktionen baut auf einer Analyse von ,,Struktu-

ren" auf. Berne spricht hier von *Ich-Zuständen*. „Jeder" Mensch „trägt" danach „in seinem Inneren seine Eltern mit sich herum". Im sogenannten „Eltern-Ich" (EL) ähneln wir dem Verhalten und den Gedankengängen unserer eigenen Eltern. Das „Kindheits-Ich" (K) wiederum wiederholt Verhaltensweisen, die wir einst als Kinder hatten, fügsame oder widerspenstige oder auch ganz natürlich-„kindliche". Das „Erwachsenen-Ich" (ER) sammelt Informationen, speichert und überdenkt sie und trifft selbständige Entscheidungen. An dieser Sicht ist etwas dran: auch Seelsorger schleppen elterliche Eindrücke und kindheitliche Angewohnheiten mit, bis in ihr pastorales Handeln hinein. Unter „Transaktion" versteht Berne nun alles das, was zwischen Menschen vorgeht und was sich dabei zwischen den verschiedenen Ich-Zuständen vollzieht. Zum Teil kann sich diese Transaktion als wechselseitige Ergänzung („komplementär") ereignen, zum Teil im Sinne einer Übertragung oder Gegenübertragung („überkreuz") und zum Teil im Zusammenwirken von mehreren Ich-Zuständen („verdeckt"). Es genügt, ein Beispiel für die verdeckte Transaktion zu nennen: „Vertreter: ‚Dieser Apparat hier ist besser, aber den können Sie sich nicht leisten.' — Hausfrau: ‚Genau den werde ich nehmen.' " Der Verkäufer spricht zwar äußerlich das ER der Hausfrau an, appelliert aber im stillen an das K dieser Dame! In der Transaktion kommt nun das zum Zuge, was inzwischen sogar in der modernen Seelsorger-Ausbildung (mit einem kleinen Augenzwinkern) schon sprichwörtlich geworden ist: die *„Streicheleinheit"*. Mit „stroking" = Streicheln ist nicht nur der enge körperliche Kontakt gemeint, sondern auch jede Art von symbolischer „Aktion", „mit der eine Anerkennung der Gegenwart des anderen verbunden ist". Wechselseitiges Streicheln bildet also „die Grundeinheit aller sozialen Verbindungen". Die Rolle des *Helfers* definiert sich dann von selbst. Sie ist von den *„Bedürfnissen"* — dieses Wort wird in der TA großgeschrieben! — der Ratsuchenden bestimmt. Der Helfer übt eine *befriedigende* Funktion aus. Er nimmt den „Hunger nach Anerkennung" wahr und sucht die seelischen Bedürfnisse des Ratsuchenden so intensiv wie möglich zu befriedigen. Auch der Seelsorger will echter Not abhelfen und den Nächsten zufriedenstellen. Es fragt sich nur, welches Bedürfnis vorliegt und welches Ziel man ansteuert. Das Therapieziel des befriedigenden Helfers der TA bildet die ausgewogene Persönlichkeit, d. h. (so M. James) „eine glückliche Mischung von EL, ER und K, wobei das ER am Steuer sitzt"[19].

Die TA wird als leicht verständliche, rasch wirkende und auch „gesunde" Leute ansprechende Psychotherapie gerühmt. In der Tat hat sie zumindest eine populäre Sprache. Sie gibt auch für den in der

Seelsorge Tätigen relativ eingängige Denkanstöße, was natürlich wieder andere Gefahren (s. u.) mit sich bringt. So ist das bekannte Buch von *Thomas A. Harris „Ich bin o. k. — Du bist o. k."* trotz oder wegen seines angloamerikanischen Slangs im deutschen Sprachbereich gut angekommen. Die vier Lebenspositionen lauten so: (1) Ich bin ok — du bist ok. — (2) Ich bin ok — du bist nicht ok. — (3) Ich bin nicht ok — du bist ok. — (4) Ich bin nicht ok — du bist nicht ok." Es versteht sich von selbst, daß die erste Position (ich und du ok) als ideale Zielvorstellung gedacht ist. Die zweite Position zeigt Geltungsbedürfnis, die dritte Minderwertigkeitsgefühl, die vierte totale Verzweiflung. Solche Lebenspositionen bilden sich bereits in jungen und jüngsten Jahren aus. Im Blick auf die Ich-Zustände und die o. k.-Aspekte pflegen die Vertreter der TA von einem „Lebensskript" zu sprechen. Das erinnert an Alfred Adlers psychoanalytische Konzeption des „Lebensstils", wonach der Mensch bereits um das vierte Lebensjahr, in der Auseinandersetzung mit den Minderwertigkeitsgefühlen, seine Persönlichkeitsentwicklung „festlegt". Gewiß entdeckt sich der eine oder andere Seelsorger ebenfalls bei solchen Verhaltensweisen, etwa im Verhältnis zu „Amtsbrüdern": „Ich bin nicht ok, aber Sie, Bruder NN, sind ok." Auch mit der krampfhaften Bemühung um ein „Gegenskript" ist da nicht viel herauszuholen.

Manchem Ratsuchenden haben deswegen die Analysen der eigenen Transaktionen in Form von therapeutisch angelegten „*Erwachsenenspielen*" geholfen, sich selbst oder andere (Ehepartner, Berufskollegen, Ratsuchende usw.) besser wahrzunehmen. Solche psychologischen Spiele sind eine „Folge von verdeckten Transaktionen" und dienen als Mittel dazu, „um gestreichelt zu werden, um die Zeit auszufüllen und um einen Lebensplan auszuleben" oder eben ein Skript zu „ändern". Nicht zuletzt kann durch solche Spiele die Rolle des Helfers (Beraters, Seelsorgers) selbst erhellt werden. So kommt etwa bei Bernes Doktorspiel „Ich versuche nur, dir zu helfen" u. U. das Eltern-Ich plötzlich zum Durchbruch, und zwar mit dem verdeckten Motiv einer Annahme, daß die Menschen undankbar und enttäuschend seien. Babcock/Keepers haben in diesem Zusammenhang fünf Kriterien für den (befriedigenden) „wirklichen Helfer" zusammengestellt: Er „(1) hilft auf Anforderung; (2) macht erst Angebote, anstatt gleich zu helfen; (3) gibt nur, was benötigt wird; (4) fragt die anderen nach den Ergebnissen der Hilfe; (5) fühlt sich ok; ist nicht von anderen abhängig, um sich ok fühlen zu können." Der Helfer wird jedenfalls leicht zum „Opfer" seines Ratsuchenden, zu dessen Ankläger oder zu seinem vermeintlichen „Retter". Der letztere „hilft", auch wenn er nicht gebeten wird, länger als nötig und ohne

Rückfrage nach dem Ergebnis. Ein solcher Retter fühlt sich beim Helfen zu sehr ok und beim Mißerfolg zu sehr als nicht ok [20].

Wir haben uns in den letzten Sätzen einmal etwas unbefangen der TA-Sprache bedient. Deshalb bedarf es bei der Erörterung der theologischen *Sacheinwände* einer einschränkenden Vorbemerkung. Die Terminologie der TA ist amerikanisch-pragmatisch geprägt. Das muß bei der deutschen Kritik bedacht werden. So schrecklich wir Mitteleuropäer das aus manchen TA-Begriffen sprechende handfeste Geschäftsdenken finden („Gewinner", „Sammeln von Rabattmarken", „Streichelökonomie", „Transaktion"), so entsetzlich wirken zuweilen manche deutschen Theologen mit ihrer abstrakten und pingeligen „Grundsätzlichkeit" auf ihre Kollegen auf der anderen Seite des Atlantik. Nicht alles, was so klingt, ist auch tatsächlich mit solchem theologischen Tiefgang gemeint, wie es dann deutscherseits interpretiert wird. Diese Vorbemerkung gilt übrigens gleichzeitig auch als Anmerkung zu anderen Konzeptionen der Psychotherapie, die aus dem angloamerikanischen Sprachbereich in den letzten Jahren zu uns importiert wurden. Wer längere Zeit in der ökumenischen Bewegung mitgearbeitet hat, weiß, daß wir die „nichttheologischen Faktoren", den kulturellen Kontext unserer theologischen Äußerungen, bedenken und berücksichtigen müssen, wenn wir uns auf internationaler Ebene einander als Christen verstehen wollen.

— *Anfragen*

Gleichwohl sind nun doch einige erhebliche Einwände vorzubringen, die über das rein Sprachliche hinausgehen. Was zunächst das Menschenbild anbetrifft, so verrät das Verständnis des Menschen als eines *Speichers* (Das ER als „das vollendete Computer-System"!) doch die Gefahr einer Engführung, ja einen gewissen Überhang zur apersonalen Fremdbestimmung (Determinismus), auch wenn die TA „skriptfreie" eigene Entscheidungen anzielt. Der „ganze Mensch" (totus homo) ist jedenfalls mehr als seine drei Ich-Zustände! Zwar kann man mit Hilfe der TA — welches Heilsangebot! — „ganze Abschnitte unseres Skripts wegtun", „sogar das ganze Skript löschen und von Grund auf neu beginnen", aber das „Neue Sein" im Sinne von 2. Kor. 5, 17 ist so nicht zu erreichen. Die neue Kreatur bedarf der Sündenvergebung im Namen Jesu. Eine Transaktionsanalyse reicht dazu nicht aus. Offenbar ist der erstrebte TA-Mensch nur einer, der seine (zugegeben: auch echten und notwendigen) Bedürfnisse „befriedigt" sieht, im Höchstfall ein Glücksgewinner, wie er im Buche steht, — nur ein ganz anderer bzw. ein wirklich neuer Mensch ist er nicht. — Religiös gesehen gibt es gewiß Einsichten der TA, die der

Christ für seine Selbsterfahrung gebrauchen kann. James/Savary haben — sicher in bester Absicht — versucht, das TA-Konzept auf „religiöse Erfahrung" umzusprechen und sogar einzelne Perspektiven mit bestimmten biblischen Worten zu korrelieren. Wieweit das gelungen ist, steht dahin. H. Harsch bekennt, er sei beim Lesen „fasziniert" und „ärgerlich" zugleich gewesen. H. Fischer hat mit Recht einige Schwachstellen der TA aufgedeckt, aber auch z. T. scharfe, gelegentlich zu ironische Kritik geübt („merkantile Denkmuster", „ok-Eierkuchengeselligkeit", „panentheistischer Schaum"), was wiederum bei Th. Born u. a. Richtigstellungen und harte Gegenkritik ausgelöst hat („Trommelfeuer von Hieben", Verwandlung von „Bild- in Sachaussage"). Babcock/Keepers selber schreiben in einer Hinsicht erfreulich zurückhaltend: „Sie meinen vielleicht, wir hielten TA für das Wort. Nein, das tun wir bestimmt nicht. Sie ist ein Wort, aber nicht das Wort." Andererseits sind sie durchaus selbstbewußt davon überzeugt, „daß durch Aneignung der TA das Wort Gottes klarer gehört und das religiöse Erleben vertieft werden kann". Sieht man dann näher hin, werden doch Risse und Akzentverschiebungen deutlich. So liest man, daß „jedermann die Fähigkeit habe, sich zu verändern in Richtung auf ein gesünderes und erfüllteres Leben . . . Wir glauben, daß die Energie oder Kraft für dieses Wachstum durch den inneren Kern strömt und daß sie ihre letzte Quelle in der Inneren Kraft hat — in den ‚Strömen des lebendigen Wassers'. Der Innere Kern gibt der Inneren Kraft die Bahn frei, so daß dadurch die Persönlichkeit gestärkt und bereichert wird. Die Innere Kraft trägt auch dazu bei, erfüllte Beziehungen zu anderen Menschen und zu Gott zu schaffen." Hier geraten Psychotherapie und Religion durcheinander. Die Konstruktion von „Innerer Kraft" und „Innerem Kern" ist nicht biblisch und kann das Evangelium nicht ersetzen. Hier scheint der Wunsch, die TA in das Religiöse umzusprechen, hart an der Grenze einer Versuchung, die psychotherapeutische Methode für den Glauben umzufrisieren.

Seelsorger, die sich der TA verschreiben, müssen darauf achten, daß sie dadurch nicht ihren Auftrag verkürzen. Ein Seelsorger, der sich im Dienste Jesu weiß, darf nicht immer bloß „wahre" Bedürfnisse „befriedigen" oder allein das „vertiefen", was der Ratsuchende ohnehin in seinem Speicher schon als Rabattmarke gesammelt hat und nun besitzt. Selbst wenn man die o. k.-Position einmal auf bestimmte Glaubensarten anwenden wollte und so einen „vertrauensvoll Glaubenden" (ich und du ok) als Zielvorstellung von drei anderen Glaubenden (überlegen = ich ok, ängstlich = ich nicht ok, verzweifelt = beide nicht ok) abheben würde, käme dabei nichts Gutes heraus.

Schildern doch James/Savary das Leitbild des „vertrauend Glaubenden" folgendermaßen: „Ich bin ok. Gott und die anderen sind auch
ok. — Das Leben *ist* lebenswert. — Ich fühle mich der ganzen Welt
verbunden. — Ich weiß, die ganze Schöpfung ist erlöst, dich und
mich eingeschlossen." Ein biblisch-reformatorisch ausgerichteter
Seelsorger hat noch etwas anderes zu bezeugen. — Wie starr-
schematisch die TA ihre methodischen Raster anlegt, ist bereits gezeigt worden. Neben dem mit den drei Ich-Zuständen „*programm-
mierten*" TA-Menschen „mute selbst Calvins Prädestinationslehre
noch vergleichsweise flexibel an", hat H. Fischer etwas herausfordernd gemeint. Bezeichnenderweise will Berne den Begriff „Streicheln" als grundlegende „*Maßeinheit*" angesehen wissen. Alles wird
nach diesem Schema vermessen und verrechnet. Die „o. k."-
Perspektive zieht diese manchmal fast gesetzliche Linie nur pragmatisch zu Ende. Harsch hat deshalb eine wichtige Frage gestellt (wenn
auch nicht ausführlich bzw. kritisch-konstruktiv beantwortet): „In
welchem Verhältnis steht das o. k.-Sein zum christlichen Glauben
von der Rechtfertigung?" Gott sagt jedenfalls nicht ein halb-
schnoddriges „Na gut", sondern er nimmt den Gottlosen um des Gekreuzigten willen als gerechtfertigten Sünder an. Das ist nicht dasselbe! Auch die eigenständig gestellte und eigenwillig interpretierte Frage von Th. C. Oden: „Wer sagt: Du bist o. k.?" läßt nachdenklich
werden [21].

4. Gruppendynamik

Der lösende Helfer: Sensibilisieren

Seit 150 Jahren gibt es in der evangelischen Jugendarbeit — um einmal ein konkretes Beispiel zu nennen — „Gruppenarbeit", erst nur
in der Vereinsform des 19. Jahrhunderts, seit der Jugendbewegung
auch als freie (freiwillige) Gruppe, mit mehr verbindlichen oder mehr
lockeren Formen. Ein Jahrhundert lang war man so tätig, ohne dafür eine wissenschaftliche Theorie zu besitzen. Seit etwa 50 Jahren
gibt es Kleingruppenforschung. Sie wurde von den Erkenntnissen der
frühen deutschen „Gestalt"-Psychologie angeregt und kam durch
Emigranten oder Stipendiaten nach dem 2. Weltkrieg von den USA
gleichsam wieder nach Deutschland zurück, nun als therapeutisches
Programm der „Gruppendynamik". Bereits vorher waren, z. T. auf
demselben Umweg, die Impulse der „Gruppenpädagogik" in der Jugendarbeit auf fruchtbaren Boden gefallen. Wir haben das Grup-
penthema schon im Zusammenhang mit dem Fragenkreis des Beratens berührt. Es wird deshalb im folgenden nur vertieft und im Blick

auf die Funktion des Gruppentherapeuten bzw. Gruppenseelsorgers ergänzt. Das geschieht nicht allein aus dem Grund, daß im Zuge der hier interpretierten Angebote der Psychotherapie jetzt logisch ein Wort über die Gruppendynamik zu sagen wäre (nach der TA, die noch ein Stück Psychoanalyse, aber auch schon ein Stück Gruppentherapie ist, und vor den folgenden, mehr speziellen Formen der Gruppentherapie wie TZI, Kommunikations- und Gestalttherapie), sondern auch deswegen, weil besonders die Anwendung gruppendynamischer Methoden in der kirchlichen Seelsorgepraxis und in der Ausbildung von Theologen zu scharfen Auseinandersetzungen mit den Evangelikalen, und nicht nur mit ihnen, geführt hat[22].

Die Gruppe ist mehr als die Summe ihrer Teile. Sie ist im Unterschied zu der niedrig organisierten Masse und nur zufällig angehäuften Menge eine überschaubare, aber intensivere Verbindung von Menschen. Manche Gruppen wachsen von allein, vornehmlich, wenn sie eine haltbare gemeinsame Basis und ein inneres oder äußeres Ziel haben. Man kann aber natürlich die Gruppenbildung auch therapeutisch ansetzen, planen und überprüfen. Das Ziel liegt hier in einer durch den ,,Gruppenprozeß'' zustande gekommenen vertieften Selbst- und Fremdwahrnehmung. Das Angebot ist in einer hochtechnisierten Massengesellschaft, die voller geheimer Verängstigungen und Vereinsamungen ist, durchaus verlockend. Einzelne, die solche ,,Selbsterfahrungsgruppen'' mitgemacht haben, sind auch tatsächlich positiv davon angetan. Es gibt so etwas wie echte ,,Heilungsanzeigen''. Auf der anderen Seite aber lauern Probleme, ja Gefahren der Dämonisierung. Das alles hängt mehr oder weniger von dem Selbstverständnis des Gruppenleiters bzw. von der damit korrelierenden (positiven) Erwartungshaltung und (negativen) Verführbarkeit der Gruppenteilnehmer ab.

— *Anstöße*

Dem Initiator der ersten Untersuchungen zum Phänomen der Gruppendynamik (= GD) *Kurt Lewin* verdankt die neuere Seelsorge eine Reihe wichtiger Denkanstöße: als Gestaltpsychologe geht er von dem Begriff des ,,Feldes'' aus, in dem sich menschliche Vorgänge als mitmenschliche Beziehungen abspielen: ,,Prinzipiell . . . hängt jedes psychologische Geschehen sowohl vom Zustand der Person wie dem der Umwelt ab.'' Die experimentelle Untersuchung von Führungsstilen in Jugendgruppen führte Lewin zur Unterscheidung eines harten, weichen und partnerschaftlichen Leiterverhaltens. Im Sinne einer gesunden GD könnte man zusammenfassend die erstrebenswerte Funktion des Leiters als die eines ,,lösenden'' Helfers bezeichnen. In der

Tat wirkt er durch seine bloße Anwesenheit in der Gruppe wie ein „Katalysator", der bestimmte Stoffe hervorruft, Sperren lockert, Abläufe regelt und Richtungen bestimmt. Sein Verhalten löst bestehende Zustände auf und regt neue Zustände an, auch und gerade dadurch, daß er nichts tut oder sich nur sparsam äußert. Ein „autoritärer" Helfer entmündigt die Teilnehmer der Gruppe und befriedigt seine eigenen Herrschaftswünsche. Ein „Laissez-faire"-Helfer verwöhnt die Gruppenglieder wie eine lässige Mutter, verführt sie aber auch zu unkontrollierten Ausbrüchen. Der „demokratische" = partnerschaftliche Helfer solidarisiert sich mit der Gruppe, ohne ganz in ihr aufzugehen; er behält vielmehr seine Aufgabe als Löser bei und bezieht, wo immer es nötig ist, auch Position gegenüber der Gruppe. Die Möglichkeiten eines guten Gruppenleiters sind nicht gering. So kann er zum Auftauen einer Gruppe im Anfangsstadium, zu den im Verlauf des Gruppenprozesses eintretenden Veränderungen einzelner Gruppenglieder und zu der endgültigen Festigung des inneren Zusammenhalts der ganzen Gruppe Wesentliches beitragen. Um so mehr aber wächst auch seine mitmenschliche Verantwortung für die ihm in der Gruppe anvertrauten Menschen. Dabei kann dem „Trainer" der Gruppe ein sogenannter „Cotrainer" als stiller Beobachter und Protokollant durch konstruktive Kritik helfen. Die Aufgabe ist das *Sensibilisieren* und das Selbst-Sensibelwerden. Hierfür werden dem Helfer besondere Gruppenerfahrungen durch das „*Sensitivity-Training*" angeboten, um ihn noch feinfühliger für die Wahrnehmung eigener innerseelischer Krisen und Konflikte, aber auch für die eigentlichen, vielleicht hintergründigen Probleme der anderen zu machen[23].

Auch und gerade ein Seelsorger hat ja schließlich seine heimlichen Lasten, vielleicht in der eigenen Ehe, möglicherweise auch mit Auftrittsängsten oder Durchhalteschwächen, wenn es in dem Gruppengespräch bzw. in einer Diskussion zu mehr Mißverständnissen als zum Verstehen, zu mehr persönlichen Spannungen als zu sachlicher Zusammenarbeit kommt. Pfarrer, Religionspädagogen, Jugendleiter und Sozialarbeiter haben sich in den letzten Jahren mit einem bemerkenswerten Vorschuß an Vertrauen auf dieses Spezialtraining gestürzt, zum Teil mit fruchtbaren Ergebnissen — Gewahrwerden von Empfindlichkeiten und Abbau von Vorurteilen —, zum Teil aber auch mit überraschenden Verwirrungen — Entstehung einer Überempfindlichkeit und Aufkommen von neuen Ängsten. Wer in einer Selbsterfahrungsgruppe ständig um sich selber kreist, begibt sich unter Umständen in einen Sog, der statt aus der dunklen, belastenden Tiefe heraus- in andere ungeahnte Tiefen hineinführt. Aber damit stehen wir schon bei den theologischen Sacheinwänden, die gegen einen unreflektierten Gebrauch der GD erhoben werden müssen.

— Anfragen

Wieder fragen wir zum Beginn unserer kritischen Überlegungen zunächst nach dem Menschenverständnis der GD. Dieses Verständnis ist natürlich nicht einheitlich, da sich inzwischen eine Reihe von (Weltanschauungs-)Gruppen der GD angenommen haben. Weit davon entfernt, die dann jeweils gegebenen Begründungen unnötig zu beschimpfen, sei aber wenigstens die ursprüngliche, teils bewußte, teils unbewußte Vorstellung vom *Menschen,* die die GD getragen hat und noch weithin trägt, kritisch in den Blick genommen. Mit Recht hat der Schweizer Mediziner *R. Battegay* nach dem ,,Menschen in der Gruppe'' gefragt, und zwar so, daß auch der Seelsorger, der unter dem Evangelium um eben diesen Menschen besorgt ist, davon Gewinn hat. So versteht Battegay den Gruppenleiter von seinen Funktionen her als lenkenden, anregenden, weiterführenden, deutenden und überwachenden Helfer des Gruppenprozesses, kurz als ,,Moderator'', der sich durch ,,teilnehmende Reserve'' auszeichnet. Gleichwohl bleibt zu fragen, ob Battegay vom Menschen u. U. zuviel erwartet, wenn er das Nietzsche-Wort vom Menschen nur nach der positiven Seite hin auslegt: ,,O meine Brüder, was ich lieben kann am Menschen, das ist, daß er ein Übergang ist und ein Untergang. Und auch an Euch ist vieles, das mich lieben und hoffen läßt'' (Zarathustra). Der Mensch ist auch und trotz der Gruppendynamik ein Wesen des ,,Untergangs''. Der Helfer kann sich mit seinen Machtansprüchen übernehmen. Das Gruppenmitglied mag am Freiheitsproblem scheitern, weil es zuviel Nähe haben möchte und dabei zuwenig ertragen kann, oder weil es zuviel Abstand hält bzw. nicht über seinen Schatten springen kann, wo es doch Geborgenheit und Entlastung brauchte. Als einer, der von Technik und Theologie gleichermaßen etwas versteht, hat H. W. Beck das Zerrbild des ,,verflüssigten Menschen'' herausgestellt, das manchen GD-Ideologien eigen ist. Da wird dann im Grenzfall aus der Selbstbefreiung der absolute Rollenaustausch, und die Selbsterfahrung tendiert möglicherweise zur Selbsterlösung. Unter solchen Umständen muß es zum Konflikt mit dem biblischen Menschenbild kommen, das klar zwischen Geist und Fleisch unterscheidet. Nach christlicher Auffassung kann der gefallene Mensch nicht neben oder ohne Christus zum wirklich neuen Menschen werden. Jedenfalls ist der Mensch kein ,,neutraler'' Gegenstand, wie auch das Wahrnehmen, weder das des Gruppenleiters noch das des Gruppengliedes, ,,neutral'' bleiben kann, und wenn die GD noch so sehr als weltanschaulich ,,neutral'' gepriesen wird [24].

Aus dem Leiterverhalten in der „Anfangsszene" hat J. Scharfenberg auf die *„religiöse* Dimension" der GD geschlossen. Es ist zweifelsohne auffällig, daß die innerlich zerrissenen, unter Zwängen leidenden, niedergeschlagenen und überreizten Menschen unserer Gegenwartsgesellschaft gern eine Selbsterfahrungsgruppe aufsuchen, weil sie meinen, ihre „religiösen" Bedürfnisse bei einem ein Urteil habenden, hingebungsvollen, verständlich machen könnenden und mitreißenden Gruppenleiter stillen zu können. Für manche, die sonst kein „Symbolsystem" zur Verfügung haben, wird dann die Gruppe zur „religiösen Ersatzbefriedigung". Nun hat es religiöse Gruppen schon immer gegeben. Die Religionsgeschichte kennt eine Menge von Beispielen dafür. Man könnte sagen, daß die durchstrukturierte Gruppe an ihren Rändern offen ist für religiöse Erfahrungen. Es kommt eben nur darauf an, welche Religion dann anspricht oder angesprochen wird, eine alt- bzw. neureligiöse (vgl. die Jugendreligionen!) oder die christliche Religion, wie sie der biblisch-reformatorische Glaube versteht. Darüber hinaus sind merkwürdige Ähnlichkeiten zwischen dem gruppendynamischen und dem religiösen Sprachgebrauch festzustellen. Da ist etwa die Rede von „Katharsis" = Läuterung und Entladung, nämlich im Sinne eines Gefühlsausbruchs, oder von „Wandlung" = Veränderung, nämlich im Sinne von Rücksichtnahme bzw. Selbstdurchsetzung. Die ganze Skala von „Regression (Wiederkehr kindlicher Gefühle), Katharsis, Einsicht, Wandlung", die zur Beschreibung des Gruppenprozesses gebraucht wird (Battegay, Stollberg), erinnert nicht von ungefähr an die Heilsordnung („ordo salutis") in der nachreformatorisch-orthodoxen Theologie. Die Übergänge vom gruppendynamischen Vorgang zur religiösen Erfahrung erscheinen nach dieser Sicht öfters als zu schnell-fließend, verschwommen und daher unscharf. Zumindest sollte sich der Seelsorger vor euphorischen Verwechslungen hüten.

Als *Ziel* der GD gilt allgemein die Selbstwahrnehmung, gepaart mit Fremdwahrnehmung, d. h. die Selbstfindung innerhalb eines Gruppenprozesses. Dabei soll der einzelne die Erfahrung der Ich-Stärkung und der Kooperationsfähigkeit machen, schließlich lernen, mit Macht und Ohnmacht umzugehen. Immer wieder warnen die GD-Experten vor zu zeitiger Erörterung der christlichen Aspekte. Hilfe zur Ichfindung müßte ja doch früher oder später zu einer Glaubenshilfe (Gal. 2, 20 f.) werden. Sicher entspricht es nicht der Linie Jesu, wenn sich der Leiter zu ungeduldig und überstürzt in ein gut laufendes Gruppengespräch einmischt, aber in der reifen Stunde sollte er auch in der Gruppe Farbe bekennen. Verträgt das eine GD-Gruppe nicht, dann ist etwas faul mit ihr. Die vom Glauben bzw. Unglauben chemisch reine Gruppe gibt es nicht. Aber das Wunder, daß eine Gruppe und deren einzelne Glieder durch das Wirken des Heiligen Geistes und den Einsatz der ,,alten Mittel'' der Seelsorge, wie z. B. das Gebet, anders werden, das gibt es. Dies zu wissen, sollte für eine Gruppe von kirchlichen Mitarbeitern selbstverständlich sein. Liest man aber den schonungslos offenen Bericht (das ist dankbar anzuerkennen) über ein gescheitertes Gruppenexperiment von G. Hartmann, der die gute Frage stellt: ,,Macht Gruppenarbeit süchtig?'' und von der ,,Krankheitsgeschichte einer Gruppe'' spricht, dann tauchen Zweifel auf. Wenn da eine kleine Gruppe über Monate hin eine ,,kreative Adventsfeier'' vorbereitet und dabei Meinungsverschiedenheiten und persönliche Spannungen auftreten, ja durch den Gruppenprozeß bis zur ,,Abhängigkeit'' intensiviert werden, so daß schließlich die Gruppe einen mehr oder weniger unsanften Tod stirbt, fragt man sich wirklich, ob hier nicht eine geistliche Besinnung unter dem biblischen Wort und eine Gebetsgemeinschaft — im rechten Moment gewagt — mehr und etwas ganz anderes erreicht hätten. Davon wird aber nichts berichtet. Hartmann hat recht, wenn er schreibt: ,,Dieses unentwegte ,Bearbeiten' wird selbst zum Problem.'' Auf diese Weise entsteht die Gefahr einer Selbstkultivierung und einer Überschätzung der ,,intragruppalen'' Dynamik.

Aber noch ein anderer Sacheinwand sei genannt. Das Phänomen der Gruppe an sich ist christlich gesehen nichts Verwerfliches. Im Gegenteil, wo ,,zwei oder drei versammelt'' sind in Jesu Namen, da will er ,,mitten unter ihnen'' sein (Mt. 18, 20). Dieses ,,im Namen Jesu'' fehlt entweder den GD-Gruppen oder es tritt, bei aller guten seelsorgerlichen Absicht, oft seltsam zurück. Dagegen tritt das sozialpsychologische Prinzip der wechselseitigen Begegnung, gefördert durch bestimmte Trainingsregeln, bemerkenswert in den Vordergrund. In der frühen ,,Gruppenbewegung'' (Oxfordgruppe, Frank Buchmann) und in christlichen Jugendgruppen kannte man auch schon den ganz persönlichen wechselseitigen Austausch von privaten Lebens- und persönlichen Glaubenserfahrungen mit beichtartigen Schuldbekenntnissen, aber das war alles unmittelbar auf die Sache und Gemeinde Jesu bezogen. Wo dieses Gruppenprinzip ausuferte, wurde seinerzeit schon geistliche und theologische Kritik laut. Um so mehr wird es verständlich, wenn sich heute die Bedenken in einem Stop-Signal artikulieren. Jedenfalls kann die Äußerung in der Gruppe nicht als Ersatzbeichte dienen. Die Gruppe als solche hat nicht die Vollmacht, Sünden zu vergeben. Sie hat keine Heilsqualität. Selbsterfahrung ist nicht ohne weiteres Gotteserfahrung. Offenbar erwarten die Christen zu wenig vom Wehen des Geistes. H.-K. Hofmann ist beizupflichten, wenn er in seinem engagierten Wort zur GD schreibt: „ Auch im Zeitalter der Psychonautik bleibt Gottes Geist in Menschenherzen die stärkste bewegende und umwandelnde Kraft."[25]

Die GD scheint die Gruppe sich einfach selbst zu überlassen. In Wirklichkeit aber ist sie auf Einhaltung von festen *Regeln* bzw. Gesetzmäßigkeiten vorprogrammiert. Das merken nur die Teilnehmer gar nicht immer, jedenfalls nicht sofort. Trainer und Co-Trainer dagegen kennen den gewöhnlichen Ablauf des Gruppengesprächs mit seinen Phasen und Positionen, mit seinem Auf und Ab, mit seinen Ausbrüchen und Sperren, mit dem ganzen Flechtwerk der überkreuzgehenden mitmenschlichen Beziehungen, mit seinen Sympathien und Antipathien, vor allem mit dem zum Teil hilfreichen, zum Teil aber auch notvollen *„Feed-back"*, jener „Rückkoppelung" bzw. Rückprüfung, wie man selbst auf andere wirkt und wie andere auf einen selbst wirken. Sowohl der Leiter als auch der Teilnehmer verpflichtet sich beim GD-Training auf bestimmte Spielregeln. So etwas kann dem Helfen „helfen", es kann aber auch zur gesetzlichen Last werden. So schwer es einem Bewerber gemacht wird, an dem Training teilzunehmen (Auswahlprinzip!), so schwer hat er es auch, wieder auszuscheren. Daran hindern ihn in manchen Fällen vorher eingegangene schriftliche Verpflichtungen. Problematisch an den Methoden der Gruppendynamik bleibt doch einiges. Z. B. müssen wir nach wie vor fragen, ob im Ablauf des Gruppenprozesses wirklich eine verläßliche Form der „kontrollierbaren Beobachtung" möglich ist und ob sich das Stimulieren von sozialen Gefühlen tatsächlich voll verantworten läßt, weil es leicht — besonders bei labilen Naturen! — zum Manipulieren des Menschen entarten kann. Eine angeheizte Selbstbezichtigung vor der Gruppe macht dann womöglich den Eindruck eines situations- und emotionsbedingten seelischen „Striptease", trifft aber den Kern der Sache nicht, wodurch wiederum der Wert der seelsorgerlichen Bemühung in Frage gestellt ist. Dazu kommt bei jungen Menschen wie bei feinfühligen Erwachsenen eine seelsorgerlich sehr ernst zu nehmende Schwierigkeit: Nicht jeder sagt alles vor vielen. Hier sollte man keine unnötigen Zwänge ausüben. Völlig verkehrt wäre es, die Gruppenseelsorge gegen die Einzelseelsorge auszuspielen, so daß zum Schluß sogar noch eine vielleicht ungewollte Klassifizierung herauskommt, wonach GD-Leute besser und fortschrittlicher wären als die Nicht-GD-Leute, die dann logischerweise als zweitklassig und rückständig eingestuft werden müßten. Die Gefahr einer Engführung im Sinne einer einseitigen Sozialethik sei wenigstens angemerkt. In der Tat vermag das ständige Umkreisen des einen Themas der mitmenschlichen Beziehungen den in den

Schatten zu stellen, der diese Beziehungen zutiefst ermöglicht, den Versöhner, in dem Gott Mensch geworden ist. An die Stelle der erlö- ⌣ senden Person träte dann ein erlösendes Prinzip. Die GD-Sitzungen schaffen mit ihrer zuweilen einseitigen Innenwendung ein derartiges intimes Binnenklima, daß das, was an Ich-Stärkung, Befreiungsgefühl und Gemeinschaftserlebnis erreicht worden ist, beim Austritt aus der wärmenden, bergenden Gruppe und beim Eintritt in den kühleren, liebloseren Alltag von Beruf, Ehe und Gemeinde wieder verlorengehen kann. Mancher verträgt den Kälteschock nicht, wird frustriert und leidet u. U. noch mehr unter sich selbst und anderen, als das vorher der Fall war.

Noch einmal sei es betont: Wir wollen die gruppendynamische Praxis nicht in Bausch und Bogen diskreditieren. Wir wären ärmer ohne die Erkenntnisse der GD-Forschung. Sie darf und soll vom Seelsorger ernstgenommen werden, nicht zuletzt aus seelsorgerlicher Liebe zum Nächsten, der uns anvertraut ist. Nicht jeder Seelsorger ist aber ein fachlich ausgebildeter GD-Trainer, jeder Trainer aber, der sich als Christ versteht, muß um seine sozialethische Verantwortung vor Gott und für den einzelnen, d. h. auch um die Grenzen seiner Tätigkeit wissen. Die theologischen Befürworter der GD tun sich noch immer schwer beim Transfer in den kirchlichen Raum bzw. in die Gemeindearbeit, und zwar mit der theologischen Begründung wie mit dem praktischen Vollzug. Das abstrakte Postulat einer wie auch immer begründeten Selbst- und Fremdannahme reicht wohl nicht aus. K.-W. Dahm und A. Hollweg lassen jedenfalls in ihren lesenswerten und aufrichtig gemeinten Beiträgen noch viele Fragen offen. Die GD gibt dem Seelsorger konstruktive Anstöße zum Verstehen der mitmenschlichen Beziehungen eines Ratsuchenden, sie wird aber zu einer die Seelsorge reduzierenden Nebenreligion, wenn man sie absolut setzt und auf das Bewußtmachen von Sozialgefühlen beschränkt. In seinem Beitrag zu einer „Theologie der Beziehungen" hat H. Frik bei aller Aufgeschlossenheit für gruppenpädagogische Perspektiven — er möchte sie in die kirchliche Praxis einzeichnen — energisch darauf aufmerksam gemacht, „daß das Evangelium unvergleichliche Kräfte freisetzt, die Gemeinschaft zu bauen vermögen". Das ist richtig. Wir Seelsorger brauchen mit unseren „Schätzen", so sehr sie nur in „irdenen Gefäßen" greifbar werden, nicht hinter dem Berge zu halten. Der Baptist J. W. Knowles, selbst überzeugter Anhänger der GD, kann, trotz aller kritischen Vorbehalte, die der eine oder andere gegen ihn theologisch erheben mag, mit seiner Feststellung die Diskussion geistlich einen Schritt nach vorn bringen, wenn er sagt: „In die Aufgabe der Gruppenführung teilen sich alle. Der Gruppenberater übernimmt die Rolle von Johannes dem Täufer. Er ist ein Vorläufer, dessen Auftrag lautet: ‚Er muß wachsen, ich aber muß abnehmen.' . . . Der Heilige Geist ist jener ‚Geist Gottes, der weht, wo er will', um das Werk Christi fortzuführen. So ist jeder aus der Gruppe ein mögliches Instrument des Heiligen Geistes — unseres Anwalts, der tröstet und die Augen öffnet und uns lehrt."[26]

5. Themenzentrierte Interaktion

Der teilnehmende Helfer: Balancieren

„Die Couch war zu klein", heißt es einmal bei der Begründerin der „Themenzentrierten Interaktion" (TZI), der als deutsche Jüdin emigrierten amerikanischen Psychotherapeutin *Ruth Cohn*. Sie kam von der Psychoanalyse, fand aber, daß der klassisch-analytische Horizont in Anbetracht der neuen gruppendynamischen Erkenntnisse zu eng war. Deswegen hat sie sich um die Einbeziehung pädagogisch-therapeutischer Elemente in die Arbeit mit Gruppen bemüht. Das Ergebnis ist ihre sogenannte *„Erlebnistherapie"* („experientalism") bzw. eben die TZI. Die Erlebnistherapie ist weniger an dem (analytischen) „Warum" als vielmehr an dem unmittelbaren „Wie" interessiert. „Die Leitkonzepte sind nicht (wie in der Psychoanalyse: d. Vf.) Übertragung und Widerstand, sondern Authentizität (Echtheit) und Unmittelbarkeit." Ein „erlebnisorientierter" Therapeut nimmt am Gruppenprozeß teil, d. h. er sitzt mitten im Kreis. Er ist ein volles Gruppenmitglied mit einer betimmten Funktion, ein teilnehmender Helfer. Er nimmt „nicht als ‚neutraler' oder dirigierender, sondern als partizipierender, sich selbst als Person einbringender Leiter" am Gruppenprozeß teil[27].

— Anstöße
Gewiß hat R. Cohn den einen oder anderen Impuls von Rogers aufgenommen, etwa die Anliegen der Echtheit (Kongruenz) und Einfühlung (Emphatie), gleichwohl trägt sie ihre eigene Note, und das ist die Bezogenheit der sich im Gruppenprozeß vollziehenden„Interaktion" (Wechselbeziehung) auf ein *„Thema"*. Hier geht R. Cohn mit ihrer Methode besondere Wege. Erinnern wir uns doch an das Konzept von Rogers, das ausgesprochen „klient-zentriert" ist. Dafür steht in der TZI das „themen-zentriert". In der Gruppendynamik legt man größten Wert darauf, daß kein Thema vorgegeben wird, sondern daß sich der Gruppenprozeß von selbst entwickelt. Der GD-Trainer soll sich im Gegenteil höchst abstinent verhalten. R. Cohn gibt sich da gelassen. Sie findet, daß es gerade im Interesse der Grup-

penteilnehmer liegt, mit einem Thema konfrontiert zu werden. Für sie bedeutet Konfrontation gleichsam Motivation, nämlich für ein lebendiges Gruppengespräch. Hinter dem Themen-Aspekt steht ein sorgfältig durchdachtes Modell einer dreieckigen Interaktion „Ich — Wir — Es": „Dieses Dreieck ist eingebettet in eine Kugel (auch GLOBE genannt: d. Vf.), die die Umgebung darstellt, in welcher sich die interaktionelle Gruppe trifft. Diese Umgebung besteht aus Zeit, Ort und deren historischen, sozialen und teleologischen (durch den Zweck bestimmten) Gegebenheiten." Der Gruppenleiter versucht nun, seine Funktion als teilnehmender Helfer dadurch zu erfüllen, daß er zwischen den Dreieckspunkten, d. h. zwischen dem Individuum (Ich), der Gruppe (Wir) und dem Thema (Es) auszugleichen versucht. *Balancieren* ist das Hauptgeschäft des Leiters. Ist dieser Leiter überzeugter Christ, und handelt es sich um eine „kirchlich" engagierte Gruppe, dann wären auch für die Gruppenseelsorge dynamische Balance und Integration wesentliche Anliegen. Jedenfalls ist bei Anwendung der TZI die Gefahr zu beachten, daß nur das Ich bzw. der Ratsuchende zum Zuge kommt, während das Wir bzw. die Gruppe vernachlässigt wird, und umgekehrt. Die gut funktionierende Gruppe entwickelt sich nach Cohnscher Auffassung selbst zum „Wächter der Methode". Was an der TZI zu begrüßen ist, das ist die Anerkennung einer gesunden Herausforderung der Gruppe durch eine Leiterinitiative. Der Leiter einer TZI-Gruppe soll von sich aus ein Thema vorschlagen, natürlich unter Berücksichtigung der Gruppeninteressen und nach Abstimmung mit den Gruppengliedern. Darüber hinaus gestattet R. Cohn dem Leiter blitzartige Zwischenfragen nach dem jeweiligen Zustand und Zusammenhalt („Kohäsion") der Gruppe: „Was haben Sie eben in diesem Augenblick erlebt — oder im Bewußtsein gehabt?" Andererseits darf er auch einmal ein fruchtbares „Schweigen" für die Gruppe ansetzen, nämlich zum Nachdenken über das Thema als solches, zur Besinnung über die eigene Gefühlslage als Glied in der Gruppe oder zum stillen Lösen einer Aufgabe, die mit dem Thema zusammenhängt.

Zur Erreichung der angestrebten TZI-Ziele, die sich unter dem Leitgedanken „Freiheit in Bedingtheit" bündeln lassen, hat R. Cohn eine Reihe von *Regeln* aufgestellt. Sie richten sich freilich in erster Linie an die Gruppenglieder, aber in einem Aufsatz heißt es ausdrücklich: „Es ist ratsam, daß sich der Gruppenleiter denselben Grundregeln unterwirft, die er den Gruppenteilnehmern vorschlägt." Bis heute fehlt eine ausgearbeitete systematische Darstellung der TZI. R. Cohn selbst hat nur ihre Aufsätze zusammengestellt. Auch ihre Regeln sind nicht alle untereinander abgestimmt. Einmal nennt sie 7, ein anderes

Mal 11 Regeln. In dem Sieben-Punkte-Katalog steht am Anfang eine Grundregel, die auch den Kerngedanken der anderen sechs Punkte bilden soll: „Versuche, in dieser Sitzung das zu geben und zu empfangen, was du selbst geben und empfangen möchtest." Dieser Leitsatz erinnert wohl nicht von ungefähr an die Goldene Regel der Bergpredigt (Mt. 7, 12): „Alles nun, was ihr wollt, daß euch die Leute tun sollen, das tut ihnen auch!" Freilich ist das überlieferte Jesuswort von dem Motiv der Nächstenliebe bestimmt (Mt. 22, 36 - 40) und von den Kräften des Gebets umgriffen (Mt. 7, 7 - 11). Das fehlt natürlich bei R. Cohn. Aber die Nähe ist unverkennbar. Der 11-Punkte-Katalog setzt mit zwei Grundpostulaten ein. Das erste lautet: „Sei dein eigener Chairman." Dieses englische Wort für „Vorsitzender" bedeutet in dem TZI-Zusammenhang soviel wie: „Sei der Vorsitzende deiner inneren Gruppe!" Anders ausgedrückt: Laß dich durch niemand und nichts außer Fassung bringen. Steh zu deinen Gedanken und Gefühlen. Die TZI will auf Selbstbestimmung und Ich-Stärke hinaus, und zwar im Kontext mit der Gruppe und dem Thema: Wer immer nur auf die anderen Rücksicht nimmt, liegt danach falsch. Wer sich durch ein Thema bzw. ein Problem durcheinanderbringen läßt, hat noch nicht gelernt, ein jemand zu sein. Das zweite Grundpostulat dieses Kataloges heißt: „Störungen haben Vorrang." R. Cohn will dadurch die überzeugte und lebendige Mitarbeit des einzelnen in der Gruppe absichern. Sie weiß, daß „Antipathien und Verstörtheiten . . . den einzelnen versteinern und die Gruppe unterminieren" können. Das hält zwar den Lauf des Gesprächs auf, die Nichtberücksichtigung eines echten Einwurfs kann aber den Lernprozeß der Gruppe wie den des einzelnen Fragers innerlich noch schlimmer blockieren. Kurz, die TZI ist daran interessiert, daß der einzelne nicht in einem gleichsam schalldicht abgeschlossenen Einzelgespräch (zwischen Berater und Ratsuchenden) festgehalten wird, sondern in der offenen Auseinandersetzung mit einer Gruppe und einem Thema die Selbstverwirklichung lernt. Deshalb mahnen die Regeln und Hilfsregeln, die Diskussion ruhig einmal zu „unterbrechen", damit ein Teilnehmer zum Zuge kommen kann. Er soll „per ich" und nicht bloß „per man" oder „per wir" sprechen, Körpersignale bei sich und den anderen beachten u. a.[28]

— *Anfragen*

Die Begründerin der TZI macht es uns verhältnismäßig einfach, das *Menschen*bild dieses Konzepts der Psychotherapie zu verstehen. So sagt sie einmal: „Humanismus ist das Fundament des Experientalismus." Sie weiß ihre Methode von dem „axiomatischen Glauben (der keines Beweises bedürfenden festen Annahme) sowohl an die Autonomie des Menschen als auch an die Tatsache der zwischenmenschlichen Verbundenheit" getragen. Für sie ist der Mensch ein Wesen, das Themen hat. Sofern diese humanistische Denkweise von dem schön formulierten Grundsatz „Jeder Mensch zählt" geleitet wird, läßt sich theologisch nichts gegen sie einwenden. Fragwürdiger wird es schon, wenn die Chairman-Forderung in sich selber ruhen bleibt und keine Instanz mehr über sich anerkennt. Noch deutlicher gesagt: der „Vorsitzende" des Vorsitzenden bildet den neuralgischen Punkt dieser Auffassung vom Menschen (Anthropologie). Ähnliche Gegenfragen löst das Zugeständnis der Störungen aus. Jeder Erwachsenenbildner, Lehrer, Konfirmandenpfarrer und Jugendleiter kennt das unangenehme Phänomen des Dauerstörers, der sich interessant machen oder abreagieren möchte. R. Cohn weiß darum, aber ihr Vorschlag, solche Leute im äußersten Falle einer „therapeutischen Behandlung" zuzuführen, trifft wohl den Kern der Sache nicht, erzieherisch nicht, geschweige denn seelsorgerlich. Hier scheint ein Problem eher abgeschoben als gelöst zu werden. Die wunde Stelle liegt in der Verallgemeinerung der Störungstoleranz. Gewiß mag es einmal gut sein, wenn ein Störer angehört wird — das entspräche sogar dem Geiste Jesu, der sich auch im Interesse eines Nächsten „stören" läßt (Lk. 19: Zachäus) —, aber auch das andere will gelernt sein: die Gruppendisziplin, die Rücksicht auf den Nächsten der Gruppe, das Den-anderen-Ausredenlassen. Die Autonomie darf nicht zur Ideologie werden, die Selbstbestimmung nicht zum Selbstzweck. — Die weltanschaulich-*religiöse* Komponente von R. Cohn ist nicht zu verkennen, obgleich sie nicht mit totalitären Ansprüchen auftritt. Das macht die TZI für viele Versuche einer Gruppenseelsorge begreiflicherweise attraktiv. Trotzdem müssen wir um der Wahrheit willen auf Grenzen aufmerksam machen: Wenn R. Cohn meint, daß das von ihr empfohlene „Meditieren auch Beten zum ‚inneren Jenseits' " genannt werden könnte (unter Verwendung eines „Mantra" = wortlose Laute!), dann machen sich doch Restbestände ihrer früheren (Jugendalter) „pantheistischen" Einstellung bemerkbar. Formeln wie „Achtung (besser: Ehrfurcht) vor dem Leben" und die zitierten Namen wie Goethe, Spinoza, Siddartha Gautama, Einstein sprechen für sich selbst. Andererseits freut sich der Theologe, wenn R. Cohn — wohl durch ihr jüdisches Erbe beeinflußt — schreiben kann: „Ich sehe uns als die Mitschaffenden dieser Schöpfung." Mit Recht hat der deutsche Interpret der TZI, M. Kroeger, auf den „philosophischen" (man könnte auch sagen „religiösen") Hintergrund der Cohnschen Methode hingewiesen. Er sieht ihn wie bei Rogers in dem „Holismus" („holos" heißt griechisch „ganz"), wonach die Einheit von Leib und Seele herausgestellt wird: „Ich habe nicht einen Körper, sondern ich bin mein Körper." Gewiß ist die biblische Auffassung vom Menschen durch den Gedanken der Einheit von „Leib, Seele und Geist" bestimmt (1. Thess. 5, 23), aber Cohns „Integration und Balance" sind nicht ohne weiteres damit identisch. In dem einen Konzept scheint deutlich der Schöpfungsglaube durch, in dem anderen schwingen idealistische und stoische Elemente mit.

In einem Fallbeispiel berichtet R. Cohn von einem jungen Pfarrer (28 J.), der in der TZI-Ausbildung durch das Fühlen seiner Gefühle lernt, mit den Depressionen von Ratsuchenden sowie mit den Depressionen der eigenen Ehefrau umzugehen. Seine Devise lautet: „Nicht: *Warum* fühle ich, sondern *wie* fühle ich?" Als Abgrenzung gegen die bloße Analyse hat der Satz schon seinen Sinn. Aber kann oder soll man als Seelsorger die Warum-Frage völlig ausschalten? Könnte sie in der (geistlichen!) Selbst- und Fremdwahrnehmung nicht auch sehr hilfreich werden? Wer TZI in der Seelsorge anwendet, tut gut daran, die Grenzen dieser Methode zu beachten, damit es nicht zu einer Verkürzung des Auftrags kommt. Das gilt ebenfalls für die Zielbestimmung. In R. Cohns Erlebnistherapie ist das *Ziel* „das Annehmenkönnen des Zustands, im Fluß des Lebens mit seiner Lust und seinem Schmerz zu sein, und das Akzeptieren der Vieldeutigkeit des Daseins angesichts des Todes. Der *Weg* ist das Ziel, ‚der Mut zu sein' (Tillich) und die Echtheit von Mitteilungen." Daß bei einem solchen Konzept das Ziel mit dem Weg verwechselt werden kann, liegt auf der Hand. Dieser Gefahr sucht M. Kroeger durch eine christliche Interpretation der „Thema"-Frage zu begegnen. Mit Recht heißt es bei ihm: „Es gibt das Thema der Theologie" oder „Es gibt die theologische Frage und die Suche nach dem einen Sinn in allem Leben". Man könnte dieses Thema noch deutlicher formulieren, etwa als biblisches Thema, als Christus-Thema, als Glaubensthema. Jedenfalls stimmt die Erkenntnis, daß nicht alles schon im Klienten bzw. in der Gruppe liegt: „Vieles Wesentliche ist nicht schon drin, sondern muß erst hinein,˜muß angeboten werden." Es fragt sich nur, wie dann vorzugehen wäre. Kroeger meint, daß man den Rogers- und den Cohn-Aspekt miteinander verbinden müsse: „Der Seelsorger wird demnach beide Einstellungen erlernen müssen: die klient-zentrierte, ganz hinhörende, Selbstexploration (Selbsterforschung) und Entwicklung fördernde *und* die themenzentrierte, welche Neues hinzubringt und einbringt." Manche Fragen bleiben hier noch offen und sind kritisch weiterzubedenken, weniger die Argumentation mit Tillich, wohl aber die Anknüpfung an die neo-marxistische Frankfurter Soziologen-Schule („Konsensus"-Aspekt). Andererseits ist der methodische Impuls positiv festzuhalten: „Das ist der Sinn des Themenprinzips: zu konfrontieren und freizulassen, eine Sache als Thema statt als Ergebnis einzuführen." Das hätte auch eine „christuszentrierte" Seelsorge zu beachten, deren Generalthema „Christus" heißt (nicht ein Thema neben anderen Themen!). — Schließlich bildet die Frage nach den Cohn-Regeln noch etwas zum Nachdenken. R. Cohn legt Wert auf eine gewisse Verbindlichkeit: „Ich glaube, daß nur eine *feste Struktur* Freiheit ermöglicht." Die gute Absicht der TZI, ein „lebendiges Lernen" in Gang zu bringen, kann aber zu einem toten Lernen werden, wenn die Regeln zum überstrapazierten, starren Gesetz werden. Selbständigkeit läßt sich nicht erzwingen[29].

6. Krisenintervention

Der eingreifende Helfer: Intervenieren

Als 1941 in einem amerikanischen Nachtclub Feuer ausbrach und dabei fast 500 Menschen den Tod fanden, kamen die Überlebenden in das Krankenhaus von Massachussets. Die mit ihnen geführten Gespräche, die sich auf bei dem Brand umgekommene nächste Verwandte bezogen, führte zur Entstehung einer neuen Richtung der Psychotherapie, der sogenannten „Krisenintervention", d. h. einer Beratungsarbeit, die in einer seelisch belastenden Krise unmittelbar „eingreift". Auslöser waren hier die Symptome eines allmählichen Abbaus der Persönlichkeit, wie sie sich manchmal in der Trauer beim Tod eines geliebten Menschen zeigen. In der Regel sind die Pfarrer bzw. Seelsorger dann diejenigen, die sich „von Berufs wegen" um solche Fälle kümmern. Angesichts jener Katastrophe aber waren es die Psychiater, die sich herausgefordert sahen und nun nach neuen Wegen des Helfens suchten.

— Anstöße
Schon einer der „Stifterfiguren" der amerikanischen Seelsorgebewegung, Anton T. Boisen, war es, der drei *Arten* von Krisen unterschieden hat, nämlich (1) die normale Entwicklungskrise, wie sie mit der Pubertät bzw. Adoleszenz, der Eheschließung, Alter und Tod vorkommen, (2) Situationskrisen wie Ehescheidung, Geschäftskonkurs, Prüfung usw. und (3) innerseelische Konflikte, die den Menschen wegen Dünnhäutigkeit besonders verletzlich machen. Der Psychiater *Gerald Caplan* hat dann ein ganzes psychiatrisches Programm für Krisentherapie entworfen. Nach ihm entstehen Krisen „durch Veränderungen im Lebensbereich eines Menschen, die zur Abwandlung seiner Beziehungen zu anderen und/oder seines Selbstverständnisses führen". Er kennt vier *Phasen* der Krisensituation. Unter einem be-

stimmten „Problemdruck" kommt es zunächst zu (1) Erfahrungen einer plötzlichen Angst, dann zu (2) Gefühlen der Hilflosigkeit, weiter zu (3) Versuchen der Selbsthilfe im Sinne von „Riemen fester schnallen", schließlich (4) durch die immer intensiver werdenden Frustrationen zum Abbau der Persönlichkeit. Gerade die Krise aber macht nun auch den von ihr betroffenen Menschen hellhörig. Aus dieser Tatsache heraus hat Caplan sein Interventionsprogramm entwickelt, das auf Entstörung des Ratsuchenden bzw. Traurigen und dessen Wiedereingliederung in ein normales Leben abhebt. Die logische Folgerung dieses Therapiekonzeptes ist die Forderung nach einem neuen Helfertyp, nämlich nach dem „eingreifenden" Helfer, wie wir ihn nennen möchten. Dieser eingreifende Helfer muß um seinen „Standort" wissen, erreichbar sein, über eine gewisse Beweglichkeit verfügen (etwa Besuche machen) und flexibel vorgehen (Telefongebrauch, Hilfen im „Vorbeigehen"). Kein Wunder, daß diese für manche Mediziner und Therapeuten „neuen" Erkenntnisse auf nicht wenige Pfarrer so wirken, als ob es sich um ihre „alten Mittel" handle. Von daher wird es auch verständlich, daß sich der amerikanische Pastoralpsychologe *David K. Switzer* der neuen Richtung aufgeschlossen und als Theologe eine „Krisenberatung in der Seelsorge" für wünschbar und durchführbar erklärt hat. Der Einstiegsgedanke ist für ihn die Erkenntnis von der in seinem geistlichen Amt begründeten Mobilität des Seelsorgers bzw. Pfarrers: „Der Pfarrer zeichnet sich vor anderen Berufen durch die allgemeine Erwartung aus, daß er zu den Menschen hingeht; und er wird gewöhnlich wenigstens einen gewissen Zugang haben." Er greift faktisch ständig in dieser oder jener Krise ein, gebeten oder ungebeten. Anders ausgedrückt: Der Pfarrer ist von Berufs wegen ein geistlicher Entstörer von menschlichen Störungen. Switzers Anliegen besteht nicht zuletzt darin, daß der Pfarrer sich im seelsorgerlichen Umgang mit Krisen nicht auf die Intervention (Eingreifen) beschränkt, sondern daß er, unter Mitarbeit in der Gesellschaft, d. h. in der bürgerlichen Gemeinde (community), auch Beiträge zur Prävention (Vorbeugung, Verhinderung) und Rehabilitation (Wiedereingliederung, Nacharbeit) leistet. Auch das hat er von Caplan und anderen Psychiatern gelernt. Besser sollte man sagen: wieder gelernt. Im Grunde genommen haben Switzer und die ihm verwandten Theologen ursprünglich „christliche" Helfertraditionen wieder in die Gemeinde zurücktransportiert.

Bemerkenswert ist bei der seelsorgerlichen Krisenberatung die Initiative, die der eingreifende Helfer ergreifen soll. Da es sich um akute Notfälle handelt, läßt er die Sache nicht einfach laufen und sich entwickeln, wie das in dem Abwarte- und Zurückhaltungsprinzip der

Psychoanalyse (Freud) oder der Gesprächstherapie (Rogers) der Fall ist und in der neueren Seelsorgelehre oft als Postulat erhoben wird, sondern er stößt nach, natürlich nicht drängerisch, sondern im Sinne eines helfenden Anstoßes, einer gesunden Ermutigung. Es genügt, ein Beispiel zu nennen: Eine Frau, die wegen einer sie verwirrenden plötzlichen Krise den Pfarrer aufsucht, wird von diesem gefragt, ob sie in den letzten Tagen einen aufregenden Vorgang erlebt habe, der möglicherweise der Auslöser der Krise wäre. ,,Pfarrer: Können Sie mir davon erzählen? Frau: Nein, wirklich nicht. Ich möchte nicht darüber sprechen. — Schweigen. — P.: Vielleicht brauchen Sie es, darüber zu sprechen. — F.: Nein, ich kann nicht. Es tut einfach zu weh. — P.: Mir wird klar, daß dieser Schmerz vielleicht zu Ihrem heutigen Verhalten geführt hat, da er so stark ist, daß Sie meinen, nicht darüber sprechen zu können. — F.: Ich kann einfach nicht darüber reden. — Schweigen. — P.: Mir scheint, daß Sie sich entscheiden müssen, ob Sie den Schmerz ertragen, jetzt hier darüber mit mir zu sprechen, es los werden und geholfen bekommen, oder ob Sie weiter unter der Panik und dem Gefühl der Unwirklichkeit, das Sie vorhin gespürt haben, heute und immer wieder leiden und nicht wissen, was dabei herauskommt. — Schweigen. — F.: Gut. Ich will es versuchen. Ich weiß nicht, ob ich es kann. Es tut sehr weh. — P.: Ich weiß. Ich will versuchen, Ihnen zu helfen.''[30]

—Anfragen
Will man einmal das Menschenbild der Krisenintervention charakterisieren, dann könnte man zusammenfassend sagen: der Mensch ist ein Wesen, das Krisen hat. Nun befindet sich der Mensch gewiß öfters in relativ vorhersehbaren, durch die Entwicklung bedingten Lagen oder in völlig überraschenden Ausnahmesituationen existentieller Art. Wir haben an anderer Stelle deswegen von ,,Altersstufen'' und ,,Daseinsstufen'' (Erfahrung und Begegnung) gesprochen. Es gibt gewöhnliche und außerordentliche Situationen im Leben des Menschen. Es ist schrecklich, wenn uns Leute begegnen, die in einer Art Dauerkrise leben und das auch noch genüßlich kultivieren. Fast noch schrecklicher sind aber Seelsorger, die unbedingt bei ihren Ratsuchenden eine Krise hervorrufen wollen. Solche vielleicht gut gemeinten Versuche können leicht in ein künstliches und ungeistliches Verfahren abrutschen. Für die Erweckung ist letzten Endes der Heilige Geist zuständig. Außerdem ist die Tatsache in Rechnung zu stellen, daß es in der modernen Gesellschaft viele junge, mittelalterliche und alte Menschen gibt, die überhaupt keine Krise zu erkennen geben und die offenbar auch wenige oder gar keine ,,Probleme'' haben. Da ist mit Krisenintervention nicht viel zu holen. Vielmehr bedarf es dann

eines geduldigen, einfühlenden Hinhörens, eines vorsichtigen Nachfragens, eines interessanten Argumentierens und eines leisen Tatzeugnisses. Weiter löst der Krisengedanke noch einige Überlegungen aus, die sorgfältig geprüft werden wollen: Ist die Krise nur ein Schicksal oder liegt ihr auch ein Stück Schuld zugrunde? Gerade Berufs- und Eheprobleme, jedenfalls persönliche Entscheidungen, in denen es um ein kurzfristiges Ja oder Nein mit Langzeitwirkung geht, machen eingehende seelsorgerliche Überlegungen erforderlich, damit es nicht zu einem kurzschlüssigen Trost oder zu einer falschen Vergebung kommt. Originell ist Switzers Appell an die Person des Seelsorgers: Wenn es gelte, jemandem aus einer Krisensituation zu einem neuen, gereiften Menschsein zu helfen, dann könne und solle der Seelsorger selbst das ,,Modell'' eines Menschen werden. Seelsorge erfolge immer durch das ,,Medium'' eines Menschen hindurch. Modell und Medium — diese beiden Worte umschreiben die besondere Funktion, die der Seelsorger im Blick auf das Menschsein des Menschen hat.

Daß zuweilen die Krise als solche einen *religiösen* Aspekt haben kann, fand A. T. Boisen durch eigenes Erleben, aber auch durch gezielte Beobachtungen heraus. Danach konnte er feststellen, daß Krisen stufenweise nach vorn bringen, nicht zuletzt in Verbindung mit den sogenannten Geisteskrankheiten. Angst und Glaube hängen tiefer zusammen, als man gemeinhin denkt. Schon hier taucht die Frage auf, ob die Vertreter der Krisenintervention die Krise u. U. heiliger machen, als sie von sich aus sein kann. Switzer geht von vornherein von dem ,,jüdisch-christlichen'' Verständnis des Glaubens aus. Danach hat der Glaube eine Kraft, ja er ist ,,eine direkte Gegenkraft gegen die Dynamik der Krise'', er schafft Motivationen, setzt Ziele, kurz, ihm eignen Elemente der ,,Hoffnung''. Wer dächte da nicht an die Jesusworte: ,,Dein Glaube hat dir geholfen'' (Mt. 9, 22 u. a.). Andererseits kann der Seelsorger den Glauben im Sinne der Gläubigkeit so hochspielen, daß Jesus dann beinahe keine Funktion mehr hat und der Glaubende geistlich glatt überfordert wird[31].

Was an Switzers Entwurf zur Krisenberatung in der Seelsorge so angenehm auffällt, ist seine ständige Betonung der *,,Identität''* (Eigenständigkeit) des Pfarrers als Seelsorger. Zwar schwebt auch ihm so etwas vor wie ein ,,neues Modell'', nämlich ,,eine Mischung'' zwischen dem überlieferten Modell des Pfarrers und dem heutigen ,,professionellen Psychotherapeuten''. Sieht man dann aber näher hin, ist er doch deutlich mehr, als es in anderen Konzepten der Seelsorge heute nachzulesen ist, von der besonderen ,,Symbolkraft'' des Pfarrers überzeugt: ,,Er ist nicht nur eine Person, sondern mehr noch, ein

Symbol." Mit dieser Bezeichnung will er, in Anlehnung an Tillich, sagen, daß der Seelsorger auf etwas ganz anderes hinweist und eine Ebene der Wirklichkeit eröffnet, die sonst verschlossen ist. So zielt er auf einen Pfarrer, der in Notsituationen wirklich zu helfen versteht, „nicht als sozusagen ‚getaufter' Psychotherapeut, sondern im Einklang mit seiner beruflichen Identität als Pfarrer". Diese Auffassung erfährt eine erstaunliche Rückendeckung von psychiatrischer Seite! So meint Caplan, die „direkte" Übertragung der psychotherapeutischen Methoden vom Arzt auf den Pfarrer sei gar nicht so wünschenswert. Die „Berufsrolle des Pfarrers sollte immer durchgehalten werden". Einer der deutschen Vertreter des Anliegens einer „Krisenberatung", W. Becher, würdigt ebenfalls zustimmend Switzers Grundintention, weil dieser „die Nachahmung des Psychiaters durch den Seelsorger zugunsten einer eigenständigen Seelsorge ablehnt und die Spezialisierung von Psychiater und Seelsorger als Beitrag zur Kooperation der beiden Berufe fördert". Kann man also im Blick auf den Auftrag des Seelsorgers kaum etwas oder gar nichts einwenden, so sind die *Zielangaben* nicht immer so formuliert, daß ihre geistliche Relevanz jedem unmittelbar einleuchtet. Sie klingen zuweilen doch mehr „therapeutisch". Das Intervenieren im Vollzug pastoraler Beratung soll nach Switzer (1) die Symptome der Belastung beseitigen, (2) „Reifung" durch das Lernen von neuen Bewältigungsmethoden vermitteln und (3) eine Fortführung der Beratung bei offenen Problemen einleiten. Jedenfalls besteht die Gefahr, daß der Seelsorger zu kurz greift, wenn er sozusagen alles bzw. die „Heilung" aus der Krise selbst erwartet. Dann würde u. U. die lösende Leistung der Krise zum Ersatz für das Erlösungswerk Christi werden. Der Seelsorger ist aber mehr als ein „Krisenagent", er ist Zeuge des gekreuzigten und auferstandenen Christus, auch im Krisenfall. Um so erfreulicher ist Switzers neutestamentliche Fundierung der Krisenseelsorge innerhalb und außerhalb der verfaßten Kirche. Da er die „Gemeinde als Kontext der Krisenseelsorge" versteht, möchte er den Gemeindepfarrer (aber auch den „Laienseelsorger"!) zum seelsorgerlichen Dienst an Kirche *und* Welt verpflichten. „Biblisch" gesehen heißt das für ihn: „Obwohl Christus die *Kirche* liebte und sich für sie opferte (Eph. 5, 25), liebte Gott auch die *Welt* so sehr, daß er seinen einzigen Sohn dahingab" (Joh. 3, 16).

Methodisch geht Switzers Krisenseelsorge Schritt für Schritt vor. Insgesamt sind es bei ihm 10 solcher Schritte. Sie werden unter Leitgesichtspunkten wie „Kontakt", „Hauptaugenmerk" und „Bewältigung" zusammengefaßt. Beim Herstellen des *Kontaktes* (1 - 4) soll der Seelsorger versuchen, eine vertrauensvolle Beziehung zu schaffen, das eigentliche Problem herauszufinden, die tieferen und verdrängten Gefühle auszulösen (,,Katharsis'') und erste Hoffnungen zu wecken. Das *Hauptaugenmerk* (5 - 6) besteht in der Erforschung der augenblicklichen inneren und äußeren Lage des Ratsuchenden hinsichtlich seiner früheren oder parallelen Probleme und in der Feststellung des bedrohlichen Charakters der Krise. Der zu erstrebenden *Bewältigung* (7 - 10) der Krise dienen Maßnahmen wie das Angebot von Problemlösungen, die Hilfe zur Entscheidung für oder gegen eine bestimmte Hilfsmöglichkeit, die Anbahnung einer Erkenntnis vom Wert der persönlichen Beziehungen und schließlich die Frage nach dem Gelernten. Natürlich soll mit all diesen ,,Hilfen'' nur erreicht werden, daß der Ratsuchende selbständig wird. Es muß seine eigene Entscheidung und seine Formulierung sein. Gute Anregungen für die Krisenintervention bietet der methodische ,,Leitfaden'' von Howard P. Rome. Er gibt Winke für die Kompetenzfrage (Wieweit bin ich hier zuständig?), die Abfolge der Handlungen in einem Notfall und die innere Einstellung des eingreifenden Helfers. In den Studien, die Yorik Spiegel zur *,,Trauerarbeit''* durchgeführt hat, insbesondere in den hier analysierten ,,Phasen'' dieser Arbeit (Schock, Selbstkontrolle, Blick zurück = Regression, Blick nach vorn = Adaption) klingen Töne aus der Krisenintervention an[32]. Wo immer die Schritte und Phasen der Aufhellung eines Seelsorgefalles und seiner Betreuung dienen, werden wir dankbar von diesen Ablaufskizzen lernen. Wir sollten sie nur nicht fester schreiben, als es die Sache der Seelsorge erfordert. Gerade im Bereich der Trauerkrise müssen wir mit dem Außerordentlichen und Unerwarteten rechnen. Dafür muß der Seelsorger ein feines Gehör bekommen.

7. Realitätstherapie

Der herausfordernde Helfer: Konfrontieren

In einer kalifornischen Schule für schwererziehbare, verwahrloste und kriminelle junge Mädchen macht die 17 1/2jährige Maria dem Therapeuten viel Mühe. Sie ist nach zahllosen Heimaufenthalten kontaktlos und apathisch, offenbar enttäuscht durch eine von ihr geliebte Freundin, die aus Maria eine Sklavin gemacht hat. Wegen der Prügelei mit einer Konkurrentin wird sie in die geschlossene Abteilung der Schule gebracht. Die Besuche des Therapeuten verlaufen ergebnislos. Seine Routine-Frage: ,,Möchtest du hier nicht heraus?'' wird schnöde quittiert: ,,Wozu?'' Bei dem 8. Besuch fragt er beiläufig nach ihren Tätowierungen (Punkte, Kreuze, Worte, Initialen, Zeichen): ,,Unerwarteterweise sagte sie, sie würde sie gerne alle entfernt haben." Da diese gefährdeten Mädchen lieber neue Tätowierungen hinzufügen, als auch nur eine aufzugeben, sieht er mit Recht in diesem Verlangen einen Hoffnungsschimmer. In der Tat äußert Maria jetzt den Wunsch, zu ihrer Heimmutter zurückzukehren. Diese nimmt sie auch ausnahmsweise wieder auf. Außerdem wird ihr die therapeutische Gruppe behilflich, die der Arzt leitet. Weiter heißt es in diesem Bericht: „Die Technik, die schon verantwortungsbewußteren Mädchen für jemanden wie Maria zu interessieren, ist von außerordentlicher therapeutischer Bedeutung, weil es ihnen erlaubt, ihre Bedürfnisse direkt zu befriedigen und sich mit den Mitarbeitern zu identifizieren, was wiederum der Lösung von der eigenen kriminellen Gruppe draußen zugute kommt." Maria lernt Lesen, lernt in einer Familie Kinder lieben, heiratet und wird „geheilt"[33].

— *Anstöße*

Der Therapeut, der hier erzählt, ist *William Glasser*. Er nennt sein Verfahren selbst „Realitätstherapie" (RT), weil er seine Klienten bewußt oder besser: „ihrer" Wirklichkeit gegenübergestellt bzw. sie mit der Realität „konfrontiert". Anders als die gängigen Therapien sieht er das Hauptproblem der seelisch beladenen oder gestörten Ratsuchenden in der „Unfähigkeit", die eigenen „Bedürfnisse zu befriedigen". Sie „verneinen" die Realität der Welt um sich herum durch Bruch der Gesetze, Platzangst im Fahrstuhl, pausenloses Trinken usw. Die RT zielt darauf, Menschen erkennen zu lassen, daß sie ihre Bedürfnisse im Rahmen der Wirklichkeit erfüllen müssen und können. Die RT ist ein ausgesprochenes System der Ernüchterung. Das, was Glassers Ansatz in der Psychotherapie und selbst in der Seelsorge so diskussionswert macht, ist aber nicht nur sein ausgesprochener Realismus, sondern auch seine Betonung des grundlegenden Vertrauensverhältnisses, um das der Berater bemüht sein soll. Ohne den vorherigen Aufbau einer persönlichen Beziehung des Ratsuchenden zum Berater, und umgekehrt, kann der Therapeut nicht jener „herausfordernde" Helfer sein, wie ihn die RT versteht. Das Befriedigen der Bedürfnisse im Sinn der RT basiert auf einer Voraussetzung: „Unser ganzes Leben lang müssen wir wenigstens einen Menschen haben, der für uns sorgt und für den wir Sorge tragen." Mit diesem Gedanken kommt Glasser dem Verständnis von Seel-„Sorge" sehr nahe. Dabei unterscheidet er zwei „Grundbedürfnisse" des Menschen. Das erste ist „das Bedürfnis, zu lieben und geliebt zu werden". Beides wird gebraucht, sei es in der Ehe oder in einer Freundschaft, in dem Verhältnis zwischen Mutter und Kind oder in einer Gruppe. Das zweite Bedürfnis ist „das nach Selbstachtung und Wertschätzung durch andere". Jeder kennt diesen existentiellen Wunsch nach innerer Sicherheit und sachlicher Anerkennung. Kann jemand diese beiden elementaren Bedürfnisse nicht befriedigen, dann ,,leidet" er, u. U. ein Leben lang. Nun will Glasser nicht eine billige Befriedigung eigensüchtiger Interessen. Der Klient soll nicht noch ichhafter werden, als er sowieso schon ist. Deshalb ist RT praktisch eine Erziehung zur Verantwortung: ,,Verantwortlichkeit" ist die ,,Fähigkeit, seine Bedürfnisse in einer Weise zu befriedigen, die nicht die anderen ihrer Möglichkeit beraubt, ihre Bedürfnisse zu erfüllen" (vgl. dazu wieder die ,,Goldene Regel" von Mt. 7, 12). Solche Verantwortung muß früh gelernt werden, möglichst als Kind, spätestens als Jugendlicher. Dabei bedarf es aber des Vertrauens und des Vormachens. Verantwortung im Sinne der RT lernt der Mensch ,,durch Beziehung zu verantwortlichen Menschen"[34].

Wie man sieht, wird der Helfer in der RT so etwas wie eine Schlüsselfigur für die therapeutische Hilfe. Nach Meinung von Glasser wird sie in erster Linie vom Psychotherapeuten und Sozialpädagogen geleistet, aber auch Lehrer, Bewährungshelfer und Geistliche werden sich der RT-Methoden bedienen, um ihren speziellen Auftrag besser erfüllen zu können. Freilich sind dann auch entsprechende Anforderungen an die Person des Helfers zu stellen. So soll der Therapeut ,,beharrlich interessiert und feinfühlig", ,,nicht als unverletzlich" geltend, mit einem Wort ,,verantwortungsbewußt" sein. An Rogers erinnert das Postulat des ,,Annehmens". Die Reihenfolge im Vorgehen lautet: erst ,,Verhaltensänderung", dann ,,Einstellungsänderung" — nicht umgekehrt. Glasser konzentriert sich in seiner Therapie auf die Gegenwart und hält sich mit Rückfragen nach der bisherigen Entwicklung oder sonstigen dunklen Hintergründen nicht lange auf. Dafür hat er den Mut, einmal deutlich ,,Nein" zu sagen. Vor allem aber will er Impulse für die Zukunft geben. Darum fragt er seine Ratsuchenden gern nach ihren ,,Plänen": ,,Wenn Sie schon nicht selbst mit einem Plan aufwarten, so lassen Sie uns doch gemeinsam einen entwickeln. Denken Sie darüber nach, und ich will es auch tun", sagt er zu einem College-Studenten, der sich mit seinen 19 Jahren als Versager vorkommt[35]. Hier werden, gleichsam ohne zu erröten, handfeste Anstöße gegeben, Alternativen aufgezeigt und Ermutigungen ausgesprochen. In der Psychoanalyse oder in der Gesprächstherapie, aber auch in mancher daran anknüpfenden neueren Seelsorgelehre wäre so etwas undenkbar. Vielleicht bedurfte es tatsächlich eines solchen herausfordernden Gegenkonzepts, der konfrontierenden Beratung, um bei aller vorsichtigen und notwendigen Zurückhaltung einmal das eigentlich Selbstverständliche zur Sprache zu bringen: Wer beraten will, muß auch etwas zu sagen haben. Wer helfen will, muß auch eine Richtung angeben können. Entscheidungen werden jedenfalls in einer gesunden Seelsorge zwar nicht abgenommen, wohl aber in der reifen Stunde angeregt: Kommt Zeit, kommt Rat.

— *Anfragen*
Wenn man Glassers Entwurf liest, gewinnt man einen doppelten Eindruck. Inhaltlich erinnert er an die europäische Denkweise, etwa an das existenzphilosophisch beeinflußte logotherapeutische System des Katholiken V. E. Frankl. Formal aber spricht Glasser die pragmatische Sprache seiner amerikanischen Zeitgenossen. Einerseits appelliert er an den *Menschen* als ein „verantwortliches" Wesen, schlägt also personaltherapeutische Töne an. Der Grundfehler (die „Ursünde"?) besteht nach ihm darin, daß der Mensch „verantwortungslos" handelt. Er muß lernen, Verantwortung zu übernehmen, ein „verantwortungsbewußter" Mensch zu werden. Dieses personalistische Menschenverständnis rechnet also mit einem Gewissen. Biblische Spurenelemente sind hier unverkennbar. Andererseits lesen sich einige Begriffe und Sätze nicht so unmittelbar einleuchtend. Jedenfalls machen sie den deutschen (und gar noch den frommen und den theologischen) Augen ein wenig zu schaffen. So ist zum Beispiel der Ausdruck „Bedürfnisse" nicht ganz klar. Ist damit das subjektive Gefühl eines Mankos gemeint, oder ist dabei an das gedacht, was ein Mensch objektiv zu seinem Menschsein braucht? Wahrscheinlich beides. Der naive Leser aber mag dazu neigen, das für ihn Angenehmere herauszulesen, nämlich das, was zu seiner Selbstbefriedigung, zu seinem wunschlosen Glück noch fehlt. Er übersieht dann, daß die RT auch von der Rücksicht auf den anderen, ja grundsätzlich von Verantwortung spricht. Für Glasser ist der Mensch ebenso wie sein Mitmensch liebenswert und achtenswert. Man kann höchstens kritisch fragen, ob der dauernde Appell an die Verantwortung den Menschen überfordert, und ob die ständige Rede von den Bedürfnissen das natürliche Wunschdenken unnötig fördert. — Unter den „möglichen Themen" der RT wird auch die „*Religion*" erwähnt. Ihre Thematisierung hätte besonders dann einen Sinn, wenn der Therapeut versucht, dem Klienten „das Leben jenseits aller seiner gegenwärtigen Schwierigkeiten" aufzuzeigen. Freilich vermeidet es Glasser, das Religöse explizit (ausdrücklich) zu beschreiben. Eher wählt er den impliziten (eingeschlossenen) Weg, die Sache der Religion zur Sprache zu bringen. An die Stelle des im christlichen Sprachgebrauch gebräuchlichen Wortes „Glaube" tritt dann so etwas wie die personale Grundhaltung, so als ob der Glaube eine „nichtreligiöse Interpretation" erführe. Dabei werden Bezeichnungen wie „Einstellung", „Verantwor-

tung" oder „Hoffnung" gebraucht. Im übrigen verharrt Glasser in der toleranten Neutralität des Psychotherapeuten, wenn er schreibt: „Es gibt Menschen, die sich auch ohne Religion als wertvolle Mitglieder der Gesellschaft erleben, und andere, die sich nur dann als wertvoll empfinden, wenn die Religion Teil ihres öffentlichen und privaten Lebens ist." Vom Standpunkt der RT müsse „jeder Mensch die Wirklichkeit und Wahrheit seiner Handlungen mit allen Folgen prüfen", „um da wie ein Richter zu entscheiden, welches der richtige und welches der falsche Weg" sei[36]. Für den am biblischen Wort orientierten Seelsorger ist das selbstverständlich nicht genug.

Die „Gretchenfrage" läßt sich, wie eben bemerkt, auch bei Glasser nicht unterdrücken, obwohl sich biblisch-reformatorisch eingestellte Seelsorger mit Recht von ihm positiv angesprochen fühlen. Das gilt besonders auch für das Verständnis des *Auftrags* und des Ziels der Seelsorge. Jedenfalls gebührt der RT von Glasser das Verdienst, die „Einführung der Moral *(Ethik)* in die Psychotherapie" in die Wege geleitet zu haben. Mit allem Nachdruck hat er sich von der „konventionellen Therapie" mit ihrer ethischen Indifferenz abgesetzt und den „sittlichen Werten" wieder ihren Platz in der modernen Beratungsarbeit eingeräumt. Damit hat er „die Rolle von Recht und Unrecht im therapeutischen Prozeß" erkannt und glaubwürdig vertreten. Gerade wenn man dem Gebot Gottes in der heutigen Gesellschaft und im Privatleben des einzelnen wieder die Ehre geben möchte, liegt die Anknüpfung an die RT nahe. Da sind zweifelsohne Nahtstellen. Wir brauchen nur einmal an die Erziehungsaufgabe der Eltern zu denken. Wer wagt bei der Hochkonjunktur des „Annehmens" und des „Antiautoritären", noch einmal „Nein" zu einem Kinde oder Jugendlichen zu sagen. Leidenschaftlich wehrt sich Glasser gegen die Tendenz der neueren Psychotherapie, mehr oder weniger „die Fragen der Ethik auszuklammern".

Auch mit der *Zielangabe,* dem Ratsuchenden dazu zu helfen, daß er „verantwortungsbewußt" wird, kann sich der Seelsorger befreunden. In diesem Zusammenhang darf auf den amerikanischen Theologen *Howard J. Clinebell* hingewiesen werden, dem wir eine zusammenfassende Darstellung der „Modelle" der „beratenden Seelsorge" verdanken. Er läßt deutlich erkennen, wie tief er sich den Anregungen Glassers verpflichtet weiß. In Anknüpfung an die RT spricht er — weiterführend — von einem „einzigen, wesentlichen Bedürfnis" des Menschen, nämlich „authentische (im Wortlaut verbürgte) Liebe in einer verläßlichen Beziehung zu erfahren". Daraus leitet Clinebell dann die übrigen Bedürfnisse des Menschen ab, d. h. nach Selbstwertgefühl, nach verantwortlichem Leben, nach innerer Freiheit, nach Sinnerfüllung und nach verläßlicher Gottesbeziehung. Clinebell hält die ,,Konfrontation mit sich selbst'' für die ,,wirksamste'' Art der konfrontierenden Seelsorge. Diese Art Sorge um den Menschen vor Gott hebt auf das ,,Hier und Jetzt'' ab. Sie ist dadurch nicht nur der Realitätstherapie von Glasser, sondern auch der Integritätstherapie von *O. H. Mowrer* (der auch das Vorwort zu Glasser geschrieben hat) und *J. W. Drakeford* verwandt, die beide Wert auf ehrliches Bekennen von Schuld und auf einen Neuanfang durch voranbringendes Tun legen. Der Seelsorger im Sinne von Clinebell macht auf evangelische Weise Ernst mit Glassers Zielsetzung: ,,So wichtig auch die Konfrontation mit der Realität sein mag, so ist sie doch nur ein Teil unserer Therapie. Der Patient muß lernen, seine Bedürfnisse und die realen Anforderungen der Welt zu erfüllen. Dieses ,wie man das macht' müssen wir ihn lehren, wann immer wir können.'' Gleichwohl sind theologische Sacheinwände nicht zu unterdrücken. Glasser fordert viel. Woher nimmt der Ratsuchende die Kraft, das alles zu leisten? Das Energieproblem bleibt offen.

Da weiß Clinebell schon mehr. Er kennt die Gefahr des ,,Neomoralismus'', die mit der konfrontierenden Seelsorge verbunden ist, und ist sich der eigentlichen Kraftquelle bewußt: ,,Der heilige Geist und nicht er selbst (der Seelsorger nämlich) ist der Tröster.'' Deswegen können wir uns auch nicht ganz mit dem Gedanken des ,,Befriedigens'' der Bedürfnisse identifizieren. Wo ist da die letzte Instanz angesetzt? Bleibt es in der RT nicht zuweilen bei der innermenschlichen Dimension des ,,Selbst''? Der Glasser-Maßstab löst so oder so kritische Gegenfragen aus: ,,Wenn ein Mensch so handelt, daß er Liebe gibt und empfängt und daß er sich im Einklang weiß mit sich und anderen, dann ist sein Verhalten richtig und moralisch.'' Wirklich? Lauert hier nicht doch die Gefahr einer therapeutischen Selbstrechtfertigung, die der Rechtfertigung durch den Gekreuzigten und Auferstandenen nicht mehr bedarf, weil ja die zwei ,,Grundbedürfnisse'' schon ,,befriedigt'' sind?! — Die RT schreibt wenige oder gar keine festen ,,Regeln'' vor. Aber ganz ohne das Schematische kommt sie auch nicht aus. Die Absetzung gegen die Psychoanalyse, die der Christ weithin teilen wird, droht an der einen oder anderen Stelle ihrerseits zum Abwehrmechanismus und dann doch zum Schematismus zu werden, zu einer Art *Anti-Analyse*. Mit Recht beanstandet Glasser die einseitige Orientierung Freuds an der Vergangenheit und am Unbewußten. Aber insistiert er nicht seinerseits einseitig auf der Gegenwart und dem Bewußtsein des Ratsuchenden? Sicher neigt der natürliche Mensch im Horizont der Psychoanalyse dazu, seine

Schuld auf eine „seelische Krankheit", auf die Erziehungsfehler der frühen Kindheit, auf Vater und Mutter, d. h. auf ein Schicksal abzuschieben. Gewiß ist die Methode der Übertragung nicht des Rätsels letzte Lösung — sie mutet dem Ratsuchenden oft „lange teure Reisen zurück in ihre Kindheit" zu —, andererseits aber darf die „Warum"-Frage (Warum tust du es?) nach der vergangenen Schuld nicht einfach zugunsten der „Was"-Frage (Was tust du?) übergangen werden. Es käme sonst eine verkürzte Schulderkenntnis heraus. Keinesfalls sollte der Minuspunkt der Analyse, d. h. die (seelische) Krankheit von einem angeblichen Pluspunkt der „Selbsthilfe" abgelöst werden. Wie schnell eine Therapiemethode zum „Schema" werden kann, wird an dem etwas apodiktischen Satz Glassers deutlich: „Von unserem Standpunkt aus braucht nur (!) diagnostiziert zu werden, ob jemand unter seiner Verantwortungslosigkeit leidet oder an einer organischen Krankheit." Richtig dagegen ist die These: „Wir treten selbst zu den Patienten in eine Beziehung, nicht als Übertragungsfiguren." Wie sehr würde man das auch dem Berater wünschen, der heute im Namen Jesu Seelsorge üben will[37].

8. Verhaltenstherapie

Der einübende Helfer: Konditionieren

„Gebt mir ein Dutzend gesunder, wohlgebildeter Kinder und meine eigene Umwelt, ich, der ich sie erziehe, und ich garantiere, daß ich jedes nach dem Zufall auswähle und es zu einem Spezialisten in seinem Beruf erziehe, zum Arzt, Richter, Künstler, Kaufmann oder zum Bettler und Dieb, ohne Rücksicht auf seine Begabungen, Neigungen, Fähigkeiten, Anlagen und die Herkunft seiner Vorfahren." So hat es J. B. Watson, der Begründer der amerikanischen Verhaltenspsychologie, des sogenannten Behaviorismus (von „behaviour" = Verhalten) gesagt. Diese Art von westlichem Erziehungsoptimismus ist kaum noch zu übertreffen. Er hat nur noch eine östliche Parallele; hier haben Ost und West einmal gleichgezogen: Schon um die Jahrhundertwende machte der Russe I. P. Pawlow den bekannten Hundeversuch: Seine Versuchstiere hatten mehrmals hintereinander ihr Futter in Verbindung mit einem vorangegangenen Signal (Licht, Klingel) erhalten. Nach einer Weile sonderten sie bereits Speichel ab, wenn allein das Signal auftrat. Das Futter verstand er als einen unbedingten = „unkonditionierten" Reiz, das Signal dagegen als einen bedingten = „konditionierten" Reiz. Das hat Schule gemacht, wenn auch die Anfänge der Verhaltensforschung längst überholt sind[38].

Im Lauf der letzten Jahrzehnte hat sich eine regelrechte Verhaltens-therapie entwickelt. Ihr Leitgedanke ist das Konditionieren. Als ihre Leitfigur kann der einübende Helfer gelten. Die Verhaltenstherapie gründet in einer naturwissenschaftlich und experimentell orientierten Psychologie. Sie arbeitet nach dem Reiz-Reaktionsprinzip und mit der modernen Lerntheorie. Mit Hilfe eines strengen Verständnisses vom Experiment versucht sie im Interesse ihrer Klienten verläßliche Ergebnisse zu erzielen. Danach muß das Experiment ganz sachlich (Objektivität), d. h. unabhängig von einem unguten Einfluß des The-rapeuten, voll zuverlässig (Reliabilität), d. h. auch wiederholbar und wirklich triftig (Validität), d. h. nach innen und nach außen schlüssig sein. Wer verhaltenstherapeutisch arbeitet, beschreibt zunächst den Fall und den Patienten sorgfältig bis hin zur „Klassifizierung", stellt bestimmte Hypothesen auf und macht dann durch Veränderung der „Bedingungen" bzw. durch Konditionieren die entscheidenden Ver-suche bzw. Übungen. Schließlich unterliegt das ganze Vorgehen im-mer wieder genauen Kontrollen. Methodisch haben sich eine Reihe von Richtungen gebildet, auf die wir im folgenden eingehen wollen.

So hat sich der Südafrikaner *J. Wolpe* besonders mit dem Problem der auch den Seelsorger selber oft quälenden *Angst* beschäftigt. Er greift auf die Lerntheorie zurück und stellt die These auf, daß neuro-tisches Verhalten ebenso „gelernt" sei wie alle anderen Lebensvor-gänge auch. Widerspruchsvolle und negative Reize wirken nach ihm angstauslösend. Was „erlernt" wird, kann aber unter bestimmten Bedingungen (Konditionen) auch wieder „verlernt" werden. So wie jemand für eine bestimmte Gefühlseinstellung feinfühlig gemacht = „sensibilisiert" werden kann, so ist es nach Wolpes Überzeugung auch möglich, jemand wieder fühllos zu machen = zu „desensibili-sieren": was auf die Schiefertafel eines Lebensprogramms geschrie-ben ist, läßt sich auch wieder „löschen" („extinction"). Diese Art der „Verlerntherapie" sucht zum Zeitpunkt des Auftretens uner-wünschter Reaktionen wie der Angst eine andere, entgegengesetzte Reaktion hervorzurufen. „Hemmung" und „Erregung" bedingen nach dieser Sicht einander. Der einübende Helfer muß deshalb gegen die angstauslösenden Reize andere, neue Reize der Entspannung ein-setzen, so daß zum Schluß gar kein Platz mehr für die Angst bleibt. Wolpe empfiehlt in diesem Zusammenhang das Aufstellen einer Rangordnung der Ängste („Angsthierarchie"). Damit ist eine Reihe von Reizen gemeint, auf die der Ratsuchende mit unterschiedlichen Graden (zunehmenden und abnehmenden) reagiert: Der Klient sitzt während der Behandlung in einem bequemen Stuhl zurückgelehnt, stellt sich den schwächsten Angstreiz vor und gibt durch Handzeichen kund, wann aktuell Angst auftritt. Im Lauf der Versuche werden dann Reize eingeführt, die „noch weniger Angst" hervorrufen. Wiederholungen schlaffen die Ängste ab. Manchmal helfen negative Gegenimpulse. Vielleicht kann ein praktisches Beispiel dazu beitragen, dem christlichen Seelsorger die Ernsthaftigkeit dieses therapeutischen Vorgehens verständlicher zu machen. S. Rachman (London) berichtet von einem 45jährigen Mann, der unter „chronischer sozialer Angst" litt. Die Gruppentherapie schlug fehl. Mit Beruhigungsmitteln (Tranquilizern) kam er nur mühsam über die Runden. Die Kontakte mit den Kindern und Freunden waren blockiert. Die berufliche Karriere litt. Kurz, am Ende standen Schwitzen, Zittern und trockener Mund, sobald eine Begegnung notwendig wurde. Was tut der Verhaltenstherapeut? „Es wurde eine ausführliche Angst-Hierarchie konstruiert, die aus Kontakten mit Menschen in einer Vielzahl von Situationen bestand. Er erhielt zweimal wöchentlich eine Desensibilisierungssitzung von 45 Minuten. Nach einer Behandlung von 4 Monaten war er wesentlich gebessert . . . Nach 2 Monaten hörte er auf, Drogen zu nehmen. Er begann, einige Leute einzuladen und Freunde zu besuchen. Ohne größere Schwierigkeit besuchte er drei Parties. Seine beruflichen Leistungen nahmen zu."[39]

Eine andere Form der Verhaltenstherapie hat *B. F. Skinner* entwickelt. In seiner zum Schlagwort gewordenen „Skinnerbox" (= Käfig) kann das Versuchstier einen Hebel berühren und sich dadurch eine Futterpille verschaffen. Der Versuchsleiter ist seinerseits in der Lage, durch Druck auf einen Knopf von außen schon die Pille fallen zu lassen, wenn die Ratte oder die Taube auch nur die kleinste Bewegung in die richtige Richtung macht. Skinner spricht hier von einer „operanten" Reaktion; das Tier verhält sich in einer Art spielerischer „Tätigkeit", die ihm neue Erfahrungen vermittelt. Der Therapeut, der seinerseits mit „Verstärkungen" (reinforcement) im Sinne von Belohnung oder Bestrafung arbeitet, wendet so ein *„operantes Konditionierungsverfahren"* an. Ja, er selber als Person wird zum Instrument einer Verstärkung, wenn er — nun auf Menschen übertragen — einen Ratsuchenden durch solche Maßnahmen entweder annimmt oder zurechtweist. Für besonders wirksam hält Skinner unregelmäßige oder zeitlich begrenzte Unterbrechungen bei der Durchführung der Experimente. Seine am „Einzelfall" interessierten Versuche, die sich besonders bei verhaltensgestörten Kindern erfolgreich auswirkten, haben als Schritt-für-Schritt-Vorgehen auch das „Programmierte Lernen" in der Schule gefördert. Wieder andere Wege hat *O. H. Mowrer* beschritten, dessen Anfänge in einer rein neutralen Lernpsychologie behavioristischer Art lagen, der sich aber später religiös so ernsthaft engagierte, daß er, etwa mit seiner Kritik an Rogers, nicht nur in der amerikanischen Seelsorgebewegung eine bemerkenswerte Rolle spielt, sondern auch von dem mehr ,,evangelikal" orientierten Jay E. Adams lobend erwähnt wird, jedenfalls, was dessen Ruf zu personaler Verantwortung anbetrifft. Mowrer konnte verhaltenstherapeutisch Bettnässern helfen und deutete Angst und Furcht grundsätzlich als ,,gelernte Motive". Später überträgt er psychoanalytische Begriffe in die Fachsprache der Lernpsychologie. Er hat jedenfalls einiges aus der Tiefenpsychologie gelernt, wenn auch kritisch: So unterscheidet er das Lernen von Signalen und das Lernen von Problemlösungen und meint, eine Neurose beruhe auf einer Verkehrung (,,Perversion") des Problem-Lösungsprozesses. Der Neurotiker verdränge nicht die Triebe, sondern die *ethischen* Einstellungen. Nach Freud unterdrücken Über-Ich und Ich das Es, bei Mowrer bedrängen Ich und Es das Über-Ich. Anders gesagt: der einübende Helfer muß Funktionen des Über-Ich wahrnehmen, um seinem Ratsuchenden wirklich an seinem neuralgischen Punkt helfen zu können. Das ist auch für den Seelsorger nachdenkenswert [40].

— *Anfragen*
Die Auffassung vom Wesen des Menschen, die der Verhaltenstherapie zugrunde liegt, hat schon frühzeitig Kritik erfahren, und zwar nicht nur im theologischen Bereich, sondern auch in der Psychologie selbst. Ging doch Pawlow von der umstrittenen These aus, daß der Mensch und das ,,höhere Tier" hinsichtlich der höheren Nerventätigkeit verwandte Züge hätten. Die vielen Tierversuche haben dann zu der ironischen Frage geführt, ob denn nun an die Stelle der Gotttebenbildlichkeit des Menschen eine *,,Rattenebenbildlichkeit"* getreten wäre. Die Gefahr, daß der Mensch durch verhaltenstherapeutische Experimente manipuliert und dressiert werden könnte, ist nicht von der Hand zu weisen. Freilich bleibt fairerweise einzuräumen, daß nicht alle Verhaltenstherapeuten über einen Kamm zu scheren sind. Manche wissen von den nicht ohne weiteres erkennbaren ,,inneren Faktoren" im Menschen und stimmen sich vor den Versuchen mit dem Klienten ab, weil sie die Würde des Mitmenschen achten wollen. Der bereits erwähnte Mowrer stellt sogar ausdrücklich die Schuldfrage. Eine Reihe von Verhaltenstherapeuten haben versucht, den Klienten gleichsam als Co-Therapeuten am Geschäft des Therapierens zu beteiligen. Man spricht hier vom Konzept der ,,Selbstkontrolle", bei der der Klient in einer Konfliktsituation durch ,,eigenständiges Einleiten einer alternativen, kontrollierenden Verhaltensweise" die Wahrscheinlichkeit für das Auftreten des konfliktbelasteten Verhal-

tens verändern kann (M. Hartig). Der Weg von hier zum Phänomen des Gewissens ist nicht weit, aber Selbstkontrollkonzept und Gewissen sind auch nicht identisch. Das Gewissen kennt eine letzte Instanz, die das Selbst transzendiert (übergreift). Kurz, der oft positivistische Wissenschaftsbegriff der Verhaltenstherapeuten erschwert ein entsprechend realistisches Menschenverständnis. Die Laborsituation deckt sich jedenfalls nicht so einfach mit der Wirklichkeit des einzelnen Menschen, auch wenn sich der Verhaltenstherapeut die größte Mühe gibt, eine „experimentelle Einzelfallstudie" zu erstellen. Der Mensch ist weder ein leerer Organismus noch ein Druckknopfmodell, er ist nur mehrdimensional zu verstehen, nämlich als eine Einheit von Leib, Seele und Geist. Die Christen sehen in diesem „ganzen Menschen" das Geschöpf Gottes. — Was wenig bekannt ist, das ist die Tatsache, daß sich einige führende Verhaltenstherapeuten der *religiösen* Frage gestellt haben. Nehmen wir einmal B. F. Skinner. Zwar ist er gegen bestimmte Formen der Verhaltenskontrolle, die die Gesellschaft, d. h. auch die „Religion", ausübt, kritisch eingestellt. Er will aber keine „unmoralischen" Verhaltensweisen einführen oder therapeutisch auslösen. Er hält solche sozialen und religiösen Kontrollen durchaus für notwendig und akzeptabel, er will nur nicht, daß sie sich zu exzessiv, d. h. für den Ratsuchenden ungut auswirken. Daher fordert er, sozusagen im Interesse einer echten religiösen Kontrolle, eine *Gegenkontrolle* („countercontrol"). Bei O. H. Mowrer spielt die Religion sogar eine entscheidende Rolle in seiner späteren Entwicklung. Nicht von ungefähr lautet der Titel eines seiner Hauptwerke: „Psychiatrie und Religion in der Krise". Hier wendet sich Mowrer gegen die analytische Therapie, die den Patienten einseitig als armes „Opfer" anderer (Eltern) oder besonderer Umstände ansieht, und will den Menschen, auch den seelisch Leidenden, „selbst" für sein Schicksal haftbar machen. Ohne eine religiöse Perspektive, insbesondere die des *Gewissens,* ist eine solche ethisch-humanistische Verhaltenstherapie nicht denkbar. Ähnlich wie bei W. Glasser muß aber hinzugefügt werden, daß Mowrer sich nicht ohne weiteres mit der biblisch-christlichen Sichtweise identifiziert. Er hat seine Vorbehalte gegen die „vertikale Dimension". Die instruktive Darstellung der Verhaltenstherapie von Lilian Blöschl gibt sich ebenfalls offen für religiöse Aspekte. Sie sieht in der Verhaltenskontrolle zutiefst ein ethisches Problem und fordert eine „Kontrolle der Kontrolleure". Darüber hinaus engagiert sie sich für ein „differentielles" Vorgehen bei der Auswahl der Methoden. Nicht jede eigne sich für jeden Fall[41].

Graben wir noch etwas tiefer, dann müssen wir der Frage standhalten, ob sich denn dieser verhaltenstherapeutische Ansatz überhaupt mit dem *Auftrag* der Seelsorge vereinbaren läßt. *G. Besier* hat sich in einer Untersuchung über die Stärken und Schwächen der Seelsorgeausbildung für die Pfarrer in den Landkirchen recht kritisch geäußert und „Defizite" der (nach B. zum Teil unwissenschaftlichen) „Pastoralpsychologie" herausgearbeitet. Dafür hat er aber gerade die „Klinische Verhaltenspsychologie" empfohlen, — freilich nun seinerseits etwas einseitig. Sein Hauptargument liegt darin, daß sie als „angewandte experimentelle Psychologie — anders als die Einsichtstherapien (z. B. Psychoanalyse und Gesprächstherapie!) — keinen Anspruch auf Entscheidungen über Wertfragen und Menschenbilder" erhebe. Man werfe ihr zwar vor, daß sie im Sinne des Determinismus (Fremdbestimmung des Menschen) dem Menschen die Freiheit der Wahl nehme, aber einen „gewissen Grad an Determinismus" weise im Grunde genommen jede Psychologie auf, außerdem brauche ja der Klient nicht der vom therapeutischen Beobachter angestellten Voraussage seines Verhaltens blindlings zu folgen, sondern könne schließlich einen eigenen Weg finden. Letzten Endes gehe es um das Ziel, „eine neue verantwortliche Rolle für den Patienten zu entwickeln". Besier ist der Meinung, daß die „Normen" des Klienten feststünden. Die Verhaltenstherapie wolle dem Menschen nur helfen, sich in seinem Bezugssystem (Gesellschaft bzw. Glaubensgemeinschaft) „besser angepaßt zu verhalten". Aber wird so der volle Seelsorgeauftrag korrekt in das Visier genommen? Sicher hat die Verhaltenstherapie in besonders gelagerten, verhärteten Verhaltensstörungen ihre unbestrittenen großen Verdienste, ja es ist Besier beizupflichten, wenn er das „Nichtwahrnehmen unseres Potentials" als mögliche „Schuld" ansieht und den verhaltenstherapeutischen Appell an den Einsatz der eigenen Kräfte würdigt, aber es steht zu befürchten, daß nunmehr auf diese Weise die angeblich weltanschauliche *„Wertneutralität"* der Verhaltenstherapie, die doch so oft humanistisch und liberalistisch argumentiert, überschätzt wird und daß man damit die Möglichkeiten des organischen Übergangs von dieser Therapie zu einer Seelsorge im Namen Jesu unterschätzt. Gleichwohl ist es anerkennenswert, daß sich Besier von seinen Voraussetzungen her überhaupt dem Thema des Verhältnisses zwischen Biblischer Theologie und Klinischer Verhaltenstherapie stellt und am Ende sogar die Aufgeschlossenheit der „nuthetischen Seelsorge" (s. o. S. 113 f.) positiv vermerken kann. Aber der Seelsorger darf sich hier nicht das Ziel verrücken lassen: Das Desensibilisieren von Ängsten bedeutet noch nicht die Erfahrung jener absoluten Gelassenheit, die der Weltüberwinder Christus nach Joh. 16, 33 verheißt. Das „Löschen" von angelernten Gewohnheiten vermittelt nicht die Rechtfertigung des Sünders. Das Böse kann nicht gelöscht, sondern nur vergeben werden.

W. Schütz hat recht, wenn er den Seelsorger warnt: „Trotzdem bleibt Seelsorge etwas anderes, als daß durch Belohnen und Strafen kirchliches Wohlverhalten und frommes Tun erzeugt wird. Ein Seelsorger täuscht sich, wenn er sich einbildet, durch Freundlichkeit, Zuwendung und Bonhomie (Gutmütigkeit) kirchliches Verhalten zu stärken und durch Stirnrunzeln und Ablehnung es hemmen zu können." Und wenn man als Seelsorger verhaltenstherapeutische Maßnahmen von der „eigentlichen" Seelsorge durch eine Art immanenter Geschäftsverteilung voneinander trennt, besteht wieder die Gefahr, daß die „praktische" Therapie als vermeintlich sturmfreie Zone von der „religiösen" Seelsorge getrennt wird bzw. beide Tätigkeiten zugunsten des Ratsuchenden auseinanderdriften, etwa im Sinne einer Annahme, das geistliche Ziel könne durch eine neutrale Methode erreicht werden.

Mehr als andere Schulen der modernen Psychotherapie unterliegt die Verhaltenstherapie strengen Gesetzen. Besier meint zwar, die technologischen Systeme dieser Therapie enthielten als „bloße Handlungsmöglichkeiten keine *normativen*, sondern *informative* Aussagen", aber niemand kann übersehen, daß sich gerade diese Systeme ihrerseits neuen (oder auch alten!) Normen ausliefern; der wissenschaftliche Positivismus ist jedenfalls noch nicht überwunden. Es mag sein, daß der Verhaltenstherapeut die Funktion eines „dominierenden Lerntheoretikers" ausüben muß, er kann sich aber nur innerhalb des vorgegebenen (quantifizierenden) Systems bewegen. So ist er vor der Gefahr des Schematismus nicht geschützt. Ist deswegen die Verhaltenstherapie in Bausch und Bogen abzulehnen? Das wäre ein Kurzschluß. In bestimmten Grenzfällen läßt sich eine fruchtbare Zusammenarbeit zwischen Seelsorger und Verhaltenstherapeut durchaus denken, ja manchmal ist sie sogar geboten, wenn sich nur jeder seines spezifischen Auftrags bewußt bleibt. Solche Fälle sind chronisch gewordene Verhaltensstörungen wie Bettnässen, Tierphobien (krankhafte Furcht vor Hunden u. a.), Platzangst, Stottern, Süchte und ähnliche Erscheinungen [42].

9. Kommunikationstherapie

Der zusammenführende Helfer: Kommunizieren

Von Paul Tillich stammt die These, daß die „Grenze der eigentliche Ort der Erkenntnis" sei. Daran fühlt man sich erinnert, wenn man sich mit den Grundgedanken der Kommunikationstherapie bekannt macht. Sie ist an der Grenze zwischen der lerntheoretisch ausgerichte-

ten Verhaltenstherapie und der kommunikationstheoretisch bestimmten Familientherapie angesiedelt. Sie bildet geradezu eine Synthese dieser beiden Richtungen der Psychotherapie. Vertreten wird
diese neue Konzeption vor allem von dem Psychologen *Karl Herbert
Mandel,* daneben auch von dem Theologen Ernst Stadter. Mandels
Erfahrungsgrundlage ist die therapeutische Praxis in einer Ehe- und
Familienberatungsstelle.

— *Anstöße*
Ausgelöst wurden die kommunikationstherapeutischen Überlegungen durch die Erkenntnis der „Unfähigkeit" vieler Ehepaare, „mit
dem Partner ohne Zwangsausübung oder Unterwerfung zu kommunizieren". So stellten sich Mandel und seine Mitarbeiter die Aufgabe,
eine „offene Kommunikation" zu „vermitteln", die in der Lage ist,
eigene Bedürfnisse zu artikulieren, sie aber auch in Abstimmung mit
dem Partner zu realisieren. Der andere darf dabei nicht verletzt werden, er könnte ja sonst nur neue Gründe für seine Aggressionen finden. Da der Mensch kein isoliertes Individuum ist, sondern grundsätzlich von der Zweiheit der Partner („Dyade") her begriffen werden muß, gilt die Anstrengung des *„zusammenführenden"* (verbin-
denden, vermittelnden) *Helfers* der Wiederherstellung des Gleichgewichts von gestörten Beziehungen. Die Abläufe dieser Beziehungen
sind nämlich nach Meinung der Kommunikationsforscher wie durch
„Interpunktionen" (Zeichensetzungen) von Ereignissen bestimmt.
Kein Wunder, daß sich die Kommunikationstherapie vornehmlich an
einem Beispiel orientiert, an dem diese Vorgänge transparent werden,
am Themenbereich der Ehepartnerschaft. Anscheinend hat hier das
„Ehepaar" Mandel (Anita M. und K. H. M.) fruchtbare Erfahrungen in das therapeutische Programm einbringen können. Es redet
und schreibt nicht wie der Blinde von der Farbe. So wird der Leitsatz
glaubwürdig: „Die versteckte Krise zu einer offenen zu machen, ist
unabdingbare Voraussetzung für die Möglichkeit, sie zu lösen. Diese
Aufdeckung ist Aufgabe der Partner, oder, falls es ihnen mißlingt,
eines Therapeuten." Auch die Kommunikationstherapie zielt auf
Veränderung. Mandel und Mitarbeiter bevorzugen dafür methodisch
das „Lernen am Erfolg" bzw. das „operante Konditionieren", das
wir bereits bei der Verhaltenstherapie kennengelernt haben. Dazu
kommt das Angebot bzw. der Aufruf zu einer offenen Kommunikation, die ohne Hemmungen auch peinliche und aggressive Inhalte
mitteilt [43].

Wie gesagt, hat die Kommunikationstherapie eine Vor- und Neben-
geschichte. Der in Palo Alto (Kalifornien) lehrende Österreicher *Paul*

Watzlawick hat den hohen Stellenwert der Kommunikation betont. Seine These „Man kann nicht nicht kommunizieren" ist inzwischen zum geflügelten Wort geworden. In der Tat spielen die kommunikativen „Botschaften" im Alltag des mitmenschlichen Lebens eine große Rolle. Sie werden oft anders verstanden, als das vom „Sender" beabsichtigt war. Insofern kommt den *familientherapeutischen* Elementen der Kommunikationstherapie große Bedeutung zu. Nicht nur das Verhältnis der Ehepartner untereinander als solcher und die Eltern-Kinder-Beziehungen für sich verdienen, aufgearbeitet zu werden, sondern der Gesamtbereich der Familienprobleme. Nach *Jay Haley,* einem der wegweisenden amerikanischen Familientherapeuten, „können sich Veränderungen beim einzelnen nur dann vollziehen, wenn sich die Struktur der Familie verändert, und umgekehrt gründen sich Widerstände gegen Veränderungen beim einzelnen auf den Einfluß der Familie als Gruppe". Mit einer solchen Sicht der Lebensfragen, die unsere Ratsuchenden haben, wird sich auch der Seelsorger befreunden können, dem es um Wahrung, Veränderung und Versöhnung der sozialen Beziehungen vom Evangelium her geht. Wie entscheidend dabei das Engagement der Person des Beraters und Seelsorgers werden kann, zeigt das mutige Plädoyer Haleys für eine „strategische Therapie". Im Unterschied zur Zurückhaltung des Psychoanalytikers (Freud) und des Gesprächstherapeuten (Rogers) hat er, ganz im Sinne seines Lehrers *Milton H. Erickson,* die persönliche Verantwortung des vermittelnden und zusammenführenden Helfers herausgearbeitet: „Therapie kann strategisch genannt werden, wenn der Therapeut das Geschehen während der Therapie lenkt und wenn er eine besondere Methode für jedes Problem ausarbeitet. Wenn ein Therapeut und ein Klient mit einem Problem aufeinandertreffen, wird die Aktion, die stattfindet, von beiden bestimmt, aber bei der strategischen Therapie liegt die Initiative hauptsächlich beim Therapeuten. Er muß die Probleme herausgreifen, die zu lösen sind, Ziele setzen, Interventionen planen, um diese Ziele zu erreichen." Feinfühliges Verständnis für den Klienten und selbstkritische Erfolgskontrolle mit Bereitschaft zum Umlernen verstehen sich dabei von selbst.

Wenn es ein „schwarzes Schaf" in der Familie gibt, dann ist das gewiß kein Zufall. Vielleicht ist die ganze Familie krank, jedenfalls in einer bestimmten Richtung. Die alte biblische Wahrheit, daß die Sünden der Väter an den Kindern heimgesucht werden (2. Mo. 5, 20), läßt sich auch umkehren: nicht selten werden heute auch die Sünden der Kinder an den Vätern heimgesucht, wenn die junge Generation ihren eigenen Eltern auf der Nase herumtanzt und sie bis zur Peinlichkeit manipuliert.

Mit verschiedenen Phasen, über deren Reihenfolge sich streiten läßt, arbeitet *J. Bell* in seinen familientherapeutischen Wochensitzungen; sie kreisen um das Kind, die Wechselspiele von Eltern und Kind, Vater und Mutter sowie der Geschwister untereinander, bis es dann zu einer „familienzentrierten" Phase kommt. Nachdrücklich strebt die Familientherapie nach neuen Einsichten in die einzelnen Familienrollen und deren konstruktive Betätigung, die Selbstbestimmung und Rücksicht auf den anderen miteinander verbindet. Wie *Virginia M. Satir* sagt, hat dieses Konzept auch eine christliche Dimension. Sie hat jedenfalls bemerkt, „daß am Leiden eines Gliedes alle anderen auf irgendeine Weise teilhaben" (vgl. 1. Kor. 12, 26). Im deutschen Sprachraum hat sich *H. E. Richter* des Familienthemas angenommen. Nicht ohne Grund spricht er vom „Patient Familie" und verweist auf die oft unglückliche Rolle des Kindes als „Sündenbock" oder „Gattenersatz".

Um noch ein praktisches Beispiel zum „Kommunikationslernen" zu nennen, sei eine Falldarstellung von Mandel referiert. Er schreibt: „Eine Klientin war so kritikempfindlich, daß sie sich bereits bei rein informativen Fragen ihres Mannes, speziell hinsichtlich des Verhaltens gegenüber den Kindern, sehr erregte. Sie brachte dann kein Wort mehr heraus. Ihr Vater hatte die ganze Familie mit seinem ständig nörgelnden Kritisieren tyrannisiert." Der Therapeut suchte sie systematisch zu „desensibilisieren" (unempfindlich zu machen), verbunden mit einer „Verhaltensformung". Auf diese Weise wurde die Ratsuchende stärker im Nehmen und lernte „schrittweise", „ihrem Partner ruhig zu antworten, auch auf eine wirklich kritisch vorgebrachte Frage". Wenn sie sich dann wieder gefühlsmäßig erregte, übte sie Entspannung, einschließlich einer kurzen „Atemresponse", und sagte ihrem Mann sofort, was sie innerlich empfand. Sie begann, wohlmeinende Fragen und destruktive Bemerkungen zu unterscheiden, und wurde zu sachlichen Gesprächen fähig. Sie wurde ihre Sache los, ohne ihrem unnötigen Ärger erregt Luft machen zu müssen. Aber auch dem Ehemann bzw. dem Vater der Kinder wurde auf diese Weise geholfen. Mandel schreibt: „So wurde auch vermieden, daß sich ihr Mann unterwerfen oder zurückziehen mußte, wozu er sich früher nach ihren aggressiven Empfindlichkeitsreaktionen veranlaßt gesehen hatte."[44]

— *Anfragen*
Entwürfe pädagogischer oder therapeutischer Art, die eine Synthese aus zwei oder mehreren Systemen darstellen, sind leicht angreifbar, aber sie haben auch eine integrierende Kraft und werden so für den

praktischen Vollzug interessant. In der Kommunikationstherapie löst schon die hier vertretene Anschauung vom *Menschen* als *Person* manche An- oder Rückfrage aus. Mandels Mitherausgeber *E. Stadter* hat den anthropologischen Beitrag geschrieben und weiß sich als katholischer Theologe dem ,,abendländischen" Personbegriff verpflichtet. Zwar kennt er die Vorurteile, die verhaltenstherapeutische Maßnahmen gewöhnlich als ,,Manipulation", ja als ,,Attentat auf die menschliche Integrität" ansehen. Er dreht aber gleichsam den Spieß um und zieht aus der ,,abendländischen" Voraussetzung, daß der Mensch ein ,,mit Vernunft ausgestattetes Wesen und als solches Person" ist, eine andere Konsequenz, nämlich die Erkenntnis, daß eine ,,gute Technologie" (sprich: Kommunikations- und Verhaltenstherapie!) die ,,Mechanik" der im wirklichen Leben sowieso stattfindenden mitmenschlichen Vorgänge ,,in den Griff" bekomme und sie ,,zugunsten des Menschen in Anwendung" bringe. Von Thomas v. Aquin lernt er, daß die Geistseele das Gestaltungsprinzip des Leibes sei (,,forma corporis") und argumentiert mit der Scholastik bzw. ihrem Grundsatz, daß das Handeln dem Sein folge (,,agere sequitur esse"). Da kann man im Menschen kein ,,Innen" vom ,,Außen" abtrennen. Der Mensch bildet eine Personeinheit. Wenn auch diese Denkweise etwas mittelalterlich-ontologisch (im Sinn einer ,,Seinslehre") überlagert scheint, so wird doch auch der biblisch-reformatorisch eingestellte Seelsorger darin noch den ernstgemeinten Versuch spüren, das christliche Menschenbild zur Geltung zu bringen. Problematischer wirkt schon die These der Kommunikationstherapie, daß sie nicht den einzelnen (Individuum), sondern die Zweiheit der Partner als ,,unzerlegbares System" im Auge habe: ,,Sie setzt somit bei der Beziehung selbst als dem primären Faktum an." Richtig daran ist, daß der Mensch nach der Schöpfungsgeschichte (1. Mo. 1, 27; 2, 18) von vornherein als Partner verstanden werden muß. Andererseits darf und muß man fragen, ob man nicht das Dialogische als Leitgedanken auch übertreiben, ja ideologisieren kann. Jedenfalls liegt hier (,,primär"!) ein neuralgischer Punkt vor. Darüber hinaus haben Martin Walsers Drama ,,Zimmerschlacht" und Ingmar Bergmans Film ,,Szenen einer Ehe" zu deutlich gezeigt, wie abgrundtief die Hölle einer Partnerbeziehung werden kann. So bleibt nur zu fragen, ob dieses Grundfaktum, daß der Mensch als einzelner wie als Partner nach lutherischer Auffassung ein ,,armer, elender, sündhafter Mensch" ist, von den verschiedenen Vertretern der Kommunikationstherapie immer realistisch genug gesehen wird.

Gleichwohl ist eines positiv anzumerken: Die Mandel-Gruppe hat die *religiöse* (besser: die religionsphilosophische) Dimension ihrer Therapie nicht ausgeklammert, sondern sie ausdrücklich in ihren Entwurf einbezogen. Das haben wir schon dem Stichwort ,,abendländisch'' entnehmen können. So beruft sich Stadter gern auf Augustin, der Wille und *Liebe,* d. h. ,,demnach'' die ,,Praxis'' der Erkenntnis, vorlagere. Noch stärker aber hat sich diese Konzeption an dem im alttestamentlichen Denken verwurzelten System des jüdischen Philosophen Martin Buber orientiert. Die Ich-Du-Beziehung im Sinne des ,,dialogischen Prinzips'' erscheint als die ethische Magna Charta der Kommunikationstherapie[45]. Der Schöpfungsgedanke kommt somit zweifelsohne deutlich zur Sprache. Wo aber bleibt der Liebesgedanke, der aus der christlichen ,,Religion'' hervorgegangen ist? Er wird bei Stadter nicht vergessen. Es fragt sich nur, in welches Verhältnis er zum dialogischen Prinzip zu stehen kommt. Kommunizieren und Kommunizieren meint offenbar nicht immer dasselbe.

Auffällig oft begegnen wir bei Mandel *Ziel*formulierungen. Er beobachtet in der neueren Psychotherapie eine Entwicklung, die sozusagen auf die Kommunikationstherapie zugeht, und zwar gerade beim Zielproblem: Man erstrebe neuerdings mehr ,,Lösung konkreter Probleme statt Heilung der ,Gesamtpersönlichkeit' '', zusehends ,,Erwerb neuer kommunikativer Verhaltensweisen'' und eher ,,Lösung sozialer statt individueller Konflikte''. Mandel setzt sich hier deutlich von der rückwärts gewandten Psychoanalyse ab. Sein Ziel liegt vorwärts. Wörtlich heißt es einmal: ,,Ziel der Ehetherapie kann nur sein, durch Auflösung von Ängsten und Zwängen herrschaftsfreie Kommunikation und maximale gleichverteilte Bedürfnisbefriedigung zwischen Partnern, die sich gewählt haben, herzustellen'', kurz: ,,herrschaftsfreie Kommunikation einzuüben''. Der ein wenig ,,emanzipatorische'' Zug dieser Zielbestimmung ist unverkennbar. Gerade die Anwendung von verhaltenstherapeutischen Mitteln scheint dieser therapeutischen Lehre das genuine Mittel für die Einübung in die Freiheit. Stadter gibt sich große Mühe, die Anliegen der Kommunikationstherapie im Lichte des dialogischen Prinzips als ,,Analogie'' zur christlichen Botschaft aufzuweisen. Gewiß liegt hier eine Art Entsprechung (Korrelation) vor, aber weniger eine unmittelbare Ähnlichkeit, sondern vielmehr eine Wechselbeziehung zweier verschiedener Größen. Das, was man in dieser Therapie ,,Partnerschaft'' nennt, gehört zum 1. Artikel von der Schöpfung, der 2. Artikel von der Erlösung tritt zurück oder wird nur locker damit verbunden. Partnerschaft und Bruderschaft sind nicht ohne weiteres dasselbe. Sünder können Brüder werden, aber nur durch die Versöhnung im Namen Jesu. Stadters biblische und theologische Auslegung des Kommunikationsthemas sind zwar noch getragen von den Impulsen der Bultmannschen „Entmythologisierung" (Deutung neutestamentlicher Aussagen mit Hilfe existenzphilosophischer Begriffe als für meine Existenz und mich wesentlich), aber die Selbsterlösung wird mit Recht abgelehnt: „Gott befreit durch Christus den Menschen von der Dämonie der ‚kosmischen' Mächte." Soweit, so gut. Leider rückt dann aber Jesus in die Reihe der „außergewöhnlichen Persönlichkeiten", die „erst eine Epoche zu ihren besten Möglichkeiten ‚befreien' ". Noch konkreter: „Christus steht als exemplarische Figur der Freiheit." Der geschichtlichen Heilstat Jesu am Kreuz werden solche Sätze nicht gerecht. Das Problem des Verhältnisses zwischen göttlicher Gnade und menschlicher Freiheit läßt sich so nicht befriedigend lösen. Der Gott in Christus ist der Gott, dem allein Ehre gebührt. Jesus ist noch etwas anderes als der erste kommunikative Mitmensch. Stadter leitet gut biblisch die Ehe vom Modell des „Bundes" ab und sieht sie abgesichert durch den anderen wie bei einer „Seilgemeinschaft", die die Erfahrung des „Gehaltenwerdens" über einem Abgrund vermittelt. Und doch wird der im 3. Artikel bezeugte Gedanke von der durch den Heiligen Geist gewirkten „Gemeinschaft" (communicatio durch communio) in dieser theologischen Interpretation der Kommunikationstherapie nicht voll zu Ende durchgedacht. Insofern gibt auch E. Guhrs scharfe Kritik an der „Reduktion" dieser therapeutischen Richtung zu denken: „Die Kommunikationstherapie reduziert wie die Verhaltenstherapie die Wirklichkeit auf die experimentelle Wirklichkeit, die Person auf einen Informationsträger, das teilnehmende Verstehen, die Solidarität auf das Ernstnehmen der Wünsche, die Beziehung auf den Austausch von Informationen, die Gleichrangigkeit der Partner auf eine einseitige Dominanz des Therapeuten." [46]

Charakteristischerweise heißt es bei Stadter einmal: „Die Ehe ist ins Labor geraten." Damit wird zutreffend die Tatsache angesprochen, daß die Kommunikationstherapie eine ausgesprochene Experimentierfreudigkeit besitzt. Sie gibt den rationalen *Regeln,* ja dem gesetzlichen Schema viel Raum. Zuweilen kann so etwas wirklich helfen, wie ja auch die reformatorische Sicht einen „Dritten", nämlich den „evangelischen" und heilsamen Gebrauch des Gesetzes kennt. Die psychologische Technologie bekommt dann eine „dienende, instrumentelle Funktion". Einige der kommunikationstherapeutischen Regeln überzeugen ohne weiteres, so die „Anregungen im Konjunktiv" („Vielleicht fragen Sie ihren Partner vorher, was er gern möchte"), die Kommunikationsübung „Wünsche äußern" und das „Zählen von Grundraten" (Beobachtung der Häufigkeit bestimmter Verhaltensweisen). Anderes ruft Bedenken hervor, weil die Heilung des

Klienten allzu ,,machbar'' erscheint. Im evangelischen Bereich hat sich *H. Frör* besonders des Aspekts der seelsorgerlichen ,,Konfliktregelung'' angenommen, und zwar mit Hilfe von hilfreichen und zum Teil ausgezeichneten ,,Spielen'' (Spiel und Wechselspiel). Konflikte sind für ihn ,,mißglückte Regelungsversuche''. Die erstrebte Kommunikation besteht in der allmählichen Lösung des Spannungszustandes zwischen Ist- und Sollwert. Das Grundmodell dieser seelsorgerlichen Konfliktberatung ist der ,,Regelkreis'', wie überhaupt das Vokabular der Kybernetik in Frörs Entwurf vorherrscht. Zwar kämpft er erfreulich klar mit dem reformatorischen Rechtfertigungsgedanken gegen falsche Gesetzlichkeit und Schematismus, teilweise offen bleiben aber die Fragen nach dem Ineinander von therapeutischer Regelung und seelsorgerlichem Zuspruch sowie nach dem Seelsorgeziel. Eine allgemeine ,,Beratung'' mag als ,,erfolgreich abgeschlossen'' gelten, wenn ,,die Beteiligten in der Lage sind, vollständig zu kommunizieren''. Aber reicht dieses Ziel für die Menschensorge unter dem Evangelium aus, und wie ist das Verhältnis dieser ,,neuen Sorge'' zu der kybernetischen Beratung zu bestimmen? Im weiteren Sinne hat sich auch *J. Scharfenberg* mit dem Thema ,,Kommunikation'' beschäftigt. Auch er ist auf eine einfallsreiche ,,Konfliktberatung'' in der Seelsorge aus, wenn auch mehr auf psychoanalytische Weise. Da menschliche Kommunikation auf dem Austausch von Symbolen beruht, kommt er zu dem Leitsatz: ,,Menschliche Kommunikation *ist* symbolische Kommunikation.'' Der Seelsorger wird so zum Kommunikator von ,,religiösen Symbolen'', mit deren Hilfe sich innerseelische und außerseelische Konflikte aufarbeiten lassen. Der wunde Punkt bei diesem Konzept liegt in der Mehrzahl der ,,Symbole''. Für eine christliche Seelsorge gibt es letztendlich nur *ein* tragendes und bestimmendes Symbol, das Kreuz des einen Gekreuzigten und Auferstandenen[47]. Religiöse Symbole und das christliche Symbol müssen deutlich genug unterschieden werden.

10. Gestalttherapie

Der bewußtmachende Helfer: Integrieren

Der einfallsreiche, aber auch umstrittene amerikanische Theologe *Harvey Cox,* dessen Bücher über die ,,Stadt ohne Gott'' (mit dem ,,urbanen'' Christus) und über das ,,Fest der Narren'' (neue Formen des Glücks durch Festlichkeit und Phantasie) große Verbreitung gefunden haben, bekennt sich in einem neueren Essay (,,Verführung des Geistes'') zu unmittelbarer religiöser Erfahrung, mitten in der pseudoreligiösen Welt der Massenmedien, der von ihm sogenannten

„Signalreligion". Dabei kommt er auf seine persönlichen Erfahrungen mit der „Gestalttherapie" zu sprechen. Fritz Perls, der Gründer dieser Therapierichtung, ist ihm vorgekommen „wie eine Mischung aus hebräischer Prophet, Landstreicher und Kobold". Er habe sich nicht auf einen „nondirektren Hokus-Pokus" eingelassen, sondern sei „hart und direkt" vorgegangen. Wörtlich heißt es in einer Passage, die von Perls' gestalttherapeutischer Traumarbeit berichtet: „In meiner (Cox) Gruppe war ein aufgeschossener, breitschultriger junger Sozialarbeiter mit buschigem Haar, der einen immer wiederkehrenden Traum erzählte, in dem ein Bunker mit einer Kanone vorkam, ähnlich denen in der alten Maginotlinie. Dann glitt im Traum ein riesiger Alligator aus dem Wasser und schwamm auf die Festung zu. Perls veranlaßte ihn, den Traum zu spielen, zuerst, indem er die Festung *war,* dann *war* er die Kanone, dann der Alligator und dann das Wasser. Der Mann spielte das alles, auch das Dröhnen, das Gleiten und das Platschen. Später erzählte er mir, daß er schon, ehe er damit fertig war, alles darzustellen, das Gefühl hatte, eine Fülle von Symbolen zu haben, ohne sich vor ihnen zu fürchten oder sie intellektuell verstehen zu wollen. Er war sie *geworden,* oder besser gesagt, sie waren wieder er geworden." Es muß etwas Faszinierendes an dieser therapeutischen Methode sein, sonst würden sich in letzter Zeit nicht einige evangelische und katholische Theologen so ernsthaft für die Gestalttherapie eingesetzt haben[48].

— *Anstöße*
Neben der Einführung in die „Grundlagen der Gestalt-Therapie" hat *Fritz Perls* seine Praxis vor allem in dem Buch „Gestalt-Therapie in Aktion" dargestellt. Seine anschauliche, zuweilen recht handfestderbe Art des Schreibens beeindruckt nicht wenige Leser. Perls mag das ganze „Freudsche Zeug" nicht, obwohl oder gerade weil er als Analytiker angefangen hat. Kein Zweifel, daß er von der Gestalt - Psychologie (W. Köhler, M. Wertheimer, K. Lewin) beeinflußt ist. Er hat aber auch Elemente der Existenzphilosophie und der Phänomenologie aufgenommen und selbständig verarbeitet. Perls denkt ganzheitlich. Für ihn ist Gesundheit „ein angemessenes Gleichgewicht des Zusammenspiels alles dessen, was wir sind". Er ist der Überzeugung, daß wir Körper („body"), ja jemand („somebody") sind: „Es dreht sich also mehr um *sein* als um *haben.*" Wer dächte da nicht an E. Fromms gleichnamige Parole. Immer wieder hebt Perls auf die „Ich-Grenze" ab, die entweder als Identifikation (Gleichsetzung) oder Alienation (Entfremdung) erscheint. Die Ichgrenze ist flexibel. Man kann nach Perls nicht ohne Grenze leben: „Die Müllers sind immer besser als die Meiers, und Meiers sind bes-

ser als die Müllers." Er glaubt, daß Objektivität nicht existiert. Offenbar spielt deswegen die „Intersubjektivität" in diesem Entwurf eine so große Rolle.

Ein, wenn nicht das Hauptanliegen der Gestalttherapie besteht in dem Postulat der „Wahrnehmung" bzw. der „Bewußtheit" (awareness). Der Therapeut ist demnach ein *bewußtmachender* Helfer. Wahrnehmung ist die „Integration" des Subjektiven und des Objektiven. Sie erschöpft sich nicht in sich selbst, sie ist „Bewußtheit" von „etwas" (something), und sei es von einem Nichts (nothing). In der Tat hat auch der Seelsorger, dem es im Namen Jesu um die wirkliche Situation des einzelnen Nächsten geht, keine größere Aufgabe, als sich zunächst um „wache Aufmerksamkeit" für die Probleme des Ratsuchenden zu bemühen. Perls sieht in unabgeschlossenen Situationen und in unvollständigen Gestalten eine Herausforderung an den Klienten und den Therapeuten. Insofern versteht er seine Schule als eine Art der „existentiellen Therapie". Sie ist weder eine „Darüber-Reden-Philosophie" (aboutism) noch eine „Du-solltest-Philosophie" (shouldism), sondern eine echte Art von „Existentialismus", der gegen „Konzepte" ist und der die „Potentiale" des einzelnen Menschen verwirklichen möchte. Anders gesagt: die Gestalttherapie möchte aus dem Menschen herausholen, was in ihm „drin" ist und in seine Gestalt *integrieren*. So betrachtet ist „Bewußtheit" im Sinne von „per se" (durch und aus sich selbst heraus) etwas, was „heilsam" sein kann. Perls spricht hier von „organismischer Selbstregulierung"; das ist ein aufschlußreiches, aber auch gefährliches Wort (s. u. S. 186). Jedenfalls traut er seinen Klienten einiges zu. Der Gestalttherapeut hält sich nicht mit langen Vorreden und endlosen Nachreden (Beispiele: das „Spiegeln" von Rogers und das Analysieren von Freud) auf. Das alles erscheint ihm als bloßes „Mindfucking" (alles nur im Kopf denken bzw. rationalisieren). Die Hauptsache ist für die Gestalttherapie das „Wachsen" und „Reifen" des Ratsuchenden: „Reifen ist das Herauswachsen aus der Unterstützung durch die Umwelt hin zur Selbständigkeit und Selbsterhaltung." Auffällig ist die Gegenwartsorientiertheit bei Perls. Ständig betont er das „Hier und Jetzt". Sie ist zwar grundsätzlich nur als Akzentsetzung gemeint, nimmt sich aber bei Vertretern der Gestalttherapie zuweilen wie eine demonstrative Geschichtslosigkeit aus. Zu verstehen ist das wohl nur durch die Abwehr der vergangenheitsorientierten Psychoanalyse. Rogers selbst hat ja ebenfalls für das Jetzt votiert: „Jetzt schließt das Gleichgewicht des Hierseins ein, ist Erleben, Engagement, Phänomen, Bewußtheit." Das aus der Gestalt-Psychologie bekannte Figur-Grund-Modell (eine Vordergrund-Figur hebt sich von einem Hintergrund ab, zu dem sie andererseits unabdingbar gehört) spielt auch bei Perls eine bestimmende Rolle. Der Gestalttherapeut sorgt dafür, daß der Ratsuchende im Hier und Jetzt aus seinem „Grund" heraustritt und den Mut gewinnt, ein empfundenes Bedürfnis zur dominierenden „Figur" im Feld seiner Wahrnehmungen und Gefühle werden zu lassen[49].

Im deutschen Sprachbereich hat der katholische Theologe und Psychologe *Hilarion Petzold* die Gestalttherapie im Sinne einer *Integrativen Therapie* weiterentwickelt, wobei er atem- und bewegungstherapeutische Verfahren anwandte. Als Schüler des französischen Existenzphilosophen Gabriel Marcel vertritt er die Auffassung, daß es „Existenz immer nur als Koexistenz" (Mitsein, Zusammensein) gibt und daß Sinn nur mit anderen zusammen gefunden werden kann, also zuletzt „Kon-sens" ist. Schon Perls hatte betont, die Gestalttherapie wolle nicht „analysieren", sondern „integrieren", nicht erklären, sondern verstehen. Petzold baut den Integrationsgedanken aus. Er möchte dem Ratsuchenden helfen, zu seinem „eigentlichen" (integer = unversehrt) Wesen zu kommen, und zwar durch Einfügung bzw. Zusammenschluß in ein übergeordnetes Ganzes (Integrierung). Er spricht deshalb von „Intersubjektivität", die ein Anrühren und Sich-berühren-lassen ermöglicht. Das integrative Ziel dieser Therapie ist der gesunde Mensch, der eine „komplexe Gesundheit" erlangt, sei es durch Heilung, Erhaltung oder Entwicklung. Für Petzold läßt sich so ein unmittelbarer Ansatz zu der seelsorgerlichen Arbeit der Kirche gewinnen. Hier kündigen sich Probleme an, die im nächsten Abschnitt behandelt werden. Die Phänomene Übertragung, Gegenübertragung und Widerstand gehören als Aspekte der Beziehung zum Stil der integrativen Therapie. Petzold lehnt zwar die Freudschen Methoden, mit der Übertragung umzugehen, ab, hält es aber für notwendig und fruchtbar, die genannten Erscheinungen therapeutisch aufzudecken und zu verarbeiten. Damit unterscheidet er sich von dem Entwurf der „integrativen Gestalttherapie", den die Amerikaner *E. und M. Polster* vorgelegt haben. Sie sind der Auffassung, daß die „Interpretation" der Übertragung den Patienten von den Gesamtergebnissen seiner Erfahrung im Leben „ablenkt", „indem sie die Stärke des gegenwärtigen Fühlens und Handelns hinwegerklärt und das Jetzt durch das Es-war-einmal ersetzt". Deshalb plädieren E. u. M. Polster für eine Gestalttherapie, die auf die Gegenwart setzt, die Erfahrung hochhält und den Therapeuten „sein eigenes Instrument" sein läßt.

Eine Einführung in die Methoden der Gestalttherapie bietet die Arbeit des amerikanischen Psychologen *John O. Stevens*. Er macht die „Kunst der Wahrnehmung" an mehr als 100 „Übungen" deutlich, die zum Beobachten, Mitteilen, Berühren sowie zum Aussprechen und Ausspielen von Phantasien anleiten. Der wichtige Stellenwert des Körpers, der in der Gestalttherapie nicht zu den Randerscheinungen gehört, sondern einen Zentralwert darstellt, kommt bei Stevens unmißverständlich zur Geltung: da ist vom Atmen, vom Summen, vom „Dialog der Hände", von „Phantasie-Reisen", ja von „Schulter-Massage" die Rede. Aber auch die Person des Therapeuten, die den Seelsorger besonders interessiert, wird in einem eigenen Kapitel reflektiert. Ganz im Sinne von Perls, der vor einem zu „hilfreichen" Helfer und vor zu „schnellem" Retten warnte, stellt Stevens das „Helfen-wollen" in Frage: „Fast immer hilft der ‚Helfer' sich *selber,* wenn er anderen Menschen hilft." Jedenfalls soll der bewußtmachende Helfer der Gestalttherapie darauf achten, daß der Ratsuchende nicht einer Selbsttäuschung verfällt, er brauche unbedingt fremde Hilfe, wo er doch „eine Menge ungenutzten Potentials in sich" trage[50].

— Anfragen

Fast klingt es wie Resignation, wenn Perls einmal sagt: „Im Grunde gibt es sehr wenige Menschen, die *ganze Menschen* sind." Aber der Gründer der Gestalttherapie ist alles andere als ein Skeptiker. Im Gegenteil, gerade diese nüchterne Einsicht fordert ihn zu Kontrapositionen und Gegenmaßnahmen heraus. Gelegentlich scheint es so, als ob er dem Menschen zuviel zutraue, als ob er der optimistischen Ideologie huldige, daß „der Mensch seinem Wesen nach gut" sei (G. Besier). Die unheilvolle Spaltung des Menschen in ein Ich und ein Selbst („Ich erkenne etwas in mir selbst an") ist für ihn Ansporn, um Ganzheit zu ringen. So versteht er das Leben als „eine unendliche Anzahl unabgeschlossener Situationen — unvollständiger Gestalten". Bezeichnend ist die an den (anthropologischen) Grundgedanken von M. Buber und G. Marcel orientierte Definition des Menschen, die H. Petzold zitiert: der Mensch sei „ein Körper-Geist-Seele-Subjekt in einem sozialen und ökologischen (physikalischen) Umfeld". Perls selber spricht von den „zwei Clowns" im Menschen, dem „Über-Ich" bzw. dem „Topdog", das rechtschaffen und besserwisserisch ist, und dem „Unter-Ich" bzw. dem „Underdog", das manipuliert und sich als „Heulsuse" ständig selbst rechtfertigt. Der Mensch neigt dazu, sich nicht nur ein Bild von Gott, sondern auch von sich selber zu machen. Mit Nachdruck kämpft die Gestalttherapie gegen diese falschen Menschenbilder, weil es so statt der notwendigen „*Selbst*verwirklichung" zu einer bloßen „Verwirklichung des Selbst*bildes*" komme. Wer sich näher mit dem Schrifttum der Gestalttherapeuten befaßt, staunt immer wieder, welche große Rolle der „Körper" in diesem System spielt. Man hat Perls deswegen schon einen gewissen „Biologismus" vorgeworfen. Zwar steht das Leitbild des „ganzen Menschen" im Mittelpunkt des Programms, aber die Methoden haben einen deutlichen Zug zum Körperlichen. Manche Freunde der Gestalttherapie suchen eine Brücke zum Christentum zu schlagen, das den Körper so lange vernachlässigt hat. Der Körper gilt dann als „Kriterium" der Wahrheit, ja auch als Kommunikationsmittel für die Begegnung mit Gott. Der Gedanke, daß Gott der Schöpfer des Leiblichen ist, fehlt aber im ursprünglichen Denkansatz von Perls. Dafür aber macht die Gestalttherapie kritisch-konstruktiv darauf aufmerksam, daß die Körperhaltung oft das wirkliche Verhalten eines Menschen, auch eines Christen, widerspiegelt; so kann etwa die gebückte Haltung auf depressive Stimmung oder gekünstelte Demut hindeuten.

Der philosophische Grundton bei Perls weist in die existentialistisch-phänomenologische Richtung. Insofern ist das System an den Rändern offen für religiöse Gedankengänge, wenn auch manchmal nur in einer Art „nichtreligiöser" *Religion*. So lautet das „Gebet in der Gestalttherapie" nach Perls wörtlich: „Ich tu, was ich tu; und du tust, was du tust, / Ich bin nicht auf dieser Welt, um nach deinen Erwartungen zu leben. / Und du bist nicht auf dieser Welt, um nach den meinen zu leben. / Du bist du, und ich bin ich. / Und wenn wir uns zufällig finden, — wunderbar. / Wenn nicht, kann man auch nichts machen." Dieses „Gestaltgebet" ist natürlich gar kein richtiges Gebet, sondern eher eine Art Leitspruch, teils verbindlich, teils unverbindlich. Es spricht daraus das Prinzip der „Intersubjektivität", mehr aber auch nicht. Am Schluß meint man sogar ein Achselzucken zu sehen. Einer der Therapeuten, der an dem Ineinander von Gestalt und Glaube interessiert ist (Esser), meint sogar: „Unser Ziel ist Integration, ist Ganzheit, und darum sollte jede Therapie am Ende Religionstherapie werden." Durch zunehmende Integration, die kein „stählendes Body-Building" sei, werde vielmehr die „Resonanzfähigkeit" des Körpers für das Leiden erhöht. In der Auseinandersetzung mit dem naturwissenschaftlich eingestellten S. Freud, der nur nach Ursache und Wirkung fragt, greift Perls wieder auf die Vorsokratiker zurück, insbesondere auf Heraklit, nach dem „alles im Fluß ist" (Wir steigen nie zweimal in denselben Fluß!). Mit der Forderung, vom Warum zum Wie umzuschalten, plädiert Perls gegen das Kausalitätsdenken und für das Prozeßdenken. Es versteht sich von selbst, daß auf diese Weise auch die Religion ins Fließen gerät! Der Seelsorger, der sich gestalttherapeutischer Verfahren bedient, muß dann auch mit Auflösungserscheinungen rechnen. So nahtlos will der Übergang von der Gestalt zum Glauben nicht gelingen [51].

Als pädagogisch interessierte Therapie hat die Perls-Schule gleichsam von Natur aus ein lebhaftes Interesse an Zielfragen. Perls sagt einmal ganz schlicht: ,,Das Ziel ist zu reifen, erwachsen zu werden.'' Genauer noch: Nicht der reife, sondern der ,,reifende'' Mensch gilt als Ziel des therapeutischen Vorgehens. Das Ziel sei letzten Endes unerreichbar: ,,Es ist immer im Werden . . . Wir wollen die Vervollständigung unserer Persönlichkeit fördern.'' Das Ganze läuft auf einen ,,fortwährenden Integrationsprozeß'' hinaus. Der Weheruf der Gestalttherapie gilt den Verziehern: Wehe den Hinderern, die das Reifen eines Menschen blockieren! Perls möchte nicht, daß seine Ratsuchenden einfach das ,,Evangelium St. Gestalt'' nach dem Schrifttum des Gründers nachplappern, sondern daß sie eigene Zieldefinitionen finden. Im Rahmen einer Lebensberatung mögen solche Zielformeln etwas austragen und dienlich sein. Der Seelsorger kann sie nicht unbesehen übernehmen. Wird doch hier dem Menschen eigentlich sehr viel zugetraut. Wird er nicht sogar überfordert? Die bereits erwähnte ,,organismische Selbstregulierung'' kann sich leicht zu einer Art der Selbstrechtfertigung entwickeln, die dann zum Schluß meint, auf die Rechtfertigung ,,aus Gnaden, um Christi willen und durch den Glauben'' (CA 4. Art.) verzichten zu können. Perls scheint den Schuldcharakter der Schuld zu unterschätzen, so wie Freud mit seiner These, der Mensch sei gesund, wenn er frei von Schuldgefühlen wäre, das auf seine Weise auch schon getan hat. Perls und seine unmittelbaren Schüler sehen ,,Schuldgefühle als projizierten Groll'' an. Auch wenn er nur die krankhaften Schuldgefühle im Auge haben mag, so fehlen doch klare ethische Vorstellungen, die das Gute gut und das Böse böse nennen, geschweige denn, daß auf die Rechtfertigung des Sünders oder die Erlösung durch Christus aufmerksam gemacht würde, wohingegen die Anleihen bei Vertretern anderer Weltanschauungen oder Philosophien ungeniert zur Sprache kommen. Wir sollten als Christen bereit sein, die guten und evangeliumsgemäßen Aspekte der Gestalttherapie zu übernehmen, aber ebenso deutlich Abstand nehmen, wenn der therapeutische Zug in eine ganz andere Richtung fährt, als sie Gottes Wort weist. Gewiß dürfen und wollen wir nicht vorschnell den Stab über Perls und seine Therapie brechen. Wir müssen immer den Kontext bedenken, in dem er spricht, nämlich gegen die einseitig nach rückwärts gewandte Argumentation der Psychoanalyse und gegen die „christliche" Spezies der kleingläubigen und kleinbürgerlichen Frommen, die „nicht Pieps zu sagen wagen" und die Angst vor ihrer eigenen geistlichen Courage haben. Aber kann man wirklich so bruchlos von der Gestalttherapie auf evangelische Seelsorge umschalten? Das Prinzip des Wachsens hat auch eine Schlagseite zum Evolutionismus (Entwicklungsideologie) hin. Perls möchte mit seiner Gestalttherapie die Ratbedürftigen dahin bringen, daß sie fähig werden, sich „selbst zu trösten und sogar andere Menschen". Mit solchen Erwartungen wird nicht nur der Mensch zu hoch eingestuft, sondern es werden auch die Übergänge von der therapeutischen Bemühung zum seelsorgerlichen Handeln überschätzt. So glatt und rund sind sie nicht. Petzold wünscht als Gestalttherapeut der Seelsorge „weitere Dimensionen" als die überlieferte „cura animarum" (Sorge für die „Seelen"), schränkt aber offenbar den Seelenbegriff auf rein Psychisches ein, während er doch im biblisch-reformatorischen Verständnis eindeutig den Personkern meint, d. h. den Teil (Seele) für das Ganze (Person) nimmt. Petzolds Satz „So wächst aus dem Erleben Gestaltung, Kreation (= eine Schöpfung), Novum (ein Neues)" löst die Gegenfrage aus: Ist dieses „Novum" ein wirklich Neues oder nur eine neue Frucht des Vorhandenen?

Perls selber versucht, sich gegen Mißverständnisse abzusichern, wenn er sagt, daß er „nicht Gott" sei, sondern nur ein „Katalysator" (Auslöser). Aber Sündenvergebung im Sinne biblischer Seelsorge ist doch noch etwas anderes als bloße „Integration der Schattenseiten" (S. Esser), und auch die Rechtfertigung des Zöllners geht nicht in dem „Zustand der Ganzheit und Kongruenz zwischen körperlichem und seelischem Ausdruck in der Kommunikation mit Gott" auf. Die These „Heilsein heißt also fließen können" (Esser) ist gewiß heraklitisch, aber nicht ohne weiteres neutestamentlich! Dankbar notieren wir, daß ein katholischer Gestalttherapeut wie K. H. Ladenhauf beim Seelsorger darauf insistiert, daß dieser die „Fähigkeit" haben müsse, „als authentischer Zeuge des christlichen Glaubens die Nöte und Fragen des Menschen aufzuspüren und auf Grund seiner theologischen und humanwissenschaftlichen Kenntnisse und Erfahrungen die lebensgestaltende Kraft des Christentums wirksam werden zu lassen". Gleichwohl können wir die Gegenfrage nicht unterdrücken, wie sich dieser theologische Denkansatz mit dem gestalttherapeutischen Programm der „organismischen Selbstregulierung" verträgt. Es mag sein, daß nach H. Petzold „Gestalttherapie und Seelsorge" einen „Ort" haben, an dem sie „sich treffen können", nämlich die „gemeinsame Suche nach Sinn", es läßt sich aber nicht sagen, daß sie auf die Sinnfrage eine übereinstimmende Antwort hätten. So „offen für den Glauben'' (an Christus nämlich) ist die Gestalttherapie nun denn doch nicht [52].

In methodischer Hinsicht befolgt der Gestalttherapeut ziemlich korrekt die Regeln bzw. Anweisungen von Perls und seinem Grundentwurf. So steht der ,,direkten Anrede'', im Unterschied zu der Gesprächstherapie von Rogers, überhaupt nichts im Wege. Zu diesem direkten Vorgehen gehört auch die ,,gezielte Frustration'', d. h. Perls möchte dem Ratsuchenden durch Ablehnung seiner Wünsche nach Hilfe seinerseits helfen, das ,,eigene Potential'' zu entfalten. Die Perls-Regeln bestehen gewöhnlich in therapeutischen Übungen, die immer wieder variiert werden können.

Dabei gibt es sicher Grenzüberschreitungen. Ob zur Wiederentdeckung des von Gott geschaffenen Körpers und zur Förderung elementarer mitmenschlicher Begegnungen unbedingt das ,,gemischte Nacktbaden'' gehört, ist zu bezweifeln. Das, was H. Cox über seine ,,Badeerfahrung'' mit der ,,Human-Potential-Bewegung'' in dem für die Gestalttherapie so bedeutenden Institut Esalen in Big Sur (Kalifornien) berichtet, ist doch mehr als bedenklich: diese Badeerfahrung sei für ihn ,,sowohl ,sexy als auch' geistig, sinnlich und unschuldig gewesen''. Wörtlich heißt es: ,,In einer Zeit, die so mit der Freiheit für den sexuellen Ausdruck beschäftigt ist, war es für uns wie eine Salzbrise der Gnade, daß wir von der Standardszenerie der Verführung befreit waren.'' Das Wasser prickelt und beruhigt. Die Badenden singen, unterhalten sich still und üben eine ,,Gruppenmassage'', wobei eine Person den Rücken der anderen reibt. Cox schließt seine Schilderung mit dem Bekenntnis, die Badeerfahrung habe seine ,,Theologie bereichert''. Wirklich? Wieviele Schritte bleiben dann noch, um die Atmosphäre von Guru Baghwan in Poona und von seinen Nachspielen in USA und Europa zu erreichen? Das ,,Bad der Wiedergeburt und Erneuerung im Heiligen Geist'' (Titus 3, 5), von dem das Neue Testament Zeugnis ablegt, sieht anders aus und hat einen anderen Sinn. Wir wollen Cox keine falschen Motive unterstellen — er wird es mit seiner ,,Erfahrung'' sicher ehrlich meinen —, aber wir glauben, uns hier distanzieren zu müssen, weil die Gefahr einer schummerigen Vermischung von Geistlichem, Geistigem, Seelischem und Körperlichem doch zu deutlich ist.

Nun sind die umstrittenen ,,Badeerfahrungen'' nicht einfach identisch mit der Gestalttherapie von Perls und der Integrationstherapie von Petzold. Sie bleiben Rand- und Grenzerscheinungen. Sie dürfen aber auch nicht einfach verschwiegen werden. Wenn man einen geistlich und theologisch klaren Kopf behalten will, machen sie zumindest nachdenklich. Deshalb wird der Seelsorger darauf aufmerksam gemacht. Er soll die hier anfallenden Probleme nicht prüde-pharisäisch bekritteln, sondern sie als biblisch-reformatorisch orientierter Christ nüchtern und kritisch reflektieren: dient das einer fallbezogenen und gegenwartsnahen Seelsorge im Namen Jesu oder nicht? Die Antwort dürfte nicht schwerfallen. Hilfreicher für den Seelsorger scheint das zu sein, was Perls für die *Traumarbeit* vorschlägt. Sie folgt nicht dem „Schema F" (F = Freud!), sondern sucht die einzelnen Elemente des Traumes aus ihrem eigenen Sinngehalt und in Verbindung mit dem vom Klienten gelebten Leben zu interpretieren. Der Auslegungsvorgang vollzieht sich meistens in einer von Perls bevorzugten „Einzeltherapie im Rahmen einer Gruppe". Perls versteht sich bei seiner Traumdeutung ausdrücklich als bewußtmachender Helfer: „Ich bin nicht Gott, ich bin ein Katalysator", der den Ratsuchenden „zum Gewahrwerden des Hier-und-Jetzt" verhelfen möchte. An C. G. Jung erinnert seine These, „daß wir im Traum eine klare existentielle Botschaft dessen haben, was in unserem Leben fehlt, was wir zu tun und zu leben vermeiden". Anders ausgedrückt: Der Traum erschließt ein Zu-Tuendes. Im Traumgespräch, das der Therapeut dann mit dem Träumer führt, muß der Ratsuchende die einzelnen Bestandteile im Ich-Stil meditieren: „Ich bin ein altes Nummernschild", „Ich bin ein See", „Ich bin Nahrung" usw. Solche Selbstauslegungen haben sich in der Therapie von jungen Menschen mit ihren Sehnsüchten und Konflikten, aber auch in der Seelsorge an sterbenden Menschen mit ihren Ängsten und Schmerzen gut bewährt. Gestützt auf Erfahrungen in dem letztgenannten Problembereich hat *K. Lückel* versucht, eine ganze Seelsorgekonzeption zu umreißen, die er „Gestaltseelsorge" nennt[53].

Konzepte der Psychotherapie: Ein Überblick

Nr.	Richtung	Vertreter	**Psychotherapeutische Anstöße** (Stichworte)
1.	**Psychoanalyse** Der hinterfragende Helfer (Analysieren)	Freud	rückwärts, Geschlechtstrieb, Unbewußtes, frühe Kindheit, Zug zur Vergangenheit, Oedipus, Instanzen (Es, Ich, Über-Ich), Traumanalyse, Übertragung, Abwehr, Abstinenzregel
	Individualpsychologie	Adler	seitwärts, Machttrieb, Minderwertigkeitskomplexe, Geltungsbedürfnis, Ziel: Sachlichkeit, vom Ich zum Wir
	Komplexe Psychologie	Jung	Denken, Fühlen, Empfinden, Intuieren: vorwärts, Kollektives Unbewußtes, introvertiert-extravertiert, Schatten, Ziel: Individuation
	Neopsychoanalyse	Schultz-Hencke	Haben-, Behalten-, Gelten-, Liebenwollen: Hemmungen, Ziel: Liebes-, Arbeits-, Gemeinschaftsfähigkeit
	Existenzanalyse	Frankl v. Gebsattel Herzog-Dürck	Existenzphilosophie: Sinnfrage (Frankl), Daseinsanalyse: Mittelpunktfindung (Gebsattel), Personale Psychotherapie: Reifung (Herzog-Dürck)
	Humanistische Psychologie	Erikson Fromm	Identitätshilfe (Erikson), Freiheitshilfe (Fromm), Erikson: Sozialanalytiker, Fromm: Moralanalytiker
2.	**Gesprächstherapie** Der einfühlende Helfer (Akzeptieren)	Rogers Tausch	Verstehen, Annehmen, Echtsein. Artikulieren, Verbalisieren, Strukturieren. Klientzentriert, problemorientiert
3.	**Transaktionsanalyse** Der befriedigende Helfer (Transagieren)	Berne Harris Babcock-James	Ich-Zustände: Eltern-, Erwachsenen-, Kindheits-Ich, ok-sein, Streicheleinheiten, Erwachsenenspiele, Lebensscript
4.	**Gruppendynamik** Der lösende Helfer (Sensibilisieren)	Lewin Battegay Brocher Richter	Menge, Masse, Gruppe. Auflösen/auslösen, Auftauen/ändern/festigen. Selbsterfahrungsgruppe, Sensitivity-Training, Katalysator (Leiter)
5.	**Themenzentrierte Interaktion** Der teilnehmende Helfer (Balancieren)	Cohn	Von d. Erlebnistherapie zur TZI. Hier u. Jetzt. Therapeut beteiligt. Dreieck (Ich-Wir-Es) in Kugel (GLOBE). Regeln: Eigener Chairman, Störungen Vorrang, per Ich reden.
6.	**Krisenintervention** Der eingreifende Helfer (Intervenieren)	Boisen Caplan Switzer	Vorgeschichte und Nachwirkung: Trauerarbeit. Arten der Krise (Boisen): Entwicklungs-K., Situations-K., Pers.-K. Phasen (Caplan): Angst, Hilflosigkeit, Selbsthilfe, Abbau der Pers. -Switzer: Pfarrer hat Zugang; Eingreifen und Vorbeugen
7.	**Realitätstherapie** Der herausfordernde Helfer (Konfrontieren)	Glasser Mowrer Drakeford	Hauptproblem: Befriedigung der Grundbedürfnisse (1: lieben u. geliebt werden, 2: Selbstachtung u. Wertschätzung durch andere). RT=Konfrontation mit Wirklichkeit, Erziehung zur Verantwortung
8.	**Verhaltenstherapie** Der einübende Helfer (Konditionieren)	Wolpe Skinner Blöschl	Pawlow (russ.) und Watson (amerik.): Reiz-Reaktion, Futter-Exp. (konditionierter = bedingter Reiz). (W.): Angst, Sensibilisieren-Desensibilisieren (löschen). (S.): Verstärken. Lerntheorie. Verhältnis z. Psychoanalyse: +/-
9.	**Kommunikationstherapie** Der zusammenführende Helfer (Kommunizieren)	Mandel Watzlawick Haley Richter	Synthese von 1. Kommunikationstheorie (Watzlawick: unmöglich nicht zu kommunizieren) bzw. Familientherapie (Richter: Patient Familie) und 2. Verhaltenstherapie. Kommunikationstherapie: (Modell Ehetherapie) herrschaftsfreie, offene Komm.
10.	**Gestalttherapie** Der bewußtmachende Helfer (Integrieren)	Perls Petzold Stevens	Gestaltpsych., Existenzphilos. Perls: Ich bin Körper. Ich-Grenze fließend. Wahrnehmung= Bewußtheit von sich und anderen. Hier/Jetzt. Figur/Grund. - Petzold: Integrative Gestalttherapie: Koexistenz, Konsens. Intersubjektivität.

(Synopse der 10 Richtungen)

| Menschenbild | Theologische Anfragen | | | Theol. Interpret., Seelsorge-Aspekt |
	Religion/Glaube	Auftrag/Ziel	Regel/Schema	
naturwissenschaft-lich, deterministisch, kritisch	„mosaisch", Religionskritik: Religion = Neurose, Illusion	Bewußtmachen - Vergeben? Anwalt der Realität - Anwalt des Evangeliums?	Phasenfolge (oral, anal, phallisch), Übertragung-Gegenübertragung	Thilo Scharfenberg Winkler
Der sachliche (soziale) Mensch	Gemeinschafts-gedanke	Versachlichen - Vergeben?	„Leitlinie", + oder - 100 %	Künkel zur Nieden
persona, animus - anima	Archetypen, Selbst	Annehmen - Vergeben?	Ausweitung auf be-stehende Symbole	Uhsadel Köberle Affemann
Der gehemmte Mensch	Antwortende Triebe, Ergriffenheit	Was hemmt was?	Kräfte/ Gegenkräfte, Bedingungen	Meves Wrage
(F.): geistig-existen-tielle Persönlichkeit (v. G.): Hang zum Bösen (H.-D.): Identität	(F.): kath. (v. G.): kath. (H.-D.): ev.	(F.): ärztl. Seelsorge (v.G.): Entscheidung (H.-D.): Vertrauen		(F.): Thielicke (v. G.): Stollberg
(E.): Urvertrauen (F.): Der produktive Mensch	(E.): Grundtugend. (F.): Humanitäre Religion	Junger Mann Luther, Friede mit eigenem Gewissen	Lebenszyklus Geben/Nehmen	Faber Klessmann
humanistisch evolutionistisch optimistisch	wertneutral, gg. Setzung v. außen, Freiheit: Kierkegaard	Zug zur Gegenwart, Selbst. Gut: Du-Bezug. Akzeptieren. Gefahr: Ideologie	Rogers-Regeln = Hilfe und Hindernis	Hiltner, Oates, Stollberg, Piper, Faber, Lemke. Kritik: Seitz, Tacke
Speicher, Bedürftiger, Gewinner. Determinismus?	religiöse Erfahrung Innere Kraft Innerer Kern	Befreien - Befriedigen, Ver-geben - Vertiefen. ok=Rechtfertigung? Ziel: ER-Zustand?	Streichel-Maßeinheit, ok-Positionen, Script	James-Savary Oden Harsch Fischer
Mensch in der Gruppe, Mensch ein Über-gang und ein Unter-gang, verflüssigter Mensch	Katharsis, Gruppe u. U. als religiöse Ersatzbefriedigung	Ziel: Selbst- u. Fremdwahrnehmung. Gruppe= kein Heil. Macht Gruppen-dynamik süchtig?	Trainer/Cotrainer, Feedback, Kontrollieren/ Manipulieren?	Knowles Stollberg Kritik: Hofmann Beck
humanist. Mensch = Wesen, d. Themen hat. Jeder zählt. Selbst und Glied	Religiöse Elemente: Holismus, Pantheis-mus, Stoa, Medita-tion, Mitschöpfer	Weg=Ziel. Wie, nicht warum fragen. Theol. Thema: Christus	nur durch feste Struktur Freiheit. Lebendiges Lernen	Kroeger
Mensch=Wesen, das Krisen hat. Neu durch Krise, Seel-sorger=Medium und Modell des Menschen	Angst u. Glaube. Glaube als Gegen-kraft gegen Dynamik der Krise	Identität des Pfarrers als Seel-sorger=Symbol. Heil aus Krise? Gemeinde=Kontext	10 Schritte (Switzer): Kontakt (1-4), Krisen-Analyse (5f.), Bewältigung (-10)	Becher Spiegel
M.=verantwortlich, nicht verantwort-loses Wesen. Überfordert?	Relg. implizit. Statt Glaube: Einstel-lung, Verantwor-tung, Hoffnung	Gewissen: Einfg. der Ethik in die Psychoth. Energie-problem? Befriedi-gen - Befreien?	Anti-Analyse? Selbstverantwor-tung - Selbstüber-schätzung?	Clinebell
Gottes- oder Rat-tenebenbildlichkeit? Manipulierter Mensch? Selbstkontrolle	Skinner: Gegen-kontrolle. Mowrer: Schuldbek. Böschl: Kontrolle der Kontrolleure	Wiss. Klin. Psych. wertfrei und offen für Evangelium? Aber das Böse nicht löschbar	Verhaltenstherapie nur informativ, nicht normativ? Quantifizieren-Me-thode	Besier Schütz
Mensch = Vernunftwesen, Person. Verhalten/Sein, primär Beziehung?	Scholastik (Tho-mas), dialogisches Prinzip (Buber): Stadter (kath.)	Soziologische Lö-sung. Christus Figur der Freiheit. Part-ner-/Bruderschaft?	Ehe im Labor. Technologisches In-strument. Konflikt-regelung(Frör). Sym-bolische Kommuni-kation(Scharfenberg)	Stadter Guhr Frör Scharfenberg
unvollständig, ge-spalten. Ziel: ganzer Mensch. Über- u. Unter-Ich. Biologismus?	Gestaltgebet Religionstherapie Heraklit: Fluß Gestalt/Glaube	Organismische Selbstregulierung. Ziel: Reifung. Wachsen/Neu-werden? Gestalt-Therapeut: Zeuge (Petzold, Lückel)	Einzel-Therapie vor Gruppe. Direkt. Bad? Traumarbeit (Lückel)	Petzold Lückel

Abschluß

Die Zusammenstellung der zehn psychotherapeutischen Richtungen und der dazugehörige Überblick hinterlassen einen doppelten Eindruck. So verschieden im einzelnen die Schulen sind, so haben sie doch einige gemeinsame Elemente, und so wenig manche Konzepte von spezifisch christlichen Motiven geleitet werden, so haben sie doch alle ein theologisches Pendant gefunden, d. h. eine Seelsorgelehre, in der die Hauptanliegen der betreffenden Richtung aufgenommen, umgeformt und vertreten werden. Damit der praktische Seelsorger sich in dem Dschungel der Aspekte etwas besser zurechtfindet, wollen wir abschließend übereinstimmende Momente herausarbeiten und noch etwas Grundsätzliches zu dem Verhältnis von Seelsorge und Psychotherapie anmerken.

— *Übergreifende Gesichtspunkte*

(1) Immer wieder taucht unter den Zielsetzungen der Gedanke der *Ich-Stärkung* und der Selbstbestimmung des einzelnen auf. Dahinter steht nicht nur die ,,cartesianische'' (von Descartes: ,,cogito ergo sum'' = ich denke, darum bin ich) Theologie Europas, die kritisch am Akt des Verstehens und der Aneignung interessiert ist[54], sondern auch die demokratische Philosophie der anglo-amerikanischen Neuen Welt, die auf die ,,independence of the individual'' (Unabhängigkeit bzw. Freiheit des einzelnen) ausgerichtet ist. Nicht wenige Psychotherapien stammen ja aus den USA und sind nach dem 2. Weltkrieg, zum Teil durch junge deutsche Theologen, die ,,drüben'' studiert haben, nach Deutschland exportiert worden.

(2) Oft begegnet *Interaktion* als Ziel oder als Mittel der Therapie. Ein fließendes und ausgewogenes Wechselspiel in den mitmenschlichen Beziehungen erscheint erstrebenswert. Auch hier mag im Hintergrund ein anglo-amerikanisches Grundanliegen mitspielen, nämlich der ,,community''-Gedanke, wie er für die moderne Sozialarbeit im ,,Gemeinwesen'' (Stadtgemeinschaft) und in der ,,Gruppe'' so charakteristisch geworden ist.

(3) Einen nicht unwesentlichen Gesichtspunkt stellt die *Zeitperspektive* dar. Die eine Richtung der Psychotherapie blickt zurück auf die Vergangenheit, die andere hebt auf eine nach vorn weisende Veränderung der Zukunft ab, eine dritte wiederum betont energisch das ,,Hier'' und ,,Jetzt'' des therapeutischen Prozesses.

(4) Bei näherem Zusehen wird deutlich, daß jede Schule der Psychotherapie so oder so eine *weltanschauliche Hypothek* mit sich führt. Sie ist naturwissenschaftsgläubiger, soziologistischer, humanistischer, existenzphilosophischer usw. Art. Es wäre eine Illusion zu meinen, daß eine Psychotherapie absolut neutral und wertfrei arbeiten könnte.

(5) Was die *Methode* des therapeutischen Vorgehens anbetrifft, so bevorzugen die einen die Einzelberatung, die anderen die Gruppenarbeit. Manche versuchen, beide Wege miteinander zu verbinden.

(6) Nicht zuletzt steht die *Person des Therapeuten* im Mittelpunkt des Interesses. Die Art seiner Mitwirkung trägt entscheidend zum Gelingen oder Mißlingen der Bemühung um seelische Heilung bei. Dabei gibt es Richtungen, die verlangen, daß sich der Therapeut möglichst zurücknehme, fast ausblende, während andere Richtungen fordern, daß sich der Therapeut gerade mit seiner Person ganz einsetzt und den Beratungsvorgang steuert.

— *Psychotherapie und Seelsorge*

(1) *Bereitschaft zum Lernen:* Der Seelsorger steht als glaubender Christ in einem lebenslangen Lernprozeß. Wer sich fertig dünkt, nicht mehr lernen will und sich nicht helfen läßt, ist ein ungeistlicher Pharisäer. Ein biblisch-reformatorisch orientierter Seelsorger kann zwar nicht alles, aber viel von den verschiedenen Richtungen der Psychotherapie lernen. Im übrigen ist es nicht verboten, sondern vielmehr erwünscht, daß auch einmal ein Psychotherapeut etwas von der christlichen Seelsorge lernt.

(2) *Verschiedenheit des Auftrags:* Die Psychotherapie hat den Auftrag der fachlich qualifizierten Lebenshilfe im Sinne mitmenschlicher Beratung. Ihr Leitgedanke ist die Möglichkeit des Verstehens. Sie will Hilfe zur Selbsthilfe (Selbstverwirklichung) sein. Ihr Auftraggeber ist der Staat, die Klinik, das eigene Selbst usw. Die Seelsorge hat den Auftrag der sachlich orientierten Lebenshilfe im Sinne nächstenschaftlichten Beratens und brüderlichen Helfens. Ihre Grundlage ist die Wirklichkeit der Vergebung. Ihr Auftraggeber ist Jesus Christus selber, indirekt die Kirche oder eine christliche Gruppe. Sie will dem einzelnen, frage- und fallbezogen, vom Evangelium her zu eigenen Entscheidungen helfen.

(3) *Beziehung auf Gegenseitigkeit:* Therapeut und Seelsorger können nicht nur voneinander lernen, Therapie und Seelsorge sind, in der

Perspektive des Glaubens gesehen, auch sachlich aufeinander angewiesen. Sie stehen wie Frage und Antwort in einer echten Wechselbeziehung (Korrespondenz); sie sind abhängig und unabhängig voneinander. Dabei kann es sich um gegenseitigen Beistand ergänzender (komplementärer) Art handeln. Nicht zuletzt kann in dem Verhältnis von Psychotherapie und Seelsorge die Spannung zwischen ,,Gesetz'' und ,,Evangelium'' fruchtbar werden.

(4) *Möglichkeiten des Vollzugs:* Es dient der Sache der Seelsorge und dem Anliegen des Ratsuchenden nicht, wenn wir die Grenzen verwischen und die Unterschiede verharmlosen. Gefordert sind vielmehr die Wahrung der Akzente und das ehrliche Gespräch bzw. die konstruktive Zusammenarbeit der Partner, die beide einem Menschen in Not helfen wollen. Es gibt mehrere Formen des guten Miteinander: ein Vorher oder Nachher (erst Seelsorge, dann Psychotherapie, oder umgekehrt), vielleicht auch einmal ein Nebenher (Parallelaktion mit gegenseitiger Konsultation). Heute haben manche Seelsorger eine therapeutische Zusatzausbildung, und einige Psychotherapeuten sind überzeugte Christen. So gibt es ,,Psychotherapie im Vollzug der Seelsorge'' und ,,Seelsorge im Vollzug der Psychotherapie''[55].

VI. Hilfen für das Helfen (II)

Zur Praxis des Seelsorgers

BEISPIELE ZUR METHODIK

1. Gespräche

Seitdem es Seelsorge gibt, finden auch seelsorgerliche Gespräche statt. Seelsorge und Gespräch gehören zusammen. Das war in der Alten und in der mittelalterlichen Kirche so. Es sei nur an das Beichtgespräch erinnert. Kein Wunder, daß die reformatorische Theologie des Wortes auch zu einem Anwalt dieses Gespräches in Beichte und Absolution geworden ist (Augsburger Bekenntnis Art. 11, 12, 25) und daß sie das wechselseitige Gespräch („mutuum colloquium": Schmalkaldische Artikel, III, 4) gepflegt hat. Nicht weniger hat sich der Pietismus in Sachen „geistliche Aussprache" engagiert. Schließlich hat der klassische Entwurf der vom Leitgedanken der Verkündigung bestimmten dialektischen Seelsorgelehre von E. Thurneysen den Gesprächsaspekt der Seelsorge großgeschrieben und theologisch untermauert. Obwohl wir heute in manchen Punkten anders denken, so ist sein Kapitel über die „Gestalt des seelsorgerlichen Gesprächs" noch lange nicht überholt. Im folgenden wollen wir nach einer kurzen Vorbesinnung über den Gesprächscharakter der Seelsorge einige Gesprächshilfen für den seelsorgerlichen Praktiker vermitteln. Es versteht sich von selbst, daß wir in diesem Kapitel eine sorgfältige Auswahl der einzelnen Gesichtspunkte vornehmen müssen. Ein vollständiges Referat über die schon uferlos gewordene Literatur, die in den letzten Jahren entstanden ist, aber auch eine umfassende bzw. gründliche Analyse aller Einzelfragen der Praxis lassen sich im vorliegenden Zusammenhang nicht geben. Wer sich hier näher orientieren will, darf auf die in den Anmerkungen gebrachten Literaturangaben und andere eigene Arbeiten des Verfassers aufmerksam gemacht werden[1].

a) Zum Gesprächscharakter der Seelsorge

Gemeinschaft ist nicht nur die Folge eines Gesprächs, sondern sie bildet auch seine Voraussetzung. Das merkt der Seelsorger bald, wenn er in ein schwieriges Gespräch mit einem kontaktgehemmten oder voreingenommenen Partner verwickelt wird. Da helfen dann u. U.

keine noch so guten Gesprächstechniken. Die Versperrungen lassen sich nicht einfach sozialtherapeutisch wegoperieren. Die Wurzeln der Gesprächsstörungen liegen oft tiefer. Der Christ, der in 1. Mose, 11 die Geschichte der babylonischen Sprachverwirrung kennt und deshalb weiß, daß die Sünde den Menschen nicht nur von Gott trennt, sondern auch von seinen Mitmenschen, wundert sich darüber nicht.

Gleichwohl wird er den Gesprächskontakt nicht resigniert abbrechen, sondern um so mehr auf das Faktum setzen, das in der vorauslaufenden von Gott gestifteten *Gesprächsgemeinschaft* liegt: Gott der Schöpfer hat das Geschöpf durch Anrede ins Dasein gerufen und Mensch wie Mitmensch zum Miteinanderreden bestimmt. Gott der Erlöser ruft durch Christus alle Verlorenen und gescheiterten Menschen unter dieselbe Vergebung. Er macht aus ihnen Brüder und Schwestern. Gott der Heilige Geist stellt im Pfingstereignis (Apg. 2) die im Zeichen des Turmbaus von Babel (1. Mose 11, 1 ff.) zerstörte Sprachgemeinschaft der Völker wieder her. Wo immer Fäden zerrissen sind, Kanäle verstopft, Zugänge versperrt — sei es in der ehelichen, erzieherischen oder beruflichen Verständigung —, da baut das Evangelium wieder Brücken, da räumt Jesus blockierende Steine hinweg, da öffnet die Vergebung neue Türen.

Mit Recht hat *Thurneysen* immer wieder den Finger darauf gelegt, daß es sich bei einem seelsorgerlichen Gespräch, unmittelbar oder mittelbar, um die „Ausrichtung des *Wortes Gottes*" handle, aber er hat dieses legitime Anliegen einer theozentrischen Theologie überzogen, wenn er es mit der Überzeugung verband, daß es im Seelsorgegespräch um „ein besonderes, vom profanen, natürlichen Sprechen unterschiedenes Reden" gehe. Man kann eben im Vollzug solcher Gespräche unter vier Augen schlecht einen ersten „natürlichen" Teil mit Hilfe einer „Bruchlinie" von einem zweiten „geistlichen" Teil abtrennen. Wir haben „solchen Schatz in irdenen Gefäßen" (2. Kor. 4, 7), und zwar auf Grund der Tatsache, daß „das Wort" in Jesus von Nazareth „*Fleisch* geworden" ist (Joh. 1, 14). Anders gesagt: das seelsorgerliche Gespräch, das der Sache Jesu dienen und dem Nächsten helfen will, findet „in, mitten und unter" einem ganz normalen menschlichen Zwiegespräch statt. Es ist also nicht nur erlaubt, sondern auch aus Nächstenliebe heraus geboten, gewisse Gesprächsregeln einzuhalten bzw. zu erlernen. Wann und wo es dem Heiligen Geist gefällt, wird er dann schon das natürliche Gespräch so oder so zu einem geistlichen Gespräch wandeln. Das haben wir nicht mehr in der Hand. Wir dürfen und sollen nur darum bitten, daß der Geist auch in unserem Gespräch weht (Lk. 11, 13)[2].

Besonders der jüdische Religionsphilosoph *Martin Buber* ist es gewesen, der mit seinen Schriften zum *„dialogischen Prinzip"* das Nachdenken über den Gesprächscharakter der Seelsorge befruchtet hat. Ausdrücklich unterstreicht Buber die Allgemeinverbindlichkeit des Gesprächs. Grundsätzlich ist jeder Mensch gesprächsfähig. Hier sind keine besonderen Vorbildungen und Techniken erforderlich: „Begabte und Unbegabte gibt es hier nicht, nur Sichhergebende und Sichvorenthaltende." Freilich sind diese Grundeinstellungen in der Praxis oft vernachlässigt und verschüttet. Da müssen sie wieder gelernt werden, und da können auch Gesprächstechniken hilfreich werden. Die (dialogische) „Hinwendung" mag der arme, elende, sündhafte Mensch nicht so sehr, er hält es lieber mit der (monologischen) „Rückbiegung". Aber, wie gesagt, man muß nicht Theologie oder Gesprächstherapie studieren, um miteinander sprechen zu können. Laienchristen tun sich da oft leichter mit dem Gespräch[3].

Das Gespräch steht heute in der akademischen Diskussion wie in der kirchlichen Praxis hoch im Kurs. Ganze Sprachphilosophien und Sprachtheologien haben sich inzwischen entwickelt. Sie alle greifen mehr oder weniger auf die *„Dreistrahligkeit"* des Sprechens zurück, wie sie der Wiener Sprachtheoretiker *Karl Bühler* entwickelt hat. Danach gibt es in jedem Gespräch das Zumute-Sein eines „Redenden", die Mitteilung an einen „Angeredeten" und die Aussage über eine Sache, nämlich das „Beredete". Dazu kommt heute wieder verstärkt der Zentralgedanke Bubers von der *Gegenseitigkeit* („Mutualität") des Gesprächs hinzu. Wer wollte diesen berechtigten Einsichten und Forderungen nicht zustimmen! Und doch müssen wir hier im Blick auf die Person des Seelsorgers ein Ausrufezeichen setzen: So sehr wir alle das „mutuum" (!) colloquium der Reformation (das gegenseitige Gespräch) brauchen, so wenig heißt das, daß wir es nun als den Stein der Weisen verabsolutieren dürften. Das seelsorgerliche Gespräch geht nicht auf in einem dialogischen Prinzip schlechthin. Bei näherer Betrachtung enthüllt es sich doch nicht bloß als ein Dialog, sondern als ein regelrechter „Trilog", d. h. als ein Gespräch zu dreien, oder noch deutlicher: als ein Gespräch zwischen zwei Partnern, dessen Mitte ein Dritter, nämlich Jesus Christus, bildet. Nicht mehr allein das dialogische Prinzip, sondern *der Versöhner* selbst bildet *die Achse des seelsorgerlichen Gesprächs*: „Wo zwei oder drei versammelt sind in meinem Namen, da bin ich mitten unter ihnen" (Mt. 18, 20). In einer Zeit, die weithin an Orientierungslosigkeit erkrankt ist und die auch die kirchlichen Seelsorger immer mehr durch einen Methodenpluralismus verunsichert, hat der Seelsorger, der es mit dem biblisch-reformatorisch verstandenen Evangelium hält, eine klare

Mitte und ein deutliches Maß für seine seelsorgerlichen Gespräche, den Herrn der „neuen Sorge", Christus selber[4]. In der Schule Jesu lernt der Seelsorger „häßliche" Worte, die zerschwatzen oder zersetzen, zu vermeiden und „gute" Worte zu gebrauchen, die „aufbauen" und „Anteil an der Gnade geben" (Eph. 4, 29). Er macht mit der apostolischen Mahnung Ernst: „Eure Rede sei allezeit lieblich (= geschehe in der Gnade) und mit Salz gewürzt (zur Anregung und Erhaltung), daß ihr wisset, wie ihr einem jeglichen antworten sollt" (Kol. 4, 6).

b) Wie fange ich an?

Aller Anfang ist schwer. Das gilt auch für die Gesprächsseelsorge. Zahllose und höchst verschiedene Anlässe und Stellen lassen sich denken. Der erste Schritt kann vom Ratsuchenden, aber auch vom Seelsorger ausgehen. Das Gespräch, das der Ratsuchende von sich aus beginnt, ist erbeten und vereinbart. In der pastoralen Praxis ergeben sich oft „amtliche" Anlässe, wie die Anmeldung einer Taufe, einer Trauung oder einer Beerdigung. Da ist der Ausgangspunkt sachgebunden, so daß das Gespräch ohne weiteres in Gang kommt, vom Informatorischen hin zum Persönlichen, manchmal auch umgekehrt. Die an die sogenannten Kausalhandlungen geknüpften Tauf- und Traugespräche haben trotz ihres so umstrittenen „volkskirchlichen" Charakters mehr seelsorgerliche Chancen, als man gemeinhin glaubt. Hausbesuche in Trauerfällen oder in Verbindung mit der Konfirmation — dabei sind aber nicht nur die Eltern, sondern speziell auch der jeweilige Konfirmand zu besuchen! — werden geradezu erwartet. Damit die Gespräche nicht einfach routinemäßig absolviert werden oder sonst irgendwie im Sande verlaufen, kommt alles darauf an, daß der Seelsorger, früher oder später im Lauf des Gesprächs, an einer geeigneten Stelle, im „fruchtbaren Moment" einhakt oder tiefer bohrt. Vieles, wenn nicht alles, kommt zu Beginn eines Seelsorgegesprächs auf die Flexibilität des Seelsorgers an. Er braucht gewiß nicht ein „Hans Dampf in allen Gassen" zu sein, aber eine gewisse Wendigkeit sollte er schon haben.

Weder die *Ortsfrage* noch die *Zeitfrage* des Seelsorgebeginns lassen sich also reglementieren. Beide sind so vielfältig, wie das Leben bunt ist. Zweifelsohne hat es einen guten Sinn, wenn seelsorgerliche Ordnungshilfen in Gestalt von Lokalitäten oder Terminen angeboten werden, wie etwa das Studierzimmer des Pfarrers für eine Aussprache unter vier Augen oder die Sakristei für eine evangelische Privatbeichte oder eine genaue Zeit im Rahmen einer regelmäßigen Sprechstunde oder ein telefonisch vereinbarter Termin in einem Café. Der Raum kann eine „heilige Stätte", aber auch ein ganz profaner Ort sein, je nachdem, was dem Ratsuchenden besser hilft. Wir werden ja nicht nur von den mit den religiösen Brauchtümern wohl vertrauten Angehörigen der „innerkirchlichen Truppen" angegangen, sondern oft auch von Leuten gefragt, die ganz weit weg von jeder Kirchlichkeit und Christlichkeit im „Draußen" als „Randsiedler" leben. Da kommt viel auf die Atmosphäre an und nicht zuletzt auf die Tageszeit. Mancher versinkt gern in einem bequemen Sessel. Dem einen hilft eine angebotene Zigarette oder eine Tasse Tee über die ersten Hemmungen hinweg, der andere möchte am liebsten gar nichts. Die Hausfrau kann sich unter Umständen vormittags während der Einkaufszeit freimachen, der berufstätige junge Mann kann nur abends. Überhaupt haben die Abend- und Nachtstunden für bestimmte Menschen etwas Bergendes und Aufschließendes an sich. Auf der anderen Seite aber können solche Zeiten leicht zu einer gewissen Schummerigkeit oder gar emotionaler Schwüle führen. In solchen Fällen tut wieder ein Windstoß kühler Tagesluft gut.

Die glücklichste Lösung für den Beginn eines seelsorgerlichen Gesprächs besteht gewiß darin, daß der *Ratsuchende* den *Anfang* macht, d. h. entweder unmittelbar sein Problem vorträgt oder eine direkte Frage stellt. Aber auch dann ist der Seelsorger zu eigener Aktivität gefordert: er muß z. B. den Gast an der Tür begrüßen (weder zu geschäftsmäßig noch zu überschwenglich), und er wird bei allzu knappen Äußerungen des Fragestellers Rückfragen zu stellen haben. Gar nicht selten stoßen wir jedoch auf Menschen, die einen verlegenen und gehemmten Eindruck machen, ja eigentlich kein Wort herausbringen. Da ist freundliches Nachhelfen angebracht. Längst vor der Rogers-Methodik hat schon A. Rensch empfohlen, ein Gesprächsthema zur Anknüpfung zu nehmen, „das den Interessen, der Sachkenntnis und der Schicksalslage des Anvertrauten entspricht". Als Gesprächsverstärker schlägt sie z. B. den Satz vor: „Wenn ich Sie recht verstanden habe, liegen Ihre Fragen in ganz ähnlicher Richtung. Das sind ja viel durchlebte Nöte. Darin stehen Sie jedenfalls nicht allein."

Aufschlußreich sind bereits die *ersten Sätze*. W. Weber hat einige zusammengestellt: „Ich weiß nicht, wie ich anfangen soll." — „Ich habe ein ganz ausgefallenes Problem." — „Ich bin völlig durcheinander, völlig fertig mit den Nerven." — „Ich glaube nicht, daß Sie mir helfen können."[5] Während an den beiden ersten Sätzen deutlich die Unsicherheit abspürbar ist, die dann ein ermunterndes Wort verdient, zeigt der Nervensatz — oft mit einem ganzen Wortschwall gepaart — den Grad der seelischen Verwirrung. Hier muß nun gerade der Seelsorger die Nerven behalten, Ruhe ausstrahlen und zu klären suchen. Die skeptische Klage des Ratsuchenden, man sei ein hoffnungsloser Fall, bietet eine Chance bzw. die gute Gelegenheit, auf das Unzulängliche aller Menschen einschließlich des seelsorgerlichen Beraters aufmerksam zu machen, aber auch in einer späteren Phase des Gesprächs auf den hinzuweisen, der der eigentliche Helfer und Heiland für hilflose Hilfesuchende und ratlose Berater ist.

Nicht zuletzt gehört zu den Problemen des Gesprächsanfangs der zuweilen beinahe raffiniert vorgenommene Versuch der *Problemtäuschung*. So etwas geschieht zum Teil bewußt, öfters aber auch völlig unbewußt, einfach aus Scham und Angst heraus. Da erzählt jemand von vordergründigen Nöten, die aber nur indirekt mit dem neuralgischen Punkt zusammenhängen und den Kern des eigentlichen Problems verdecken. Kurz: wir dürfen die geschilderten Symptome nicht ohne weiteres mit dem wirklichen Lebenskonflikt verwechseln. Vielmehr hat der Seelsorger in solchen Situationen zunächst alle Hände voll zu tun, bis er das schamhaft verschwiegene Hauptproblem freigelegt hat. Und noch eines sollte bedacht werden: Das seelsorgerliche Gespräch ist wie ein unregelmäßiges Verbum. Es geht da kaum etwas nach theologischer Vorschrift. Immer wieder begegnen uns unerwartete Lagen. Wir sollten nicht ständig warten, bis erst jemand vor der Haustür steht und bei uns klingelt. Da bleiben eine ganze Reihe Leute weg und kommen gar nicht. Unter Umständen muß der *Seelsorger* notorisch den *ersten Schritt* tun und auf einen Menschen in Not zugehen bzw. ihn von sich aus ansprechen, etwa den niedergeschlagenen Schüler in der Pause, die verhärmte Witwe, die in einem Geschäft Schlange steht, den kürzlich zugezogenen Ingenieur, der noch keinen Kontakt findet, den kranken, alten oder gefangenen Menschen usw.

c) Zuhören und Zusehen

Der Sänger, der im 135. Psalm Israel zum Lobpreis seines geschichtsmächtigen und heilbringenden Gottes aufruft, erwartet von der Gemeinde klare Konsequenzen, nämlich die Abkehr von fremden Göttern. Im Lichte des einmalig großen Jahwe — so lesen wir es in den ironischen Versen 16 und 17 — nehmen sich die Götzen jämmerlich aus: ,,Sie haben Augen und sehen nicht, sie haben Ohren und hören nicht." Beides aber ist unabdingbares Grunderfordernis für den Seelsorger. Er muß zuhören und zusehen können, wenn er Gottes in Christus gesorgte Sorge um den Menschen in seine christliche Sorge um die Seele des einzelnen einbringen und weitersorgen will. Es ist bedrückend, aber wahr: viele Seelsorger haben Ohren und Augen, aber sie gebrauchen diese ihnen vom Schöpfer geschenkten Sinneswerkzeuge zu wenig oder gar nicht. Das kann nichts Gutes geben, jedenfalls keine gute Seelsorge, der es um die Probleme eines konkreten Nächsten und dessen Heil zu tun ist. Als gute Lehrmeisterin für das *Zuhören* hat sich die finnische Pastorin *Irja Kilpeläinen* erwiesen. Sie hat viel von der Gesprächstherapie eines Rogers gelernt, verfolgt aber erfreulicherweise eine mehr biblisch-reformatorische Linie und setzt so auch eigene geistliche Akzente. Sie hat gleichsam die Klage Hiobs aufgenommen und zu beantworten gesucht: ,,Ach, wenn mir nur jemand zuhören würde!'' (Hi. 31, 35). Deswegen spricht sie auch nicht bloß von einer ,,klient-zentrierten'', sondern von einer ,,nächstenbezogenen'' Seelsorge. In einem Kontrastbeispiel zeigt sie uns anschaulich das Bild eines Gesprächs, in dem der Seelsorger nicht zuhören kann (A), und dann die Skizze eines Gesprächs, in dem der Seelsorger ,,ganz Ohr'' ist (B).

— *Beispiel A: Holzhacken*

Seelsorger	Ratsuchender
	1. Ich war in letzter Zeit sehr niedergeschlagen.
2. Wo wohnen Sie?	3. Kannelstr. 5A. Ich war auch irgendwie so schüchtern, daß ich deswegen Angst habe.
4. Wo arbeitet Ihr Mann?	5. In einer Auto-Werkstatt. Ich schlafe auch nicht gut.
6. Haben Sie wenig Kontakt zu Menschen?	7. Ja, wahrscheinlich. Aber wie kriege ich meine Arbeitsfähigkeit wieder zurück?
8. Wieviele Kinder haben Sie?	9. Zwei. Ich schaffe es nicht mehr, mal in die Kirche zu gehen.

— *Beispiel B: Spirale*

Seelsorger	Ratsuchender
	1. Ich war in der letzten Zeit so niedergeschlagen.
2. In letzter Zeit?	3. Ja, ungefähr seit drei Monaten.

4. Haben Sie darüber nachgedacht, ob vor drei Monaten irgend etwas Besonderes passiert ist?

5. Eigentlich nichts Besonderes. Nichts so Besonderes, daß man deswegen so komisch werden sollte.

6. Manchmal kann es dadurch schwierig werden, wenn viele kleine Probleme gleichzeitig auftreten.

7. Ja, so war es auch bei mir. Ich weiß nicht, was davon am meisten gewirkt hat. Vor vier Monaten sind wir in unsere Eigentumswohnung umgezogen, und das mußte doch eine gute Sache sein.

8. Eine eigene Wohnung ist ja eine große Errungenschaft, aber Sie haben dafür auch viel arbeiten müssen.

9. Mein Mann arbeitet auch jetzt noch in zwei Schichten oder macht abends Überstunden, fast jeden Abend.

10. Fast jeden Abend? Das ist für Sie ja eine ziemlich große Veränderung.

11. Ich bin immer mit den Kindern zu Hause. Wir können uns kaum noch mit meinem Mann unterhalten, weil er abends so müde ist.

12. Das trennt Sie also gewissermaßen, obwohl das eigene Heim eine große Sache ist.

13. Zwischendurch denke ich, daß wir früher glücklicher waren, als wir draußen im Dachgeschoß eines Einfamilienhauses zu Miete wohnten.

14. Damals gab es Dinge, die Sie glücklicher machten?

15. Wir waren mehr mit der eigenen Familie zusammen. Unter uns wohnte ein sehr nettes älteres Ehepaar. Sie waren wie Vater und Mutter im Hause . . .[6]

In diesem anderen Modell, das als ,,*Spiralgespräch*'' bezeichnet wird, ist deutlich zu beobachten, daß da jemand hingehört hat, was der ,,Nächste'' eigentlich auf dem Herzen hat. Er kann sich entfalten und wird nicht stets mit einer neuen Intervention (Eingriff) des Seelsorgers abgeblockt, um nicht zu sagen, erschlagen. Es kommt nur darauf an, daß der seelsorgerliche Berater aus den angebotenen Antworten des Ratsuchenden den Akzent heraushört, den der Betreffende selbst setzt und der für das weitere Gespräch fruchtbar sein könnte. Mißlungene Seelsorge beruht nicht selten auf der ,,Unfähigkeit zuzuhören'' (H.-Chr. Piper), weil der Seelsorger die Inhalts- und Beziehungsebene nicht unterscheiden kann und selber unter der Angst vor eigenen Gefühlen leidet. Zuhören ist also gleichzeitig ein Hinhören und Heraushören. Mit Recht hat *W. Weber* in diesem Zusammenhang angemerkt: ,,Der Berater kann erst reden, nachdem er zuhörte; der Ratsuchende kann erst hören, nachdem er sich ausgesprochen hat.'' Wir Seelsorger, die wir gewohnt sind zu predigen oder zu evangelisieren, reden gern und viel, und das ist dem seelsorgerlichen Gespräch gerade nicht dienlich. Man braucht bloß einmal bei einem Übungsgespräch mit Tonbandaufnahme und Stop-Uhr zu kontrollieren (s. u.), wieviel man selbst geredet hat und wie wenig der Ratsuchende zu Wort gekommen ist[7].

Das Zuhören ist ein komplexer Vorgang. Es umfaßt alle ausgesprochenen (verbalen), aber auch alle unausgesprochenen (non-verbalen) Vorgänge. Man könnte abgekürzt sagen: es bedeutet das Wahrnehmen des ,,ganzen Menschen'' (D. Rößler), der leibseelischen ,,Persönlichkeit'', ihrer Entwicklungsgeschichte und ihrer im Gespräch zutage tretenden Verhaltensweisen. Unter Anknüpfung an die existenzphilosophische Richtung der Psychotherapie (V. v. Gebsattel: s. o. S. 132) hat *A. Rensch* vier *Phasen* des seelsorgerlichen Gesprächs unterschieden: 1. die Phase der ,,Anknüpfung'', 2. die ,,diagnostische'' Phase, 3. die Phase der ,,Beratung und Verkündigung des Wortes'' und 4. die Phase der ,,praktischen Hilfeleistung''. Dabei versteht die Autorin jede Phase als integrierenden Teil eines Sinnganzen. Die Viererreihe ist nicht nur ein Nacheinander, sondern auch ein Ineinander. Gleichwohl fällt es auf, daß die 2. Phase, die *Diagnose,* den weitaus größten Raum der Darstellung beansprucht. Sie umgreift die Werde-, Erziehungs- und Glaubensgeschichte des Ratsuchenden. In der Tat kostet das Zuhören viel Zeit und Kraft, Fleiß und Aufmerksamkeit. Es will gelernt sein, ehe man solche Gespräche wagt. Das macht humanwissenschaftliche Kenntnisse erforderlich. Im Vollzug des Gesprächs selbst lassen sich nur kurze, stille Zwischenüberlegungen anstellen. Mehr Gelegenheit zum Nachdenken und Nachprüfen bieten die Gesprächspause und die Zeitabschnitte zwischen den verschiedenen Gesprächen. Da kann und soll man sich orientieren, etwa in Fachbüchern oder bei Kollegen, natürlich dann unter Wahrung des Beichtgeheimnisses[8].

Das Zuhören bedeutet nicht bloße Passivität, es trägt durchaus auch aktiven, ja totalen Charakter. Manchmal wird der Seelsorger seine Zustimmung durch ein Kopfnicken (,,ja, ich habe Sie verstanden'', ,,nur weiter so'') zum Ausdruck bringen oder durch ein schlichtes ,,hm, hm'' signalisieren, daß der Hörende doch persönlich Anteil an dem vom Ratsuchenden Mitgeteilten nimmt, ohne ein einziges Wort zu sagen. Zweifelsohne geht das Zuhören gelegentlich in ein *Zusehen* über. Manchmal läuft das letztere auch dem ersteren voraus. Die Aktivitäten und Eindrücke des Ohres lassen sich ja nicht künstlich von denen des Auges trennen. Im Unterschied zur katholischen „Ohrenbeichte", die an sich durchaus auch einen guten Sinn hat (man denke nur an die unsichtbaren, allein hörbaren, aber hilfreichen Gespräche der Telefonseelsorge!), sehen sich in den Aussprachen der evangelischen Seelsorge die beiden Partner gewöhnlich von Angesicht zu Angesicht. Da werden Mienenspiel und Sprechstil, herabgezogene Mundwinkel oder eine allzu flotte Rede interessant. Nicht nur die Körperkonstitution (pyknisch, asthenisch, athletisch), sondern auch die äußere Erscheinung des Ratsuchenden, wozu vor allem „der Grad seiner Gepflegtheit, seine Kleidung und Haartracht" (Rensch) gehören, sprechen oft eine beredte Sprache.

Das Übungsbuch von *J. Eikmann* warnt mit gutem Grund vor vorschnellen Deutungen in dem *„Gespräch ohne Stimme"*. Auf das genaue Zusehen kommt es an. Die momentane Stimmung ist nicht mit der dauernden Gefühlseinstellung zu verwechseln. Wenn der eine den anderen nicht ansehen kann, ist er vermutlich entweder verklemmt oder er hat im Augenblick ein vorübergehendes seelisches Tief. Wer seine Stirn senkrecht faltet, sucht sich zu konzentrieren. Beobachtet der Seelsorger, wie sein Gegenüber ganz abrupt die Augenbrauen hochzieht, so will der Ratsuchende vielleicht sein Mißbehagen ausdrücken, weil er es sonst nicht aussprechen kann. Da ließe sich ein Nachfassen denken, etwa so, wie es Eikmann vorschlägt: „Ich sehe gerade, wie Sie Ihre Augenbrauen hochziehen, und ich denke mir, daß ich Sie vielleicht mit dem, was ich eben gesagt habe, verärgert habe. Könnte das sein?" Wer schließlich die Lippen zusammenpreßt, möchte meistens damit Ablehnung bekunden. Da hilft kein jähes Aufbrechen der Mauer, höchstens ein langsames Auftauen im Sinne der im Namen Jesu geliebten Liebe, die geduldig und ganz für den anderen da ist, auch für den „Feind"[9].

Unsere seelsorgerlichen Gespräche haben viele Themen, geistliche und weltliche, Glaubens- und Lebensfragen. Vor Gott ist das eine so wichtig wie das andere. Er will, daß wir den Nächsten wahrnehmen, ernst nehmen und annehmen. Ob es sich nun um die Beichte einer Schuld oder die Aussprache über ein Problem handelt, in jedem Falle darf der Ratsuchende von einem Seelsorger erwarten, daß er zuhören und zusehen kann. *D. Bonhoeffer* hat das so gesagt: „Der erste Dienst, den einer dem anderen in der Gemeinschaft schuldet, besteht darin, daß er ihn anhört . . . Christen, besonders Prediger, meinen so oft, sie müßten immer, wenn sie mit anderen Menschen zusammen sind, etwas ‚bieten', das sei ihr einziger Dienst. Sie vergessen, daß Zuhören ein größerer Dienst sein kann als Reden. Viele Menschen suchen ein Ohr, das ihnen zuhört, und sie finden es unter den Christen nicht, weil diese auch dort reden, wo sie hören sollten. Wer aber seinem Bruder nicht mehr zuhören kann, der wird auch bald Gott nicht mehr zuhören, sondern er wird auch vor Gott immer nur reden." [10]

d) Rückblenden und Deuten

Manche von denen, die mit Ernst Christ sein wollen, sehen in der Psychoanalyse eine ideologische Gefahr. Das ist sicher der Fall. Wenn das aber das einzige ist, was sie zu diesem Thema zu sagen haben, dann übersehen sie die nicht wegzuleugnende Tatsache, daß die Psychoanalyse, recht geübt, auch eine methodische Lernhilfe für die Praxis des Seelsorgers darstellt. *J. Scharfenberg,* der selber Theologe und Therapeut zugleich ist, hat von der „Heilung als Sprachgeschehen" geschrieben. Wenn er mit seinen Spitzensätzen zuweilen den Akzent von dem einen Heilswort des Evangeliums zu stark nach der Seite der heilenden Worte (Mehrzahl!) des analytischen Gesprächs zwischen Therapeut und Klient zu rücken scheint und damit verständlicherweise die Kritik von manchen Theologen und Gruppen herausgefordert hat, die es mit Bibel und Bekenntnis halten, so bleiben doch bestimmte Erkenntnisse und Hinweise, von denen man etwas für die Durchführung seelsorgerlicher Gespräche lernen kann. Diese Lernhilfe bezieht sich vor allem auf die Rückblende in die Lebens- und Lerngeschichte des Ratsuchenden und einige Deutungsversuche, für die Freud und seine Schule wertvolle Beiträge geleistet haben.

Eine der Ausgangsthesen Scharfenbergs lautet: „Je stärker es zu einer unbewußten Kommunikation zwischen den Partnern kommt, um so stärker wird sich das ereignen können, was wir das freie Gespräch nennen." Nun läßt sich das Seelsorgegespräch nicht immer so ideal „frei" durchführen, wie wir das gern möchten. Es ist so oder so dreifach gebunden, an die Person des Ratsuchenden, an sein Thema bzw. Problem und nicht zuletzt an den Auftrag, den Christus der Herr den christlichen Seelsorgern gegeben hat. Da werden *Rückfragen* unerläßlich. Bringt doch jeder Ratsuchende seine persönliche Geschichte, die durch Schuld und Schicksal, Engagement oder Indifferenz gekennzeichnet sein mag, in das Gespräch mit hinein. Die Rückblende muß nicht unbedingt in einem Erstgespräch vollständig erforscht werden. Einiges läßt sich beiläufig erfragen, anderes hat bis zum nächsten Gespräch Zeit. Wichtig aber ist es doch, in Erfahrung zu bringen, welche Vater- und Mutterbeziehungen vorliegen, ob es sich um ein Einzelkind handelt oder welche Stellung in der Geschwisterreihe eingenommen wurde, ob sich Nachwirkungen der frühkindlichen Sexualität erkennen lassen, etwa die Verdrängung einer (oralen, analen, phallischen) Phase usw. In jedem Falle muß der Seelsorger auch Bescheid wissen, wann und wo es Konflikte in der Pubertät, in der Ehe oder in Schule und Beruf gegeben hat und wie der Ratsuchende darauf reagierte. Noch einmal: die Perfektion der Rückblende ist nicht entscheidend. Je nach dem Einzelfall wird man dieses oder jenes Gebiet näher untersuchen. Sollte der Ratsuchende im Gespräch Züge einer Psychose (Vererbung ?) oder einer Neurose (seelische Werdestörung) aufweisen, dann gehört er in die Hände eines Psychiaters bzw. Psychotherapeuten, zumindest ist die Zusammenarbeit mit einem ärztlichen Fachmann angezeigt [11].

Besonders fruchtbar haben sich die Erkenntnisse Freuds zu den *interpersonalen Spannungsprozessen,* d. h. zu dem Problemkreis von Übertragung und Gegenübertragung (s. o. S. 126 ff.) in der Gesprächspraxis ausgewirkt. Was für die Verhältnisse von Arzt und Patient, Therapeut und Klient, Lehrer und Schüler, Sozialarbeiter und Jugendlicher gilt, hat auch seine Relevanz für die Beziehung zwischen Seelsorger und Ratsuchendem. In der Tat kommt es vor, daß der, der den Rat eines Pfarrers oder Predigers, CVJM-Sekretärs oder Mitarbeiters der Diakonie begehrt, lebendig gebliebene, aber verdrängte Gefühlseinstellungen aus der Kindheit oder der Jugendentwicklung in einer solchen Begegnung erneut erfährt. Das Aufwachen dieser Empfindungen geschieht wie unter einem Zwang, etwas zu wiederholen, was längst erledigt schien. Obwohl es falsch wäre, das Bewußtmachen dieser Vorgänge nun wie nach einem Schema zum Kernstück des seelsorgerlichen Gesprächs zu machen, kann es doch in dem einen oder anderen Falle helfen, den Ratsuchenden als solchen wie die Spannungen von Sympathie und Antipathie im Vollzug des Gesprächs besser zu verstehen [12]. So fühlt sich der eine Mann vielleicht beim Heraufschreiten der Treppe im Pfarrhaus an seine alte Schule und den ungeliebten früheren Lehrer erinnert, oder der Seelsorger macht einen so faszinierenden Eindruck, daß die vereinsamte Frau in den mittleren Jahren unwillkürlich an ihre erste, unerfüllt gebliebene große Liebe denkt. In der Interaktion zwischen der Person des Seelsorgers und der des Ratsuchenden greifen auch noch andere Phänomene Platz, die das tiefenpsychologisch geschulte Auge bzw. Ohr re-

lativ leicht entdecken kann. Da sind z. B. die verschiedenen Angstzu-
stände, die ein Gespräch belasten, wenn einer in dem Seelsorger die
Figur des autoritären Vaters wittert, unter dessen Über-Ich er immer
gelitten hat, oder wenn ein anderer den Seelsorger ständig zu liebevollen Sätzen oder Gesten reizt, weil er aus einem dunklen Verlangen
seines „Es" heraus gern in einer warmen Abhängigkeit geborgen sein
möchte. Hier heißt es wachsam sein, weil die eine Angst, nämlich die
des Ratsuchenden, leicht eine andere Gegenangst, d. h. die des Seelsorgers, auslöst. Ebenso verdienen die verbalen Signale — man hat
sie „Schlüsselworte" genannt — unsere Aufmerksamkeit. Das sind
bestimmte, gefühlsmäßig geladene Worte, die der Ratsuchende immer wieder gebraucht und die der Seelsorger aufnehmen und zuweilen zurückgeben sollte, um den hintergründigen Sinn der Aussagen
des Ratsuchenden deutlicher zu ergründen. Der Berater wird dann
zum Entschlüsseler, der den Geheim-Code eines Textes decodiert.

Die Rückblende als solche ist nur die eine Seite der Gesprächshilfe,
die die Seelsorge der Psychoanalyse verdankt. Die andere Seite ist die
Deutung. Wer sich hier versucht, geht ein doppeltes Risiko ein. Einmal kann er Fehldeutungen unterliegen, weil er nicht über genügende
Sachkenntnis verfügt. Dann wieder kann die Deutung einseitig geraten, weil sie einer Schablone folgt. Freud hat inzwischen ernsthafte
Kritiker gefunden, und nicht jeder Fall der Seelsorge „paßt" ohne
weiteres in sein Denksystem. Unter den verschiedenen Versuchen, die
Erkenntnisse der Psychoanalyse in die praktische Seelsorge umzusetzen, zeigt sich der Entwurf von *H.-J. Thilo* für die Anliegen einer
evangeliumsorientierten Seelsorge am ehesten aufgeschlossen. Er unterscheidet insgesamt acht *Phasen* im Verlauf des Gesprächs, das im
Sinne einer „beratenden Seelsorge" geführt wird: 1. Vorstadium,
2. Empfang, 3. Akzeption (Grundhaltung der Annahme), 4. Information (durch den Ratsuchenden), 5. Gesprächspause, 6. Situations-
klärung, 7. Deutung und 8. Endphase. Der *Deutungs*vorgang erscheint Thilo als das „schwierigste Stück" der ganzen Beratung [13]. Sie
muß ja mit den verschiedenen „*Abwehrmechanismen*" rechnen, die
beim Ratsuchenden ausgelöst werden, der sich gegen die Enthüllung
seiner Schwachstellen gern mit allerlei Angriffs- und Fluchtversuchen
abzuschirmen sucht. Oft täuscht sich der Besucher einer Sprechstunde über die sogenannte „Realität". Hier kann die Niederschrift und
gemeinsame Erarbeitung einer oder mehrerer Traumerfahrungen helfen, wie das Freud mit seinen Patienten gemacht hat und wie das
heute mit noch verfeinerteren Methoden praktiziert wird. Dabei sind
die Einfälle des Ratsuchenden ebenso wichtig wie die Mithilfe des
seelsorgerlichen Beraters. Ziel ist bei diesen Traumdeutungen das

Aufdecken der hintergründigen Motive einer Anfrage und die vertiefte Selbstwahrnehmung dessen, der seelsorgerliche Hilfe erbeten hat. Dabei muß es nicht jedesmal zu einer ganzen Serie von „Sitzungen" kommen. Auch ist es nicht immer erforderlich, daß eine spezifische Traumanalyse erfolgt, die übrigens nur jemand vornehmen sollte, der etwas davon versteht oder der mit einem bewußt christlichen Psychoanalytiker zusammenarbeitet. Es ist oft schon hilfreich, wenn es in dem Beratungsgespräch zu einer vorläufigen Rückblende kommt und dann gezielte Gegenfragen gestellt werden.

Als praktisches *Beispiel* greifen wir ein Seelsorgegespräch über das *Thema „Beten"* heraus, das sich als „Verbatim" (nachträgliches Aufzeichnungs-Protokoll) eines Seelsorgegesprächs bei Thilo findet.

— *Beispiel „Beten"*
(Pastor = P. — Klient = K.)

K.: Herr Pastor, helfen Sie mir, daß ich wieder beten lerne.

P.: Warum möchten Sie denn gern beten lernen?

K.: Weil ich in früheren Zeiten daraus soviel Kraft geschöpft habe und einfach besser leben konnte und auch viel ruhiger war, auch schlafen konnte ich besser, und die Menschen um mich herum, mit denen konnte ich viel besser auskommen als jetzt.

P.: Und Sie meinen also, wenn Sie das Gleiche wieder tun könnten wie früher, dann würde auch zwischen Ihnen und Ihrer Umgebung alles wieder in Ordnung kommen?

K.: Vielleicht nicht sofort, aber ich hätte dann doch mit den Leuten gar keinen Ärger mehr und vor allen Dingen, ich wüßte genau, daß Gott mir hilft.

P.: Und warum möchten Sie eigentlich keinen Ärger mit anderen Menschen haben? Im Leben wird es immer Auseinandersetzungen geben, und die Menschen in der Bibel, die alle gebetet haben, wurden dadurch nicht frei von Auseinandersetzungen mit ihren Mitmenschen.

K.: Aber das finde ich doch so schrecklich und — ich kann mich ja dann auch nicht durchsetzen, und dann gebe ich sowieso nach, oder ich werde so wütend, daß alles dabei kaputtgeht.

P.: Sie haben also Angst davor, eine falsche Entscheidung zu treffen, und meinen nun, das Gebet würde Sie davor bewahren?

K.: Selbstverständlich, Herr Pastor, ich habe überhaupt so viel Angst, daß ich mich im Leben nicht behaupten kann.

P.: Haben Sie schon einmal daran gedacht, daß Gott Ihre Gebete nicht immer so erhört, wie Sie es sich vorgestellt haben?

K.: Das ist es ja gerade. Darum habe ich ja aufgehört zu beten, denn es hat doch keinen Zweck. Ich habe als Kind gebetet und als junger Mann auch noch, aber dann habe ich gemerkt, daß ich ja im Leben doch nicht besser vorankomme, und meine Angst und meine Wut bin ich auch nicht losgeworden.

P.: Könnte es also sein, daß Sie gar nicht deshalb gebetet haben, um mit Gott zu sprechen, sondern deshalb, weil Sie Angst vor sich selber hatten?

K.: Aber selbstverständlich habe ich Angst vor mir, ich sagte es Ihnen doch schon, und vor den Menschen um mich habe ich auch Angst.

P.: Sie haben recht, wenn Sie meinen, daß das Gebet eine große Hilfe gegen die Angst ist, aber Sie müssen sich darüber klarwerden, vor wem Sie Angst haben, und vor allen Dingen, warum Sie eigentlich Angst haben.

K.: Ach, Angst hatte ich schon immer. Erst vor meinem Vater und dann vor meinem Chef und schließlich vor meiner Frau und heute auch vor meinen Kindern. Aber ich hab' immer gemeint, durchs Beten müßte das weggehen, und als ich dann merkte, daß es so nicht ging, da habe ich plötzlich auch Angst vor Gott bekommen, und schließlich habe ich gemeint, mit Leuten, vor denen man Angst hat, hat Beten ja doch keinen Zweck . . .[14].

Auffällig in diesem Protokoll ist schon der erste Satz, der ein positives Anliegen klar formuliert und dazu noch die Bereitschaft erkennen läßt, sich von dem angesprochenen Seelsorger helfen zu lassen. Der Pastor stellt sofort eine Rückfrage, die zum Reflektieren anregen soll, nämlich, warum er denn so gerne das Beten lernen wolle. Dieses hinterfragende ,,*Warum*'' kehrt noch zweimal wieder: ,,Warum keinen Ärger'', ,,Warum eigentlich Angst''. Der Seelsorger möchte dem Ratsuchenden Gelegenheit geben, über seine wirklichen Motive selbständig und kritisch nachzudenken. Er will ihm von der Realitätstäuschung zur *Realitätsklärung* helfen. Auch und gerade geistliche Themen sind von solchen Testfragen nicht auszuklammern. Es geht ja nicht um ein mechanisch erlernbares, sondern um ein spirituell erfahrbares Gebet. Um echt beten zu können, muß der Beter etwas vom geistlichen Sinn und inneren Grund des Gebetes verstehen. Insofern ist die Warum-Frage berechtigt. Der Ratsuchende gibt sich dann auch unmittelbar eine Blöße, wenn er darauf hinweist, daß er früher mit Gebet besser geschlafen habe und jetzt durch das Gebet ,,keinen Ärger mit den Leuten'' mehr bekommen würde. Wieder begegnet der Seelsorger dieser Erklärung mit einem nachdenklich machenden Impuls: Ärger bzw. Konflikte gehörten doch nun einmal zum gelebten Leben. Auf diesen Einwand hin bekennt der Mann, wo ihn offenbar eigentlich der Schuh drückt. Er kann sich schlecht durchsetzen und wird darüber manchmal richtig wütend. Er leidet unter Lebensangst, hat aber gleichsam Angst vor der Angst. Jedenfalls möchte er sich nicht mit den Schwierigkeiten, die das Leben unter Menschen nun einmal mit sich bringt, auseinandersetzen und flieht deshalb aus Angst vor sich und den anderen hinein in einen religiösen Ritus, in ein christliches Brauchtum, genannt Gebet. Wie die biblische Verheißung lehrt, hilft das Beten tatsächlich vor und in der Angst — das räumt der Seelsorger ein —, aber es darf nicht einfach als Mittel zum *Zweck* bürgerlicher Ruhe und zur Ersparnis von Minderwertigkeitsgefühlen mißbraucht werden. Außerdem wäre es ein Mißverständnis, vom Gebet so etwas wie *Automatik* zu erwarten, wie das der Ratsuchende offenbar tut. Kein Wunder, daß er jetzt enttäuscht ist. Hat er doch vergessen, Gott auch im Gebet die Ehre zu geben: ,,Nicht mein, sondern dein Wille geschehe!'' Der Seelsorger läßt nicht locker und dringt, analytisch geschult, wie er ist, auf Rückbesinnung über die *Angstauslöser.* Unwillkürlich erinnert sich der Ratsuchende nun an Kindheit (Angst vor dem Vater) und Jugendalter (trotz Gebet kein Vorwärtskommen). Die Kettenreaktion der Angst liegt auf der Hand: Ängste vor Vater, Chef, Ehefrau, Kindern, anderen Leuten, eigenem Selbst und schließlich Angst vor Gott.

Es versteht sich von selbst, daß hier weitere Gespräche folgen müssen. Die Hilfen zum Gebet können nicht an den nun aufgebrochenen Problemen der Angst vorbei gegeben werden. Unter Umständen wäre jetzt die gemeinsame Erarbeitung von einem Traumtext nützlich für die ,,Deutung''. Aber auch dies würde nur die Analyse vertiefen und möglicherweise präzisieren. Entscheidend bliebe dann doch die Hinführung des Ratsuchenden zu dem Wort des Evangeliums über das Verhältnis von Angst und Gebet, etwa unter Heranziehung der Texte Mk. 4, 35 - 41 (Sturmstillung); Mk. 14, 32 - 42 (Jesusgebet in Gethsemane); 2. Kor. 4, 7 - 18 (Angst und Glaube).

e) Mitfühlen und Spiegeln

Das Leitbild der modernen Gesprächstherapie und der sich ihr anschließenden Gesprächsseelsorge ist der ,,einfühlende Helfer'' (s. o. S. 133 ff.). Was im vorliegenden Zusammenhang interessiert, ist die Frage, wie sich nun das ,,Einfühlen'' im praktischen Vollzug des Gespräches ausnimmt und wie es von hier aus zu den Techniken des Spiegelns einschließlich des Strukturierens kommt. Wer sich in den anderen einfühlt, fühlt mit seinen Fragen und Nöten mit. Für den

Seelsorger als Christen geht es dabei nicht um bloße Sympathie oder billiges Mitleid. Vielmehr hat nach Hebr. 4, 15 dieses *Mitfühlen* sein *Urbild in Jesus,* der als der lebendige Gekreuzigte bzw. als der himmlische Hohepriester mit den Schwächen der Menschen mitleiden und mitfühlen kann, weil er selbst ein Mensch aus Fleisch und Blut gewesen ist und Versuchungen aus eigener Erfahrung kennt (,,sympatheo''). Kein Wunder, daß in dem christlichen Tugendkatalog von 1. Petr. 3, 5 die entsprechende Forderung einer mitfühlenden Anteilnahme an Schicksal und Schuld des Mitmenschen erhoben wird (,,sympathes''). In dieselbe Richtung, wenn auch mit einem anderen Akzent, weist die Wesensbestimmung des irdischen Hohenpriesters in Hebr. 5, 2, wonach dieser hohe jüdische Amtsträger mit den ,,Unwissenden'' und ,,Irrenden'' durchaus mit-empfinden könne, zumal er ja selber an eigener ,,Schwachheit'' zu tragen, ja eigene Sünde zu bekennen habe. Mitfehlen und Mitfühlen sind gleichsam korrespondierende Begriffe. Das hier gebrauchte, etwas ,,stoisch'' getönte griechische Wort ,,metrio-patheo'' bedeutet ein mitfühlendes Verstehen im Sinne von Maß und Mitte (nämlich zwischen Leidenschaft und Leidensunfähigkeit). Einen solchen priesterlich-seelsorgerlichen Dienst verrichtet nach Meinung des Hebräerbriefes auch Jesus, mit dem einzigen, aber wesentlichen Unterschied, daß er ohne Sünde ist (4, 15 c) [15].

Zwischen dem Gedanken des Mitfühlens im urchristlichen Sinne und dem Prinzip des Einfühlens = ,,*Em-pathie*'' im Verständnis von *C. Rogers* läßt sich schon eine Brücke herstellen; jedenfalls ist hier eine Wechselbeziehung (Korrelation) festzustellen. Empathie heißt für den Therapeuten wie für den Seelsorger, daß er sich in die Gefühle des anderen hineinversetzt und doch dabei einen gesunden Abstand wahrt. Diese Solidarität gilt es in dem ganzen Gespräch durchzuhalten. Der Ratsuchende befindet sich je neu in einem bestimmten *Bezugsrahmen* seiner Gefühle (,,frame of reference''). Wer als Berater aus diesem Rahmen fällt, verliert den eigentlichen Verstehenskontakt. Diese Rahmenbedingung anerkennen heißt nicht, dem Ratsuchenden auf den Kopf zu sagen, daß man ihn besser verstehe als der Betreffende sich selber versteht. Rogers rät ausdrücklich zur Zurückhaltung. Besser sei es, der Ratsuchende mache diese Entdeckung seiner wirklichen inneren Verfassung selber, früher oder später. Freilich darf der Seelsorger mit seiner Gesprächspraxis nicht in dem Ein- und Mitfühlen steckenbleiben. Es genügt nicht, den anderen ,,mitzunehmen'', es reicht aber auch nicht, ,,bei dem anderen zu stehen'', sondern es muß in aller Behutsamkeit, aber auch mit aller Zuversicht versucht werden, mit dem anderen zu ,,gehen'', nämlich dorthin, wo das Evangelium hörbar, spürbar und erfahrbar ist. Der Holländer *H. Faber* hat das so ausgedrückt: „Vielmehr muß er (der Seelsorger) sich selber als einen betrachten, der den anderen zu dem Ort begleitet, wo Gott diesem Menschen begegnen will.[16]

Eine gute didaktische Hilfe für die Gesprächsführung, die mit dem Mitfühlen Ernst macht, bilden die neun *Leitsätze,* die *H. Harsch* sozusagen für den Hausgebrauch der Telefonseelsorger aufgestellt hat:

„1. Ich nehme den anderen an, wie er ist.
2. Ich fange da an, wo der andere steht.
3. Ich mache dem anderen ein emotionales Angebot.
4. Ich verzichte damit ausdrücklich auf Argumentieren und Diskutieren.
5. Ich befrage und prüfe meine eigenen Emotionen, die der andere in mir auslöst.
6. Ich beurteile ihn nicht nach meinen Maßstäben.
7. Ich versuche, ihn aus seiner Entwicklung und Umwelt zu verstehen und zu akzeptieren.
8. Ich orientiere mich an dem, was der andere braucht.
9. Ich sehe im anderen meinen Arbeitspartner und nicht mein Arbeitsobjekt."[17]

Man kann diesen Sätzen vom Standpunkt einer biblisch-reformatorischen Seelsorge aus weitgehend zustimmen. Neuralgische Punkte ergeben sich bei Ziffern 4 und 8. Gewiß ist es ein berechtigtes Anliegen, das Beratungsgespräch in der Seelsorge nicht mit einer rationalistischen Diskutiererei zu ersticken (4). Wir haben in der Vergangenheit, und zum Teil heute wieder verstärkt, zuviel diskutiert und zu wenig meditiert. Gleichwohl dürfen wir die überrationale Phase des Seelsorgeverständnisses nicht durch eine überemotionale Phase ablösen wollen. Wenn der Ratsuchende (insbesondere der jüngere!) ein argumentatives Vorgehen in bestimmten Gesprächsabschnitten nachsucht und dieses ihm auch helfen kann, sollten wir uns seinem Anliegen nicht verschließen. So wie das dogmatisierende Vielreden den Gesprächsfluß zu zerstören pflegt, so kann das bloße stumme Zuhören zum Leerlauf werden. Auch die Warnung vor der Verwechslung des Gewünschten mit dem Notwendigen (8) ist berechtigt. Andererseits kann die Frage nicht unterdrückt werden, wo denn die Maßstäbe für das liegen, „was der andere braucht". Hier kommt der christliche Seelsorger nicht ohne die „Orientierung" an Gottes Wort aus.

Das Aufblühen der Gesprächsseelsorge in den letzten Jahren hat, etwa im Clinical Pastoral Training (CPT), aber auch in der neueren

Seelsorgelehre zu einer Reihe von Gesprächshilfen und Handreichungen geführt, meistens in Verbindung mit Regelkatalogen und Kommentaren von Gesprächsprotokollen (Verbatims). Es sei hier nur auf die Arbeiten des sachkundigen Interpreten der amerikanischen Gesprächsseelsorge *D. Stollberg,* aber auch auf die gediegenen Gesprächsanalysen von *H.-Chr. Piper* hingewiesen. So sind Beispiele über den Hausbesuch bei einer Beerdigung (Stollberg) oder über ein Gespräch unmittelbar vor der Operation (Piper) sehr instruktiv für den Ablauf des Spiegelns und Ordnens [18].

Das *Spiegeln,* noch deutlicher: das ,,Zurückspiegeln'' bzw. *Reflektieren* der Gefühle des Ratsuchenden, die sich in seinen Gedanken, Begriffen und Sätzen niederschlagen, ist nicht einfach ein allgemeines Wiederholen des von dem Partner Gesagten mit anderen Worten, sondern eine akzentuierte Wiedergabe des vermutlich Gemeinten, wie es nach Meinung des Seelsorgers in den Äußerungen seines Gegenübers zur Sprache kommt. Dabei achtet der Seelsorger auf Zwischentöne, auf die Gereiztheiten und Niedergeschlagenheiten, auf die Begeisterungen und Abwehrmechanismen, auf die Herausforderungen und Ängste. Er muß nicht immer mit den Einstellungen und Auffassungen des Ratsuchenden einverstanden sein, aber er ist demütig und fair genug, das Gehörte sprachlich so wiederzugeben, daß sich der Gesprächspartner besser versteht. Das Spiegeln bedeutet also eine Wahrnehmungshilfe für die echte Selbsterfahrung des anderen. Daß dieses Spiegeln seine Grenzen hat, liegt im Horizont des Evangeliums auf der Hand. Einmal ist der Seelsorger als ,,armer, elender, sündhafter Mensch'' gar nicht ohne weiteres so glatt und klar wie eine ,,Spiegelplatte'', und außerdem erschöpft sich Seelsorge nicht in der Selbstbestätigung des Ratsuchenden. Gleichwohl hat sich das Spiegeln, sorgfältig angewandt, in vielen Fällen, jedenfalls für die Anfangsphasen eines seelsorgerlichen Gesprächs, als eine Methode der nächstensuchenden Liebe erwiesen. Ähnliches gilt für das *Ordnen* bzw. *Strukturieren,* das sich im logischen Gefolge des Reflektierens, in bestimmten Abschnitten des Gesprächs um eine Zusammenfassung des vorangegangenen Gesprächsinhaltes und -verlaufs bemüht. Hier nennt der Seelsorger die Hauptakzente, die Schwerpunkte und das ,,Gefälle'' (die Richtung) des Gesprächs. Es stellt also eine Art komprimierter Spiegelung dar.

Was nun die praktischen Beispiele anbetrifft, so haben wir bereits im Vorgriff das ,,Spiralmodell'' von I. Kilpeläinen (man könnte es auch ein ,,Spiegelmodell'' nennen) vorgestellt (s. S. 201 f.). So genügt es jetzt, zwei Beispiele für die verschiedenen Arten des Reagierens auf

Äußerungen des Ratsuchenden zu bringen. Der Praktiker kann so leicht die Eigenart, den Vorteil und die Grenzen des „Mitfühlens" und „Spiegelns" im Gespräch selbst erkennen und bedenken.

— *Beispiele „Diabetiker" und „Abiturient"*

Die Seelsorge-Anleitung von *G. Eisele/R. Lindner* referiert eine Gesprächspassage aus der Krankenhausseelsorge. Dabei äußert ein *Diabetiker* (60 J.): „Ich habe meine Schwiegermutter 39 Jahre lang gehaßt, und darum bin ich jetzt auch krank geworden." Angemerkt wird die Tatsache, daß die Schwiegermutter vor drei Jahren gestorben ist und daß der angestiegene Zuckerspiegel seit einem Jahr registriert wurde. Aus den angebotenen Antwortmöglichkeiten wählen wir diejenigen aus, die die Verfasser später als typisch kennzeichnen:

1. (u) *urteilend* (deutend): „Sie sind wohl mit dem Verhältnis zu Ihrer Schwiegermutter nie fertig geworden, und daher kommen Sie jetzt auf den Gedanken, Ihre Krankheit sei die Folge dieses schlechten Verhältnisses."
2. (b) *beschwichtigend* (verallgemeinernd): „Das kommt ja häufiger vor, daß man mit seiner Schwiegermutter nicht so gut auskommt . . . Deswegen sind Sie doch nicht krank geworden?"
3. (f) *forschend* (ausfragend): „Warum war denn das Verhältnis zu Ihrer Schwiegermutter so schlecht? Was ist denn da passiert?"
4. (e) *erklärend* (belehrend): „Da liegen Sie völlig falsch. Die Zuckerkrankheit entsteht nicht durch seelische Erlebnisse, sondern durch körperliche Störungen" (Stoffwechsel).
5. (v) *verstehend* (spiegelnd): „Daß das Verhältnis zu Ihrer Schwiegermutter so schlecht war, plagt Sie immer noch, und Sie denken sogar, daß Sie deswegen krank geworden sind." Patient: „Ja, das beschäftigt und bedrückt mich immer wieder."[19]

In der Handreichung für die Telefonseelsorge führt *H. Harsch* das Beispiel von dem Anruf eines 20jährigen *Abiturienten* und drei möglichen Antworten an. Er sucht es dann von den Gesichtspunkten der Transaktionsanalyse (s. o. S. 135 ff.) her zu interpretieren. Es eignet sich aber auch für das selbständige Herausfinden einer einfühlenden, verstehenden und spiegelnden Reaktion.

„*A (Anrufer):* „Können Sie mir nicht helfen? Wir schreiben morgen den Abituraufsatz. Ich bin so aufgeregt. Ich glaube nicht, daß ich es schaffe." (Deutung der Beziehung durch H. Harsch: „So helfen Sie mir doch und stützen Sie mein Selbstvertrauen").

1. TS (Telefonseelsorger): ,,Die Deutschnote ist sicher sehr wichtig, aber sie hängt ja nicht allein von dem Aufsatz morgen ab. Wie war denn Ihre Jahresnote?'' (Deutung: ,,Ich weiß Bescheid darüber, daß es gar nicht so schlimm ist'' — Lehrer).

2. TS: ,,Nun lassen Sie mal nicht den Kopf hängen. Das werden Sie schon schaffen. Versuchen Sie abzuschalten, damit Sie heute Nacht gut schlafen können.'' (Deutung: ,,Laß dir mal von mir auf die Schulter klopfen, das tut gut und hilft!''.

3. TS: ,,Versuchen Sie zu beten und sich der Sorge Gottes zu überlassen, das macht Sie auch ruhig.'' (Deutung: ,,Ich weiß schon, was Ihnen hilft'')[20].

Sicher sind die drei Antworten alle gut gemeint und vertreten ein echtes Anliegen der Seelsorge. Aber ist auch nur eine wirklich im Vollsinn des Wortes ,,spiegelnd''? Sie wollen zuviel und gehen zu schnell auf ihr Ziel zu. Urteilende, beschwichtigende und erklärende Momente sind an diesen Reaktionen zu beobachten. Frage: Wie könnte eine erste (vorläufige) ,,Antwort'' bzw. Äußerung des Seelsorgers lauten, wenn er sich bemüht, im guten Sinne des Wortes ,,zurückzuspiegeln''?

f) *Fragen und Antworten*

Wenn in der modernen Seelsorgepraxis vom ,,Fragen'' die Rede ist, denkt man sofort und in erster Linie an die *Fragen des Ratsuchenden,* der sich an einen Seelsorger wendet, um von ihm eine Antwort zu erhalten. Nicht ohne Grund haben wir die ,,sachliche'' Seelsorge unter dem Evangelium als eine ,,frage- und fallbezogene'' Sorge um den Menschen bezeichnet. Die Überlegungen zum Spiegeln und Ordnen zeigen unmißverständlich, daß es sich nicht empfiehlt, ohne weiteres Direktantworten zu geben. Der Seelsorger ist kein Automat, in den man oben einen oder mehrere Groschen hineinsteckt und der dann unten die Karte mit der fertigen Antwort ,,herausspuckt''. Ein solcher Viel- oder gar Alleswisser ist der Seelsorger ja gar nicht. In bestimmten Fällen muß er seine Inkompetenz bekennen oder an einen anderen Fachmann verweisen. Im übrigen bedarf es bei allen Fragen, die an einen seelsorgerlichen Berater gestellt werden, immer erst einer einleitenden Gesprächsphase, in der die Präzisierung der Frage gemeinsam erarbeitet wird: Worum geht es dem Ratsuchenden eigentlich? Oft hat der Fragesteller Ängste und Hemmungen, über sein hintergründiges wirkliches Problem zu sprechen. Manchmal zeigt er mit seiner Anfrage nur die Spitze eines Eisberges! Auf der anderen Seite genügt es jedoch auch nicht, die Frage ständig an den

Fragenden „zurückzugeben". So viel Zeit steht manchem Gemeindepfarrer oder Jugendleiter gar nicht zur Verfügung. Zuweilen verführen wir durch das andauernde Spiegeln den Gesprächspartner zu einer für ihn ungesunden und der Sache abträglichen Egozentrizität. Der Ratsuchende dreht sich dann dauernd um die eigene Achse und nimmt sich oder seine Fragen u. U. wichtiger, als sie in Wirklichkeit sind.

Viel zuwenig wissen die heutigen Seelsorger mit dem eigenen Fragen umzugehen. Dabei spielen die *Fragen des Seelsorgers* an den Ratsuchenden doch eine recht wesentliche Rolle. Für die Fragetechnik können am ehesten die Religionsdidaktiker (z. B. Grundschullehrerinnen) Hinweise und Hilfe geben, die bekanntlich vom rechten Fragen geradezu leben! Die Information durch Therapeuten oder Seelsorgetheoretiker allein genügt nicht. Unter den neueren Beiträgen zum Seelsorgegespräch haben sich, selbstredend unter Anlehnung an die Praktiken der Psychotherapie, vor allem die von *J. Scharfenberg, H. Harsch* und *W. Weber* um die Methodik des Fragens bemüht; hier gibt es manches zu lernen, speziell für die Unterscheidung der Fragetypen und deren Wesensbestimmung. Aber auch diese Einteilungen sind im kritischen Licht der modernen Didaktik zu prüfen[21].

Am einfachsten lassen sich die „offenen" und die „geschlossenen" Fragen unterscheiden. *„Geschlossene" Fragen* wollen möglichst genau und sachlich informieren. Sie werden oft von den W-Fragewörtern „Wer", „Wo", „Wann" eingeleitet. Schlichte Fragen, die auf ein bloßes Ja oder Nein abheben, können zwar eine Auskunft geben, blockieren aber dann oft den Fluß des Gesprächs. Entscheidungsfragen überfordern nicht nur jüngere Kinder im Unterricht, sondern auch feinfühlige Ratsuchende im Seelsorgegespräch, vor allem, wenn sie zu zeitig und zu drängend das Gewissen ansprechen wollen.

Unter den *„offenen" Fragen* verstehen wir die Vorgänge, die der Didaktiker heute „Impulse" nennt. Gemeint sind damit Denkanstöße, die dem Schüler in Form des „freien" Unterrichtsgesprächs die Chance des selbständigen Mitarbeitens einräumt. Er soll ein persönliches Problembewußtsein bekommen und von sich aus eine eigene Problemlösung finden. Das gilt nun auch in besonderer Weise für die Impulse, die der Seelsorger einem Ratsuchenden gibt, sei es durch einen anregenden verbalen Ausruf oder durch ein non-verbales Zeichen wie die hörbare Betonung eines Wortes, den sehbaren Hinweis auf ein Bild oder ganz einfache Gesten, etwa Nicken bzw. Schütteln des Kopfes. In der offenen Frage nimmt der Seelsorger die Gelegenheit wahr, früher Ausgesprochenes mit eben Gesagtem zu vergleichen oder um Klärung von Doppeldeutigem zu bitten. Bei Ratsuchenden werden dadurch eine Art produktiver Unsicherheit, aber auch kreative Einsicht hervorgerufen. So gesehen sind auch spiegelnde Antworten umgekehrte offene Fragen an den Ratsuchenden.

Die didaktische Erfahrung lehrt, auf Fehlformen des Fragens zu achten, die das seelsorgerliche Gespräch unnötig belasten. So sind Doppelfragen verwirrend, und Ergänzungsfragen verführen zu einem mechanischen „Klappern". *„Nicht-wahr"-Fragen* beeinflussen den Gesprächspartner in unguter Weise: „Nicht wahr, Sie neigen zu Depressionen?" oder „Haben Sie nicht auch den Eindruck, daß sich der enorme Alkoholkonsum Ihres Mannes aus seiner beruflichen Enttäuschung erklärt?" Dieses „suggestive" Vorgehen des Seelsorgers sucht den Ratsuchenden „für die eigene Meinung" zu „vereinnahmen" (Harsch). Ebenso ungeeignet für das seelsorgerliche Gespräch sind zudringliche *„Warum"-Fragen*. Sie suchen die Gründe bzw. die sogenannte „Motivation" des Ratsuchenden zu erforschen: „Warum haben Sie dieser Versuchung nachgegeben?" oder „Wie konnten Sie das tun?" Solche Fragen bleiben an der Oberfläche des Bewußten hängen und reichen nicht in die Tiefe des Unbewußten, wo die eigentlichen Beweggründe für dieses Tun oder jenes Lassen liegen mögen. Sie „verleiten zur Rationalisierung und erwecken fast immer den Wunsch nach Rechtfertigung" (Scharfenberg). Wer seine ungeistliche Neugier nicht zügeln kann und zuviel wissen will, versündigt sich an dem Geist der Seelsorge. Dieser Geist duldet kein Verhör, sondern sucht ein Gespräch. Anders gesagt: Methodisch darf die Frage nicht dominieren, sie bildet vielmehr eine diakonische Funktion des Gesprächs. Der Seelsorger „stellt nur notwendige Fragen" (Weber), ja er wartet ab, bis die Stunde der Frage schlägt. Es gibt auch im Seelsorgegespräch so etwas wie einen schöpferischen, weil „fruchtbaren Moment" (Copei), und zwar einen, der seinen Sitz im Leben dort hat, wo man singt: „Komm, Gott Schöpfer, Heiliger Geist" (Veni creator spiritus)[22].

Es ist in diesem Zusammenhang an einen neuralgischen Punkt zu erinnern. Er ist im Laufe der letzten Jahre, die im Zeichen einer Hochwertung der Frage standen und sogar zu einer Theologie der Frage geführt haben, ans Licht getreten und macht seitdem der Seelsorgepraxis mehr und mehr zu schaffen. Wir meinen die Tatsache, daß sich der Seelsorger um seiner Christus-Sendung willen nicht nur als ein Fragender verstehen darf, sondern auch als ein *Antwortender* verstehen muß. Gewiß verlangt die Liebe des lebendigen Gekreuzigten, daß wir mit dem Ratsuchenden mit-fragen und seine Probleme mit-reflektieren, auf der anderen Seite aber soll dieser verstehend-geliebte Nächste auch einmal erfahren, wo denn die Wurzel dieses Einfühlens und Nachgehens, dieses Mit-denkens und Mit-zweifelns liegt. Ihm darf, auf seinen Fall und seine Frage hin, bezeugt werden, daß der gekreuzigte und auferstandene Gott Vergangenes in Neues verwandelt, persönliche Schuld bereinigt, schweres Schicksal bewältigen hilft und im Sterben nicht allein läßt.

Das Seelsorgegespräch erschöpft sich nicht in einem Frage- und Antwortspiel. Ein Grunderfordernis gehört dazu, das nur allzu leicht vergessen wird: Der Seelsorger muß *schweigen* können. Das seelsorgerliche Schweigen beginnt nicht erst, wenn das Gespräch vorüber ist und nun das Gebot der Verschwiegenheit befolgt werden will. Unsere Ratsuchenden bauen gewiß und mit Recht auf das Beichtgeheimnis, das übrigens auch vor der Ehefrau, den Kollegen und Schülern gewahrt werden muß. Und doch, das seelsorgerliche Schweigen hat auch seinen legitimen Ort mitten im Vollzug des Seelsorgegesprächs.

Hier nimmt es die Gestalt der „Pause" an. *H.-J. Thilo*[23] spricht von drei Stellen, in denen eine Gesprächspause angezeigt sei, vom „Initialschweigen" bei Beginn, vom „Symptomschweigen" in der Mitte und vom „Finalschweigen" am Ende des Gesprächs. Wir könnten auch ganz schlicht vom Anfangs-, Verlaufs- und Abschlußschweigen sprechen.

(1) *Anfangsschweigen:* Ehe sich eine Atmosphäre des Vertrauens gebildet hat, pflegen nicht wenige Ratsuchende erst einmal unter dem Druck ihrer Not zu verhalten; sie bekommen kein Wort heraus. So etwas kann zwei Minuten dauern. In dieser Situation muß der Seelsorger mit-schweigen. Erst nach Ablauf der angedeuteten Frist mag er durch ein fragendes „hm" oder einen anderen kleinen Impuls sein Gegenüber zum Reden ermuntern. Spricht dann der Ratsuchende wirklich, sollte der Seelsorger wieder schweigend zuhören, was ja nicht Passivität zu bedeuten braucht, sondern ein aktives Zuhören sein kann.

(2) *Verlaufsschweigen:* Das Schweigen als Symptom ist eine unbewußte Ausdruckshandlung, etwa, weil der Ratsuchende sich schämt, etwas beim Namen zu nennen (Abwehrmechanismus!), oder weil er sich, aufgeregt (schwitzend) und abgespannt (blaß), schützen möchte, oder weil er auf diese Weise seine Gefühle der Aggression, viel-

leicht trotzig, möglicherweise auch im stillen kontaktsehnsüchtig, demonstrieren möchte.

(3) *Abschlußschweigen:* Diese Form des Schweigens äußert sich z. B. durch Gähnen oder eine Art Geistesabwesenheit. Der Ratsuchende will damit sagen: ,,Ich kann nicht mehr. Nun ist es genug. Ich bin nervlich am Ende.'' Es könnte aber auch sein, daß jemand damit andeuten will: ,,Laß mich jetzt in Ruhe. Ich sehe es ja ein, aber ich möchte in der Stille, möglichst allein, darüber nachdenken.'' Von der rein physischen Ermüdung bis zum Bedürfnis nach Meditation spannen sich die Möglichkeiten der Erklärung dafür, daß der Gesprächspartner nach 50 Minuten verstummt. Seelsorgerlich gesehen ist das für den Berater ein Signal dafür, das Gespräch nun behutsam abzubrechen. Dabei empfiehlt es sich, von vornherein mit dem Ratsuchenden die Dauer des Gesprächs auf höchstens eine Stunde zu vereinbaren, so daß er durch den Abbruch nicht schockiert wird.

Gesprächspausen haben im Vollzug eines Seelsorgegesprächs trotz aller ihrer Hintergründe und Gefahren (möglicherweise durch das ungeschickte Verhalten des Seelsorgers ausgelöst) auch einen positiven Stellenwert. Der Essayist *H. J. Baden* hat über die *Stufen des Schweigens* nachgedacht und sieht sie im Schweigen der Verlegenheit, im Schweigen der Erwartung und im Schweigen der Erfüllung. Das Schweigen auf jeder dieser Stufen aber gewinne erst ,,Profil'', wenn es auf die Wirklichkeit Gottes bezogen werde: ,,Die Wirklichkeit Gottes verwandelt das Schweigen''[24]. So wird aus Verlegenheit Buße, aus Erwartung Hoffnung und aus Erfüllung schließlich und endlich Anbetung. Ähnliches könnte auch in einem Seelsorgegespräch Ereignis werden. Der Ratsuchende wie der Berater müssen nur bereit sein, ihr Schweigen durch Gottes Gnade in Christus verwandeln zu lassen. Dann können auch beide neu erfahren, was der Prophet zusichert: ,,Durch Stillesein und Hoffen würdet ihr stark sein'' (Jes. 30, 15).

g) Zielen und Prüfen

Darf oder soll sich der Seelsorger im Gespräch Ziele setzen? Er darf schon, und er soll schon. Private Ziele, die nur das Ansehen der eigenen Person im Auge haben, sind natürlich ausgeschlossen. Daß seelsorgerliche Gespräche das Heil und das Wohl eines Nächsten suchen, der um Rat bittet, versteht sich eigentlich von selbst. Seelsorge will doch für die Seele bzw. die Person des anderen Sorge tragen. Entscheidend bleibt aber der Auftrag, den Christus der ,,Herr'' (nicht nur ,,in der Stadt Davids'', sondern auch im Bereich der Seelsorge!)

seinen Seelsorgern gegeben hat: ,,Ihr werdet meine Zeugen sein'' (Apg. 1, 8). Stiller Leitgedanke des Seelsorgegesprächs ist ,,das (Christus-)Leben bezeugen und verkündigen'' (1. Joh. 1, 2), ausgesprochen (verbal) und unausgesprochen (non-verbal). Billiger läßt sich ein solches Gespräch nicht haben, und schöner läßt es sich nicht denken. Gerade dadurch wird dann auch die rechte und sachliche Einstellung des Seelsorgers zu den Problemen und Anliegen des Ratsuchenden ermöglicht. Aber was heißt das nun praktisch?

In jüngsten Veröffentlichungen zum Ziel-Thema sind das breite Spektrum des Helfenwollens, aber auch die tiefe Verankerung der Seelsorge im Wort der vergebenden Gnade zur Sprache gebracht worden. So hat *H. Lemke* , die sich aus ernst zu nehmenden Gründen für eine ,,zurückhaltende Form der Verkündigung'' im Sinne einer ,,annehmenden Seelsorge'' einsetzt, Bedenken gegen eine ,,autoritär'' verstandene Religion bzw. gegen eine entsprechende auf ,,Gehorsam'' gegenüber dem allmächtigen Gott dringende Seelsorge angemeldet. Sie will auf ,,eigene Zielvorstellungen'' des Seelsorgers verzichten und plädiert für eine ,,partnerzentrierte Gesprächsführung''. Sie spricht auch von einem ,,Verkündigungsauftrag'' und hebt auf mehr ,,Verantwortlichkeit'' und ,,Selbstbestimmung'' des Ratsuchenden ab. Sie möchte den ,,Gott der Vergebung'' erfahrbar machen. Das klingt gut und ist gut. Die Zielbestimmung aber, mit diesem so verstandenen Verkündigungsauftrag einen ,,Beitrag zum Urvertrauen des Menschen in das Dasein'' zu leisten, erscheint wieder als zu sehr Rogers- und Erikson-bestimmt. Wohler fühlen wir uns da bei *G. Hennig,* der unbeirrt und auf echte ,,Frömmigkeit'' bedacht, fragt: ,,Vollzieht sich die ,Zustellung eines Stückes Freiheit' denn im Gespräch als Gespräch oder im *Gesprochenen* des Gespräches, aus der konkret verbalisierten und akzeptierten Zuwendung Gottes oder aus selbsternannter, selbstgefundener Mündigkeit? Weil es die Seelsorge mit der Seele des Menschen zu tun hat, also damit, daß der Mensch seine Realität ,vor Gott' hat und lebt, darum muß wieder ,von Gott geredet werden, auch in der Beratung' ''[25]. Anders gesagt: Mit der klaren Zielsetzung, die im Evangelium vorgegeben ist, steht und fällt die Christlichkeit der christlichen Seelsorge.

Das rechte *Zielen* des seelsorgerlichen Gesprächs ist seit langem bis in die Gegenwart hinein Thema derer, die sich um eine sachentsprechende Praxis der Seelsorge bemühen. Schon *A. Rensch* versucht, im Gespräch die ,,Einmaligkeit des Partners'' herauszufinden bzw. die ,,Eigenschaften'' zu entdecken, die ,,der Gottebenbildlichkeit am nächsten kommen''. Sie möchte dem Ratsuchenden ,,bei der Gestaltung eines *Leitbildes* persönlicher Christusnachfolge" helfen. Die Frage sei erlaubt, ob damit nicht doch noch der pädagogisierende Gedanke zu sehr die Vorhand hat. Richtig aber ist hier das Anliegen gesehen, daß der Seelsorger im Gespräch auf je eigenen Glauben, je eigene Nachfolge und je eigenen geistlichen Stil aus sein sollte. Mit Recht wehrt sich *I. Kilpeläinen* gegen die falsche Alternative ,,hie nächstenbezogen – da christusbezogen". Der Nächste wird vom Seelsorger im Gespräch letzten Endes nur erreicht, wenn es zu einer Beziehung mit Christus kommt, und eben dieser *Christusbezug* ist nicht automatisch herstellbar, sondern schlechthin Gnade[26]. Aus dieser geistlichen Perspektive betrachtet, ist das Gesprächsziel unverfügbar.

Wo immer das Ziel unsicher wird, ist es angebracht, nach dem *Auftrag,* und zwar nach dem *biblisch* verstandenen Auftrag, zurückzufragen. Die Gesprächshilfe von *W. Weber* tut das z. B. dadurch, daß sie den Annahme-Gedanken, der für die seelsorgerliche Zielansprache so wichtig ist, in das Licht des Neuen Testamentes stellt. Danach wird für das Prinzip des Annehmens entscheidend die ,,Überzeugung, daß Christus jeden Menschen ohne Vorbedingung annimmt und liebt". Weiter läßt sich Weber, wie wir das (s. o. S. 100) ebenfalls getan haben, von Röm. 15, 7 bestimmen: ,,Nehmt einander an, gleichwie Christus euch angenommen hat" und fährt dann wörtlich fort: ,,Ich versuche die Verbindungslinien zu entdecken zwischen der Aufforderung, die Rogers und Tausch mir stellen, und der Aufforderung, die etwa in 1. Kor. 13 steht: Die Liebe ist langmütig, eifert nicht, blähet sich nicht, läßt sich nicht erbittern, erträgt alles, glaubt alles, hofft alles, duldet alles." Ähnlich und noch eingehender interessieren sich *G. Eisele/R. Lindner* für ,,das biblische Wort im helfenden Gespräch". Zwar bleibt sich diese Handreichung nüchtern der Grenzen bewußt, die der seelsorgerliche Takt dem formalen Gebrauch des Bibelwortes in einer Aussprache etwa mit einem sogenannten ,,Fernstehenden" setzt, der die ,,Sprache Kanaans" nicht versteht. Mancher Seelsorger steht hier unter einem unguten ,,theologischen (besser: ,,geistlichen"?) Leistungsdruck", als ob der häufige und rasche Gebrauch von Worten wie ,,Jesus", ,,Bekehrung", ,,Gebet" usw. ein Seelsorgegespräch ohne weiteres ,,christlicher" mache. Zuweilen ist das Gegenteil der Fall. Eine formalistische Erfüllung des Auftrages kann zu irreführenden Leerformeln verleiten und damit das angestrebte ,,Eigentliche" gerade verstellen. Gleichwohl betonen Eisele/Lindner nun auch das Positive und reden ganz ungeniert von dem, was in manchen neueren Seelsorgelehren zu kurz kommt, nämlich von dem ,,Glauben des Seelsorgers", der notwendig sei, und von dem Gesprächsziel einer ,,Antwort des Glaubens"[27].

— *Beispiel „Todkranker"*

Ein eindrucksvolles Beispiel für das Seelsorgegespräch mit einem *Todkranken,* das die Spiegel-Methode sinnhaft und sparsam anwendet und dabei den biblischen Seelsorge-Auftrag des Zeugnisses und des Gebetes im Auge behält, bietet das Gesprächs-Modell von *M. Seitz:*

„Patient (P.): Herr Pfarrer, bevor Sie gehen, noch eins. Sagen Sie, muß ich sterben? Die Ärzte sagen mir die Wahrheit nicht. Ich möchte aber Klarheit haben.
Seelsorger (S.): Das Gefühl, daß die Ärzte schweigen, und die Unklarheit,die daraus entsteht, belastet Sie?

P.:　Ja!
S.:　Sie möchten lieber wissen, was die nächsten Wochen bringen?
P.:　Es würde mich wohl ruhiger machen.
S.:　Es würde Sie ruhiger machen, auch wenn es schwer zu ertragen wäre?
P.:　Vielleicht.

(Nun entsteht ein langes Schweigen, das vor allem vom Seelsorger nicht vorschnell abgebrochen werden darf. Vielleicht sagt nach einer Weile der)

S.:　Ich denke jetzt an ein Wort aus den Psalmen: ‚Meine Zeit steht in deinen Händen' (31, 16). Willigen Sie ein, daß wir diesen Händen auch das übergeben, was ungewiß ist?
P.:　Ja, bitte.
S.　betet: Wir wissen nicht, wie es weitergeht. Wir können auch nicht sagen, ob wir es ertragen würden, wenn es nicht weiterginge. Deshalb bitten wir dich, ob es möglich ist, daß das Allerschwerste noch einmal vorüberginge. Aber nicht unser, sondern dein Wille geschehe, wie im Himmel, so auf Erden" [28].

Die Rückfrage nach dem biblisch verstandenen Auftrag wird nun im Sinne eines Zirkelschlusses wiederum zur neuen *Vorfrage* auf die *konkrete Zielsetzung* hin, die sich angesichts des Falles bzw. der Frage des Ratsuchenden stellt. Gerade aus der Begegnung mit dem Evangelium her betont der Holländer *H. Faber* immer wieder, der Seelsorger müsse erst die *„Insel umfahren",* ehe er zur „Landung" ansetzt (das Bild stammt von Fosdick!). Er könnte sonst an der falschen Stelle landen und an dem eigentlichen Problem des Ratsuchenden vorbeifahren. Um das klare Ziel des Glaubens an den gekreuzigten und auferstandenen Christus zu gewinnen, muß der Ratsuchende nicht unbedingt jede Wegstrecke genauso gehen, wie der Seelsorger sie einst gegangen ist. Gott kann ihn seinen eigenen Weg zum Glauben führen. Ihm dazu zu helfen, daß er diesen Weg findet, ist die spezifische Aufgabe des Seelsorgegesprächs im engeren Sinne des Wortes. Natürlich gibt es auch christliche Beratung, bei der es in erster Linie gar nicht um besondere Fragen des Glaubens, sondern um das Wohl und das Glück eines Menschen in Beruf, Ehe oder Privatleben geht. Aber auch diese Probleme haben ihre Relevanz für den Glauben, wie umgekehrt Glaubensfragen nie ohne Berührung mit und Auswirkung auf Lebensprobleme bleiben. Insofern hat *H. Harsch* recht, wenn er — hier in Übereinstimmung mit H. Tacke — schreibt: ,,Glaubensprobleme sind *Lebensprobleme*" und ,,Hinter einem Lebensproblem kann sehr wohl ein Glaubensproblem stehen". Freilich wird es dann problematischer, wenn man sich anschickt, diesen an sich beherzigenswerten Denkansatz in seelsorgerliche Gesprächspraxis umzusetzen. Nicht jedes seelsorgerliche Gespräch ,,muß" mit einem Gebet abschließen, aber der, der Seelsorgegespräche führt, im ,,Kämmerlein" oder am Telefon, sollte darauf gerüstet sein, daß der Ratsuchende ihn um ein Gebet bittet. Ist er dazu bereit? Wenn er dann bei dieser Frage ,,zusammenzuckt", weil er ,,keine eigenen Erfahrungen mit dem Beten" besitzt oder sich daraus ,,zurückgezogen" hat, liegt die Frage nahe, ob nicht solche (vielleicht verständlichen und zu respektierenden) Unsicherheiten vorher geklärt werden müßten, ehe jemand in einem Team von ,,Seelsorgern" mitarbeitet. Im Hinblick auf die heute so aktuelle Sinnfrage sieht Harsch die Notwendigkeit ,,neuer, sinnvoller Ziele". Er erblickt sie in der ,,Hinwendung" zu sich selbst, zum Mitmenschen und zu Gott. Der Seelsorger wird so eine Art ,,Brückenbauer", um diese Beziehungen zu vermitteln. Instruktive Hilfen für den seelsorgerlichen Umgang mit dem Schuldproblem bietet das entsprechende Kapitel bei Harsch. Die Formulierung, Gott sei der ,,Horizont der Offenheit" (bzw. der ,,Akzeptation") will aber in dieser Allgemeinheit nicht recht befriedigen. Zumal bei der Zielbestimmung kann man da leicht ins ,,Rutschen" kommen oder gar einer Ideologie des ,,Ständig-ins-Offene-Haltens" verfallen. Besser ist dann die spätere Verdeutlichung: ,,Das Evangelium ist . . . die konstruktive Verarbeitung von Schuld aufgrund der Offenheit durch die Vergebung." [29]

Interessant ist der Versuch von *H.-J. Thilo,* mit dem Zielproblem fertig zu werden. Er spricht unmißverständlich von dem ,,biblischen Auftrag", den der Seelsorger im Unterschied zum Berater habe, nämlich „zu seinen Mitmenschen hinzugehen, solange der Missionsbefehl bestehenbleibt". Da die neutestamentlichen Begriffe wie „Sünde, Schuld, Gnade, Gerechtigkeit" meist in der „Verfremdung" begegneten, müsse sich der Seelsorger davor hüten, bei einer „geistlichen Diagnose" in das „Schablonisieren" zu geraten. Im übrigen bescheidet sich das problemorientierte Beratungsverständnis Thilos mit illusionslosen und vorsichtigen Zielsetzungen. Im Sinne neuerer Therapiekonzepte heißt es bezeichnenderweise bei ihm einmal: „Heilung kann im besten Fall die Aufhebung des störenden Symptoms und die Befreiung davon bedeuten. Hilfe kann aber auch schon darin bestehen, daß ich es gelernt habe, mit dem Abbau meiner Symptomschwierigkeiten nun besser zu leben. Es gibt also so etwas wie eine Aussöhnung mit dem Symptom." Andere würden in diesem Zusammenhang vermutlich noch etwas anderes über die Versöhnung der Verlorenen, die „ganze" Heilung durch den großen Versöhner Christus, sagen wollen. Zwar haben wir die perfekte Heilung nicht in der Hand, aber wir dürfen in der Seelsorge noch etwas „ganz anderes" erwarten als die Aussöhnung mit den Symptomen, nämlich das Neue Sein in Christus (2. Kor. 5; 17 - 21), die „Motivation der Gnade" (W. Schütz), die glauben und hoffen läßt[30]. Diese letzte Perspektive anzu-„zielen", darf in der Gesprächsseelsorge nicht durch unsere Gesprächsmethodik verdeckt, geschweige denn vergessen werden.

Wer auf etwas zielt, muß sich auch *prüfen* lassen, ob denn die gesteckten Ziele nun wirklich erreicht worden sind. Schon bei der Behandlung der Grundsatzfragen einer biblisch-reformatorisch verstandenen Seelsorge (s. o. S. 96 f.) ist uns deutlich geworden, daß der „Effektivitätskontrolle" in Sachen Seelsorgepraxis unübersteigbare Grenzen gezogen sind. Die Wirkungen des Heiligen Geistes lassen sich weder abmessen noch abklopfen, und die Leistungen des Glaubens kann man nicht mit chemischen Mitteln oder elektrischen Testen feststellen. Sicher gibt es auch im Seelsorgegespräch Dinge, die unter den „kognitiven" (verstandesmäßigen) oder „affektiven" (gefühlsmäßigen) Aspekt fallen und die man deswegen mehr oder weniger kontrollieren bzw. überprüfen kann, etwa im Sinne einer Lernkontrolle bei der Ausbildung von Seelsorgern. Aufs Ganze gesehen sind aber nur die *nachvollziehbaren* Merkmale und *nachprüfbaren* (operationalen) *Lernziele* jedes Gesprächsverhaltens relativ exakt zu vermitteln, so daß sich der Supervisor (Ausbilder oder Fortbilder) bzw. die Trainings-Gruppe der Kollegen und Mitstudierenden ein Urteil verschaffen können. Alle anderen Prüfungsfragen — und das sind letztlich die Mehrzahl — erstrecken sich auf *angenommene* Vorgänge und *angestrebte* (intentionale) Lernziele. Dieser Innenhorizont läßt sich durch empirische Kontrolle bzw. Gegenkontrolle, durch Fragebögen und Interviews, durch Gruppengespräche und Testbatterien, nicht mehr so unmittelbar erfassen. Der dazugehörige Prüfungsprozeß gehört vor allem ins „Kämmerlein", vor die Instanz Gottes und in die „Seelsorge an Seelsorgern" im eigentlichen Sinne des Wortes. Hier handelt es sich um eine echte Gewissensprüfung.

Mit diesen Bemerkungen soll nun die Gesprächskontrolle, die sich auf die mehr oder weniger einseh- und hörbaren Verhaltensweisen des Seelsorgers und seine Methoden bzw. Techniken bezieht, nicht gering geachtet werden. Im Gegenteil, solches Bemühen ist eine unabdingbare Liebespflicht, die sich dem nächstenorientierten Seelsorger stellt. Da man in dieser Hinsicht am meisten und besten an der Quelle (d. h. nicht in der theologischen Sekundärliteratur) lernt, seien zwei Beispiele aus dem Bereich der Gesprächstherapie und Sozialpsychologie zur Veranschaulichung des Gesagten herausgegriffen.

Das erste Beispiel stammt aus dem Bereich der deutschen Gesprächstherapie. Es handelt sich um den „Therapeuten-Erfahrungsbogen", den *J. Eckert/H. Schwartz* erstellt haben[31] (s. u. S. 226).

Selbstverständlich wäre es einseitig, wollte der Seelsorger die ihm auferlegte Pflicht des „Prüfens" immer nur in Form der Selbstkontrolle durchführen. Mit Recht hat deswegen *R. Tausch* Fragebögen für den Klienten ausgearbeitet, die Gelegenheit geben, seine eigenen Erfahrungen niederzuschreiben, die er mit sich während des Gesprächs gemacht hat, und das Verhalten seines Psychotherapeuten ihm gegenüber kritisch-konstruktiv darzustellen. So kann der Ratsuchende z. B. seine „Unsicherheit" loswerden, die er infolge des Beraterverhaltens empfunden hat. Möglicherweise will er auch ein durch das Gespräch gestärktes Selbstvertrauen bekunden. Der eine mag sich durch mangelnde „Wärme" enttäuscht, der andere durch das Einfühlungsvermögen („Der Therapeut verstand, was ich meinte und fühlte") positiv angesprochen finden. Bei der Überprüfung lassen sich übrigens auch moderne Hilfsmittel wie Tonbandaufnahmen, Rollenspiele und Fotos (Gesicht, Bewegung, Haltung) verwenden[32]. Allerdings muß dabei absolute Vertraulichkeit gewahrt werden. Filmaufnahmen („Unterrichtsmitschau") wären hier schon eine Grenzüberschreitung.

Das zweite Beispiel ist mehr sozialpsychologisch und kommunikationstheoretisch bestimmt, hat aber ursprünglich seinen „Sitz im Leben" in der Arbeit mit Pfarramtssekretärinnen, besitzt also Praxis-

Therapeuten-Erfahrungsbogen

Therapeut: _____ Klient:_____

Insgesamt _____ ter Kontakt am _____ 19 _____

Bitte beantworten Sie die folgenden Fragen unmittelbar im Anschluß an das heutige Gespräch mit Ihrem Klienten.

	ja, ganz genau	ja	eher ja	eher im Gegen-teil	im Gegen-teil	ganz im Gegen-teil
1. Nach dieser Stunde fühle ich mich unbefriedigt						
2. Das Gespräch heute drehte sich oft um dieselben Inhalte						
3. Ich spürte, daß der Klient mir bzw. dieser Form der Psychotherapie vertrauensvoll gegenüberstand						
4. Die Haltung des Klienten mir gegenüber hat mich in meinem Verhalten verunsichert						
5. Ich hatte das Gefühl, daß der Klient sich in seinen Einstellungen und Gefühlen sehr leicht beeinflussen ließ						
6. Ich fühlte mich in der Beziehung zum Klienten sehr frei, wenig gezwungen und verhielt mich recht natürlich						
7. Ich war heute so engagiert, daß ich mich wunderte, wie schnell die Zeit verging						
8. Ich habe heute vom Klienten für meine Äußerungen oft Bestätigung erhalten						
9. Nach diesem Gespräch bin ich bezüglich des Therapieausgangs eigentlich recht optimistisch						
10. Ich hatte heute das Gefühl, daß der Klient noch mit etwas „hinter dem Berge zurückhielt"						
11. Ich fühlte mich dem Klienten irgendwie unterlegen						
12. Ich hatte den Eindruck, daß der Klient heute wenig vorangekommen ist						
13. Es fiel mir heute schwer, die Äußerungen des Klienten angemessen zu reflektieren						

Wenn in Richtung „ja" beantwortet: Warum?
(Schildern Sie bitte kurz die Gründe, die Ihrem Eindruck nach wesentlich waren)[31]

hintergrund. Wir meinen die *„Kommunikationskette"*, wie sie *J. Eikmann* beschrieben hat. Sie umfaßt vier Bestandteile: „Meine Wahrnehmung — Meine Vermutung — Meine Empfindungen/Gefühle — Meine Reaktion." Die Kommunikationskette des Beraters/Seelsorgers löst beim Gesprächspartner eine entsprechende Kommunikationskette des Klienten/Ratsuchenden aus. Mit Ohr und Auge nimmt der Berater Informationen von Reizen auf und den Reiz selber wahr. Dann beginnt der Berater subjektiv zu denken und vermutet etwas, weil er das Bedürfnis hat, sich ein Bild von seinem Gegenüber oder seiner Umwelt zu machen. Vermutungen lösen Gefühle aus. Das Ineinander der ersten drei Kettenglieder läßt sich in dem folgenden Beispiel gut beobachten: „Ich sehe im Vorzimmer eine ältere Frau sitzen, sie sieht ziemlich bedrückt aus. Ich vermute, sie hat Kummer und Sorgen, und das macht mich ‚traurig'." Die Reaktion schließlich entspringt aus dem empfundenen Gefühl: „Bin ich ärgerlich, so schimpfe ich vielleicht; bin ich fröhlich, so lache ich", verspüre ich Mitgefühl — so könnte man fortfahren —, so möchte ich helfen, packe an und greife zu. Die Kommunikationskette will die helfende Beziehung in Beratungsgesprächen verständlich machen. Auch so kann man, durch Eigen- oder Fremdkontrolle, überprüfen, welche Mängel oder Fortschritte der Seelsorger in seinem Gesprächsverhalten aufweist. J. Eikmann, der viel von der Gesprächstherapie hält, nimmt das dritte Kettenglied besonders ernst: „Gefühle sind das A und O", heißt es bei ihm. Er möchte diese Gefühle bewußt machen, weil sie äußerst wirksam sind und den Menschen bis in sein Verhalten während eines Gesprächs und danach bestimmen können[33]. Daran sollte auch der Seelsorger in seiner Gesprächspraxis denken.

Nun kann sich für eine Seelsorge unter dem Evangelium das Prüfen nicht einfach auf die Einhaltungen der Rogers-Tausch-Cohn- und Berne-Regeln beschränken. Irgendwo und irgendwann muß der *theologische Ansatz* bzw. der *geistliche Auftrag* zum Tragen kommen. In dem „Leitfaden" zur Auswertung von Gesprächsaufzeichnungen hat *W. Becher* diese Perspektive gesehen und ihr wenigstens teilweise Rechnung getragen: So wird bei der Analyse des Gesprächspartners nach seinem Verhältnis zur Kirche und den „Frömmigkeitsformen" seines Glaubens gefragt. Auch der „Einfluß" dieses Glaubens auf den Seelsorger und die Art der Hilfe, die der Ratsuchende von seinem Glauben zur Zeit empfängt, sind interessant. Bei der Analyse des Seelsorgers soll sich der sich selbst Überprüfende nach den „Kennzeichen" seiner „seelsorgerlichen Grundhaltung" fragen. Was diese Grundhaltung anbetrifft, so wird sie wieder weitgehend mit den bekannten Begriffen des Rogers-Tausch-Rahmenkonzepts definiert: „Einfühlung, Wertschätzung, Konkretheit, Echtheit, Offenheit, Konfrontation und Unmittelbarkeit." Nur die beiden letzten Begriffe stammen von R. Carkhuff, wobei „Konfrontation" die Bereitschaft des Seelsorgers meint, auf die Differenz zwischen der Eigenerfahrung des Ratsuchenden und dem persönlichen Eindruck des Beraters aufmerksam zu machen, und die „Unmittelbarkeit" auf die Anbahnung direkter Kontakte des Verstehens durch die Verwendung bestimmter Äußerungen des Gesprächspartners abhebt. Im übrigen möchte Becher den Seelsorger anregen, darüber nachzudenken, um welches „theologische oder ethische Problem" es sich in dem betreffenden Gespräch (direkt oder indirekt) gehandelt habe, und welchen „Beitrag" er aus seinem „eigenen theologischen Denken" zum Verständnis der Situation leisten könne. Weiter wird empfohlen, sich Rechenschaft über die „Glaubensschwierigkeiten" zu geben, die etwa in der „Beziehung" zu dem Ratsuchenden entstehen könnten. Schließlich ist von den „seelsorgerlichen Chancen und Plänen" die Rede, die sich aus dem gehabten Gespräch für die Fortsetzung des seelsorgerlichen Dialogs ergeben[34].

Wir wollen an diesen Formulierungen nicht kleinlich herummäkeln; dieser Versuch gibt in erster Linie Anlaß, dem Seelsorger Mut zu machen, und zwar zu kritisch-konstruktiver Weiterarbeit an einer bestimmten Richtung. So wäre es hilfreich, wenn die Selbstüberprüfung unserer Gespräche nicht immer nur im Horizont der Rogers-Tausch-Regeln erfolgen würde, sondern auch und gerade einmal im Lichte des Wortes Gottes bzw. der biblischen Texte und Themen, die eine seelsorgerliche Relevanz haben. Sicher ist es notwendig, das eigene theologische Denken in die Besinnung und in die Praxis der Seelsorge einzubringen, aber auch dieses Denken bedarf immer wieder neu einer reformatorischen Revision. Kirchliche Seelsorge läßt sich jedenfalls nicht am Bekenntnis der Kirche vorbeisorgen. Aus den Bekenntnisschriften und von den Vätern der Reformation wie Luther und Calvin, aber auch vom gesunden Pietismus, können wir nach wie vor unendlich viel für unsere Seelsorge heute lernen[35]. So werden plötzlich Fragen hochaktuell wie etwa diese: Habe ich meinen Gesprächspartner genug im Sinne der biblisch-reformatorischen Anthropologie (Lehre vom Menschen) verstanden (Geschöpf, Sünder, Erlöster, Zu-Heiligender)? Hat mein Gespräch, in der reifen Stunde natürlich und nicht drängerisch, die Tiefendimension des Evangeliums (Sünde — Gnade, Schuld — Vergebung, Geist — Leben, Glaube — Handeln) erreicht, oder bin ich ihr ausgewichen? Ja, es darf und sollte noch unbefangener „geistlich" und nicht bloß so theologisch-abstrakt bzw. kühl-distanziert gefragt werden: Habe ich für den Ratsuchenden, den Berater und das Gespräch selbst rechtzeitig und ernsthaft gebetet? Bleibt mein Gespräch im Verstehen und Trösten stecken, oder führt es auch zu Veränderungen und Neuanfängen? Bin ich den Herausforderungen des Evangeliums gerecht geworden? War und bin ich ein Zeuge Jesu Christi, verbal und nonverbal? Will ich mit meinem Zeugnis zuviel oder zuwenig? Habe ich gar Angst vor dem ,,Missionarischen''? Nochmals, kein Mißverständnis: Das Prüfen nach gesprächsmethodischen ,,Regeln'' ist sinnhaft und hilfreich. Wenn es sachgemäß erfolgt, wird es auch von uns bejaht. Was wir aber der Selbstprüfung des Seelsorgers wünschen, ist gleichzeitig und in erster Linie (nicht bloß als fromme, zusätzliche Pflichtübung!) die persönliche Gewissensprüfung vor Gott in Christus. Sie wird heute oft vergessen oder als zu selbstverständlich vorausgesetzt. Mit ihr steht und fällt aber, menschlich gesehen, die geistliche Substanz des Seelsorgers.

h) Wann höre ich auf?

Die Frage nach dem Wann des Aufhörens schließt die Frage nach dem Wie ein. Im Grunde genommen entsteht sie aber am Zeitproblem. Die Frage des Gesprächsendes wird sicher verschieden beantwortet werden, je nachdem, ob man sie mehr vom Gesichtspunkt des Ratsuchenden oder dem des Seelsorgers stellt. Allerdings gibt es hier auch überraschende Übereinstimmungen. Im folgenden wollen wir zunächst die beiden genannten Perspektiven klären und dann Probleme des Vollzugs erörtern.

Es ist gar nicht so selten, daß der *Ratsuchende* von sich aus Signale gibt, daß er das Gespräch beenden möchte oder daß es objektiv an der Zeit ist, Schluß zu machen. Er tut das zum Teil bewußt, zum Teil ganz unbewußt. Manche sagen ganz ungeschützt: ,,Ich kann nicht mehr, mich nimmt dieses Gespräch sehr mit.'' Andere wirken wie abwesend, starren in die Gegend, sagen nichts mehr oder hören gar nicht mehr zu. Wieder andere — nicht zuletzt Neurotiker und alte Menschen — beginnen zu zittern oder zu stottern. Auch die plötzliche Bitte, einmal ,,austreten'' zu dürfen, mag eine zeichenhafte Bedeutung haben. Ein Gespräch, das länger als eine Stunde dauert, macht den ,,stärksten Mann'' müde. Manche Unterredungen nehmen bedrohliche Formen an, weil sie die Gefühlswelt des Ratsuchenden auf die äußerste Weise strapazieren. Der eine ist wütend auf den Seelsorger, weil dieser ihm eine Schwachstelle aufgedeckt hat oder weil er sich vor den Konsequenzen fürchtet, die er nun ziehen müßte.

Mehr oder weniger berechtigt mögen aber auch die Motive sein, die einen Ratsuchenden am rechtzeitigen Abbruch des Gesprächs hindern. So klammern sich bestimmte Ratsuchende an den beratenden Gesprächspartner, als ob sie ihn auskosten, ja „aussaugen" (Harsch) wollten und ohne ihn nicht mehr leben könnten[36]. Diese halb infantile, halb erotische Haltung zeigt, daß in dem Seelsorgegespräch etwas schief gelaufen ist oder daß es sich um einen psychisch gestörten Partner handelt. Andere finden kein Ende, weil sich sowieso alles in ihrem Leben um die eigene Person dreht und ein Gespräch, in dem man so ernstgenommen wird, eine einzigartige Chance für eine solche als angenehm empfundene Selbstdarstellung bzw. -kultivierung zu bieten scheint. Schließlich gibt es Ratsuchende, die sich mit einer Art „Rederitis" die Angst von der Seele wegzureden suchen. Aufhören hieße für sie, abgedreht, ja hingerichtet zu werden. Ohne es zu wissen, zeigt der Ratsuchende mit solchen Verhaltensweisen, daß es nun wirklich genug ist.

Bei dem *Seelsorger* ist es ähnlich und doch wieder anders. Auch er läßt früher oder später Ermüdungserscheinungen erkennen. Immer nur zuhören, ständig sich konzentrieren müssen, dauernd spiegeln, im rechten Moment das Evangelium fragebezogen zusprechen — all das strengt an. An Beendigung des Gesprächs ist jedenfalls zu denken, wenn der Seelsorger merkt, daß er den Ratsuchenden „überfüttert" und sich selbst „überfordert" hat (Weber). Auch an die Ökonomie der Kräfte wird mancher christliche Berater denken. Unter Umständen wartet im Sprechzimmer schon wieder ein neuer Fall[37], oder besser gesagt der nächste „Nächste". Der eine oder andere Seelsorger wird sich bei einigen Unsicherheiten in Sachen „Gegenübertragung" entdecken. Wer seinen Gesprächspartner zu sehr oder auch zuwenig mag, verliert leicht den Faden und tut besser aufzuhören, als auf lange Sicht abhängig zu werden. Nicht jeder seelsorgerliche Berater hat jeden Tag seinen guten Tag. Es gibt auch schlechte Tage für den Seelsorger, vor allem, wenn er herzleidend, galleempfindlich, wetterfühlig oder zuckerkrank ist. Dann muß er aufpassen, daß er rechtzeitig Schluß macht. Natürlich gibt es auch Ausnahmen, die Frist von 50 bis 60 Minuten einmal auf 75 oder noch länger auszudehnen. Möglicherweise ist das Gespräch gerade bei einem Punkt angelangt, wo noch ein Gesprächsfaden um der Sache willen etwas weitergesponnen werden müßte, um nicht geistliche Mißverständnisse oder seelische Dauerschäden hervorzurufen. Im Normalfall aber sollte der Seelsorger die einmal festgesetzte Zeit einhalten. Feinde der Gesprächsseelsorge sind die Ungeduld und der Perfektionismus, der immer wieder neu abrunden, richtigstellen und absichern möchte.

Aber im Glauben rangieren Gewißheit und Vertrauen vor Sicherheit und Genauigkeit. Im übrigen gibt es auch Seelsorger, die kein Ende finden, vielleicht weil sie gleichzeitig „Prediger" sind. Jüngere Seelsorger sind zuweilen herrlich unbefangen und können sich begeistert und überzeugend engagieren, stehen aber auch in der Gefahr, vor lauter Darauflosreden und Enthusiasmus Raum und Zeit zu vergessen. Ältere Seelsorger haben möglicherweise die Privilegien der langjährigen Erfahrung, der urteilsfähigen Überschau und der seelischen Ausgeglichenheit, sie leiden aber u. U. an einem beginnenden Zuviel- und Zulangereden, um nicht zu sagen: an einer Geschwätzigkeit, die dann nur schwer noch selbst zu kontrollieren ist. In all solchen Fällen heißt es aufhören, wenn auch nicht immer abrupt abbrechen.

Wie sollte aber nun der *Vollzug* des Aufhörens aussehen? Vielleicht fragen wir zunächst besser danach, *wie* er *nicht* erfolgen sollte. Nicht selten ist der Seelsorger durch Fehlformen seines Gesprächsverhaltens selber daran schuld, daß es zu einem frühzeitigen oder plötzlichen Abbruch des Dialogs kommt. Merkt der Seelsorger seine „Panne", ist es oft schon zu spät, um noch das Steuer der Gesprächsführung herumzureißen. Dann werden schnell Flucht- und Zufluchtversuche gemacht, die nur als Verschlimmerungen enden können, so daß nichts als der Abbruch bleibt. Um nur drei Beispiele zu nennen: Der eine Seelsorger will zuviel wissen bzw. Direktinformationen von dem Ratsuchenden haben. Wenn dieser erst korrekt, dann betont zurückhaltend reagiert, weicht der Seelsorger, sichtlich verunsichert, in ein neues Fragebombardement aus, wobei der Partner früher oder später in Schweigen verfällt und abschaltet. — Der andere Seelsorger bekommt von einem Gegenüber eine delikate und komplizierte Sexualsache anvertraut, fühlt sich aber unkompetent und weicht deswegen in eine beinahe flapsige Bemerkung aus: „Ja, aber das sind Dinge, die Sie so oder so selber entscheiden müssen. Ich kann Ihnen natürlich sagen, daß Sie das nicht tun dürfen, aber was kaufen Sie sich dafür?" (W. de Bont). Der Ratsuchende hätte ja auch an den Briefkasten einer Illustrierten schreiben können. Er ging aber zu einem Pfarrer und wurde enttäuscht. Das gesuchte Gespräch kam nicht zustande. — Gelegentlich trifft der Seelsorger trotz ehrlichen Bemühens einfach den neuralgischen Punkt des Ratsuchenden nicht, etwa dann, wenn dieser ihm eine echte Glaubensfrage vorlegt: „Wenn Gott regieren will, dann hätte er die Menschen nicht freimachen dürfen, so daß sie Böses tun konnten, dann hätte er regieren können." Der Pfarrer versucht, apologetisch zu antworten. Er weist darauf hin, daß der Mensch dann wie eine „Maschine", gedrillt und nicht spontan, handeln würde. Der Gesprächspartner bemerkt daraufhin nur kurz: „Ich finde das alles sehr schwierig." Nun weicht der Seelsorger ein wenig schnell in eine Erkenntnis seiner Frömmigkeit aus, für die dem Ratsuchenden offenbar noch die „gemeinsame Kommunikationsbasis" (Scharfenberg) fehlt: „Und was halten Sie von Christus? Dem machte das gleiche Problem zu schaffen." Darauf der Klient: „Ich weiß es nicht. Die Leute sagen, daß er Gottes Sohn ist, daß er Gott ist. Aber das weiß ich nicht." Pfarrer: „Ich weiß es auch nicht. Aber ich glaube es . . ." Wieder quittiert der Klient das biblische Argument mit dem von Gott auferlegten Leiden Christi seinerseits mit einem „Wer weiß".[38] So gerät das Gespräch begreiflicherweise in eine Sackgasse. Die beiden Gesprächspartner senden und empfangen sprachlich auf verschiedener Wellenlänge.

So also nicht. Aber *wie dann?* Mit Recht findet H.-J. Thilo: „Unsere Gespräche sollen ebenso gezielt enden, wie sie begonnen haben."[39] Am hilfreichsten ist es, wenn der Seelsorger vor Beginn des ersten Gesprächs mit dem Ratsuchenden eine schlichte Vereinbarung („Kontrakt" ist wieder zu geschäftlich!) trifft: „etwa eine Stunde". Dann ist es auch fair, wenn 5 — 10 Minuten vor Ablauf der Frist eine kleine aufmerksammachende Zeitansage erfolgt. Der Ratsuchende wird dafür dankbar sein. Ist dann der abgesprochene Termin da, empfiehlt es sich, offen und sachlich, freundlich und bestimmt ein paar erklärende Worte zu sagen, die der Ratsuchende in seiner seelischen Situation, mit seinem Bildungsniveau und rein sprachlich versteht. Das Seelsorgegespräch endet damit, daß der Seelsorger den Abschluß der Unterredung seelsorgerlich verständlich machen kann. Der Abbruch des Gesprächs sollte deshalb gleichzeitig zur Absprache eines neuen Gesprächstermins führen. Anders wird der Seelsorger seiner bleibenden Verantwortung nicht gerecht. Freilich gilt das natürlich nur für eine Gesprächsreihe, die sich bekanntlich nicht immer praktizieren läßt. Im Gegenteil, unsere moderne Seelsorge steht in der Gefahr, zu einer Serie von „Sitzungen" zu werden, in denen trainierte Spezialisten sich um Spezialfälle bemühen. Die Frage kann nicht unterdrückt werden: Und was wird nun mit den Normalfällen und den vielbeschäftigen normalen Gemeindepfarrern, denen oft nur eine einzige Stunde für einen Fall zur Verfügung steht? Manches muß hier um der Liebe zum Nächsten willen gestrafft werden, auch wenn dadurch die Regeln der Gesprächstechnik nicht vollständig erfüllt werden können. Die Hauptsache ist doch, daß die Richtung stimmt, d. h. daß die rechte seelsorgerliche Einstellung im Gespräch vorhanden ist. In solchen Kurzgesprächen geschieht es gelegentlich, daß der Ratsuchende erst in den allerletzten Minuten auf sein Hauptproblem zu sprechen kommt oder noch einmal von der Straße zurückkehrt, weil er das „Wichtigste" vergessen hat. Um so größere Bedeutung erhält dann die Vereinbarung eines neuen Gesprächstermins. Auch das Angebot, doch einmal einen Bericht oder einen Brief zu schreiben (s. u. S. 241) läßt sich denken und wird, wenn entsprechend motiviert, gern angenommen. Endlich ist an die Notizen zu erinnern, die der Seelsorger sich während (dann mit vorheriger Abstimmung) oder nach dem Gespräch macht. Solch eine Gesprächsskizze, in der Personalien, Umstände, Thema, Beziehung zum Ratsuchenden, Verlauf und Zuordnung des biblischen Wortes oder der theologischen Überlegung zu Fall und Frage nicht fehlen dürfen, dient als Gedächtnisstütze und als Selbstkontrolle. Es entspricht dem Wesen des Beichtgeheimnisses, wenn der Seelsorger seine Notizen ganz knapp faßt und sich der verschlüsselten bzw. verfremdeten Form bedient. Unnötiges wird sobald wie möglich vernichtet oder verbrannt.

2. Briefe

Briefe kommen an und gehen ab. So ist das bei den Pfarrern und kirchlichen Mitarbeitern, bei den Predigern und Jugendleitern. Bei vielen wird täglich eine Vielzahl von Posteingängen und Postausgängen erreicht. Normalerweise wiegen die Briefe höchstens 20 Gramm — ein Leichtgewicht also? Keineswegs immer.

Es gibt Briefe, die wiegen schwerer, als sie dem Porto nach kosten. Sie können äußerlich einen geringen Umfang haben. Da ist etwa „Der kurze Brief zum langen Abschied", von dem Peter Handke im Ich-Stil erzählt. Ein junger Österreicher erhält ihn im Hotel, als er durch die Staaten reist, auf der Flucht vor und zugleich auf der Suche nach seiner Frau Judith: „Ich bin ich New York. Bitte such mich nicht, es wäre nicht schön, mich zu finden." Die wenigen Zeilen bekommen ein ungeheures Gewicht. Eine erbarmungslos langwierige Irrfahrt wird daraus, zum Schluß sogar ein Mordanschlag der Frau, bis sie sich endlich in den Armen liegen und bereit sind, „friedlich auseinanderzugehen". Nicht von ungefähr sagt der Erzähler beim zufälligen Besuch einer Missionsstation: „Die Religion war mir seit langem zuwider, und trotzdem spürte ich auf einmal eine Sehnsucht, mich auf etwas beziehen zu können. Es war unerträglich, einzeln und mit sich allein zu sein"[40].

Zu den Briefen, die schwerer wiegen, gehören die Briefe der seelsorgerlichen Korrespondenz, sowohl die Anfrage-Briefe wie auch die Antwort-Briefe. Selbst nichtssagende Zeilen werden dann plötzlich zentnerschwer, wenn es um die Fragen von Einsamkeit, Schuld, Liebe und Tod geht. Davon weiß die neue Briefseelsorge ein Lied zu singen. Es klingt nicht immer schön, aber es tut not. Es fragt sich nur, ob sich der Seelsorger seiner Möglichkeiten und seiner Verantwortung bewußt ist, die er bei seinem „alltäglichen" Briefwechsel eigentlich hat. Nicht wenige Gemeindpfarrer, Evangelisten und Jugendleiter tun hier ihre stille Pflicht, ohne großes Aufhebens davon zu machen. Ihnen gebührt der aufrichtige Dank aller, denen es um eine biblisch fundierte und fragebezogene sachliche Seelsorge geht. Das im folgenden Ausgeführte möchte den Praktiker der Seelsorge auf die einmalige Chance der seelsorgerlichen Kommunikation durch den Brief aufmerksam machen. Da der Verfasser anderenorts eine besondere „Einführung" in die Briefseelsorge gegeben hat und eine erste „monographische" Darstellung der Thematik vorbereitet, kann er sich relativ kurz fassen und bittet den Leser, sich dort zu orientieren, wenn er Näheres wissen will[41]. Im vorliegenden Zusammenhang versuchen wir, über das gegenwärtige Arbeitsfeld der Briefseelsorge, die Beweggründe und Anliegen der Schreiber, die Grundlinien der Aufgabe zu informieren, Winke zur Durchführung brieflicher Seelsorge zu geben und einige Fälle aus der konkreten Praxis zu berichten bzw. auszulegen.

a) Arbeitsfeld

Der Stellenwert des Briefes in der Massengesellschaft ist enorm gestiegen. Das geht nicht nur aus dem guten Geschäft hervor, das die Post mit dem Porto macht, sondern auch aus den zahllosen Briefen, die Leser an Illustrierte und Fernsehanstalten schreiben. Man sucht wieder Nähe aus der Ferne, Persönliches im Sachlichen und Intimes per Distanz. Die Kirche beider Konfessionen hat sich daher die briefliche Mitteilung für die Darbietung ihrer Botschaft zunehmend zu eigen gemacht. So ist ein eigenes Arbeitsfeld der Briefseelsorge entstanden: Neben dem Briefkurs der *„Katholischen Glaubensinformation"* (KGI), der von der Bischofskonferenz getragen und von Pfr. F. Krenzer herausgegeben wird (16 Hefte), haben sich auf evangelischer Seite in Verbindung mit der Evang. Buchhilfe gleich drei größere Projekte entwickelt. Da sind zunächst die *Glaubensbriefe* der Hamburger „Projektgruppe Glaubensinformation" (Prof. Thielicke) mit ihren drei Serien zu je 16 Briefen (I. Glaube, II.: Kindererziehung, III. Konfirmandeneltern) zu nennen. Ihnen folgten die rasch gewachsenen Katechismusbriefe „Glaube konkret" (hg. von Bischof Hanselmann und dem Verfasser), die Themen des Evang. Erwachsenenkatechismus (EEK) aufgreifen und für die Gemeindearbeit umsetzen (Gruppenarbeit, Seelsorge). Sie umfassen zwei Serien mit je 12 Briefen. Schließlich sind die *Bekenntnisbriefe* „Bekenntnis aktuell" rechtzeitig zum Augustana-Jubiläum und zum Missionarischen Jahr herausgekommen. Sie versuchen, mit 16 Briefen zum erstenmal eine reformatorische Bekenntnisschrift dem heutigen Leser verständlich zu machen. Haben schon die KGI-Hefte und die Glaubensbriefe eine zum Teil rege Korrespondenz mit den Redaktionen ausgelöst, so wird in den Katechismus- und Bekenntnisbriefen ausdrücklich am Schluß des Einzelbriefes eine briefseelsorgerliche Beratung angeboten. Lehrbriefe können zu Seelsorgebriefen werden.

Die *Evangelische Briefseelsorge* in *München 60,* Dachstraße 19, hat in den Jahren seit 1976 Erfahrungen briefseelsorgerlicher Art sammeln können, und zwar zuerst in der Redaktion der Katechismusbriefe und mit der Beantwortung der dazu (später auch zu den Bekenntnisbriefen) eingehenden Anfragen. Sie ist inzwischen eine eigenständige Einrichtung geworden, wird von der bayerischen Landeskirche getragen, von der Evang. Buchhilfe unterstützt und arbeitet auf Bundesebene in Verbindung mit dem Diakonischen Werk der EKD. Der „Arbeitskreis für Briefseelsorge" faßt im Rahmen des Diakonischen Werkes alle Tätigkeiten der Briefseelsorge, z. B. auch landeskirchliche Beauftragte bzw. Regionalstellen, briefliche Seelsorge in den Massenmedien (geplant) wie Presse, Rundfunk (z. B. Evangeliumsrundfunk Wetzlar) und Fernsehen, Offensive junger Christen usw. zusammen.

b) Beweggründe

Wie kommt es dazu, daß jemand sich an eine Seelsorgeperson oder an eine Seelsorgestelle mit der Bitte um briefliche Beratung wendet? Man muß wohl äußere Anlässe und tiefere Beweggründe unterscheiden. Manches kann hier die Entwicklung der Münchener Briefseelsorge deutlich machen. Immer wieder treffen einmal Anfragen zu den Katechismus- oder Bekenntnisbriefen ein. Nachdem aber diese seelsorgerliche „Anlaufstelle" durch besondere Faltblätter („Schreib doch mal", „Vertraulich"), Plakate („Kummer, Krisen, Konflikte? Schreiben Sie an die BS! Wir antworten persönlich und vertraulich" oder „Schreiben befreit . . .") und öffentliche Hinweise in Massenmedien oder Gemeindeblättern bekannter geworden ist, schreiben die Leute nun direkt, auch ohne eine christliche bzw. kirchliche Vorgabe in Gestalt eines Lehrbriefes erhalten zu haben. Man geht einfach auf das Seelsorge-Angebot zu. Offenbar löst das Stichwort „Seelsorge" doch wieder positive Assoziationen aus: Hier ist eine vertrauenswürdige Stelle. Da kann ich meine Sache los werden, ohne schrecklich erröten zu müssen. Der „Seelsorger" ist ja verpflichtet zu schweigen und verlangt kein Honorar. Außerdem brauche ich nicht zu reden und kann schreiben. Ähnliche Reaktionen erfahren Einzelpersonen, die Seelsorge üben, wie Gemeindepfarrer, Volksmissionare, Mitarbeiter der Diakonie und Jugendevangelisten. Sie müssen nur anschreibbar sein und auf ihren Briefkasten aufmerksam machen.

Anlässe, die zu dem Entschluß des Schreibens führen, gibt es genug. Da liest einer auf seinem Postamt, beim Schlangestehen nach Briefmarken, das Plakat der Briefseelsorge und notiert sich die Adresse. Eine Frau schneidet sich den kleinen Artikel über die Briefseelsorge in einer Fernsehillustrierten heraus, verwahrt den Zettel im Küchenschrank (,,Eine Stelle für alle Fälle!'') und schreibt Monate später, als ihr ein besonderer Konflikt zu schaffen macht. Wieder ein anderer entdeckt das Faltblatt im Wartezimmer eines Arztes. Auch ,,kirchliche'' Auslöser bringen die Korrespondenz in Gang, etwa durch Anschläge am Kirchenportal oder am Schwarzen Brett des Gemeindehauses. Die Briefseelsorge will ja der Gemeindeseelsorge ,,vor Ort'' keine Konkurrenz machen, sondern den schweren und oft selbstverleugnenden Dienst des Ortsgeistlichen an ihrem Teil ergänzen. Wenn möglich und notwendig erfolgt Überweisung bzw. Nacharbeit vor Ort, — vorausgesetzt, daß der Ratsuchende damit einverstanden ist. Eine gute Zusammenarbeit versteht sich hier von selbst. Manche schreiben gern an jemand, der ,,ganz weit weg'' ist. Infolge besonderer Umstände mag einer unversehens auf den Gedanken kommen, einen Brief zu schreiben, sei es aus bloßem Zeitvertreib heraus oder wegen eines besonderen privaten Problems. Man denke nur an den Kranken in der Klinik, den Häftling in der Justizvollzugsanstalt, den Menschen im Urlaub oder den Senior im Altersheim.

Damit haben wir schon einzelne, tiefere *Beweggründe* angedeutet. Man kann die zahllosen Möglichkeiten nach bestimmten Gesichtspunkten gruppieren: (1) Viele, wenn nicht die meisten, greifen zum Brief, ,,weil sie es besser schreiben als sagen können''. (2) Andere quält einfach der Kontakthunger, weil sie sich alleingelassen fühlen und außer einer ,,Katze'', einer ,,Schallplatte'' oder gar einer ,,Flasche'' keinen richtigen Gesprächspartner haben. (3) Zutiefst steht hinter den Briefen, die seelsorgerlichen Rat begehren, ein heimlicher oder ausdrücklicher Wunsch nach Freiheit. Man möchte etwas loswerden. Nicht nur psychisch Gestörte, Verklemmte und Verschüchterte, sondern ganz ,,gewöhnliche'' Menschen leiden heute mehr denn je unter Ängsten und Zwängen, unter der Last einer Schuld oder dem Druck eines Schicksals. Bezeichnenderweise endet mancher Brief mit dem Bekenntnis: ,,Jetzt ist mir leichter!'' Als Beispiel für alle Motivgruppen sei die Einleitung eines Briefes zitiert: „In der Zeitschrift ‚XYZ' las ich durch Zufall Ihren Aufruf, mit welchem Sie den Menschen Mut machen, Ihnen von ihren Ängsten zu berichten und sich dadurch zu befreien. Diese Gelegenheit möchte ich so gerne wahrnehmen! Ich weiß gar nicht recht, wie ich in meinem Brief beginnen soll, so viel hätte ich mir von der Seele zu schreiben. Ist es auch möglich, mit Ihnen zu korrespondieren, also Ihnen mehrmals zu schreiben? Denn mit dem einen Mal gelingt es mir nicht, alles, was mich bedrückt, zu schildern. Schriftlich kann ich mich auch viel besser ausdrücken als mündlich, und beim Schreiben empfinde ich nicht die Hemmungen, die mich beim Sprechen so behindern." Dieser Text spricht für sich selbst.

c) Anliegen

Der *Themen* ist Legion! Sie sind so bunt, wie das Leben bunt ist. Es fällt auf, daß die spezifisch „religiösen" Fragen, deren Vorkommen in der bisherigen Beratungsarbeit als „geringer" oder gar „selten" eingestuft wird, doch öfter bei der Briefseelsorge abgeladen werden. Da stellt man ganz konkrete Fragen zum Verständnis einzelner Bibelstellen oder wälzt Grundprobleme der christlichen Lehre wie Gottes Gerechtigkeit, die Trinität, die Bedeutung Jesu, Gut und Böse, Vergebung und Auferstehung, Sakramente und Konfessionen. Dazu kommt die Riesenpalette der Lebensfragen des einzelnen, die ja so oder so mit Gewissenskonflikten oder Glaubenszweifeln verbunden sind. Ängste, die vom Rotwerden über das Stottern bis hin zu purer Todesangst gehen, werden anvertraut. Rentner schreiben verbittert über ihre wirtschaftlichen Nöte. Das Senioren-Bekenntnis „Ich bin so allein" ist ein Schlüsselsatz für eine ganze Serie von vorauslaufenden und nachfolgenden Problemen, die gleichsam als Kontext mit der Verlassenheitserfahrung gekoppelt sind. Diese Vor- und Folgefragen „wiegen" oft noch „schwerer" als die mitgeteilte Hauptfrage. Überhaupt muß man in der Briefseelsorge zwischen den Zeilen lesen können. Durch Rückfragen des Seelsorgers oder das Weiterfragen des Ratsuchenden ergibt sich in vielen Fällen eine fortlaufende Korrespondenz, in deren Vollzug sich dann erst das eigentliche „Thema" herausstellt. Das gilt vor allem für die zahlreichen Briefe zum Problemkreis Ehe, Liebe, Sex. Bei Briefen, die Krankheitsthemen wie Krebs oder Multiple Sklerose betreffen, empfiehlt sich zusätzlich vertrauliche Beratung durch Fachärzte. Dasselbe gilt für seelsorgerliche Grenzfälle wie psychogene Erkrankungen. Freilich können (müssen nicht!) hier Überschneidungen und Konflikte entstehen, weil der Therapeut etwa nur auf „Ich-Stärke" und „Selbstverwirklichung" aus ist, während in der Seelsorge früher oder später auch einmal von Christusglaube und Selbstverleugnung die Rede sein wird. Andere Themen der Briefseelsorge sind Berufsnöte, Sektenprobleme (bei Jüngeren hauptsächlich: Divine Light Mission, Scientology-Church, Bhagwan-Gemeinschaft, Mun-Sekte), Erziehungskrisen, Süchte, Selbstmordankündigungen u. a.[43]

Manche Briefe scheinen, nach dem Ersteindruck zu urteilen, nur an der „objektiven" Behandlung eines Sachthemas interessiert zu sein. Bei tieferem Eindringen in den Text aber entdeckt man dann, daß es meistens um mehr geht, nämlich um ein „Anliegen" im engeren Sinne des Wortes, und das ist immer ein Anliegen des „Herzens". Der Seelsorger bedarf hier eines erst in langjähriger Praxis zu erlernenden Einfühlungsvermögens, um das Subjekt des Schreibers in dem Objekt des Briefes wahrzunehmen. Schon dieses Hinterfragen von Text und Thema gehört zum Geschäft der brieflichen Seelsorge. Der Schreiber wird es zu danken wissen, wenn der Seelsorger, an den er geschrieben hat, ein „fühlend Herz" hat, um sein eigentliches Herzensanliegen mitzuempfinden und zu verstehen.

Der Seelsorger in einer kirchlichen Gemeinde oder in einer freien Gruppe wird von seinen örtlichen Gemeinde- bzw. Gruppengliedern nur selten Briefe erhalten. Ziehen diese „Nahen" aber einmal in die „Ferne", leisten sie Wehr- oder Ersatzdienst oder sind sie für längere Zeit im Ausland tätig, dann spielt der Brief an den früheren Pfarrer bzw. Leiter und dessen Brief an den Weggezogenen eine u. U. bedeutende Rolle. Auf diese Weise wird der Seelsorger zur brieflichen Bezugsperson; ihm kann man Themen und persönliche Anliegen schreiben, über die man vor Ort — in der Fremde! — mit keinem Menschen zu sprechen vermag.

d) Aufgabe

Das Wesen der Briefseelsorge läßt sich im Rahmen dieses Kapitels nur skizzieren. Da hier die praktischen Belange der Person des Seelsorgers im Vordergrund stehen, reicht es aber auch, wenn wenigstens die biblisch-reformatorischen Grundlinien der Aufgabe, die der Briefseelsorge gestellt sind, kurz herausgearbeitet werden.

Der *biblische* Wurzelgrund ist eindeutig und belegbar, aber viel zu wenig bekannt und auch manchem Theologen nicht voll bewußt. Briefseelsorge wird aber nicht erst seit heute getrieben. Im Grunde genommen gibt es sie schon in den 21 (!) „Briefen" des Neuen Testaments. Insbesondere Paulus hat sich dieses seelsorgerlichen Kommunikationsmittels bedient. Das schönste Beispiel ist sein Brief an Philemon in Sachen eines weggelaufenen Sklaven, des Onesimus. Bezeichnenderweise nennt der Apostel auch seine Missionsgemeinde in Korinth einen ,,Brief Christi''. Wörtlich heißt es da: ,,Ihr seid unser Brief, in unser Herz geschrieben'' (2. Kor. 3, 2 f.). Kein Wunder, daß der Brief auch in der *Reformation* eine solche Schlüsselfunktion hat. Wir brauchen uns nur der seelsorgerlichen Briefe Luthers an seinen Sohn Hänsichen, an den angefochtenen Melanchthon, an depressive Frauen, an Studenten, Kollegen, nicht zuletzt an Politiker, z. B. seinen Kurfürsten, zu erinnern. Von Calvin gilt Ähnliches [44]. Wie kein anderer konnte Luther die Lehre von der Rechtfertigung des Sünders ,,aus Gnaden, um Christi willen und durch den Glauben'' brieflich an den Mann bringen. In seinen Briefen wird Gesetz und Evangelium vorbildlich unterschieden. Gewiß hat er unter Umständen leidenschaftliche geistliche Mahnbriefe geschrieben. Seine köstlichste seelsorgerliche Briefleistung aber sind die ,,Trostbriefe''. Sie sind nicht mit Gold zu bezahlen. In der Geschichte des Protestantismus hat die Briefseelsorge immer dann geblüht, wenn die Kirche durch die Lage des einzelnen besonders herausgefordert wurde, etwa im Pietismus (Spener), im 19. Jahrhundert (Keller), im Dritten Reich (Evangelische Jugendarbeit und Bekennende Kirche im ,,Untergrund''), im Krieg und in der Gefangenschaft (Feldpostbriefe), in der Nachkriegszeit und beim Wiederaufbau, in der Wirtschaftswundergesellschaft und in der Weltwirtschaftskrise, im Atomzeitalter und angesichts der Umweltverschmutzung.

Die Briefseelsorge stellt eine besondere Form der seelsorgerlichen Kommunikation mit dem einzelnen in Gesellschaft und Gemeinde dar. Der Brief bietet die Chance, bei Wahrung der Distanz intimste Mitteilungen zu machen und zu empfangen [45]. Der ,,Transfer'' (Überweisung, Umsetzung) des Seelsorgerlichen in das Briefliche ermöglicht einen *spezifischen Modus der Antwort* des Seelsorgers. Zwischen Frage und Antwort liegt eine Pause, die der Besinnung dient und für die Verständigung förderlich ist. Hier sind durchdachte, ja durchbetete Antworten möglich. Die briefliche Form und die Fortsetzung der Korrespondenz erlauben eine geistliche Intensivierung des brieflichen Gesprächs. Auf diese Weise kann Feinarbeit geleistet werden, und Vertiefung im Sinne einer wirklichen ,,Sorge unter dem Evangelium'' ist denkbar. Gewöhnlich werden diese Briefe von Menschen geschrieben, die sich in einer besonderen Not befinden (Krisenbriefe) oder die etwas näher wissen bzw. geklärt haben wollen (Orientierungsbriefe). Beide Motivationen dürfen wir nicht künstlich auseinanderdividieren. Die briefliche Information hat auch Seelsorgecharakter, und die briefliche Seelsorge muß auch informieren. Halbe Antworten sind keine ganze Seelsorge. Gleichwohl ist auch folgendes zu bedenken: Auch die Briefseelsorge kann keine glatten und abschließenden „Antworten" geben, sondern muß dem Anfragenden helfen, zu einer eigenen Entscheidung zu kommen. Das heißt aber nun nicht, daß man in der Antwort bei tiefenpsychologischen Vorfragen und gesprächstherapeutischen Techniken steckenbleiben dürfte. Die Anfragenden erwarten schon mehr von einer Stelle, die die Firma „Pfarramt" oder das Wort „Seelsorge" auf dem Kopf des Briefbogens führt. Nicht selten handelt es sich doch um einen einmaligen oder einen sogenannten „letzten" Brief! Also bekommen die Antwortbriefe ein hohes Maß an seelsorgerlicher Verantwortung. Die Antworten wiegen dann so schwer wie die Fragen! Sachliche Orientierung über die biblisch-reformatorisch-christlichen Aspekte des Briefthemas wird notwendig, gelegentlich auch ein ganz persönliches „Zeugnis", in jedem Fall ein geistlicher Anstoß. Entscheidend bleibt nur, daß wir unsere Briefpartner nicht geistlich überbeanspruchen oder seelisch vollstopfen, auch wenn das in bester Absicht geschehen sollte. Auf diese Weise würde mehr getötet als erweckt. Andererseits darf das Evangelium in der „evangelischen" Briefseelsorge auch nicht einfach totgeschwiegen werden. Die Hauptsache ist nur, daß die briefseelsorgerliche Verkündigung fall- und fragebezogen ist. Sie gibt adressierte Impulse, nicht mehr, aber auch nicht weniger.

e) Durchführung

So wenig die Briefseelsorge als überregionale Arbeitsstelle mit der lokalen Seelsorge konkurrieren will, so wenig ist das der Fall, wenn wir uns das Verhältnis von *Briefseelsorge* (BS) und *Telefonseelsorge* (TS) vor Augen halten[46]. Niemand bestreitet heute mehr den segensreichen Dienst der Telefonseelsorge. Er ist notwendig. Wenn es die TS noch nicht gäbe, müßte sie erfunden werden. Wir sagen das so ´ unumwunden, wenn es auch in dem einen oder anderen Falle Grund zur Kritik an der theologischen Konzeption oder an der praktischen Durchführung gibt. TS und BS sind eigenständige Kommunikationsformen der Seelsorge. Sie haben zwar zum Teil verwandte Aspekte, sind aber nicht einfach identisch. Insofern können sie einander gut ergänzen. Beide stehen, jede auf ihre Weise, im Dienst des Nächsten. Ratsuchende, die lieber sprechen und hören, rufen bei bei der TS an, Ratsuchende, die es mehr mit dem Schreiben und Lesen halten, wenden sich an die BS. Beide Arbeitsformen haben je ein Team von Seelsorgern und Seelsorgehelfern zur Verfügung. Ganz wesentlich ist aber bei der brieflichen Seelsorge, daß der Briefwechsel in einer Hand bleibt. Die Ratsuchenden sind äußerst sensibel, wenn es um die Wahrung des Brief- und Beichtgeheimnisses geht. Dem kann durch geeignete Aufgabenteilung Rechnung getragen werden. Insofern ist die BS tatsächlich eine echte „Komplettierung" (Ergänzung) der TS, in der durch den unvermeidlichen Schichtwechsel zuweilen die Geschichte dann einer zweiten Person nochmals erzählt werden muß, was nicht jeder verkraftet.

Wird die Briefseelsorge von einem *einzelnen* ausgeübt, sei es in der Kirche oder in einer freien Arbeit, dann hat der betreffende Seelsorger insbesondere auf drei Dinge zu achten. Einmal sollte er im Lauf seiner Praxis das Feingefühl lernen, was ein „Seelsorgebrief"-Fall ist und was nicht. Manche, die streng religiöse und innerkirchliche Fragen behandeln, viel schreiben und kein Ende finden können, brauchen u. U. weniger seelsorgerlichen Einsatz, vielleicht sogar die liebevolle, aber bestimmte Verordnung einer „Pause". Andere, die einen mehr allgemein, weltlich und unverbindlich klingenden Brief schreiben, aber in einem Nebensatz, gleichsam beiläufig, etwas persönlich Bewegendes und Intimes andeuten, bedürfen möglicherweise einer intensiven und raschen seelsorgerlichen Hilfe. — Der Einzelseelsorger hat — das ist der zweite Punkt — nur eine begrenzte Zeit und Kraft. So muß er haushälterisch damit umgehen. Er darf sich mit dem Briefeschreiben nicht übernehmen und sich nicht an die Korrespondenz mit einem einzigen Menschen verlieren. Der gut biblische Gedanke der konzentrierten Suche nach dem „einen verlorenen Schaf" (Lk. 15, 4) hat seine volle Berechtigung, sollte aber nicht auf die Dauer überstrapaziert und mißbraucht werden. Der Seelsorger verletzt sonst seine anderen Pflichten und wird an einem anderen Nächsten schuldig. — Schließlich verdient das Problem der Vertraulichkeit noch eine Anmerkung: Der Einzelseelsorger hat Privat-Familiäres und Seelsorge-Dienstliches behutsam zu trennen. Das Brief- und Beichtgeheimnis gilt auch gegenüber der Pfarrfrau. Seelsorgerliche Notizen oder gar ganze Briefe dürfen nicht offen herumliegen. Die Fürbittliste bleibt in der Brieftasche oder in der Tagesbibel. Am besten wird der seelsorgerliche Schriftwechsel im Arbeits-, Studier- oder Amtszimmer verschlossen aufbewahrt. Im übrigen gehört briefseelsorgerlich Anvertrautes in den Panzerschrank des Herzens!

Was nun die Durchführung im engeren Sinne anbelangt, so lassen sich für das Anfertigen von Seelsorgebriefen gemeinsame Winke geben, die für ein Briefseelsorger-Team wie für einen Briefe schreibenden Einzelseelsorger gleichermaßen gültig sind und vielleicht hilfreich sein können. In diesem Kontext sind wieder drei Aspekte bemerkenswert:

— Einlesen

Was für die Gesprächsseelsorge das Einfühlen ist, das ist in der Briefseelsorge das Einlesen. Natürlich gehört dazu auch ein einfühlendes und verstehendes Verhalten des Seelsorgers. Beim Brief aber steht ein handschriftlich fixierter oder persönlicher getippter Text im Vordergrund. Um den Text wirklich zu erfassen, sollte er mehr als einmal gelesen werden, und zwar in Teilen wie als Ganzes. Manchem Seelsorger hilft es, wenn er die wichtigsten Abschnitte oder wenigstens auffällige Stichworte mit einem Bleistift oder mit Farbstiften hervorhebt. Auf diese Weise wird der Blick für den „Fokus" bzw. das Hauptanliegen des Briefes geschärft. Wer einen Brief schreibt, will etwas bewußt mitteilen, er drückt aber auch ganz unbewußt manches aus, was er vermutlich gar nicht möchte. Damit gibt er etwas von seinem Wesen, von der unauslotbaren Tiefe seiner Psyche und nicht zuletzt von den unausgesprochenen Nöten und Sehnsüchten kund, die ihn bewegen mögen. Schon der Stil, in dem der Brief geschrieben ist, kann Aufschluß geben. Der eine gliedert sauber, bei dem anderen geht alles erregt durcheinander. Wieder einer liefert eine derart eingehende Detailschilderung eines relativ kleinen Problems, daß man deutlich spürt, wie schlecht er mit den großen Anfragen, die das Leben an ihn stellt, fertig wird. Ähnliche, ja noch umfassendere Bedeutung hat die Handschrift, die man mit Recht als eine „Ausdruckshandlung" definiert hat. Selbstverständlich ist vor einer Amateur-Graphologie zu warnen. Ein wirkliches Schriftgutachten kann nur der Fachmann erstellen. Immerhin sieht auch der Laie, der sich allgemein über das Wesen der Handschrift orientiert hat, etwas davon, ob jemand in seiner Hand-Bewegung fließend, gehemmt oder zerfetzt schreibt, wie der Raum auf dem Papier ausgenutzt und gestaltet ist und welches Formbild überhaupt den handgeschriebenen Brief kennzeichnet [47]. Kennt der Seelsorger den Schreiber, so wird er leicht ersehen, ob es sich bei dem Brief um ein gewöhnliches Schreiben handelt oder ob hier außergewöhnliche Umstände die zornige oder ängstliche Feder geführt haben. Bei unbekannten Absendern bedarf es eingehenden Studiums, bis man sich ganz „eingelesen" hat. Manchmal sind Wiederholungsbriefe erforderlich, um sich ein zutreffendes Bild zu verschaffen. Von entscheidender Relevanz ist die Entdeckung des Zentralanliegens, des Kernproblems, das der Schreiber hat. Die Theologen reden hier gern vom „Skopus" (Sinnmitte) eines Textes. Die Interpretation (Auslegung) eines Brieftextes müßte im Grunde genommen genauso sorgfältig vom Seelsorger vorgenommen werden, wie sich das bei der Analyse eines Bibeltextes für den Prediger von selbst versteht. Immerhin handelt es sich beim Brief um den Text eines Nächsten, der im Namen Jesu geliebt werden soll. Das oben erwähnte „Unterstreichen" kann dabei rein praktisch manch guten Dienst tun.

— Aufbereitung

Bevor der Seelsorger auf einen Brief antwortet, hat er eine ganz wesentliche, wenn nicht die zentrale Aufgabe der Briefseelsorge zu erfüllen, nämlich die Aufbereitung des ihm anvertrauten bzw. anbefohlenen „Materials" und die Bereitstellung seiner „Person" in den Dienst der Sache. Zu dem Material gehören der den Seelsorgevorgang auslösende Brieftext eines konkreten Nächsten, der Rat sucht, und der Schrifttext der Bibel, in der das von den reformatorischen Vätern neu bekannte Wort Gottes greifbar ist. Die Wechselbeziehung zwischen der „Frage" eines Briefeschreibers und der „Antwort" des biblischen Wortes darf nicht formalistisch und biblizistisch mißverstanden werden. So wie beim Brieftext auf den Hauptgedanken und nicht nur auf die vollständige Zahl der Neben- und Unterpunkte geachtet werden muß, so geht es bei der Zuordnung zum Schrifttext nicht einfach automatisch um die Beziehung zu einer Bibelstelle, sondern um das Verhältnis des Briefproblems zu dem Gesamtzeugnis und zur Sinnmitte des Bibelwortes, zum Evangelium von Jesus Christus. Zuweilen wird es allerdings auch einmal ein bestimmter Vers oder Abschnitt der Bibel sein, der sich für die „Korrespondenz" (Wechselbeziehung) anbietet; ihn kann dann der Seelsorger in der Stille seines Zimmers meditieren. Insofern bekommt die Aufbereitung des brieflichen und des biblischen Materials den Charakter einer Besinnung im vollen, ja im tiefsten Sinne des Wortes. Zunächst ist hier ein theologischer Denkprozeß erforderlich, auch für sogenannte „Laien". Das Nachschlagen einer biblischen Konkordanz reicht da nicht aus. Vielmehr braucht der Briefseelsorger entsprechende Denkhilfen wie die Bekenntnisschriften der Reformation (Kleiner Katechismus, Heidelberger Katechismus, Augsburger Bekenntnis u. a.) und die entsprechenden Auslegungen aus neuerer Zeit: Evangelischer Erwachsenenkatechismus, Taschenbuch zum EEK, Gemeindekatechismus, Glaubens-, Katechismus- und Bekenntnisbriefe. Ganz praktische Orientierung vermittelt vor allem das „Sachregister" des EEK[48]. Wer hier nachschlägt, findet leicht den einschlägigen Artikel des umfangreichen Studienbuches und bekommt von dorther weiterführende Hinweise auf biblische Texte und auf einige Bücher neuerer Theologen, die sich der biblisch-reformatorischen Theologie verpflichtet wissen. Im Vollzug einer solchen Besinnung wird dem Seelsorger noch einmal ganz konkret die Tatsache bewußt werden, daß in der Briefseelsorge Glaubenshilfe und Lebenshilfe geradezu „paradigmatisch" (beispielhaft) ineinandergreifen. Eben weil Jesus Christus das Richtbild seelsorgerlichen Handelns ist, hat er beide Gefahren zu vermeiden, nämlich das rasche Erledigen einer Anfrage bzw. billige Zudecken einer Not durch bloßes Zitieren von Bibelworten einerseits und das Steckenbleiben im Analysieren bzw. Reflektieren der in dem Brief geschilderten Situation, ohne daß es je zu einer christlichen Aussage im Vollsinn des Wortes kommt. In der Aufbereitung ist zu klären, was dem Schreiber hilft und was ihm nicht hilft. Ein Zuviel und ein Zuwenig dieser „Aussage" können beide schädlich sein. Bei der Aufbereitung aber ist nun auch die Bereitstellung der Person des Seelsorgers selbst von höchster Wichtigkeit. Er kann sich zu sehr in den Vordergrund spielen (Besserwisser) oder sich zu scheu zurückhalten (Mangel an Ich-Stil). Er kann Opfer seiner Sym- oder Antipathie gegenüber dem Ratsuchenden werden und blind sein im Blick auf die verborgenen Störungen, die im Brief zwischen den Zeilen stehen (Mißverständnisse, Enttäuschung, Wut). Will der Seelsorger wirklich dem im Brief seinen „Rat" Suchenden zur Bewältigung eines Lebenskonfliktes und zur Gewinnung eines mündigen Glaubens an Gott in Christus helfen, dann darf er dem Evangelium nicht im Wege stehen, sondern dann muß er sich als Diener Christi mit seiner ganzen Person in den Seelsorgevorgang einbringen. Aber wer kann das von sich aus? Dazu braucht er Gottes Schöpfergabe, die vergebende Gnade Christi und das unmittelbare oder mittelbare Eingreifen des Heiligen Geistes, der allein in alle Wahrheit leitet, und zwar für den Ratsuchenden wie für sich selber. Sonst kommt es weder zu wirklichem Glauben noch zu wirksamer Seelsorge. Deshalb kommt beim Aufbereiten dem Gebet eine so hohe Bedeutung zu. Von der Sache her enthält es Elemente der Danksagung für das Gelingen, der Buße über eigenes Versagen und der Fürbitte für den Ratsuchenden, der geschrieben hat. Biblische Leitgedanken könnten dafür sein das Prophetenwort: „Ich habe dich bereitet, daß du mein Knecht seist" (Jes. 44, 21) und das Apostelwort: „Der uns aber dazu bereitet hat, das ist Gott, der uns als Unterpfand den Geist gegeben hat" (2. Kor. 5, 5).

— *Niederschrift*
Wie auch bei anderen literarischen Arbeiten (opus), so hängt auch bei der Kleinstschrift (opusculum), „Brief" genannt, viel von Einleitung und Schluß ab. So kann der Seelsorger bei einem provozierenden Spitzensatz oder Stichwort des Ratsuchenden ansetzen. Anderen Schreibern helfen in der Einleitung das warme Verstehen der vorge-

tragenen Not oder die einfühlsame Würdigung des entgegengebrachten Vertrauens. Jedenfalls soll sich der Adressat freundlich getroffen und persönlich angesprochen fühlen. Im übrigen darf die Einleitung nicht zu groß geraten. Ist doch dem Seelsorger in erster Linie die Botschaft bzw. die Antwort aufgetragen, zu der die Einleitung hinführen soll. Ähnliches, nur vom Ende her gesehen, läßt sich von dem Briefschluß sagen: Ein schlechter Schluß kann zum Abbruch der Korrespondenz beitragen und damit die Fortsetzung des seelsorgerlichen Prozessses unmöglich machen. Unter Umständen empfiehlt sich eine unterstreichende Zusammenfassung oder auch ein Denkanstoß in Gestalt einer offenen Frage. Nicht jeder Seelsorger ist ein Muster systematischer Gedankenführung. So kann er selber der Gefahr erliegen, die wir in manchen Briefanfragen von Ratsuchenden vorfinden, nämlich dem ,,Ragoutstil'', der Wesentliches und Unwesentliches, Sachliches und Persönliches bunt miteinander vermischt. Aus diesem Grund erfordert die Briefseelsorge eine gewisse Durchgliederung des Inhalts. Viele Ratsuchende lesen den Antwortbrief mehr als einmal. Dann aber sollte der Text durchsichtig und in seinen Hauptpunkten behaltbar sein. Natürlich heißt das nicht, daß ständig mit ,,1., 2., 3.'' gearbeitet werden müßte. Das würde zu einem lehrerhaften Krampf führen. Jeder soll so schreiben, wie er es gewohnt ist; die Kunst des seelsorgerlichen Briefes besteht nur darin, daß der Seelsorger das Gewohnte in den Dienst der Sache stellt. Dann ergeben sich kleine Formpflichten wie von selbst: Da viele Ratsuchende weder unseren theologischen Begriffsapparat beherrschen noch unsere fromme Sprache sprechen, versuchen wir, auf das Bildungsniveau und den Glaubensstand unseres Briefpartners einzugehen, was nicht bedeutet, daß wir die Ausdrucksweise des Ratsuchenden künstlich nachmachen oder die Farbe unseres eigenen Redens und Schreibens einfach aufgeben und übertünchen müßten. Die wirkliche Liebe zum Nächsten findet hier immer einen gesunden Kompromiß. Nicht zuletzt darf noch einmal an das Zielproblem erinnert werden. Nach 2. Kor. 6, 4 befleißigen sich die ,,Diener Gottes'' einer ,,großen Geduld''. Das hat Konsequenzen für die Zielsetzung in der Niederschrift eines seelsorgerlichen Antwortbriefes. Hier lohnt die Unterscheidung von Erstziel und Endziel in einer ganzen Briefreihe sowie von Teilziel und Hauptziel in einem Einzelbrief. Wir müssen es uns abgewöhnen zu denken, daß jede Anfrage immer nur mit *einem* Brief zu erledigen wäre. Der so konzipierte Brief enthält dann möglicherweise nur eine religiöse ,,Auskunft''. Briefliche Seelsorge aber ist von vornherein auf seelsorgerliche ,,Begleitung'' angelegt; sie schließt Rückfragen und Korrespondenzpausen ein.

Genug der Anregungen zur Durchführung! Die Praxis der Briefseelsorge lehrt, daß der Brief eines der feinsten und zartesten, aber auch eines der vielförmigsten und nachhaltigsten Instrumente der im Namen Jesu geübten seelsorgerlichen Kommunikation darstellt. Den hohen Wert dieser Seelsorgeart kann ein Wort von Johann Georg Hamann, dem philosophischen „Magus des Nordens" aus Königsberg (1730 - 88) verdeutlichen. Er hat einmal bemerkt: „Rede, daß ich dich sehe!"[49] Von der Briefseelsorge könnten wir sagen: Schreibe, damit ich dich höre! Das wäre jedenfalls ein brüderlich und schwesterlich gemeintes Angebot für die offenkundige Not des Zeitgenossen, der da klagt: „Wer hört mir zu?"

f) Einzelfälle

Aus Gründen des Umfangs müssen wir uns auf ganz wenige Beispiele aus der Praxis beschränken. Das reicht aber schon, um zumindest anzudeuten, welche Funktion die Person des Seelsorgers in der Briefseelsorge hat und welche konkreten Aufgaben ihm dadurch erwachsen. An Hand von kurzen Falldarstellungen kann sich so der Leser am ehesten eine Vorstellung davon machen, welche fruchtbaren Möglichkeiten er als Briefseelsorger hat und welche nüchternen Grenzen ihm gezogen sind. Es versteht sich von selbst, daß die Beispiele etwas verändert und verfremdet wiedergegeben werden, damit die Vertraulichkeit nicht verletzt wird. Sie sollen nur dem Helfer helfen, daß er anderen besser helfen kann. Auf längere Kommentare wird bewußt verzichtet. Wir beginnen mit der Skizzierung von zwei Fällen, in denen nur Textausschnitte gebracht werden, die aber sehr instruktiv sind.

— Suche nach der Freundin

In dem ersten Beispiel handelt es sich um einen jungen Menschen: Ein *siebzehnjähriger junger Mann* ist, getreu dem Leitbild seiner Freunde, auf der Suche nach einer Freundin. Endlich findet er eine in der Diskothek und tanzt mit ihr. Die Freundinnen des Mädchens tuscheln und wollen es ihren Eltern erzählen. Der junge Mann tröstet die Verängstete. Ein kleiner Abschiedskuß („In diesem Augenblick hätte ich ihre Freundinnen umbringen können!"), — aus. Fazit: „Noch nie hat ein Mädchen zu mir gesagt, daß sie mich liebt." Die Antwort macht dem jungen Schreiber vom Evangelium her Mut, selbst jemand zu sein und sich so wenig von den Meinungen der „Freunde" abhängig zu machen, wie er das schon im Blick auf besagte „Freundinnen" gemacht hat. Im übrigen: „Ich glaube fest, daß Gott schon längst ein Mädchen für Sie herausgesucht hat. Sie müssen nur warten und aufmerken lernen. Dann treffen Sie sie auch. Ob es das Disco-Girl ist, weiß ich nicht. Möglich ist so etwas, aber auch selten . . ."

Briefe, die von psychosexuellen Krisen in der Ehe handeln oder die von Homosexuellen bzw. Lesbierinnen geschrieben werden, erfordern natürlich eingehendere und tiefenpsychologisch fundierte Repliken, aber auch sie verdienen eine „Gute Nachricht", besonders ein Wort brüderlich-schwesterlichen Verstehens, eine Ordnungshilfe und evangelischen Trost.

— *Suizidgefahr*
Ein *Mann Mitte 60* erfährt nach jahrzehntelanger Ehe, daß seine Frau ein mehrjähriges voreheliches Verhältnis gehabt hat und daß sein ältester Sohn gar nicht sein Sohn ist. Ein Kartenhaus bricht zusammen. Er fühlt sich belogen und verkriecht sich auf eine Insel. Er sieht „keinen Ausweg mehr" und „bringt nicht mehr den Mut auf weiterzuleben": „Was soll ich noch auf dieser Welt? Es ist doch alles sinnlos . . . vielleicht ist mein Fall, wenn Sie diese Zeilen erhalten, schon ausgestanden. Ich bereue aufrichtig jeden Tag, den ich noch auf dieser Welt verbringen muß." Natürlich wird in so einem Fall sofort der Ortspfarrer benachrichtigt, der den Suizidgefährdeten aufsucht und den Antwortbrief der BS ankündigt. Dieser Brief bringt dem Hunde-Status („ich gehe vor die Hunde") des Enttäuschten Verständnis entgegen und sieht in dessen Brief ein letztes ermutigendes Zeichen, daß er doch noch nicht ganz aufgeben wolle. Er sucht aber auch nach Entlastungspunkten für die „schuldig" gewordene Frau. War sie damals nicht „erst" 24 Jahre alt, und haben die Eltern es nicht sogar geduldet? Trifft nicht die Jesuserzählung von der Ehebrecherin (Joh. 8) auf diesen Fall zu: „Wer unter euch ohne Sünde ist, der werfe den ersten Stein auf sie"? Der innerste Grund der Frustration des Mannes liegt aber wohl in dem tief verletzten Gerechtigkeitsgefühl. Er kann juristisch nichts mehr machen. Durch das neue Ehescheidungsrecht ist die Sache längst verjährt und überholt. So bleiben nur der schlichte, aber der Eile halber deutliche Ruf zu dem Glauben, der stärker ist als die Stunde, in der er geglaubt wird, die zeugnishafte Begründung: „Weil ich um Christi willen meinem Gott etwas zutraue", und der einfühlende (empathische Impuls): „Lieber Herr NN., wenn Sie nicht mehr weiterkönnen, dann rufen Sie oder schreien Sie meinetwegen am Strand einmal: ,Lieber Herrgott, ich kann nicht mehr, hilf mir. Ich glaube, hilf meinem Unglauben!' "
Wie lebenswichtig solche Briefe sind, zeigt die Erfahrung mit drei sehr jungen Selbstmordkandidaten, die sich binnen 14 Tagen nach ei-

nem kurzen Hinweis auf die Briefseelsorge in einer Fernsehillustrierten meldeten, und das erfreuliche Echo: sie leben noch und sind unterwegs zum Glauben.

Es folgen nun noch zwei Beispiele, in denen es um Probleme *junger Mädchen* geht, wie sie von Adoleszenten und jungen Erwachsenen erlebt werden. Beide Schreiberinnen besuchen eine höhere Schule und stammen aus dem innerchristlichen Bereich. Gleichwohl haben sie, näher besehen, verschiedene Fragen, die erstere mehr geistgeistlicher, die letztere mehr leib-seelischer Natur. Die Themen finden hier eine eindrucksvolle „weiblich"-sensible Darstellung, kehren aber bei männlichen Altersgenossen wieder und begegnen auch bei Erwachsenen. Insofern dürfen sie als charakteristische Fälle brieflicher Seelsorge ausgewählt werden.

— Unglaube / Zweifel

Im ersten Beispiel steht der Problemkreis „Unglaube/Zweifel" im Mittelpunkt. Das Anliegen des Briefes läßt sich an einer bestimmten Stelle des Textes gut zusammenfassen. Sie wird wörtlich zitiert und mit einigen Anmerkungen zum Schriftbild ergänzt: „ . . . Ich bin der Ansicht, daß mein Bekannter an seinem Unglauben leidet. Er kommt immer wieder auf dieses Thema zurück (Menschen sind die höchstentwickelten Tiere — Religionen aus Angst — Christus, wenn überhaupt gelebt, höchstens religiöser Schwärmer — Wunder unmöglich usw.). Kann man hier überhaupt helfen? Ich fange selbst schon manchmal an zu zweifeln. Bisher habe ich Zweifel immer dadurch überwunden, daß ich gebetet und dann nicht mehr darüber nachgedacht habe. Aber ist es richtig, nicht mehr darüber nachzudenken?"

Wer die *Schrift* der etwa 18jährigen Gymnasiastin betrachtet, wird unmittelbar davon angesprochen. Sie bietet ein wohltuendes Raumbild, das die geradezu ästhetische Einfühlsamkeit der Schreiberin verrät; da sitzt alles am richtigen Ort. Rand, Abstände und Transparenz der ganzen Seitenanlage tun dem Auge wohl. Fast noch mehr beeindruckt die „dominierende" Bewegung, die aus dieser Handschrift spricht. Unwillkürlich wird der Leser in diesen Schreibfluß, der wie ein Redefluß wirkt, hineingerissen. Die ausgewogene Rechtsläufigkeit, die nach vorn drängt, wenn auch nicht immer in das Offene, so doch in eine vertrauenswürdige Zukunft hinein, fällt auf. In der Schrift ist Tempo, ja Temperament. Interessant sind die Oberzeichen: der i-Punkt sitzt „pünktlich" genau über dem Buchstaben, zu dem er gehört. Der u-Bogen, der in der lateinischen Schrift gar nicht nötig wäre, wird regelmäßig in Form eines flink hingeworfenen und doch schnurgeraden Querstrichs gesetzt. Bei näherem Zusehen — freilich muß da schon das Vergrößerungsglas helfen — sieht man dann ein paar Eigenheiten: die relativ kurzen Oberlängen sind nicht immer ausgeführt. Wo es rund werden müßte, ist es spitz, wie auch die Girlanden des ziemlich breiten Mittelbandes gelegentlich enger und strenger wirken, als man es auf den ersten Blick erwartet. Zuweilen kommt in den kleinen ,,f'' eine vorgebeugte Langlänge vor, die die Selbstbewußtheit der übrigens klugen Schreiberin auch dem Leser bewußt macht.

Der oben wiedergegebene Auszug gibt natürlich nur eine kümmerliche Vorstellung von der Fülle der Probleme, die die junge Dame angerissen hat. Hier heißt es von vornherein energisch auf die Zentralfrage zuzusteuern, die sich bei einer sorgfältigen Textinterpretation herausgestellt hat, d. h. die Frage nach dem Verhältnis von *Denken und Glauben*. Es empfiehlt sich sogar, schon in der Einleitung diesen Skopus thematisch anklingen zu lassen. Andernfalls verliert man sich hoffnungslos im Dschungel der aufgeworfenen Einzelprobleme. Dabei könnte etwa folgendermaßen formuliert werden: ,,Wer Ihren Riesenkatalog von Zweifelsfragen liest, dem kann schwindelig werden. Ich vermag es nur zu gut nachzufühlen, daß Ihr Freund immer wieder auf diese Probleme zurückkommt und daß auch Ihnen selbst nicht ganz wohl dabei zumute ist. Wenn ich trotzdem versuchen will, Stellung zu nehmen, dann nicht, weil ich mir einbildete, auf all Ihre Fragen eine befriedigende Antwort zu wissen, sondern weil Sie am Ende so eine penetrante, aber doch letztlich konstruktive Schlußfrage stellen: Darf der Christ denken oder muß er sogar denken?''

Andererseits darf sich der Seelsorger den nun einmal aufgeworfenen Fragen nicht entziehen. Im vorliegenden Falle könnte der Ausweg darin bestehen, daß man wenigstens *drei Aspekte,* nämlich den naturwissenschaftlichen, den psychologischen und den historischen herausgreift und hier wiederum jeweils einige exemplarische ,,Anmerkungen'' macht, die sich dann wie Randbemerkungen am Heftrand ausnehmen und die auch nicht mehr sein wollen. Dem betroffenen Mädchen und dem vielleicht noch betroffeneren Zweitleser, dem Freund nämlich, der im Hintergrund bereits darauf wartet, wie sich der ,,Pfarrer'' oder ,,Berater'' aus der Affäre ziehen werde, könnte das Ganze nützlich sein, vielleicht sogar ,,helfen''. So wird man beim Naturwissenschaftlichen zugeben, daß der Mensch ,,auch'' etwas ,,Animalisches'' habe, aber sozusagen nebenbei auf den Unterschied zwischen Instinkt und Dressur einerseits und Gewissen und Sprache andererseits aufmerksam machen. Vor allem lohnte es sich, den Begriff „höchstentwickelt" in Frage zu stellen. Vielleicht so: „Was sagen Sie eigentlich zu den Judenvergasungen und Sexualmördern?! Das ist doch nicht nur Untermenschentum, sondern manchmal ‚untertierisch'. Ähnlich könnte man die Differenzierung von echtem und unechtem Schuldgefühl bzw. gesundem Glauben und krankhafter Gläubigkeit als Denkanstoß zurückgeben. Schließlich wäre auch eine sachliche Anmerkung zum Jesus-Thema am Platze. Sie müßte das berechtigte Anliegen der historisch-kritischen Fragestellung würdigen, aber auch darauf aufmerksam machen, daß heute manche längst überholte Behauptungen, wie z. B. die Schwärmer-Theorie, fröhliche Urständ feiern. Dabei genügt in dem ersten Antwortbrief eine schlichte Notiz wie diese: „Was sich in mancher heutigen Jesusauslegung als ‚modern' gibt, ist zuweilen schon leicht anrüchig ‚alt'. Sie dürfen nicht auf jede angebliche ‚neue' Theorie hereinfallen. Bitte, bleiben Sie kritisch gegen die Kritiker."

Wie gesagt, durch diese Durststrecke des Fragekatalogs muß der Antwortbrief hindurch. Vielleicht ist es möglich, dem Brief ein wegweisendes und informierendes Heft (oder einen „Katechismusbrief", — hier J. Illies „Ein Affe in der Verwandtschaft?") beizulegen, das zu neuem konstruktiven Dialog anregt. Entscheidend aber bleibt, daß der Seelsorger nun versucht, sich der *Hauptfrage* zu stellen, um die es dem Brief bzw. dem Mädchen, das fromm und so aufrichtig zugleich ist, eigentlich geht. Ihr könnte er etwa in dieser Weise antworten.

„Damit bin ich aber schon bei dem wesentlichsten Punkt Ihres Briefes: Sie schreiben in Ihrem 2. Brief: ‚Ich zweifle und zweifle auch wieder nicht.' Sie können Glaube und Zweifel miteinander vereinbaren und denken dann: ‚Bei Gott ist alles irgendwie möglich, es ist ganz egal, ob man den Menschen zu den Tieren zählt oder nicht, die Hauptsache ist, daß Jesus Christus, Gottes Sohn, für uns gestorben ist und uns erlöst hat.'

Ich gebe gern zu, daß Gott allmächtig ist, und freue mich darüber, daß Sie ein so persönliches Verhältnis zu Christus haben. Er ist in der Tat der Grundstein. Aber gerade Er, der die ‚Wahrheit' schlechthin ist, entbindet uns nicht von der Pflicht nachzudenken.

Ob Sie vielleicht doch noch nicht kritisch genug sind? Ihre Zweifel stehen jedenfalls in der Gefahr, bei Halbheiten steckenzubleiben. Ich rate Ihnen nicht, nicht mehr zu zweifeln, sondern vielmehr, zu Ende zu zweifeln. Freilich kann und soll einmal das Gebet in der Anfechtung des Denkens helfen, aber es darf das Nachdenken nicht abwürgen. Das ist zu billig. Jesus will keine dummen Christen. Seine Jünger dürfen, ja sollen denken. Dabei wird manche liebgewordene Vorstellung über Bord gehen, und gemütliche Abendstille kann ich Ihnen bei diesem Prozeß des Nachdenkens auch nicht versprechen. Wohl aber bleiben oder werden Sie dann aufrichtig, und dem ‚Aufrichtigen' läßt es Gott bekanntlich ‚gelingen' (Spr. 2, 7). Wer den Mut hat, unter und mit Gott weiterzudenken, der wird früher oder später der trügerischen ‚Wissenschaftsgläubigkeit' unserer Tage hinter die Schliche kommen. Er wird aber auch mit Hilfe einer sachlich arbeitenden wissenschaftlichen Forschung erstaunliche Dinge entdecken; z. B. kann er mittels der modernen Anthropologie (Portmann, Gehlen, Plessner) herausfinden, was den Menschen zum Menschen macht und was ihn, bei aller biologischen Verwandtschaft, gerade vom Tier unterscheidet.

Sie schreiben vom ‚Unglauben' Ihres Bekannten. Ob der wirklich so ungläubig ist? Im Neuen Testament wird von einem Mann berichtet, der aufschreit: ‚Ich glaube, lieber Herr, hilf meinem Unglauben' (Mk. 9, 24). Ihm hilft Jesus. Es gibt keinen Glauben ohne Zweifel. Der Unglaube ist der Schatten des Glaubens. Sie dürfen Ihren Freund nicht aufgeben. Er ist vielleicht in einigen Punkten sogar schon ‚weiter' als Sie. Zweifeln Sie mit ihm, damit Sie beide das Glauben lernen. Zweifel kann Einübung in den Glauben werden. Letzten Endes kann hier nur Gott helfen. Da haben Sie recht.

Nochmals: Fragen Sie getrost, aber stellen Sie auch Ihre Frage in Frage. Oder: Zweifeln Sie so radikal wie möglich; der radikale Zweifel führt zuletzt zu jener ‚getrosten Verzweiflung' des Glaubens, von der Luther so schön zu reden wußte. Sie ahnen gar nicht, was für Herrlichkeiten des Glaubens Ihnen unversehens bei solchem Mut zum kritischen (und selbstkritischen) Denken aufgehen können. Der alte Kierkegaard hat etwas davon gemerkt, als er schrieb: ‚Die unendliche Resignation ist das letzte Stadium, das dem Glauben vorangeht.' " [51]

— Identitätsprobleme
Das zweite Beispiel stammt aus einem Briefwechsel von der Psychagogin Christa Meves, die als bewußte Christin berät und schreibt. Darin geht es um die *Identitätsprobleme* einer Oberschülerin, die seelischer und sexueller Natur sind. Hier sprechen Frage und Antwort am besten für sich selbst:

„Liebe Frau M. Ich weiß nicht, ob ich Ihnen einfach so schreiben kann, aber ich habe eine Frage, die mir ziemlich wichtig ist. Sie können mich ruhig warten lassen, wenn Sie zuviel zu tun haben. Ich bin achtzehn Jahre alt und besuche eine Fachoberschule für Sozialarbeit und Pädagogik. Im Mai werde ich fertig sein, und nach dem Hochschulstudium möchte ich mich evtl. als Psychagogin ausbilden lassen. Seit ca. drei Jahren kommen immer wieder Leute mit ihren Problemen zu mir, und ich möchte gern effektiv helfen können. Aber ich weiß nicht, ob ich für einen solchen Beruf geeignet bin. Ich habe schon eine Menge Bücher von Ihnen gelesen, und ich glaube, Sie haben auch einmal von Leuten geschrieben, die in einen sozialen Beruf gehen, um irgendwie ein eigenes Bedürfnis zu stillen. Jetzt lese ich gerade „Lange Schatten — helles Licht". Da sagen Sie zu Mathias, er halte am Negativen und Hoffnungslosen fest, um die Wahlmama zu nötigen, immer weiter gebraucht zu werden. Ich glaube, das trifft auch auf mich zu. Zwei Jahre lang ging es mir nicht besonders gut. Ich hatte mich in Probleme hineingesteigert. Meine Beziehungen zu anderen Menschen sind immer wieder kaputtgegangen, ich habe mich immer mehr abgelehnt gefühlt. Ich begann, Schmerztabletten einzunehmen — nach der Schule eine, morgens nach dem Aufwachen möglichst noch eine. Manchmal nahm ich bis zu fünf Schmerztabletten zusammen mit Alkohol. Dann wurde mir so schön schlecht, und ich besuchte dann jemanden. Ich wollte mich kaputtmachen — wahrscheinlich, um Mitleid zu erregen. Die meiste Zeit lag ich zu Hause herum und wünschte, daß mich jemand besuchte. Von klein auf habe ich mich immer, wenn ich allein sein konnte, mit eingebildeten Personen unterhalten; meist sind das Menschen, von denen ich geliebt werden möchte. Ich weiß nicht mehr, wie das ist, wenn man in die Arme genommen wird. Seit ca. fünf Jahren onaniere ich. Vor einem halben Jahr habe ich mein Leben Jesus Christus gegeben. Seitdem hat sich so viel geändert. Tabletten nehme ich schon lange nicht mehr, und ich versuche mit der Hilfe eines Ehepaares, mit dem ich in Briefwechsel stehe, von der Onanie freizukommen. Aber oft ist es doch so, daß ich gar nicht weiterkommen *will*. Und oft habe ich noch Selbstmordgedanken. O ja, wenn ich meinen Brief noch einmal durchlese, kann ich mir schon fast selber sagen, daß ich mit der Schule aufhören sollte. — Zur Zeit fühle ich mich manchmal ganz wohl und vertraue ganz auf Gott. Aber unterschwellig ist immer noch der Wunsch da, hilflos zu sein und eine „Wahlmama" zu haben. Früher habe ich manchmal daran gedacht, zu einem Psychiater zu gehen; aber ich könnte mich nie jemanden anvertrauen, der kein Christ ist. Vielleicht ist mein Brief wieder so ein Wunsch, jemanden zur Hilfe zu nötigen? Schreiben Sie mir trotzdem wieder? Herzliche Grüße, Ihre M. K.

Liebe M. K., herzlichen Dank für Ihren so mutigen Brief. Ich bin davon überzeugt: denen, die so ehrlich ihren Schwierigkeiten ins Auge sehen, denen, die so klar und selbstkritisch fragen, kann ganz gewiß geholfen werden, den Weg aus den eigenen Schwächen herauszufinden. Was Sie beschreiben, ist ja eine Schwierigkeit, an der heute ungezählte Menschen, manchmal nur in geringfügig abgewandelter Form, leiden. Es handelt sich um die Not der Ungeborgenheit in einer kalten, technisierten und entpersönlichten Welt. Diese Zeit bringt ja schon die Mutter von Säuglingen dazu, ihnen nicht das zu geben, was ihnen zusteht: nämlich das Gefühl, ganz geborgen, ganz behütet, ganz von Wärme und Nahrung umgeben zu sein. Ohne daß Ihre Mutter dafür schuldig zu sprechen ist, hat auch sie sich gewiß an die Vorschrift gehalten, ihr Baby hygienisch einwandfrei zu halten, statt ihm in natürlicher Weise leiblich nahe zu sein. Die Stimmung, daß das Leben zu schwer ist, hält dann an und führt in der Jugendzeit zu all dem, was Sie beschreiben — zu der Neigung, sich betäuben zu müssen, einen Liebesersatz in der Masturbation zu suchen und Selbstmordgedanken zu haben. Ich glaube, daß ein ganzes Heer, mehr als die Hälfte der kommenden Jahrgänge von Jugendlichen, so fühlen und handeln wie Sie. Und alle diese Jugendlichen brauchen zunächst noch eine Wahlmama, die das Defizit an mütterlichem Kontakt und Geborgenheit nachholt. Ich habe aus Ihrem Brief herausgelesen, daß ein Ihnen befreundetes Ehepaar Ihnen diese Hilfe zu schenken versucht. Das ist gut. Es ist um so besser, wenn man es, wie Sie, im Bewußtsein hat, daß man als junger Erwachsener keinen Anspruch auf ein totales Babydasein mehr hat, daß man aber sein Bedürfnis nach Geborgenheit stundenweise maßvoll nachholen darf und muß. Dann nämlich kann die große, wunderbare Erkenntnis, daß wir in Gott und Christus geborgen sind, das Fundament bieten, das jeder Mensch braucht, der in der sozialen Arbeit erfolgreich sein will: nämlich eine kraftvolle Lebens- und Sinngewißheit des eigenen Lebens. Nein, Sie dürfen nicht aus Ihrem Ausbildungsweg herausgehen; im Gegenteil: Ihre Bereitschaft und Ihr Mühen um Überwindung Ihrer Not disponiert Sie dazu, ein besonders guter, ein von der Sache ganz erfüllter Helfer zu werden. Für die Hauptkrankheit unseres Volkes, die neurotische Depression, werden Sie mehr Verständnis haben, werden Sie sich besser einfühlen können. Und wenn Sie erst sehen, wie schlimm all die vielen anderen dran sind in ihrer Not, die keinen religiösen Fundus haben, werden Sie wie ich aus dem Rennen nicht mehr herauskommen und sich jeden Tag neu freuen, wie sinnerfüllend Ihre Arbeit ist. Ihre C. M." [52]

3. Träume

„Ein ungedeuter Traum ist wie ein ungeöffneter Brief", heißt es einmal im Talmud. Der Traum ist eine eigentümliche Form der Mitteilung. Er hat eine besondere Sagequalität. Insofern ist er dem Kommunikationsmittel Brief verwandt. Anders als beim Brief können wir Inhalt und Gestalt seiner Aussage nicht unmittelbar schwarz auf weiß greifen. Es ist nicht von vornherein ausgemacht, ob der von mir geträumte Traum überhaupt „etwas" sagen will, ob er anderen oder mir etwas mitteilen möchte und ob diese Mitteilung etwas Wesentliches oder etwas Unwesentliches betrifft. Insofern ist der Traum ein noch empfindlicheres und u. U. gefährliches Instrument der Mitteilung, als wir es schon beim Brief kennengelernt haben. Und doch: So wie Briefe gelesen werden wollen, so haben Träume den berechtigten Anspruch, zur Kenntnis, ja ernst genommen zu werden. Träume sind wirklich „keine Schäume", und die Beschäftigung mit Träumen muß keine Schaumschlägerei sein. Natürlich ist das „Deuten" von Träumen seit altersher ein fragwürdiges Geschäft im doppelten Sinn des Wortes: Es ist des echten Fragens würdig, aber auch höchst fragwürdig, wenn man seine eigenen Ideen in den Traum hineingeheimnist und ihn seinen persönlichen Zwecken dienstbar zu machen sucht. So sprechen wir lieber von der „Auslegung" eines Traum-„Textes" als von der „Deutung" eines Traumes, die möglicherweise ideologieanfällig ist. Auch der Seelsorger bekommt es mit Träumen zu tun, mit seinen eigenen und mit den Träumen der Ratsuchenden. Es kann sein, daß der Ratsuchende den Seelsorger im Blick auf einen Wiederholungstraum um Auslegungshilfe bittet. Es geschieht aber auch, daß eine bestimmte Gesprächsphase die Seitenfrage des Seelsorgers nach den Träumen des Ratsuchenden nahelegt.

Was muß der Seelsorger von der Welt dieser Träume wissen? Wo verläuft die Grenze zwischen dem, was in diesem Zusammenhang ein Seelsorger zu tun, und dem, was er zu lassen hat? Selbstverständlich hat das Thema Traum in der Methodik der Seelsorge nicht denselben Stellenwert wie Gespräch und Brief, wohl aber ist dieses Unterthema wichtig genug, um ihm im Rahmen einer Besinnung über die Praxis des Seelsorgers einen eigenen Abschnitt einzuräumen. Wir wählen es aus, weil sich an dieser interessanten Fragestellung anschaulich deutlich machen läßt, welche Hilfsmittel dem Seelsorger bei seiner Rückfrage (Anamnese, Exploration) nach der Persönlichkeit des Ratsuchenden oder in einer bestimmten Gesprächsphase zur Verfügung stehen und wo ihm eindeutig Grenzen gezogen sind. Das im folgenden Mitgeteilte führt kurz in die Theorien ein, stellt sich dann den theologischen Aspekten und bringt schließlich einige Traumtexte, um an ihnen ganz praktisch Auslegung und Anwendung zu zeigen[53].

a) Theorien: Auslegung

Der Traum ist ein genuin menschliches Phänomen. Er gehört zum Menschsein schlechthin. Nicht-Träumen wäre unmenschlich. In der *experimentellen* Traumforschung hat man festgestellt, daß der typische Schlaf 4 bis 5 Phasen des Träumens umfaßt. Unter den geschlossenen Lidern lassen sich bestimmte Augenbewegungen feststellen, die den Beginn eines Traumes anzeigen. Enden diese Bewegungen, dann ist auch die Traumphase beendet. Jeder Mensch träumt also, und zwar mehrmals in einer Nacht. Würde man das Träumen auf die Dauer gewaltsam unterdrücken, riskiert man sogar das Leben dessen, der am Träumen gehindert wird. Wer ständig und stur behauptet, er träume nicht, ist entweder ein kleiner oder großer gehetzter Manager oder einer, der sprunghaft (einschließlich des morgendlichen Aus-dem-Bett-Springens!) lebt, oder einer, der sich mit seinem bewußten Ich gegen sein Unbewußtes sperrt, vielleicht aber auch aus Angst vor dessen Untiefen oder auch aus einem irrationalen Schuldgefühl heraus. Um die 25 bis 20 Prozent des nächtlichen Schlafs gehen beim Erwachsenen auf das Konto des Traumes[54]. Wie jeder weiß, gehen die Bilder, Stimmen und Personen im Prozeß des Träumens etwas durcheinander. Der Traum hat seine eigene Sprache, die nicht ohne weiteres der „Landessprache" entspricht, die aber merkwürdigerweise gleichzeitig einen zeit- und raumumgreifenden Charakter trägt. Manche Traumsymbole begegnen schon in der Antike oder kommen sowohl bei Deutschen wie bei Indianern vor. Kein Wunder, daß sich früher oder später — nach einer langen Kette von Traumdeutungen in grauer Vorzeit bis hin zur Romantik — die moderne Wissenschaft der Interpretation des Träumens angenommen hat und dabei ganze Traumtheorien entwickeln konnte. Die bekanntesten und nachhaltigsten sind die von Freud und Jung. In jüngster Zeit hat man auch die Existenzphilosophie (Beispiel: M. Boss) zur Auslegung von Träumen bemüht. Andere Traumtheorien verknüpfen diese Ansätze konstruktiv miteinander und setzen darüber hinaus eigene Akzente, etwa die Personale Anthropologie (Beispiel: A. Vetter).

— *Der Traum als Erinnerung: Rückwärtsorientierung* (Freud)
  „Wer bin ich?"

S. Freud kommt das unbestrittene Verdienst zu, als erster die Hintergründe des Traumes aufgehellt zu haben. Allerdings hat er als Angehöriger des naturwissenschaftlichen Zeitalters diese Untersuchung etwas einseitig nach dem Prinzip von Ursache und Wirkung angestellt. Und doch sind ihm dabei eine Reihe von wertvollen Erkenntnissen aufgegangen, die auch der heutige Seelsorger für seine eigene Person und für seinen Dienst an anderen ernst nehmen darf und muß. Ausgangspunkt der psychoanalytischen Traumdeutung ist ein von Freud selbst geträumter Traum (,,Irmas Traum'', 1895), an dem er die ,,Verdrängung'' von — meist sexuellen — Wünschen und nicht nur die ,,Verschiebung'' von einer Person auf eine andere (von sich auf den Freund-Kollegen und von Irmas Freundin auf Irma) studieren konnte. Die Verschiebung scheint einem moralischen Veto, einer Art ,,Zensur'' Rechnung zu tragen. Zu all diesen Einsichten ist Freud durch seine ,,Einfälle'' gelangt, die ihm im Nachhinein gekommen sind. Solche Einfälle hat er dann von den Patienten erbeten, die auf der Couch lagen und über ihre Träume nachdachten. Die Therapie bestand so in der gesprächsweise erfolgenden, gemeinsamen Erarbeitung von Träumen bzw. ganzer Traumserien.

Der Gründer der Psychoanalyse ist nicht im üblen Sinne neugierig auf die Intimsphäre. Er möchte vielmehr dem Patienten zu einer echten Selbsterfahrung helfen, damit er eine persönliche Antwort auf die elementare Lebensfrage findet: ,,Wer bin ich?'' Die Traumanalyse stellt keinen Selbstzweck dar, sie ist ein wesentliches Stück der Therapie, und nur insofern interessiert sie den praktischen Seelsorger. Freud unterscheidet ,,manifeste'' = offenbare Trauminhalte und ,,latente'' = verborgene Traumgedanken. Er will die hintergründigen unbewußten Vorgänge, die zu dem gegenwärtigen Traum geführt haben und die den Patienten so oder so bedrängen, bewußt machen, damit er sie auf diese Weise bewältigen kann. Freud versteht den Traum als Erinnerung. Ob diese Bewußtmachung bzw. Erinnerung ausreicht, mit schweren Schicksalsschlägen und persönlicher Schuld fertig zu werden, muß offen bleiben. Seelisch kranken Menschen kann sicher auch damit ein Stück therapeutische Hilfe zuteil werden. Aber Bewußtmachung ist nicht dasselbe wie der Friede mit Gott und die Vergebung der Sünden durch Christus. Was der analytische Blick in die Tiefe bzw. Rückseite der Träume dennoch zu leisten vermag, das ist in jedem Falle ein intensiveres Antwortenkönnen auf die ,,Wer bin ich''-Frage. Gar nicht selten sprechen aus den Träumen der Erwachsenen unverarbeitete Kinderängste oder Frustrationen aus dem Jugendalter, die man bisher schamhaft verschwiegen hat. Zuweilen taucht im Traum auch das autoritäre ,,Über-Ich'' der Eltern auf, von dem der längst erwachsene Mensch sich immer noch nicht trennen kann. Kurz, Freuds Trauminterpretation ist rückwärtsorientiert. Ihn interessiert die Vergangenheit. Gerade der Seelsorger, der dem Ratsuchenden als seinem Nächsten dienen möchte, wird sich dieser Fragestellung nicht entziehen können. Er darf dabei nur nicht den Fehler machen, wie er bei Freund und seinen Schülern immer wieder einmal anzutreffen ist, nämlich in allem und jedem Traumbild ein Geschlechtssymbol sehen zu wollen und im übrigen das Traumgeschehen einseitig aus den Phasen der Sexualentwicklung (oral, anal, genital) in der frühen Kindheit „erklären" zu suchen. An diesen geträumten Szenen und Bildern wirken beispielsweise die Aggressionen der Pubertät nach, aber auch die sogenannten „Tagesreste" (eindrückliche Erlebnisse aus dem vorausgegangenen Tag) oder Sinneswahrnehmungen (Geräusche, schwere Mahlzeiten, Harndrang usw.) haben eine unmittelbare Prägekraft für die Traumprozesse. Wir sind auf der richtigen Spur, wenn wir die Freudsche Traumauffassung als ein Bilderrätsel verstehen, das der Therapeut mit Hilfe der Einfälle des Patienten auflösen soll und kann[55].

— *Der Traum als Aufgabe: Vorwärtsorientierung* (Jung)
   „Was soll ich?"
Auch der Schüler und spätere Rivale Freuds, der Schweizer Pfarrerssohn *C. G. Jung*, hat sich eingehend mit der Traumforschung befaßt. Gewiß bezieht seine Konzeption vom Traum ebenfalls die teils vergessenen, teils verdrängten Erfahrungen ein, die der Träumer in seiner Kindheit und im Lauf seines Lebens gemacht hat. Er nennt sie das „persönliche Unbewußte". Sein Hauptinteresse aber gilt, wie wir schon bei der Darstellung seines Systems der Psychotherapie sehen konnten (vgl. S. 131), dem sogenannten „kollektiven Unbewußten", jener tiefen und weiten Welt mythischer Symbole, die bereits in den Träumen alter und ferner Völker vorkommen. Diese „Archetypen" (Vater, Weiser, Mutter, das Mannesleitbild der Frau = Animus, das Frauenleitbild des Mannes = Anima, Kind, Mandala) sind dem Menschen von vornherein als Morgengabe des Unbewußten und Mutterboden für das Bewußte mitgegeben. Das Unbewußte muß nicht immer erst durch Konflikte und Frustrationen in der frühen Kindheit erworben werden. Von diesen Voraussetzungen her bekommt das Unbewußte in der Traumauslegung von Jung einen ganzheitlicheren Horizont als bei Freud. Die von diesem vorgenommene Beschränkung der „Libido" (Trieb; Lustempfindung) auf das Geschlechtliche wird hier durchbrochen. Die Palette der Auslegungsmöglichkeiten weitet sich aus, wird bunter, ja reichhaltiger. Das hat Jungs Traumdeutung von Anfang an für den Dienst der Kirche am Menschen interessant gemacht. Wo immer Seelsorge geschieht, in der verfaßten Gemeinde oder in freier Verkündigungsarbeit, so tut der

jeweilige Seelsorger gut daran, auf die Überlegungen Jungs zu hören, aber mit der unmittelbaren Verwertung im „Hausgebrauch" vorsichtig zu sein, Nur genaues Fachstudium bewahrt bei diesem zum Teil komplizierten Verfahren vor schädlichen Kurzschlüssen.

Vordergründig betrachtet sieht es so aus, als ob die Archetypen auch nur eine Sache der Vergangenheit seien, in Wirklichkeit aber bedeutet die Erfahrung dieses Unbewußten im Traum eine Aufgabe für die Zukunft. Die Jungsche Trauminterpretation ist vorwärtsorientiert. Der Traum hat hier die Funktion einer Art kritisch-konstruktiven Gewissens: Im Unbewußten des Träumers liegen ungehobene Schätze. Sie sollen vom Individuum kreativ entfaltet werden. In diesem Sinne hebt Jung auf die „Individuation" = Selbstwerdung ab. Seelsorgerlich können wir dem Denkansatz Jungs insofern etwas abgewinnen, als ja auch der Seelsorger dem Ratsuchenden in den Konfliktfällen seines Lebens helfen möchte, das zu werden, wozu ihn Gott bestimmt hat, und so zu sein, wie ihn der Schöpfer gemeint hat. Die Analyse der Trauminhalte im Lichte des persönlichen Erlebnishorizontes und der archetypischen Leitbilder, die der Therapeut mit dem Klienten zusammen vornimmt, kann es möglich machen, daß der Träumende sozusagen von Traum zu Traum mehr lernt, sich anzunehmen, wie er wirklich ist (einschließlich seines „Schattens"), und sich dort zu ändern, wo es der Traum deutlich nahelegt. Anders gesagt: Der Traum in der Sicht Jungs fragt grundsätzlich nach dem „Wozu" und praktisch nach dem „Was soll ich". Dieses Verständnis trägt, fachkundig gehandhabt, nachweislich dazu bei, daß Ratsuchende mit seelischen Störungen und Entwicklungshemmungen gewisse Spannungen in ihrem Leben auszugleichen vermögen und wirksame Anstöße zu neuen Leistungen empfangen. Jung spricht dabei gern von der „kompensatorischen" Funktion des Traumes: das Unbewußte wiegt das Bewußte auf, hält dem Träumenden ein Gegenbild zu seinem gewöhnlichen, unbefriedigenden Verhalten vor und schafft die Chance zu einem Ausgleich. So mag ein Depressiver aus seinem Traum den Ansporn zur Hoffnung heraushören oder ein Mensch, der sich vor Entscheidungen fürchtet, im Traum das Gegenbild der Entschiedenheit wahrnehmen. Zum größten Teil geschieht das in Gestalt der Vorwegnahme einer Leistung („prospektiv"), zum Teil aber auch in negativer Form, die zur Umkehr und Vermeidung aufruft, etwa, wenn ein Angeber, Süchtiger oder Manager von seiner eigenen Leiche träumt.

Kein Wunder, daß Jung im Lauf der Zeit eine ganze Verstehenslehre des Traumes entwickelt hat. Jedenfalls hat er sich, darin dem theologischen Bibelwissenschaftler verwandt, ausdrücklich um die sorgfältige Exegese der Traumtexte bemüht. Diese Weise der Auslegung wurde zusätzlich von dem fruchtbaren Gedanken des Drama-ähnlichen Aufbaus, den der Traum hat, bereichert. In der Tat erfolgt beim Traum zunächst eine Einführung über den Ort der Handlung und die beteiligten Personen (Exposition), dann die Verwicklung, der Höhepunkt (Peripetie) und schließlich die „Lösung" (Lysis). Problematisch an der Traumdeutung Jungs bleibt die Eingrenzung der Auslegungskriterien: Die Archetypen greifen zwar weiter als die Sexualsymbole Freuds, aber das Verhältnis dieser Kriterien zu dem „Wort Gottes" als dem „Richter der Gedanken und Sinne des Herzens" (Hebr. 4, 12) bleibt offen oder gar verschwommen. Gleichwohl hat der Seelsorger das zu lernen, was er im Interesse des Ratsuchenden, aber auch in eigener Sache lernen kann, und das ist, um mit dem Jung-Schüler H. Dieckmann zu sprechen, das „Lesen-lernen" der in einer Art „chinesischen" Zeichensprache gefaßten Traumtexte[56].

— *Der Traum als Widerfahrnis: Personorientierung* (Binswanger, Boss, Wiesenhütter, Herzog-Dürck, Vetter) *„Wem begegne ich?"* Neben den beiden großen klassischen Traumdeutungen von Freud und Jung gibt es noch eine ganze Reihe neuerer Versuche, dem Rätsel des Traumes auf die Spur zu kommen. Einige von ihnen erscheinen besonders geeignet, dem Seelsorger zu einem tieferen Selbstverständnis seiner eigenen Person, vor allem aber auch für seinen Dienst an Ratsuchenden zu helfen, die unter besonderen Bedrängnissen von Schicksal und Schuld leiden. Diese Traumkonzepte haben zumeist ihren Ort in den verschiedenen Entwürfen einer daseinsanalytischen oder einer personalen Psychotherapie. Mit jeweils verschiedenen Akzentsetzungen vertreten sie alle die Auffassung, daß — bei voller Würdigung der Geschlechtssymbole und der Bilder des kollektiven Unbewußten — sich der Traum unmittelbar aus seinen Elementen, Personen und Vorgängen selbst verstehen läßt. Im Traum macht der Träumer in der Tat eine eigentümliche Erfahrung mit dem Unbewußten. Er kann sie nicht hervorrufen oder lenken. Sie wird ihm zuteil. Abgekürzt könnte man sagen, der Traum wird in den genannten Theorien als „Widerfahrnis" interpretiert. Der Angelpunkt, um den es dabei geht, ist nicht so sehr die Vergangenheit, auch nicht die Zukunft des Träumenden, sondern die Gegenwart bzw. die Person des Träumenden selbst. Sie wird vom Traum angerufen. Der Traum spricht den Träumer existentiell auf das Menschsein des Menschen, d. h. auf sein Personsein, an. Insofern dürfen wir von der Personorientiertheit dieser Traumdeutung reden. Die in diesem Zusammenhang gestellte Frage „Wem begegne ich?" denkt an Personen und

Sachen sowie an Bilder und Vorgänge. Begegnung ist ein existentielles, aber auch ein personales Ereignis. Die Traumanalyse soll dann im Nachhinein den Träumer bzw. Ratsuchenden instand setzen, sich des persönlichen Anrufes, den der Traum auslöst, bewußt zu werden: Welcher Gestalt oder welchem Geschehen (,,Wem'') bin ich begegnet? Man könnte auch anders formulieren: Wer oder was ist mir heute nacht im Traum begegnet? Was widerfährt mir hier? Was zeigt sich da? Was schaue ich?

Die Daseinsanalytiker haben mit ihrem existenzphilosophisch geschulten Auge manche überlieferten und altbekannten Traumvorgänge neu sehen gelernt. *L. Binswanger* betrachtet den Traum als ,,Künder'' des ,,In-der-Welt-Seins''. Wer im Traum ,,schwebt'', steht nicht mehr fest auf seinen Füßen, wer ,,steigt'', der siegt, und wer ,,fällt'', der unterliegt. Binswangers Schüler *M. Boss* möchte den Traum ganz ,,von ihm selbst her'' verstehen, auch und gerade mit seinen individuellen, vielleicht zweitrangigen Einzelheiten. So meditiert er über Traumbilder wie die ,,Brücke'', die zwei Ufer verbindet, oder über die ,,Schale'', die, dem Himmel zugewandt, bereit ist zum Empfangen und zum Spenden. Wer träumt, ist nach Boss auf eine ganz bestimmte Grundstimmung ,,versammelt'', er ,,begegnet'' u. U. einer in der Wachwelt nur flüchtig gekannten Person, oder er erlebt etwas, was er in seinem bewußten Leben längst hätte tun müssen[57].

Dem früheren leitenden Arzt in Bethel *E. Wiesenhütter* verdanken wir ein ,,Traumseminar''. Er sucht, die klassischen Traumtheorien ,,anthropologisch'' bzw. personorientiert weiterzudenken, und bestimmt seinen therapeutischen Standort ausdrücklich als ,,zwischen'' Freud und Boss. Er beobachtet die auch dem Seelsorger manchmal erzählten Wiederholungsträume, die wie in einer ,,Spirale'' auf das Ziel eines reifen Entschlusses hinzusteuern scheinen. Auch Jungs Archetypen legt er personal und eben nicht binnen-seelisch aus. Sie sind für ihn Grundstrukturen des auf Umwelt, Mitwelt und Ich bezogenen Personseins. So interessieren ihn in den Traumtexten die spannungsvollen Vorgänge in der Person und zwischen den Personen, z. B. Geborgensein und Verlassensein, Gebannt-sein und Sich-bewegen-Können, Oben und Unten, Nähe und Ferne.

Vom Entwurf ihrer ,,Personalen Psychotherapie'' aus hat sich die von Jung und dem Adler-Schüler F. Künkel einerseits, von der Existenzphilosophie andererseits beeinflußte *J. Herzog-Dürck* auch mit der helfenden, ja heilenden Funktion des Traumes befaßt. Sie versteht ihn als „Erwecker aus dem Wesensschlaf". Behutsam sucht sie, zusammen mit ihren Klienten, aus dem Traum die Stimme des „Reifungsgewissens" herauszuhören. Denn Identitätsfindung, Vergewisserung des vom Schöpfer gewollten Selbst ist nach ihrer Meinung das eigentliche Ziel der therapeutischen Traumarbeit. Im Traum melden sich verborgene Kräfte zu Wort. Jedenfalls setzen sie existentielle Phantasie in Gang, so daß kreative Arbeit im Sinne der Personwerdung geleistet werden kann. Allerdings warnt Herzog-Dürck vor dem Mißverständnis, „als ob die Träume nur das Gute und das Schöne ans Licht brächten": „O nein, sie machen zunächst einmal sehr deutlich, was an Angst und Aggression, was an Wildheit, Wut und Verzweiflung, was an ‚dämonischen' Regungen in unserer Tiefe, unterhalb unserer so wohl angepaßten Oberfläche wohnte." Aber nun gilt auch das andere: Der Traum „macht etwas frei von der konstruktiven Kraft, die trotz aller Destruktionen" (schicksals- und schuldhaften) . . . „noch lebendig ist". In diesem Sinne kann ein Traum ermutigen: „Du darfst dich an deine Freiheit erinnern." Als evangelische Christin stellt sich die Münchener Therapeutin dem Evangelium durch Zuordnung therapeutischer Einsichten zu bestimmten biblischen Worten, wohl dessen bewußt, daß man den religiösen Aspekt nicht isolieren bzw. verfachlichen darf: „Die ‚religiöse Frage' taucht überhaupt nicht auf (nämlich in einer Trauminterpretation), denn sie ist ständig da." Der Seelsorger wird hier unwillkürlich an Gedanken von Bonhoeffer und Ebeling erinnert. Er wird diese Hilfen zu dem „Von-unten"-in-den-Glauben-Hineinwachsen dankbar annehmen, aber auch kritisch-konstruktiv prüfen, ob es nur bei dem Herausrufen des Selbst aus dem schon vorhandenen Seelengrund bleibt, oder ob es zu einem wirklich „Neuen Sein", zu einer Wiedergeburt in Christus kommt[58].

Eine gewisse Sonderstellung in der personorientierten Traumdeutung nimmt *A. Vetter* ein. Er ist namhafter Ganzheitspsychologe und hat sich ausdrücklich zu einer „theologischen" Aufarbeitung der Traumphänomene bekannt. Er klammert die Perspektive „Gott in Christus" nicht aus. Dieser Ansatz läßt ihn auch aufgeschlossen sein für die spezifischen Probleme des Seelsorgers. Vetter hat sich zunächst mit dem Wesen der Phantasie beschäftigt und dann die „Zeichensprache" von Schrift und Traum untersucht. Die Phantasie ordnet er dem Wachleben, den Traum der Schlafwelt zu. So gesehen werden das „Oben" und das „Unten" — beide Bezeichnungen sind charakteristisch für Vetters Verständnis des Menschen — im Traum neutralisiert, und zwar im Sinne eines „Übergangs von der aufgerichteten Haltung in die Waagerechte des Bodens". Der Traum bildet die

„nährende Wurzel" der Einbildungskraft bzw. der Phantasie. In der Traumwelt sind leibseelische Züge erkennbar. Die Träume haben bei Vetter die Funktion einer „Schau", aber auch die eines „Spiels". Sie sind nicht nur die Produkte eines Innenraums, sondern auch „Niederschlag verdeckter Widerfahrnisse". Wer seine Träume ernst nimmt, hört aus ihnen Aufrufe zum Denken und Handeln heraus. Der Traum hat eine Art imperativen Charakter. Nicht zuletzt gilt für den beratenden Therapeuten wie für den psychologisch geschulten Seelsorger, daß er dem Ratsuchenden bei der Meditation von Traumtexten dazu hilft, nicht allein die verborgenen Tiefen und heimlichen Dunkelheiten zu „entlarven", sondern vor allem den „persönlichen Lebenssinn" zu „entdecken". Das besondere Interesse Vetters für Ausdruckskunde hat ihn zum Entwurf einer ganzen „Anthropognomik" (= Lehre von Wesen und Gestalt des Menschen) geführt. Die hier gewonnenen Einsichten verwertet er auch für die Deutung des Traumes. Danach wurzelt der Traum im „vegetativen Lebensgrund" (unten), kann aber letztlich nicht ohne die „Transzendenz des Geistes" (oben) voll verstanden werden. So kann er sogar vom „Heilssinn" der Träume sprechen. Jedenfalls hat er in nicht wenigen Traumtexten beobachtet, daß „sogar verlörene und verdrängte Glaubensvorstellungen ‚von Grund aus' erneuert werden". Im übrigen profitiert der Seelsorger von Vetters Betonung des „Bildsinnes", den die „familiären Grundgestalten" (Eltern — Kinder, Schwester — Bruder) im Traumleben einnehmen. Sie sind aussagekräftig und vermögen manche schwierige Situation von Familiengliedern, aber auch von „Singles" (Einzellebenden) zu erhellen, teils erzieherisch, teils seelsorgerlich [59]. Natürlich gibt auch die personale Anthropologie Vetters noch kritische Fragen zum Weiterdenken auf. So wäre etwa zu klären, ob die Raumsymbolik des „Oben" (im Vergleich zum „Unten") ausreicht, um die Tiefendimension Gottes, des Geistes und des Glaubens ganz auszuschöpfen. Deuten sich hier Grenzen eines alten Weltbildes an? Oder man könnte fragen, ob diese Traumlehre das Vegetative, Mütterliche, Weibliche ungewollt überschätzt? Aber diese Vorhaltungen ändern nichts an dem Wert der Grunderkenntnisse Vetters, dessen „personales" Menschenverständnis bewußt an die biblische Sicht anknüpft. Nicht von ungefähr ist Vetter auch der Autor einer eingehenden Untersuchung über den dänischen Theologen Sören Kierkegaard.

b) Theologisches: Grundlegung

Aus dem bisher Dargelegten läßt sich nicht gerade auf eine unmittelbare Relevanz der Traumthematik für die christliche Botschaft bzw.

für die Seelsorge schließen. Der Traum ist aber nicht nur ein Interpretationsmittel für eine sich analytisch und therapeutisch verstehende Beratungsarbeit, an der auch Christen teilnehmen und von der auch Seelsorger etwas lernen können, sondern er hat auch eine direktere Beziehung zum „Religiösen", zum Christentum, insbesondere zur Bibel. Tiefenpsychologische Einsichten führten zu neuen Möglichkeiten der Interpretation biblischer Texte (Y. Spiegel, Chr. Meves). „Gottes vergessene Sprache" (J. A. Sanford, H. Hark) wird wiederentdeckt. Diese religiöse Relevanz des Traumes gilt es nun im folgenden aufzuzeigen. Das geschieht einerseits durch eine Orientierung über die Träume in biblischer Sicht und andererseits mittels einer Besinnung über Recht und Grenze eines Umgangs mit Träumen in der Seelsorge[60]. Der Seelsorger kann die biblischen Aussagen über den Traum nicht ignorieren, sondern er wird trotz ihrer Zeitbedingtheit gewisse Konsequenzen daraus ziehen.

— *Die biblische Sicht*
Alttestamentliche Träume: Israel hat nicht in einer splendid isolation gelebt. So ist seine Auffassung vom Wesen des Traumes auch durch die babylonische und ägyptische Umwelt mitgeformt. Zum Teil hat es hier auch heftige Auseinandersetzungen gegeben, weil sich der Jahweglaube mit manchen Praktiken der altorientalischen Traumdeutung nicht zur Deckung bringen ließ. Zwar begegnen im AT auch politische (1. Kön. 3: Salomo) und kultische (Gen. (= 1. Mose) 28: Bethel) Momente im Traum sowie in der Umwelt, was aber die mehr privaten Träume des einzelnen anbetrifft, so unterscheiden sie sich doch recht deutlich: in der Umwelt oft schmutzig und schlüpfrig, ohne Sinn und Halt, dagegen im AT stets rein und redlich, mit klarem Glauben und sauberer Haltung.

Unter den Quellen des Pentateuch (der Mosebücher) hat vor allem der sogenannte „Elohist" (um 750 ?) ein Gespür für Träume. Für ihn ist Gott nicht mehr so unmittelbar erreichbar. Deshalb spielt bei diesem Autor die Gestalt der Engel bzw. Gottesboten eine so große Rolle. Dieser „Distanzierung" entspricht die Gottesrede durch den Traum. G. v. Rad sagt davon: „Der neutralere Raum des Traumes ist gewissermaßen der dritte Ort, wo Gott dem Menschen begegnet"[61]. Die elohistische Erzählung beginnt bezeichnenderweise mit Abraham. Nach Gen. 15, 12 fällt er in einen „Tiefschlaf" (tardema), in dem er Gewißheit über seine Berufung bzw. über Gottes Bundesschluß mit ihm erfährt. Nach Gen. 20, 3.6 spricht Gott sogar mit einem „Heiden" (Abimelech) im Traum. — Der berühmte Bethel-Traum (Gen. 28, 10 - 22, bes. 12 und 16) erzählt, wie Jakob, der seinen Bruder um das Erbe gebracht hat, als Flüchtling auf einem Stein in der Einöde Rast macht. Träumend sieht er die Himmelsleiter, eine Art Rampe, von der aus der ständige Verkehr zwischen Himmel und Erde durch geflügelte Gottesboten wahrgenommen wird. In ihrem Auf und Ab findet die Kommunikation zwischen „Oben" und „Unten" statt. Der Unwürdige wird so der gnädigen Gegenwart Gottes gewürdigt[62], was den Träumer anschließend veranlaßt, ein Heiligtum, nämlich „Beth-El" zu errichten.

Die umfassendste Traumserie in der alttestamentlichen Überlieferung ist in der *Josephsgeschichte* (Gen. 37 — 41) enthalten. Sie ist eigentlich selbst eine Träumergeschichte: Joseph erzählt seine Träume von Anfang an paarweise (zwei Parallelträume). Sie sagen bei aller Zeichenhaftigkeit schlicht das aus, was sie zeigen. Man braucht zu ihrer Auslegung nicht immer ausdrücklich die Archetypen zu bemühen. Nichts gegen Symbole! Die Bildersprache der Bibel ist unüberhörbar. Ein symbolistisches Vorgehen aber wäre hier unangebracht. Wenn sich die Garben und die Sterne (Tierkreisbilder) vor dem jungen Joseph verneigen (Gen. 37, 5 ff), dann droht den Brüdern ein offenbar von Gott selbst geweissagtes unabwendbares Schicksal, es schwingt aber auch die ein wenig pointierte Selbstsicherheit eines halbwüchsigen jungen Mannes mit. Kein Wunder, daß diese Träume Neid und Spott auslösen: „Seht, da kommt ja dieser Träumer (der zu weissagenden Träumen Ermächtigte) her" (V. 19). Die 40, 5 ff. geschilderten Träume der beiden hohen Hofbeamten sind natürlich schriftstellerisch stilisiert. Entscheidend aber ist es, daß es sich bei ihnen um das persönliche Ergehen des einzelnen, nicht um große Probleme politischer oder religiöser Art handelt. Der „Oberste" der Mundschenke und der „Oberste" der Bäcker vermissen einen Experten der wissenschaftlich geübten Traumdeutung, wie sie im alten Ägypten üblich war. Im scharfen Kontrast dazu erscheint nun die Auslegung des kleinen Mitgefangenen, jenes hebräischen Sklaven Joseph. Sie steht unter einem aus dem klaren Jahweglauben erwachsenen Leitsatz: „Auslegen gehört Gott zu" bzw. Traumdeutungen sind zuletzt allein Gottes Sache. Die echte Auslegung von Träumen ist ein Charisma, nicht bloß eine Technik, ein freundliches Geschenk Gottes, nicht nur eine erlernbare Methode des Menschen. Ähnlich antwortet Joseph dem Pharao selber, der ihn in die Reihe seiner Hof-Traumdeuter und gleichzeitig gegen sie stellt („Schreiber des Lebenshauses"). Pharao ist durch den Traum mit den sieben fetten und danach sieben mageren Kühen verwirrt; sie seien aus dem Nil gestiegen, wobei schließlich die fetten Tiere die mageren aufgefressen hätten: „Ich hatte einen Traum, aber keiner kann ihn deuten" (V. 15 f.). Der König appelliert an Josephs Deutekunst. Aber der hebräische Mann bezeugt wieder den Glauben Israels: ,,Das steht doch nicht bei mir! Gott wird dem Pharao Heil verkünden.'' Die ,,Kompetenzkompetenz'' für die Interpretation von Träumen — um einmal dieses politische Wort für die höchste Entscheidungsbefugnis zu gebrauchen — liegt allein in Gottes Hand. Die Doppelung des Traumes spricht zusätzlich dafür, ,,daß Gott solches gewiß und eilends tun wird'' (32). Joseph gilt bei seiner Traumdeutung als glaubwürdiger Geistträger (38). A. Oepke hat das treffend so formuliert: ,,Gott kann, wenn er will, sich auch dieses Mittels (nämlich des Traumes) bedienen.'' Und sofern die Träume der Deutung bedürfen, so verfügt der Deuter nicht ohne weiteres über die Fähigkeit: ,,Gott gibt sie, wem er will.'' [63]. Man fühlt sich unwillkürlich an Joh. 3, 8 erinnert (der Wind Gottes weht, wo er will). Träume gehören also ganz ,,regulär'' zu den Mitteln der Offenbarung. Gott baut auch mit ihnen sein Reich, und er gebraucht sie für die Durchführung seiner Heilsgeschichte, sei es im großen mit der Welt, sei es im kleinen mit dem einzelnen. In der Perspektive des alttestamentlich verstandenen Glaubens sind Träume für Gottes Handeln nicht notwendig, aber möglich.

Diese Linie vertritt auch die jüngste Quelle in den Mose-Büchern, die ,,Priesterschrift''. Num. (= 4. Mose) 12, 6 — 8 betont ausdrücklich, daß Gott mit den Propheten in Gesichten und Träumen ,,rede'', mit Mose selbst allerdings ,,von Mund zu Mund''. Die Wirkweisen Gottes sind vielschichtig: Mit der Kenntnis einer belauschten Traumerzählung hilft Gott dem Gideon im Midianiterkrieg (Ri. 7, 13 ff.), und im Traum erscheint Gott dem König Salomo, um ihn durch das Angebot eines Bittgebets auf sein hohes Amt vorzubereiten (1. Kön. 3, 5 — 15). Obschon die *Weisheitsliteratur* dem Phänomen des Traumes im allgemeinen eher skeptisch-zurückhaltend gegenübersteht, rechnet sie doch mit der Möglichkeit eines eigentümlichen Handelns Gottes im Traum und an dem Träumer. Eliphas, einer der Freunde Hiobs, erzählt von einer traumartigen ,,Tiefschlaf''-Erfahrung, in der er in eine Diffusion und Konfusion der Gedanken, ja in Angst und Furcht geraten sei, bis er Gott ,,flüstern'' gehört habe, und zwar mit einem seelsorgerlichen Wort, um das Gewissen zu wecken (Hiob 4, 13 — 21). Dasselbe Motiv (Gott öffnet im Traum das Ohr des Menschen) kehrt bei Elihu wieder, hier im Sinne eines erschreckenden Warnsignals (33, 15 f.). Hiob selber bekennt, daß Gott des Nachts hinter ihm her ist: ,,Denk ich: Mein Bett, das wird mich trösten, / mein Lager trägt mein Leid mit mir, / so jagst du mich in Angst durch Träume . . .'' (7, 13 f.).

Eigenartig ist die apokalyptische Traumdeutung bei *Daniel* 2 und 7. Hier weitet ein Zeuge des Glaubens und Lehrer der Weisheit Israels (2, 48), mitten in der Zeit, als Juden in der persischen (heidnischen) Diaspora lebten, den Blick für das drohende Weltende und den kommenden „Menschensohn". Der König Nebukadnezar stellt seinen Traumdeutern eine unerfüllbare Aufgabe, nämlich nicht nur den Traum zu deuten, sondern auch seinen ängstlich verschwiegenen oder vergessenen Inhalt zu erraten. Nur Daniel schafft das bzw. nicht er, sondern letzten Endes Gott: „Aber es ist ein Gott im Himmel, der kann Geheimnisse offenbaren" (V. 28 und 30). Er setzt Könige ein und wieder ab. In allen Konflikten und Anfechtungen ist er der Ewig-Eine, der über allem steht. Er, der Herr von Himmel und Erde, ist auch der Herr der Träume und ihrer Deutung. Auch Daniel wird als Charismatiker der Traumauslegung vorgestellt. Nach Kap. 7 träumt Daniel selbst den angsterregenden Traum von dem Ablauf der letzten Dinge und der Ankunft einer Messiasgestalt. Nach dem schrecklichen Gesicht erfolgt die Niederschrift: „Danach schrieb er den Traum auf" (V. 1). Daniels Träume erinnern in einigen Punkten an die bekannten „Nachtgesichte" des Sacharja, jedenfalls, was die Raumdimension anbetrifft. Sachlich, d. h. theologisch und geistlich, steht Sacharja aber der klassischen Prophetie näher; die Verbundenheit mit der Erwählungstradition ist enger: Sacharjas Gesichte sind stärker heilsgeschichtlich und seelsorgerlich akzentuiert. Im übrigen sind bei ihm die Grenzen zwischen Vision und Traum fließend.

Nun darf aber bei diesen relativ häufigen positiven Äußerungen der alttestamentlichen Schriften nicht der mißverständliche Eindruck entstehen, als ob der Traum einfach bedenkenlos akzeptiert würde. So ist es nicht. Im Gegenteil, dem unbefangenen *Traum-Kredit* entspricht eine harte *Traum-Kritik*. Der Prediger des *„Deuteronomiums"* (5. Mose 13, 2 — 6) warnt seine Hörer und Leser davor, auf sogenannte „Propheten" oder „Träumer" blindlings zu vertrauen, selbst wenn sie ihre Reden und Weissagungen mit Zeichen und Wundern unter Beweis stellen wollen. Auch dieses Verfahren kann Lug und Trug sein. Entscheidendes Kriterium ist die Einstellung jener Träumer zu Israels totaler Bindung an Jahwe. Wenn die Träumer dazu auffordern, anderen Göttern (kanaanäischen?) nachzulaufen, dann ist klar, woher da der Wind weht. Israel ist Eigentum des Bundesgottes Jahwe. Wer diese Zugehörigkeit antastet, ist des Todes würdig. Hinter diesen Verführungen und Angriffen sieht der deuteronomische Prediger Gottes Seelsorge am Werke: Jahwe stellt Israel auf die Probe, „ob ihr Jahwe, euren Gott, liebt mit eurem ganzen Herzen und mit eurer ganzen Seele" (V. 4).

Die Radikalisierung dieser Traumkritik begegnet uns beim Propheten *Jeremia,* vor allem im 23. Kapitel. Mit leidenschaftlichem Zorn,
der seine Wurzel in der glaubensmäßigen Verbundenheit mit dem
Gott Israels und in seinem prophetischen Auftrag hat, greift er die
falschen Propheten in Samaria und Jerusalem an, die unter Berufung
auf angebliche ,,Träume'' ständig ,,Heil'' predigen, wo doch Unheil
droht [64]. Sie verkennen den Ernst der Lage, wenn sie so oberflächlich
trösten wollen und sich dabei selbst autorisieren: ,,Ich hatte einen
Traum, einen Traum'' (25). Diese Berater haben sich nicht von Gott
beraten lassen (22), sonst hätten sie sein ,,Wort'' bezeugt, statt ihre
eigenen Gedanken zu propagieren. Unmißverständlich schleudert ihnen Jeremia sein Entweder-Oder entgegen: ,,Ein Prophet, der Träume hat, der erzähle Träume; wer aber mein Wort hat, der predige
mein Wort recht'' (28). Hier ist ,,status confessionis'', hier heißt es
,,Farbe bekennen''. Im Ernstfall des Bekennens und Bezeugens gilt
das radikale Nein zu jeder Art von ,,Traumoffenbarung''. Da ist
höchstens ein ,,windiger Trost'' zu holen. Wirklichen Trost spendet
allein Gottes Wort (vgl. auch den Zweiten Sacharja 10, 2). Besonders
nachdrücklich kommen die Glaubensvorbehalte gegen Traum und
Traumdeutung in der *Weisheitsliteratur* zur Sprache. Schon früher
hat Ps. 73, 20 auf die schnelle Vergänglichkeit des Traumes, unmittelbar nach dem Erwachen, abgehoben und das Schicksal des Traumes mit dem der Gottlosen verglichen. Auch Jeremia unterstreicht
den Illusionscharakter der Träume von Hungrigen, die doch nicht
satt werden (29, 7 f.). In einer Freundesrede bei Hiob äußert sich
dann aber herausfordernd eine Stimme der Weisheitstheologie zur
Zukunft des Gottlosen: ,,Wo ist er? Wie ein Traum wird er verfliegen
und wie ein Nachtgesicht wird er verschwinden'' (Hi. 20, 8), —
,,Kein Ort. Nirgends'', heißt es in der Erzählung von Christa Wolf.
Die letzte Alternative lautet in dieser Sicht: *Wort oder Worte!* Entwe-
der auf die trügerischen Worte der Träume hören oder auf das eine
Wort Gottes. Der ,,Prediger'' Salomo drückt das so aus: ,,Denn
Träume kommen, wo viel Sorge ist, und törichtes Gerede, wo viele
Worte sind. Denn bei vielen Träumen und Reden gibt es auch viel
Eitles. Fürchtet vielmehr Gott'' (5, 2.6).

Trotz aller Traumkritik bleibt im Alten Testament eine stille, aber zä-
he Würdigung des Traumes als einer Kommunikationsform des Geistes Gottes. Wann und wo es Jahwe gefällt, macht er Träume gleichsam zu Gefäßen seiner Gnade, zu Wegen für sein Wirken. An solche
Träumer, die *Geistträger* sind, denkt der Prophet *Joel,* wenn er für
das Ende der Tage die Ausgießung des Geistes auf charismatische
Personen ankündigt: Das prophetische Charisma ist dann kein Mo-

nopol der Propheten mehr, sondern erstreckt sich auf das ganze „Gottesvolk": „Eure Greise (werden) Träume träumen, eure Jünglinge Gesichte schauen" (Joel 3, 1 f.). Mit dem Stichwort „Geist" schlägt sich von selbst die Brücke zum Neuen Testament.

Neutestamentliche Träume:

Das Urchristentum ist in einer Welt voller Träume und ebensovieler Traumdeutungen entstanden. Die *hellenistische* Traumgläubigkeit steht hoch im Kurs und hat sich auch auf das rabbinische Judentum ausgewirkt. Aberglaube und Eigennutz spielen hier eine große Rolle. Man denke nur an das Traumbuch der *Artemidor* von Ephesus aus dem 2. Jahrhundert v. Chr. Da heißt es einmal: „Zu träumen, daß einem Ameisen in die Ohren hineinkriechen, ist nur für die Sophisten glückbringend, denn sie gleichen den Knaben, die zur Schule gehen. Den übrigen Menschen kündigt das Traumbild den Tod an, denn die Ameisen sind Kinder der Erde und verkriechen sich in die Erde." In der *rabbinischen* Literatur gibt man sich teilweise schon etwas aufgeklärt. — „Worte der Träume erhöhen nicht und erniedrigen nicht" (*Rabbi Meir* um 150) [65] —, auf der anderen Seite entnimmt man den Träumen praktische Voraussagen, Erklärungen und Lebensregeln für den Alltag: die Träume scheinen aufschlußreich für Ehe-, Geld-, Gesundheits-, ja Schicksalsfragen zu sein. Bei der Deutung bilden sich langsam Stereotypen heraus, z. B. Brunnen = Friede, Gerste = Vergebung, weißes Pferd = Gutes, rotes Pferd trabend = Unheil. Nicht zuletzt verspüren die Ausleger eine gewisse Lust an künstlichen Wortspielen. Von alledem findet sich in den neutestamentlichen Schriften nichts. Im Gegenteil, die Erwähnung von Träumen erfolgt äußerst sparsam. Von Träumen berichten eigentlich nur der Verfasser des Matthäusevangeliums und die lukanische Apostelgeschichte. Diese Zurückhaltung mag sich daraus erklären, daß die ersten Christen auch nur den Anschein einer Traumideologie vermeiden wollten. Die alttestamentliche Linie „im Erstfall Traum *oder* Geist" setzt sich, auf das äußerste intensiviert, in den neutestamentlichen Texten fort. Das Heil liegt nicht im Traum, sondern außerhalb des Traumes (in Christus nämlich), im Höchstfall kann es, aber es braucht nicht, in der Gestalt einer Traumerfahrung zur Sprache kommen. Treffend bemerkt hier wieder A. Oepke: „Das Urchristentum ist zwar nicht traumfeindlich, aber stark traumkritisch." [66] Was das im einzelnen bedeutet, wollen wir jetzt an einigen Passagen des neutestamentlichen Schrifttums aufzuzeigen versuchen.

Die *matthäischen* Belegstellen treten vor allem in der *Weihnachtsgeschichte* auf, d. h. mitten in der „zentralen" Heilsgeschichte. Charakteristisch ist hier der Ausdruck „im Traum" (kat' onar). Im Traum „erscheint" der Engel und „spricht". Im Traum wird „Weisung empfangen". Der Engel als solcher ist dabei nicht so wichtig; er ist Gottesbote, vertritt Gott selbst und redet in seinem Namen: nicht die Figur des Engels, sondern das von ihm im Traum zur Sprache gebrachte „Wort" Gottes ist die Hauptsache. So empfängt Joseph träumend die Ankündigung, daß seine ihm verlobte Frau Maria Jesus gebären wird (1, 20). Ermutigend klingt hier das „Fürchte dich nicht!". Im Traum erhält Joseph den Impuls zur Flucht nach Ägypten (2, 13). Im Traum erfolgt die Weisung zur Rückkehr (2, 19). Im Traum kommt es angesichts gefährlich veränderter Verhältnisse auf politischem Gebiet zu einer göttlich verfügten Umdisposition: Joseph zieht nicht nach Judäa, wo Archelaus herrscht, sondern nach Galiläa bzw. nach Nazareth (2, 22).

Auch säkulare Randgestalten des Evangeliums erleben konkrete Weisungen Gottes im Traum. So wird den Magiern aus dem Orient ein Warntraum zuteil, nicht zu dem Kindermörder Herodes zurückzukehren. — Wie Pilatus in den II. Artikel des Apostolischen Glaubensbekenntnisses hereingekommen ist, so hat das Neue Testament Mt. 27, 19 auch von seiner Frau Notiz genommen, und zwar ausgerechnet mit der Erwähnung ihres Traumlebens. Mitten in dem Prozeß Jesu geschieht der Schlafenden des Nachts etwas „Pathisches". Sie hat einen schlechten, einen unruhigen Traum, der sie aufgewühlt hat. Nun geht sie zu ihrem Mann und bedrängt ihn, nur ja kein unbedachtes Todesurteil gegen „jenen Gerechten" zu fällen. Es könnte ihm sonst selbst zum Verhängnis werden. Wieder begegnet an dieser Stelle das „im Traum"[67].

Ebenso ist der Traum mitten in die zentrale *Missionsgeschichte* des Neuen Testamentes eingebunden. Das wird am Beispiel des Heidenmissionars *Paulus* deutlich, so wie es der Erzähler des „Wir"-Berichtes der lukanischen *Apostelgeschichte* glaubwürdig überliefert hat. Kernstück ist hier der Traum, den Paulus in dem kleinasiatischen (heute türkischen) Troas gehabt hat. Darin erscheint ihm ein mazedonischer Mann mit der Bitte: „Komm herüber nach Mazedonien und hilf uns!" (Apg. 16, 9). Offenbar war diese Traumgestalt mazedonisch gekleidet und auch an seinem Dialekt kenntlich. An einen „Völkerengel" im Sinne von Daniel 10, 13 (G. Stählin) braucht nicht gedacht zu werden. Der hilfsbedürftige Mensch als solcher ist für den Missionar eine Herausforderung schlechthin. Dieses Traumgesicht löst die missionarische Aktivität jenseits des Bosporus aus. Das Christentum dringt von Asien nach Europa. Der kleine menschliche Traum wird zum großen geistlichen Schritt. Er macht Reich-Gottes-Geschichte.

Darüber hinaus begleiten Paulus noch andere Phänomene dieser Art. Man könnte sie zusammenfassend *Schwellenträume* seelsorgerlicher Art nennen. Immer, wenn sich der Apostel in einer Krisensituation seines missionarischen Wirkens befindet, wenn er vor einem neuen Abschnitt bzw. vor einem entscheidenden Schritt steht, wenn er eine Schwelle passieren und eine Stufe nehmen muß, da greift Gott ein. So erscheint der Herr (kyrios) Christus persönlich im Traum, um den durch den Widerstand der Juden in Korinth angefochtenen Missionar zu stärken: ,,Fürchte dich nicht, sondern rede und schweige nicht. Denn ich bin mit dir'' (Apg. 18, 9 f.). Das ist wahrhaftige ,,Seelsorge an Seelsorgern''. Ähnlich spricht der ,,Herr'' ihm in der Nacht Mut zu, als es in Jerusalem zum Konflikt kommt: ,,Wie du die Botschaft von mir in Jerusalem bezeugt hast, so mußt du nun auch in Rom mein Zeuge sein'' (Apg. 23, 11). Wieder wird mit einer traumartigen Erfahrung ein neuer Schritt in der Missionsgeschichte eingeleitet. Dieselbe nächtliche Tröstung erfährt Paulus auf der Sturmfahrt zwischen Kreta und Malta. Dabei sagt der Engel klipp und klar: ,,Sei ohne Furcht, Paulus, du mußt vor dem Kaiser erscheinen'' (Apg. 27, 23 f.). In all diesen Traumgesichten erweist sich der Traum als ein Instrument göttlicher Seelsorge: Christus selbst gewährt direkt, durch einen Engel oder einen Menschen, Führung und Geleit. Dem lukanischen Paulus geht es also ähnlich wie dem matthäischen Joseph. Nur ist es Joseph, der das Jesuskind von einem Ort zum anderen trägt, während bei Paulus der auferstandene und erhöhte Christus seinen Missionar führt und tröstet. Auch wenn die Vokabel ,,Traum'' (onar) von Lukas nicht verwendet wird — er spricht von einem nächtlichen ,,Gesicht'' (horama), so handelt es sich doch um traumartige Vorgänge. Sie sprechen für sich selbst (sie sind ,,theorematisch'') und bedürfen keiner Traumdeutung (sie sind nicht ,,allegorisch'') [68].

Zusammenfassend dürfen wir sagen, daß im Neuen Testament die Ablehnung einer Traummethaphysik ebenso deutlich ist wie die Bejahung der grundsätzlichen Möglichkeit, daß Gott in Christus Menschen seelsorgerlich lenken und trösten kann. Am schärfsten hat sich in der *Traumkritik* der der christlichen Glaubenslehre verpflichtete *Judasbrief* engagiert. In Vers 8 werden die ,,Träumer'' angeprangert, offenbar gnostische Irrlehrer, die sich für ihre ,,falsche Prophetie'' und für ihr zügelloses Verhalten auf vermeintliche Träume beriefen. Ihnen werden vor allem sexuelle Freizügigkeit, Verletzung des Herrschaftsanspruchs Jesu und Engellästerung vorgehalten[69]. Aber Träume und Träume sind eben nicht dasselbe. Auf der anderen Seite kann Petrus in der *„Pfingstpredigt"* Apg. 2, 17 die alte Joel-Verheißung wieder hervorholen und an ihr deutlich machen, daß mit dem Anbruch des Reiches Gottes im gekreuzigten und auferstandenen Jesus Christus der Geist wieder endgültig weht: „Jetzt" sind die „letzten" Tage! Nun schlägt in neuer Weise die Stunde der „Gesichte" für die junge Generation und die Stunde der „Träume" für die Alten (hier im Unterschied zu Joel an zweiter Stelle genannt!). Träume und Träume sind nicht dasselbe, aber auch Geist und Geist sind nicht immer identisch. So liegt die seelsorgerliche Konsequenz auf der Hand: „Prüfet die Geister, ob sie von Gott sind!" (1. Joh. 4, 1). Man könnte auch fortfahren: Prüfet auch die Träume, ob sie von Gott sind!

— Die seelsorgerliche Aufgabe

Das „tägliche Brot" der Seelsorge sind die Träume nicht. Kommt aber einmal im Gespräch oder im Brief die Rede auf einen Traum des Ratsuchenden, dann muß der Seelsorger als Person wissen, wie er darauf reagieren soll. Außerdem könnten ihm selbst ein Traum oder Wiederholungsträume zu schaffen machen. Nachdem wir die tiefenpsychologische Traumforschung kennengelernt und uns über die biblische Sicht des Traumes orientiert haben, wären jetzt einige Folgerungen zu ziehen. Das soll nun an Hand von den drei Stichworten: Recht, Grenze und Winke geschehen.

Recht:

Die Traumforschung ist längst aus ihrem Embryonalzustand heraus. Sie hat ihre wissenschaftliche Qualität mehrfach unter Beweis gestellt. Auch die Einseitigkeit, die den ersten Versuchen der sexualpsychologischen Traumdeutung in der Freud-Schule anhaftete, sind weithin überwunden. Der Seelsorger, der grundsätzlich bereit ist, von den Humanwissenschaften etwas für seine seelsorgerliche Praxis zu lernen, kann angesichts der in der Traumanalyse gewonnenen Erkenntnisse über den Menschen nicht einfach die Augen zumachen. Diese neuen Einsichten helfen tatsächlich, den Menschen *besser* zu *verstehen*. Sie haben denselben menschenkundlichen Stellenwert in der „Exploration" (Erkundung, Befragung) oder „Anamnese" (Rückblende, Vergangenheitsuntersuchung) eines Ratsuchenden wie die graphologisch geschulte Auslegung der Handschrift in der Briefseelsorge oder die gesprächstherapeutische Methodik in der Gesprächsseelsorge. Natürlich ist es nicht erforderlich, bei jedem Ratsuchenden eine Rückfrage nach den Trauminhalten anzustellen, geschweige denn genaue Einzelanalysen bestimmter Traumtexte vorzunehmen, unter bestimmten Umständen aber ist so etwas angebracht. Das gilt besonders, wenn jemand von sich aus danach verlangt und wenn es sich um auffällige Angst-, Depressions-, Sexual-, Suizid-, Konfliktfälle u. a. handelt. Aus den jeweiligen Träumen lassen sich dann möglicherweise manche Aufschlüsse über die Rückenansicht des Ratsuchenden gewinnen. Hat doch jeder Mensch eine bewußte Tagseite, der eine unbewußte Nachtseite entspricht. Während des Träumens kann der Mensch seine wahren Gefühle nicht verbergen, sie kommen vielmehr im Vollzug des Träumens (nolens volens), in Form von teilweise verzerrten, entfremdeten und übertriebenen Gesichten, zum Vorschein. Insofern helfen die erzählten oder schriftlich festgehaltenen Träume mit dazu, die Motive für das bewußte Denken, Fühlen und Verhalten des Ratsuchenden verständnisvoller, aber auch schonungsloser zu begreifen. Vor allem gilt das für die Problemgeschichte bzw. für die Entwicklung eines Konfliktes. Das seelsorgerliche Verstehen bekommt auf diese Weise die Chance der Vertiefung (etwa durch Anregungen der Psychoanalyse), der Erweiterung (etwa durch Vergleich mit den Archetypen) oder der Existenzialisierung (etwa im Sinne der Daseinsanalyse bzw. Personalen Psychotherapie).

Seelsorgerliches Verstehen ist keine Einbahnstraße. Der Seelsorger versteht nicht bloß für sich selbst. Letzten Endes kommt es nur dialogisch und kommunikativ zustande. Da müssen zwei Menschen miteinander reden. So gehört zum Verstehen das *Verständlichmachen*. Zum Beispiel kann der Seelsorger brüderlich und die Seelsorgerin schwesterlich dazu beitragen, daß der Ratsuchende nicht unnötig über die zum Teil grotesken oder gar perversen Szenen seiner Träume stolpert. Manchmal — d. h. von komplizierten Einzelheiten abgesehen, mit denen nur der Fachmann etwas anfangen kann — hilft schon eine vorläufige Erklärung über das Wesen der Träume zur Entschärfung und zu einer sachgemäßeren Einstellung; will doch mancher Traum tatsächlich an dieses oder jenes in der Vergangenheit oder in den dunklen Winkeln des Unbewußten erinnern. Aber das Verständlichmachen schließt auch den Blick nach vorn ein. Der Seelsorger hat nicht nur verstehend zu trösten, sondern auch mitverstehend zu fragen: worin könnte das Ziel des geträumten Traumes liegen?

Über das Recht eines humanwissenschaftlich informierten und am Nächsten orientierten Verstehens von Träumen hinaus hat der Seelsorger hier nun auch das berechtigte Direktinteresse in eigener Sache wahrzunehmen, nämlich als Zeuge des Evangeliums. Wir möchten dieses Interesse das geistliche *Aufmerksamsein* bzw. das seelsorgerliche Aufmerksammachen nennen. Die biblische Besinnung hat deutlich gemacht, daß Träume möglicherweise eine religiöse, ja eine christliche Dimension haben können. Von dem träumenden Samuel im Tempel (1. Sam. 3) bis herüber zu dem träumenden Paulus auf dem sturmumtosten Schiff (Apg. 27) macht sich Gott durch Träume bemerkbar. Wie ein väterlicher Freund benutzt er die Fremdsprache des Traumes, um einen Menschen besonders eindringlich anzusprechen oder ihm zuzureden. Der Seelsorger darf und soll, gegebenenfalls schon auf Grund seiner eigenen Träume, selber „geistlich aufmerksam" sein und einmal fragen: Was willst du mir sagen? „Rede, Herr, denn dein Knecht hört!" Was soll ich tun? Erst dann wird sein Versuch, einem anderen Menschen, eben dem Ratsuchenden, bei der Aufschlüsselung von dessen Träumen zu helfen, ganz glaubwürdig.

Auch und gerade in der letzten Dimension des Glaubens gehören Aufmerksamsein und *Aufmerksammachen* unabdingbar zusammen. Dieses seelsorgerliche Aufmerksammachen erfordert ein besonders sensibles Vorgehen. Der Seelsorger nimmt dem Träumer die Deutung nicht ab, sondern hilft ihm, sie selbständig zu finden. So könnte es sein, daß der Traum eines Ratsuchenden mit beiläufigen oder ausdrücklichen Momenten religiöser oder kirchlicher Art etwas von einem freundlichen Kontaktangebot bzw. einer tröstlichen Präsenzzusicherung Gottes andeuten will: Ich möchte mit dir Fühlung nehmen. Ich bin mit dir. Es wäre aber auch denkbar, daß der Traum eine unmißverständliche Warnung oder den Ruf zu einer unausweichlichen Entscheidung enthält. Kurz, die Träume, nicht nur psychologisch bzw. humanwissenschaftlich betrachtet, sondern hineingerückt in den Horizont biblisch-reformatorischen Glaubens, können Angebote und Anrufe Gottes sein, und sie mögen dementsprechend Anfänge und Antworten auslösen. Im Lichte von Hiob 7, 11 ff. erinnert mancher Traum an eine längst fällige „Selbsterfahrung", die aber nicht bloß in einer individuellen Nabelschau und auch nicht bloß in der bergenden Atmosphäre einer Gruppe, sondern vor der letzten Instanz, vor Gott selber anzustellen wäre. Insofern gibt es echte Gewissensträume, die uns des Nachts wirkliche Schuld vorhalten, weil wir sie am Tage lieber verschweigen oder vergessen.

Der Erbcharakterologe G. Pfahler hat in seinem bekannten Buch „Der Mensch und seine Vergangenheit" diese Funktion des Traumes gut gesehen, wenn er ihn als „Künder von Unerledigtem, Nichtbewältigtem, Unerfülltem, kurz von nicht zu Ende Gebrachtem" bezeichnet[70]. Umgekehrt begegnen im Traum zuweilen falsche Schuldängste oder eine Art animalischer Furcht vor dem Todesschicksal. Dann darf der Seelsorger unnötige Skrupel des angefochtenen Gewissens zerstreuen und einem Sterbenden Mut zusprechen. Kennt er doch das Evangelium, das die frohe Botschaft von der Vergebung verkündigt und das durch den Auferstandenen Grund zur Hoffnung gibt. Die Traumbotschaft an den Apostel „Fürchte dich nicht" und seine anschließende Beteuerung: „Ich glaube Gott, es wird also geschehen, wie mir gesagt ist" (Apg. 27, 26), geben dabei dem Trostamt des Seelsorgers gleichsam biblische Rückendeckung. Solche Traumerfahrungen werden auch heute noch gemacht, nicht zuletzt, wenn sie von Therapeuten interpretiert werden, die selber für die christliche Botschaft offen sind. So berichtet J. Herzog-Dürck von einem Ingenieur, der sich in einer inneren Lebenskrise befindet, diesem Zustand durch eine Reihe von Reifungsträumen Ausdruck gibt und dabei in eine geradezu „religiöse" Grenzsituation gerät: Der „Patient . . ., ein keineswegs kirchlich gesinnter Mann, las in jener Zeit der Krise im Neuen Testament und traf auf das Wort des Paulus an Timotheus (1, 14 D. Vf.): ‚Es ist aber desto reicher gewesen die Gnade unseres Herrn.' Dies Wort und die ganze Stelle berührte ihn plötzlich aufs tiefste. Er ‚verstand' dies Wort auf einmal, es ‚ging ihm auf', und er ‚verstand' in ihm sich selbst und was sich mit ihm zugetragen hatte." [71]

Grenzen:

So sehr wir dem Seelsorger das Recht einräumen möchten, wo immer ein begründeter Anlaß vorliegt, sich mit den Träumen eines Ratsuchenden zu beschäftigen, so deutlich gilt es nun aber auch, die Grenzen zu signalisieren, die ihm dabei gezogen sind. Da sind zunächst einmal die Grenzen zu nennen, die von der *Fachwissenschaft* geltend gemacht werden müssen. Nicht jeder Seelsorger, und hätte er noch so viel Theologie studiert, ist ohne weiteres ein fachlich qualifizierter Interpret von Träumen. Wollte er sich so ausgeben, dann käme er bald in den Verdacht, ein Wahrsager oder Kurpfuscher zu sein. Die Wissenschaft von den Träumen hat sich inzwischen so weit entwickelt, daß man sich schon sehr intensiv mit der Tiefenpsychologie beschäftigt haben muß, und zwar theoretisch wie praktisch (z. B. unter Anleitung eines Supervisors), um hier ernsthaft mitreden oder gar eine verbindliche Traumanalyse erstellen zu können. Aus diesem Grund kann der Seelsorger gar nicht nachdrücklich genug davor gewarnt werden, sich in laienhaften, um nicht zu sagen stümperhaften Traumdeutungen zu versuchen. Vielmehr ist der Ratsuchende im Ernstfall auf den Experten zu verweisen. Das kann förmlich durch Delegierung (Überweisung) geschehen, z. B. an einen medizinisch ausgebildeten Psychotherapeuten bzw. Facharzt oder einen tiefenpsychologisch versierten Diplompsychologen, der sich auf Traumforschung spezialisiert hat. Es versteht sich von selbst, daß der dann vorgeschlagene Experte ein besonderes Verständnis für religiöse Fragen haben sollte. Er muß nicht unbedingt „Christ" sein, aber er muß die Position des glaubenden Menschen, seine Anliegen und Nöte wenigstens respektieren. Es läßt sich aber auch eine andere Lösung denken, nämlich nicht einfach die Ablösung des Seelsorgers durch den Therapeuten, sondern die Gemeinschaftslösung in Form einer Kooperation zwischen Arzt (Therapeut) und Seelsorger. Der Ratsuchende bliebe dann in einer Hand, nämlich des Seelsorgers, der sich von Fall zu Fall vom Traumexperten beraten und helfen läßt. Praktisch gibt es dafür viele Wege, etwa ein schriftliches Fach-Gutachten über einen Traumtext bzw. eine Traumserie, eine zeitweise Einzelberatung durch den Therapeuten oder auch einmal ein Dreiergespräch (Ratsuchender, Arzt, Seelsorger).

Darüber hinaus ist noch ein wichtiger Tatbestand zu bedenken: Wie unsere Einführung in die Traumforschung gezeigt hat, gibt es heute mehrere und zum Teil recht verschiedene Richtungen in der Traumanalyse. Da kann jemand leicht an den „Falschen" geraten, wenn man sich in der Auslegung von und in dem Umgang mit Träumen überhaupt nicht auskennt. Aus diesem Grund sind wir ja auch so relativ ausführlich auf das Traumthema eingegangen. Natürlich hat es seinen guten Sinn, wenn ein Interpet kompromißlos Vertreter einer bestimmten Schule ist. Da weiß man jedenfalls, woran man ist, und der Ausleger kann innerhalb des Rahmens einer Konzeption auch sein Bestes leisten. Die Hauptsache ist nur, daß seine Einstellung nicht zur Ideologie geworden ist. Andere werden sich bemühen, „synoptisch" (durch Zusammenschau verschiedener Richtungen) vorzugehen; im Einzelfall ist hier Schwerpunktbildung möglich, läßt sich doch der eine Traumtext u. U. besser von dieser, der andere von jener psychologischen Schule her deuten. Kurz, die Akzentuierung einer Analyseart schließt das Lernen von Teilerkenntnissen aus anderen Interpretationsweisen nicht aus.

Die Auslegung von Träumen betrifft den ganzen Menschen. Sie hat verschiedene Aspekte und muß auf mehreren Ebenen vorgenommen werden. Sie ist also „mehrdimensional". Keine Blickrichtung darf hier ausgespart werden, vor allem im Raum der Seelsorge nicht. So gibt es die psychologische, die soziologische, die pädagogische, die therapeutische und nicht zuletzt die theologische Dimension der Trauminterpretation. Läßt man aber die Dimension des Glaubens in die Arbeit mit Träumen herein, und nimmt man den Herrschaftsanspruch Gottes auch in diesem Gebiet ernst, dann werden auch die Konturen der Urgrenze schärfer: ,,Ich bin der Herr, dein Gott, du sollst nicht andere Götter haben neben mir!'' Der Seelsorger darf die Sprache der Träume und das Wort Gottes nicht miteinander verwechseln. Vielmehr ist dieses Wort der legitime Maßstab, das entscheidende Kriterium jener Sprache. Gewiß kann Gott einmal mit einem Menschen auch durch Traumsymbole oder Wiederholungsträume reden. Es ist dann so, als ob er ihn seelsorgerlich von dem Volke ,,besonders nähme'' (,,Und er nahm ihn von der Menge weg, für sich allein''), wie das einst Jesus mit dem Taubstummen getan hat (Mk. 7, 33). Gleichwohl muß sich dann das Ergebnis der Deutung an der biblischen Botschaft und im Lichte der reformatorischen Theologie messen lassen. Zwar können sich Traumtext und Schrifttext, sachgerecht interpretiert, einmal gegenseitig erschließen, im Ernstfall aber entscheidet das Zeugnis der Schrift. Daran kann es für einen Christen jedenfalls keinen Zweifel geben. Aus der prophetischen Alternative ,,Traum oder Wort'' sind in der Seelsorge praktische Folgerungen zu ziehen[72].

Winke:
Die seelsorgerliche Aufgabe kann nur im Hier und Jetzt gelöst werden. Deswegen braucht der Seelsorger einige ganz praktische Winke, um sachgemäß mit den Träumen der Ratsuchenden oder auch mit den eigenen umgehen zu können. Wir wollen sie im folgenden zusammenstellen.

Die Traumarbeit beginnt bereits abends vor dem Schlafengehen. Da legt sich der Ratsuchende bzw. der Seelsorger auf seinem Nachttisch das *,,Werkzeug''* zurecht, das er morgens, sofort nach dem Erwachen, zur Hand haben muß: das sind Papier und Bleistift (Kugelschreiber). Auch das Licht muß leicht erreichbar bzw. schnell einschaltbar sein. Manche haben ein kleines Tonbandgerät, auf das sie, ohne sich besonders anstrengen zu müssen, ein paar Sätze diktieren können. Diese Werkzeuge sind erforderlich, um eine rasche und zwangsläufig nur stichwortartige *Niederschrift* des beim Aufwachen gerade noch erinnerten Trauminhalts anfertigen zu können. Wer über Steno-Kenntisse und Kurzschrift-Praxis verfügt, ist beim Schreiben im Vorteil. Zugegebenermaßen ist der Mensch am frühen Morgen noch etwas müde. Die Traumerinnerung ist kostbar, hält aber nicht lange vor. Wer mit der Niederschrift seiner Stichworte bis nach dem Rasieren oder Frisieren, bis nach dem Gang zur Toilette oder nach dem Anziehen wartet, kann schon wieder viel, wenn nicht alles, vergessen haben. Deshalb wird empfohlen, zunächst eine Weile im

Bett liegenzubleiben, vielleicht sogar in derselben Position, in der man geträumt hat oder eingeschlafen ist („Einschlafposition"), und in dieser Situation dann eine kleine Meditation über das Geträumte anzustellen. Jedenfalls wäre es grundsätzlich falsch, sozusagen mir nichts dir nichts, abrupt aus dem Bett zu springen. Dann springt meistens auch gleich der Traum mit und entflieht so dem Gedächtnis. Zur Niederschrift benötigt der Träumer also eine Phase der Ruhe und Besinnung. So etwas läßt sich im Lauf der Zeit einüben. Zur Niederschrift gehört ein trainiertes Gedächtnis.

Auf die Niederschrift der Erinnerungsfetzen sollte früher oder später, in jedem Falle noch im Lauf desselben Tages, eine ausführlichere *Reinschrift* folgen. Meistens denken wir nämlich kurz nach dem Erwachen zunächst nur an Bruchstücke unserer Träume. H. Dieckmann führt ein instruktives Beispiel für diese Art von „Traumfragmenten" an: „Hab einen Vogel gesehen. — Dann war ich in einem Zimmer mit meiner Mutter. — Dann bin ich mit dem Auto gefahren."[73] Orte und Personen in dem Drama, genannt „Traum", lösen oft rasch und verwirrend einander ab, bilden aber für die Erinnerung gute Haftpunkte. Später mag dem Träumer zu diesen Stichpunkten noch mehr einfallen. Im Grunde genommen fängt das Problem des Verhältnisses von unmittelbarer Erinnerung und mittelbarem Einfall schon bei der besagten ersten Traummeditation im Bett an. Beides gilt es sorgfältig zu unterscheiden. Deswegen rät K. Thomas: „Beim Aufschreiben sollte wenigstens die Hälfte des Papierraumes als Rand frei bleiben, damit die wichtigen Einfälle zu den einzelnen Begriffen später an den betreffenden Stellen notiert werden können und damit das Fortschreiten auf dem Weg vom manifesten (bewußten) Traumtext zum latenten (unbewußten) Trauminhalt erleichtert wird."[74] Der Seelsorger wird den Ratsuchenden ausdrücklich um eine derartige Reinschrift bitten. Das liegt im Interesse des Träumers, hilft aber auch dem Seelsorger, der sich aus ein paar hingeworfenen Stichworten keine rechte Vorstellung von dem Sinn des Traumes machen kann.

Auf den Zusammenhang des Traumtextes kommt es in der Tat an. Aus diesem Grund ist eine *Überschrift* anzustreben. Zu einer derartigen Thematisierung gelangt der Ratsuchende dadurch, daß er sich auf die wesentlichen Merkmale des Traumvorgangs besinnt und den Ablauf zu rekonstruieren versucht. Dabei wird er so oder so doch den gedanklichen Zusammenhang erkennen, wenngleich er zunächst noch für ihn unverständlich sein mag. Zusätzlich wären dann die weiteren Einfälle zu notieren, die dem Träumer im „Kämmerlein" schon selbst gekommen sind und zu denen sich dann wieder neue und vielleicht ganz andere Einfälle gesellen, die im Zuge eines vertraulichen Gespräches unter vier Augen herauszukommen pflegen, sei es mit dem Arzt, dem Therapeuten, einem befreundeten Partner und natürlich auch mit dem Seelsorger. Das ist seit den Tagen Freuds bis heute so. Hat der Ratsuchende den Hauptgedanken bzw. den eigentlichen Sinn des Traumes erfaßt, wird er ihn tunlichst auf ein ihm als angemessen erscheinendes Thema zu bringen suchen. Manche schlagen darüber hinaus auch noch das Anlegen einer Kartei vor, die nach verwandten Themengruppen gegliedert ist und den Vergleich der Traumelemente und -themen untereinander ermöglicht. Auch so etwas wie ein Traumtagebuch ist erwogen worden. Auf diese Weise ließe sich die seelische Entwicklung innerhalb einer Traumserie „kontrollieren" mitsamt den Konflikten und ihren Lösungen; Störung und Reifung (um das umstrittene Wort „Heilung" zu vermeiden!) greifen gerade in den Traumprozessen oft ineinander.

Eine ergänzende Bemerkung sei noch gestattet. Wir haben vor allem von der Niederschrift, der Reinschrift und der Überschrift, d. h. vom Nachdenken und vom Schreiben geredet. Das ist auch nach wie vor unerläßlich. Aber in dem einen oder anderen Falle könnte es auch einmal zu Einseitigkeiten, zu einer gewissen Intellektualisierung führen. Aus diesem Grund möchten wir auf die Möglichkeit hinweisen, Träume zu *malen*. Wo immer ein Ratsuchender Neigung und Fähigkeiten hat, sich ganz elementar-künstlerisch auszudrücken und möglicherweise Mühe zeigt, sich sprachlich zu äußern, aber eben aus irgendeinem Grunde unter seinen Träumen leidet, könnte der Seelsorger ihm die Anregung zum „Bildern" (wie man in der Jung-Schule, etwa bei G. R. Heyer, gesagt hat) geben und ihm das Angebot eines Gesprächs über das Bild machen[75]. Freilich auch hier gilt: der Seelsorger muß fachlich etwas davon verstehen. Er könnte aber auch mit einem Fachmann in der oben genannten Weise zusammenarbeiten. Die alten überlieferten und neu geschauten bzw. erfundenen Symbole bedürfen hier besonders sorgfältiger, einfühlender und gekonnter Interpretation. Besonders eindrücklich und aussagekräftig ist bei diesen Traumbildern die Farbe. Gerade weil die selbst angefertigten Bilder für den innerlich belasteten, vielleicht sogar seelisch kranken Träumer gleichsam „geladen" sind, haben sie eine entlastende Funktion. Für die seelsorgerliche Arbeit mit Träumen gilt: Nicht nur Schreiben befreit, auch Malen befreit!

c) Texte: Anwendung

Sobald sich der Seelsorger einem bestimmten Traumtext zuwendet, wird er merken, daß er ein unendlich „weites Feld" betritt. Da wäre Schematismus fehl am Platze. Vielmehr bedarf es — übrigens wie beim Lesen eines Brieftextes — einer liebevollen Beschäftigung mit dem Detail, einer längeren Meditation des Leitgedankens, der Orientierung an den Interpretationshilfen, die die verschiedenen Schulen der Traumforschung bereitstellen, und nicht zuletzt der Korrelation mit dem biblischen Wort: Das soll nun an Hand von sechs exemplarisch ausgewählten Beispielen gezeigt werden. Obwohl die einführenden und anschließenden Kommentare naturgemäß kurz bleiben müssen, suchen sie doch der Aufgabe einer komplexen und konkreten Anwendung einigermaßen gerecht zu werden. Seelsorgerliche Anwendung darf nicht mechanisch sein, sie wird sich vielmehr darum bemühen, den Text vom Evangelium her so zu verstehen, daß er dem ratsuchenden Träumer als Nächsten wirklich hilft.

— Der Diktator

„Es ist ein dunkler Tag, Wolken jagen über den Himmel. Mit Ausnahme meines Vaters sitzt unsere ganze Familie in einem von Wachtürmen umgebenen Lager. Der Diktator ist persönlich anwesend und ergeht sich in zynischen Äußerungen. Ich halte glühende Reden gegen ihn: Man könne uns doch nicht die Sünden der Väter entgelten lassen! Der Diktator lacht sardonisch (krampfhaft). Mich überfällt ein furchtbares Angstgefühl; die Lage ist hoffnungslos. In der Nacht gelingt es mir, das Lager zu verlassen, indem ich mit den Armen wie mit Schwingen agiere. Ich lande in einem Transformatorenwerk. Ein Wärter kriegt mich am Fuß zu fassen. Für meinen Ausbruch und die aufsässigen Reden wird der Diktator mich hinrichten lassen."[76]

Der vorliegende Text läßt eine jener „familiären Grundgestalten" — in diesem Falle den „Vater" — durchscheinen, wie wir ihnen bereits in der Trauminterpretation von *A. Vetter* (s. o. S. 261 f.) begegnet sind. Der Traum liegt zwar schon länger zurück, er ist aber, was Bildwahl und Grundtenor anbetrifft, äußerst aufschlußreich. Geträumt ist er in der Nachkriegszeit von einem jungen Erwachsenen, der sich an eine Begebenheit während des Dritten Reiches im Kriege erinnert. Die Familie ist ausquartiert; sie befindet sich in einem „Lager". Obwohl es sich wohl nur um ein Ausweich-Sammel- oder Flüchtlingslager handelt, schwingt doch durch die „Wachtürme" der Gedanke an Konzentrations- oder Kriegsgefangenenlager mit. Der Vater fehlt. Gleichwohl ist er da, nämlich in Gestalt der zeitbedingten Deckfigur des „Diktators". Wie Vetter mitteilt, habe der Träumer ihm von einem schweren Zerwürfnis des Sohnes mit dem Vater berichtet, das damals stattgefunden hätte. So wird im Traum kurzerhand der „Führer" (Hitler) mit dem diktatorischen Vater ausgetauscht. Heute würden wir sagen, hier handle es sich um den Konflikt eines adoleszenten Sohnes mit seinem autoritären Vater. Die Auseinandersetzung ist heftig, weil hinter allem jugendlichen Zorn wohl auch noch etwas von versteckter und enttäuschter Liebe vorhanden ist; dafür sprechen die Formulierungen „meinem" Vater und „unserer" Familie. Der junge Mann lehnt sich gleichsam nachträglich noch einmal gegen die „Sünden der Väter" bzw. gegen die ältere Generation auf. Er will nicht dafür büßen. Offenbar steckt der Ratsuchende in einer entscheidenden Identitätskrise. Die „glühende Rede" gegen den Diktator trägt nichts aus. Ohnmächtig muß der junge Mann das spöttische Lachen des Vaters anhören. Eine panische „Angst" ergreift ihn. Selbst die Zwangsvorstellung einer „Hinrichtung" durch den Vater verfolgt ihn noch. So bleibt nichts anderes übrig als der Ausbruch, das Aussteigen, die Flucht. Sie erfolgt mit den „Armen", die im Traum zu „Schwingen" werden. Der Wärter packt ihn am Fuß. Aber er ist nicht zu halten und entschwindet in die Wolken. Die Landung erfolgt in einem „Transformatorenwerk". Dieser Begriff ist wohl doppeldeutig (ambivalent) zu verstehen. Einmal deutet der Träumer damit an, daß er ein technisches Fachstudium eingeschlagen hat, was ihn nicht ganz befriedigt. Dann könnte aber auch — so der Berater Vetter — das etwas abstrakte Wort den Vorgang einer „Wandlung" beinhalten, der sich im Lauf des therapeutischen Prozesses vollzogen hat. Transformieren hieße dann soviel wie verändern, umsetzen, sich verwandeln. Kein Zweifel, hier geht es um so etwas wie einen Reifungstraum: der junge Erwachsene muß mit seinem noch nicht voll ausgestandenen Vaterkonflikt fertig werden und sich mit der Wirklichkeit auseinandersetzen (Fuß und Werk gegen glühende Reden und Schwingen!). Ernüchterung, Versachlichung und Reifung — das sind die Aufgaben der Erwachsenheit, die jetzt anstehen.

In einem seelsorgerlichen Gespräch über diesen Traumtext könnte an das biblische Thema „Väter und Söhne" erinnert werden. Dabei müßten die schreckliche Realität des Generationenkonflikts (Micha 7, 7), aber auch die Gute Nachricht von der Generationenversöhnung zur Sprache kommen, sowohl im Sinne der prophetischen Ankündigung (Maleachi 3, 23 f.) als auch im Sinne der evangelischen Erfüllung (Luk. 1, 17). Was das Ernstnehmen der Wirklichkeit und das Finden der eigenen Identität anbetrifft, so empfiehlt sich bei einem geistig so wendigen jungen Partner ein Gespräch über Sinn und Grenzen der Entwicklung. Das Reifen zur Person und das Wachsen im Glauben sind etwas Verschiedenes, und doch haben beide Prozesse etwas miteinander zu tun (Luk. 2, 52; Eph. 4, 15 f.). „Wandlung" tut von Zeit zu Zeit not, kann aber vieles bedeuten. „Bekehrung" bzw. „Wiedergeburt", im christlichen Sinne verstanden, ist eindeutig.

— *Reiseerfahrung*

„Ich träumte, daß ich mit dem Zug fortfahren wollte. Ich stieg ein und wartete, bis der Zug an der Endstation angelangt war. Als ich ausstieg, war ich nicht dort, wo ich hin wollte, sondern ganz woanders. Ich bekam ein bißchen Angst. Ich fragte, wo ich bin, da sagte der Schaffner, du bist in Salzburg. Da fragte ich, wann ein Zug nach München fährt, und er sagte, in 5 Tagen, dann war er plötzlich verschwunden. Es war schon dunkel, ich war so müde, daß ich mich auf eine Bank legte und einschlief. Als ich am anderen Morgen aufwachte, war ich mitten in einem Gewässer auf einem Floß. Ich hatte Hunger und Durst, und mir war nicht gut. Ich schrie um Hilfe, aber niemand hörte mich. Ich schrie ganz laut und wachte auf. Meine Mutter tröstete mich und sagte: ‚Du brauchst keine Angst zu haben.' Ich war wirklich froh, daß ich zu Hause war." [77]

Der Traum dieses dreizehnjährigen Mädchens stammt aus einer Erhebung, die der *Verfasser* mit Hilfe eines Erzähltests unter 1305 Hauptschülern, Realschülern und Gymnasiasten des 7. und 8. Schülerjahrgangs durchgeführt hat. Solche Reiseträume werden von Menschen aller Altersstufen erzählt. Sie haben oft eine tiefere Bedeutung, als es auf den ersten Blick zu erkennen ist. So referiert und reflektiert der englische Sozialpsychologe R. D. Laing Reiseträume psychisch Kranker, die eine „Hinreise" von „außen nach innen" antreten und dabei neue, wesentliche, für andere nur schwer verstehbare Erfahrungen machen, bis sie sich dann wieder auf die „Rückreise von innen nach außen" begeben. Mit ihren tiefen Erlebnissen von Wüste und Geborgenheit, von Kind- und Tierhaftigkeit, von Farbspielen und Bewußtlosigkeit — um nur das Beispiel eines Künstlers zu nennen — können sie anderen sogar helfen, sich selber besser zu verstehen.

Das Mädchen kann sich zwar nicht auf so tiefe Gesichte berufen, auch nicht auf so hohem Niveau ausdrücken, aber ihre Reiseerfahrung ist für sie nicht minder lebenswichtig. Offenbar handelt es sich nicht um einen allgemeinen Reisetraum, eher wohl wieder um eine besondere Art Reifungstraum: die Träumerin befindet sich in den Entwicklungsjahren und signalisiert mit ihrem Traum das Bedürfnis nach erster Selbständigkeit. Dadurch gerät sie in eine Ablösungskrise von zu Hause. Sie löst einfach eine irrationale Fahrkarte, ohne genau zu wissen, wohin die Reise geht. Die „Endstation Sehnsucht" aber wird nicht erreicht. Im Gegenteil, bestürzt stellt sie fest: „Als ich ausstieg, war ich nicht dort, wo ich hin wollte, sondern ganz woanders." Der junge Mensch muß solche Reise-Risiken eingehen, wenn er sein Leben mündig meistern will. Da bleiben Enttäuschungen und Fehltritte nicht aus. Möglicherweise steckt hinter dem Erlebnis des Scheiterns noch mehr. Sie könnte das Klassenziel nicht erreicht haben oder befürchten, daß es schulisch schiefgeht. Sie könnte gelegentlich ihre Kräfte überschätzen. Sie könnte mit der erwachenden Sexualität nicht fertig werden. Wir wissen es nicht. Wir wissen nur, daß sie so rasch wie möglich von Salzburg nach München, d. h. wieder nach Hause möchte. Der Schaffner gibt eine (wie meistens in Träumen) übertriebene Auskunft: erst in fünf Tagen geht wieder ein Zug zurück. Die Reise muß teuer bezahlt werden. Die Gestalt des Schaffners verschwindet so schnell, wie sie aufgetaucht ist. Dann schläft das übermüdete Mädchen ein und findet sich wieder an einem anderen unerwarteten Orte vor. Diesmal ist es ein See. Sie treibt auf einem einsamen Floß dahin. Die Bewegung geht weiter, die „Entwicklung" läßt sich nicht künstlich aufhalten. Aber die Verlassenheit ist grausam und für die Heranwachsende nicht zu ertragen. So stößt sie lauter Angstschreie aus. Ob sie jemand hören wird? So schwankend wie auf dem Floß im Wasser fühlt sich der junge Mensch, der zum erstenmal weg von den familiären Bindungen und hinaus in die Welt des Selbstseins will. Er erfährt sie als Fremde. Das Traumgeschehen endet mit einem erneuten Szenenwechsel. Beim Erwachen liegt die junge Träumerin in den Armen der tröstenden Mutter.

Der Sinn des Traumes läßt sich in Zusammenarbeit mit dem Mädchen verhältnismäßig leicht erschließen. Das Traummotiv spricht von einem erstrebten Dort, das enttäuscht bzw. verunsichert und schließlich in ein tröstliches Hier umschlägt. Der Jugendliche der frühen Pubertät verdient zuerst einmal Verständnis für seine Sehnsucht, selbst jemand zu werden. Wir dürfen ihm diesen Wunsch nicht moralischmadig machen. Er verdient aber auch den ernüchternden Hinweis auf die damit verbundenen Krisen und Konflikte. Solche Reiseerfahrungen bleiben nicht ohne Schmerzen und Enttäuschungen. Möglicherweise wird das Mächen in dem Klärungsgespräch die Chance ergreifen und etwas von seinen verborgenen Nöten mitteilen. Das wäre schon viel. Im Tiefsten seines Herzens mag eine heimliche zweite

Sehnsucht gären, die nach wirklichem Trost nämlich. Gewöhnlich sagen die jungen Menschen von solchen Bedürfnissen nichts, weil sie sich schämen würden. Aber das Verlangen nach Verstehen, Geborgenheit und Trost ist groß.

In christlicher Sicht bildet auch und gerade der Glaube ein Wagnis voller unberechenbarer Risiken! Die Nachfolge Jesu ist kein bequemer Spaziergang. Man wird vielleicht mißverstanden und verspottet, nicht zuletzt von Mitschülerinnen oder Freunden. Aber dieser Glaube hat eben etwas Faszinierendes. Er läßt den jungen Menschen unabhängig und wirklich selbständig werden, ja er birgt ihn mitten in Unsicherheit und Unverstandenheit, in Vereinsamung und Verlorenheit. Gott tröstet, ,,wie einen seine Mutter tröstet'' (Jes. 66, 13). Wer den Mut hat, Christ zu sein, der ,,wird reichlich getröstet durch Christus'' (2. Kor. 15). Er kann junge Menschen, die unter sich selbst leiden, in ihren Nöten verstehen, weil ,,er selber gelitten hat'' (Hebr. 2,18).

— *Der Fenstersturz*

,,Wir wohnten in einem turmähnlichen Gebäude, das auf einem rechteckigen Rasenstück stand. Dieses fiel nach allen vier Seiten senkrecht ab. Was in der Tiefe war, konnte ich nicht sehen, es war nichts als Schwärze. Das Rasenstück war ungefähr so groß, daß um den Turm herum ein etwa eineinhalb Meter breiter Streifen blieb. Ich schaute aus dem oberen Fenster des Hauses herab. Vor dem Haus, also knapp vor dem Abgrund, saßen meine Eltern in Liegestühlen und lasen. Ich wollte ihnen etwas sagen, aber sooft ich ihnen zurief, sie hörten mich nicht. Dabei beugte ich mich so weit aus dem Fenster, daß ich den Halt verlor und hinabstürzte. Ich fiel etwas schräg, so daß ich knapp an dem Rasenstück vorbei in den Abgrund stürzte. Im Fallen sah ich noch, wie meine Eltern seelenruhig in ihren Liegestühlen saßen und weiterlasen. Ich fiel immer weiter, und was dann geschah, daran kann ich mich nicht mehr erinnern.''[78]

Der vorstehende Traumtext kann als Jugendtraum eingestuft werden, jedenfalls gehört er in die Kategorie der Schwellenträume, wie sie in der frühen Pubertät öfters begegnen. Während bei den Kinderträumen Tiere und Märchengestalten eine große Rolle spielen, beschäftigen sich die Träume der Heranwachsenden schon viel intensiver mit eigenen Werdeproblemen. Sie finden zum Teil ihr Pendant in entsprechenden Tagträumereien von Helden und schönen Kleidern usw. Jugendliche der Hauptpubertät und der Adoleszenz träumen wiederum von den Dingen, die sie besonders bewegen, etwa im erotischen und sexuellen, schulischen und beruflichen Bereich. Erfolge und Niederlagen, Wünsche und Enttäuschungen, Spannungen und Spinnereien des jugendlichen Lebens schlagen sich in Traumbildern nieder.

Ein besonderes Augenmerk für Träume von Kindern und Jugendlichen hat *F. Grempel,* ein Schüler E. Wiesenhütters, gezeigt. Er sucht sie aus der jeweiligen Situation des jungen Träumers zu verstehen und ihnen besonders von den Märchenmotiven her beizukommen (Gut und Böse, Liebe und Haß, Freude und Schmerz). Auf solche Weise entdeckt die Traumanalyse manche versteckten Hemmungen, Behauptungsschwächen, Wunschbilder und mitmenschlichen Beziehungen (,,Traumkontaktnahmen''). In diesem Zusammenhang erscheint der von Grempel berichtete Schwellentraum vom ,,Fenstersturz'' speziell als Ablösungstraum.

Der Junge wohnt in einem hoch und schlank gebauten Haus zusammen mit seinen Eltern. Ihm kommt es so vor, als ob es ein Turm wäre. Wenn nicht von dem Rasenstück die Rede wäre, könnte man an ein Hochhaus in der Großstadt denken. Die Betonung des Steilen und Senkrechten einerseits und des Tiefen und Schwarzen andererseits läßt die bedrohende und schwindelerregende Situation erahnen, in der sich der Jugendliche befindet: ,,Es war nichts als Schwärze.'' Allem Anschein nach steht der Junge vor einem neuen Lebensabschnitt. Er fühlt sich frei da oben und spürt doch, wie es ihn mit fast magischer Gewalt nach unten zieht. Da paaren sich demonstratives Verlangen nach Selbständigkeit mit dem dunklen Drängen des erwachenden Geschlechts. Mit einer gewissen Neugier und einer gehörigen Portion Angst blickt er herab in den ,,Abgrund''. Die neue Wegstrecke, die vor diesem Pubeszenten liegt, hat manches Reizvolle an sich, aber auch vieles Rätselhafte in sich. In diesem Schauer vor dem gegenstandslosen ,,Nichts'' sucht der Junge noch einmal Kontakt mit den bisherigen Autoritäten, den Eltern, von denen er sich doch gerade lösen möchte. Irgendein Stück Absicherung wäre ihm doch ganz angenehm. Völlig ohne Liebe kann man doch nicht existieren. Die Eltern sitzen auf dem Rasen in Liegestühlen und lesen. Er möchte ihnen noch ,,etwas'' (was wohl?) sagen, aber sie hören ihn nicht. Sie haben für die kleinen Probleme ihres pubertierenden Sohnes keine Antenne. Sie sind zu sehr mit sich selbst beschäftigt. So verhallen die Hilfe und Verstehen oder wenigstens Zuhören heischenden Appelle im Leeren. Selbst die Wiederholung der Anrufe trägt nichts aus. Der Abstand ist schon zu groß. Die Ablösung ist im vollen Gange, ja sie nimmt dramatische Formen an. Der Junge beugt sich zu weit aus dem Fenster und stürzt in die Tiefe. Durch die schräge Lage des Stürzenden wird noch im Vorbeifliegen ein Blick auf das lesende Duo möglich. Aber die Eltern nehmen den „Fall" des Sohnes gar nicht wahr. Vernichtend heißt es, sie hätten „seelenruhig" weitergelesen. Der Träumer fällt am Rasenstück vorbei in ein unbekanntes Loch, wohl das Land des Erwachsenwerdens. Wieder ein junger Mensch, der sich nach Verstandenwerden sehnt und der sich nicht verstanden fühlt.

Wie bei dem Mädchen, das fortfahren will, am falschen Bahnhof ankommt und die Rückkehr anstrebt, geht es auch in dem Traum des 14jährigen Jungen um eine Ablösungskrise. Nur findet sie hier keine harmonische Lösung, sondern endet in einem abrupten Sturz. Das Unwiederbringliche, das „Irreversible" der Kindheit wird deutlich. Die Traumgestalt trägt alle Zeichen eines Falltraumes. Hier wäre auch seelsorgerlich anzusetzen. Wahrscheinlich haben die Eltern Erziehungsfehler begangen. Aber ihr Mangel an psychologischem Einfühlungsvermögen und ihr pädagogisches Ungeschick müssen nicht nur Schuld oder gar Bösartigkeit sein. Das blockierte Verstehen zwischen den Generationen hat auch etwas Tragisch-Natürliches an sich. Bei der Geburt, beim Sterben und auch eben beim Erwachsenwerden kann der Mensch nicht vertreten werden. Jeder muß hier selber heran. Dabei bleiben Schmerzen nicht erspart. Dies wäre dem jungen Menschen behutsam und sachlich klarzumachen. Dann aber sollte auch das Evangelium nicht zu kurz kommen: Da unten in dem Loch gähnt nicht ein unbekanntes Nichts. Dort in der Tiefe wartet schon der Gott, von dem es Psalm 118, 13 heißt: „Man stößt mich, daß ich fallen soll. Aber der Herr hilft mir." Er fängt mich mit seinen starken Armen auf und macht, daß ich selber stehen und gehen, wachsen und wollen kann.

— *Heißhunger*

„Bin essen gegangen; hatte furchtbaren Hunger; habe alles nur so hineingestopft. Dann fiel mir ein, daß das doch eigentlich nicht geht . . . Ich malte Bilder mit Schiffen und großen Masten und ein Bild vom Vater, das meine Freundin bewunderte. Auch ein Büchsenöffner spielte ein Rolle." [79] Die 21jährige Studentin, die diesen Traum für *E. Wiesenhütter* niedergeschrieben hat, ist die Tochter eines strengen und unbeliebten Lehrers. Ihre Mitschülerinnen ließen sie die Ablehnung des Vaters spüren. Der Mann duldete weder in der Klasse noch zu Hause einen Widerspruch. Außerdem war er Vegetarier und verlangte auch von der Familie Askese. Auch die Mutter konnte nicht genügend erzieherische Wärme spenden; sie war schwächlich und krank, kontaktscheu und verschlossen, so daß das Kind seine ersten

Lebensjahre im Heim verbringen mußte. Die Folgen liegen auf der Hand. Auch die Tochter wird in sich gekehrt und meidet Kontakte. So geht sie erst in die Mensa, wenn die meisten schon fort sind und das Essen kalt geworden ist. So wächst das Verlangen nach Sättigung bis hin zum Heißhunger. Immer wieder machen ihr die Verbote des Vaters zu schaffen, gerade dann, wenn z. B. die Freundin zu einem Treff mit Studenten ins Café einlädt. Hier müßte sie ja etwas Zusätzliches an Essen oder Getränken zu sich nehmen, aber: ,,das geht nicht!'' Im Traum entlädt sich das verdrängte Verlangen. Nun stopft sie sich wenigstens im Bereich des Unbewußten alles hinein, was sie nur vertragen kann, um zur Befriedigung zu gelangen. Im Beratungsgespräch gibt sie erst langsam zu, daß dahinter nicht bloß Bedürfnisse nach Sattwerden, sondern zuletzt Sehnsucht nach Liebe und geschlechtlicher Erfüllung steht. Sie sehnt sich heimlich doch nach einem Freund. Die gemalten Bilder von ,,Schiff'' und ,,Mast'', insbesondere das vom ,,Büchsenöffner'', müssen nicht ausdrücklich und bei diesem sensiblen Menschen gleich gar nicht sofort im Sinn der Freudschen Sexualsymbole (Schiff = Vagina, Mast = Penis, Büchsenöffner = Defloration) gedeutet werden. Das wäre zu einseitig und mechanisch. Gleichwohl sind ,,orale'' (den Mund betreffende Phase der früh-kindlichen Sexualität) Aspekte in diesem Heißhunger der jungen Erwachsenen nicht zu übersehen. Der Hunger muß ganzheitlich interpretiert werden. Das junge Mädchen ist nach Leib und Seele ,,verschlossen'', sehnt sich nach Öffnung und bedarf einer Lösung.

Wie aus der Traumarbeit Wiesenhütters hervorgeht, stellten sich der lockernden Beratungsarbeit erhebliche Widerstände entgegen, vor allem durch die Überhöhung des Vaters, die der Traumtext übrigens von der Tochter auf die Freundin ,,verschiebt''. Letztendlich aber war es möglich, die Studentin nach einer Phase der Aggressivität wieder kommunikationsfähig zu machen. Dem Seelsorger würde in einem solchen Falle die Aufgabe einer ,,befreienden Seelsorge'' zufallen (s. o. S. 104 ff.). Das junge Mädchen ist auf seine gesetzliche Verkrampfung (,,daß das doch eigentlich nicht geht'') aufmerksam zu machen. Um Christi willen sind wir nicht mehr ,,unter dem Gesetz'' (Gal. 5, 18), sondern ,,zur Freiheit berufen'' (Gal. 5, 13). ,,Alles'', auch der Essens- und Geschlechtstrieb, ,,ist euer, ihr aber seid Christi. Christus aber ist Gottes'' (1. Kor. 3, 22 f.). Väter sind gewiß zu lieben und zu ehren, aber nicht als Halbgötter zu verehren und anzubeten. Natürlich darf das junge Mädchen nicht mit Bibelsprüchen zugedeckt werden. Wir zitieren die entsprechenden Verse nur, um die Korrelationsstellen zu nennen und anzudeuten, wo es in einem seelsorgerlichen Gespräch langgehen könnte. In einem fortgeschrittenen

Stadium mag dann die Stunde schlagen, in der der Seelsorger das Wort Jesu direkt zur Sprache bringt: „Ich bin das Brot des Lebens. Wer zu mir kommt, den wird nicht hungern; und wer an mich glaubt, den wird nimmermehr dürsten" (Joh. 6, 35). Verdrängte Lüste lösen Heißhunger aus und enden im „Alles-Hineinstopfen"; der Glaube dagegen bedarf eigentlich nur eines Bissens Brot vom Tisch des Herrn, um satt zu werden. Ein glaubender Mensch darf sich unbefangen an einem guten Essen freuen, ja er kann sich auch angstfrei nach echter Liebe einschließlich geschlechtlicher Erfüllung sehnen.

— *Die Brücke*

„Ich stehe vor einer abgerissenen Brücke." Dazu notiert der Träumer folgende „Einfälle": „Vor wenigen Tagen war ich auf dem Weg zu meinem Wochenend- und Ferienhaus im Harz. Kurz vor dem Ziel führt die Nebenstraße über das Flüßchen Oker. Die Brücke war schon lange baufällig, diesmal war sie nun abgerissen, und für den Neubau war schon mit halbrundem Wellblech für die spätere Betonkonstruktion der Anfang einer neuen Brücke geschlagen. Lange stand ich sinnend vor dieser unpassierbaren Brücke und überlegte so kurz vor dem Ziel den langen Umweg von mehreren Kilometern, den ich zurückzulegen hatte. Dieses Bild, kein anderes habe ich vergleichbar lange an diesem Tag gesehen, erschien mir genau wie in der Wirklichkeit im Traum." . . . „Als ich mir dann den Traum zu Ende vorstellen wollte, fiel mir ein, daß ich ihn ja selbst noch weitergeträumt hatte: Ich habe nämlich kräftig an dem Brückenbau teilgenommen, vielmehr ich war selbst der Brückenbauer." . . . „Ich hatte noch einen anderen Traum in dieser Nacht: Ich ging zu Hause — wir haben eine große Wohnung mit sieben Zimmern — von einem Zimmer meiner Kinder zum anderen und suchte sie lange — erst waren einige fort. Bei jedem setzte ich mich auf den Bettrand und unterhielt mich mit ihnen. Meiner Ältesten (ich habe vier Kinder, aber die sind zum Teil so modern und gehen ihre eigenen Wege) gab ich einen herzlichen Gutenachtkuß, den sie auch erwiderte."[80]

Als studierter Mediziner und Theologe hat der Psychotherapeut *K. Thomas* ein verständliches Interesse an den Grenzfragen von Therapie und Seelsorge. Aus seiner ärztlichen Beratungspraxis ist die Handreichung über das „Selbst-verstehen" von Träumen erwachsen. Daraus stammt auch der vorstehende Traumtext. Thomas möchte seinen Kollegen helfen, Träume auch ohne eine volle analytische Ausbildung zu verstehen, und darüber hinaus Patienten bzw. Ratsuchenden eine Möglichkeit geben, ihre Träume und die dann nachfolgenden Einfälle sinngemäß und sachgerecht niederzuschreiben. Zwar haben nicht wenige Therapeuten ernstlich vor Selbstanalyse gewarnt, etwa weil sie zu rational und zu wenig entspannt wäre oder weil sie „verhindert, daß das Unbewußte wirklich zugelassen wird" (Dieckmann)[81], wie das im Arzt-Patient-Gespräch möglich sei. Indessen hat Thomas ja keine Ersatzlösung vorschlagen wollen, er hält vielmehr das „heilende Zwiegespräch" nach wie vor für notwendig. Sein „Fragebogen" könnte demnach als eine Art „Erste Hilfe" zum Umgang mit den eigenen Träumen angesehen werden. Sie mag auch dem Fachmann dazu dienen, seine komplizierten Überlegungen überschaubar zu gliedern und verstehbar zu formulieren. Manchen fällt sogar in der Stille des Kämmerleins mehr ein als auf der Couch beim Analytiker. Zumindest hat es einen Sinn, wenn der Ratsuchende schon ein paar Einfälle notiert, ehe er mit einem Seelsorger, der fachlich etwas von Träumen versteht, über den ihn bewegenden Traum spricht. Mittels der ärztlich hervorgerufenen Hypnose oder durch das „autogene Training" (selbsttätige konzentrative Entspannung mit Schwere- und Wärmeübungen nach J. H. Schultz) versucht Thomas auch tagsüber traumähnliche Vorgänge und aussagekräftige Bilder hervorzurufen, um damit das Verständnis der nächtlichen Träume zu ergänzen und zu vertiefen. Er nennt diese Techniken „hypnotische bzw. autogene Imagogik" (Bilderbildung)[82].

Den „Brückentraum" hat ein 52jähriger leitender Angestellter aufgeschrieben. Der ursprüngliche Traumtext ist selten kurz. Er umfaßt praktisch nur eine Zeile, die von einer „abgerissenen" Brücke berichtet, die der Mann im Traum gesehen hat. Mit dem Sätzchen allein wird weder ein Therapeut noch ein Seelsorger viel anfangen können. Hier helfen die „Einfälle" weiter, die der Träumer nach dem Fragebogen-Schema von Thomas aufgezeichnet hat. Mit Recht werden dabei Fragen ausgewählt. In dem Schema werden vielleicht immer noch zuviel Fragen angeboten, was manche nur verwirrt. Weniger wäre möglicherweise auch in diesem Falle mehr. Dafür fügt der Mann einen weiteren Traumabschnitt und einen zweiten in derselben Nacht geträumten Traum bei. An beides hat er sich in der nachträglichen Traummeditation wieder erinnert.

Der im modernen Wirtschaftsleben tätige Angestellte entsinnt sich auf den jüngst unternommenen Wochenendausflug in den Harz. Fast am Ziel angelangt, wird sein Weg auf einer Nebenstraße durch eine abgerissene Brücke blockiert. Der Neubau hat bereits begonnen. Aber weiter kann er nicht. So ist die kritische Frage verständlich, ob sich denn der lange Umweg gelohnt habe. Die Brücke wird zum Symbol, aber auch zu einer existentiellen Frage, die ihn selber „unbedingt angeht". Er macht — so heißt es in dem Fortsetzungstraum — persönlich mit am Brückenbau, ja er wird selber zum „Brückenbauer". Mehrfach berührt ihn im Nachhinein das Phänomen des Abbruchs, des Abreißens: Ursprünglich wollte er einmal Priester („pontifex" ist lat. „Brückenbauer") werden und Theologie studieren. Aber daraus wurde nichts: Abbruch! Erst jetzt nach einer Magenoperation hat er die Beziehung zu Gott wieder aufgenommen. Die Todesnähe läßt ihn darüber grübeln, ob es eine „Brücke" hinüber zum Jenseits gibt. Auch in der Familie sind die Kontakte abgerissen, zu den Kindern, zur Ehefrau, ja auch zu der Freundin, die er peinlicherweise erwähnen muß, weil er gelegentlich doch wieder von ihr träumt. Gleichnishaft für diese Situation des Allein- und Verlassenseins steht der Isolationstraum, den er später noch geträumt hat: Man sieht richtig, wie der kontaktbedürftige Mann allein von Zimmer zu Zimmer wandert, um von seinen Kindern ein kleines Zeichen verstehender Liebe zu erhaschen oder an sie loszuwerden. Der Therapeut hat außerdem die Vermutung, daß eine inzestuöse Wunschbeziehung zu der 17jährigen Tochter vorliegt. In dem ursprünglichen Traum kommen keine Personen vor. Es ist ein menschenleerer Traum. Deutlich spürt der Träumer, daß es so mit ihm nicht mehr weitergehen kann. Wörtlich schreibt er: „Vielleicht habe ich viel zuviel bisher über die zerstörte Brücke gejammert und zu wenig daran gearbeitet, neue zu bauen." Dabei denkt er an eine persönliche Beichte, an ein neues Verhältnis zu seiner Kirche und an die Neuwerdung der kaputtgegangenen Ehe.

Die Seelsorge findet bei diesem Mann einen fruchtbaren Boden vor. Aber so eine Situation kann auch täuschen. Jedenfalls sollte der Seelsorger darauf achten, daß der Mann nicht zum Opfer einer vorübergehenden Gefühlsaufwallung wird und daß er Buße und Glauben nicht mit einer moralischen Runderneuerung verwechselt, die machbar ist. Nach der biblischen Botschaft fängt die Umkehr unten auf den Knien an; sie liegt allein in den souveränen Händen Gottes bzw. Jesu: „Ist jemand in Christus, so ist er eine neue Kreatur" (2. Kor. 5,17). Das ist die Bedingung, aber auch die Verheißung des wirklichen Neuen Seins. Wir sollten deshalb nicht zu ungeschützt von der „heilenden" Funktion des Traumes sprechen. Der Traum selbst ist nicht das Heil, aber er kann in seiner ihm eigenen Sprache, sachlich ausgelegt, seelische Wunden heilen helfen und im Vollzug eines seelsorgerlichen Gesprächs zu dem Inbegriff des Heils, zu dem „Heiland" führen. Dann wird auch jemand in der Lage sein, abgerissene Verbindungen wieder zu knüpfen, weil Gott bereit ist, einen „neuen Bund" zu schließen (Jer. 31, 31). Vielleicht kann er sogar ein „Baustein" werden, den Gott zum Bau geistlicher Häuser und geistlicher Brücken verwenden mag (1. Petr. 2, 5).

— *Der feiste Händler mit dem Hungergesicht*

,,Ein frommer Mann, Mitte 60, der seine Sparsamkeit zur Lebenstugend gemacht hatte, eine hagere, etwas ausgemergelte Gestalt, träumt einige Monate vor seinem Tod von einem feisten, dickwanstigen Händler mit einem ,Hungergesicht', der Goldmünzen frißt, aber nur kleine Kupfermünzen ,unter sich läßt'. — ,Ein widerlicher Kerl', sagt er, als wir über den Traum sprechen —, eigentlich eine arme Kreatur, fügt er hinzu. ,Aber solche Leute gibt's ja.' Er zählt auf, wer ihm dazu einfällt und charakterisiert jeweils dessen Habgier und Knauserigkeit. Plötzlich stockt er mitten in seiner Aufzählung — wendet sich mir zu, schaut mich an und sagt: ,Wissen Sie, was mein Sohn mir vorgeworfen hat? Du bist ein spießiger Egoist, ein armer Reicher! Du erstickst noch einmal an Deiner Sparsamkeit! Ich will nie so werden wie Du!' — Er ist sichtlich betroffen davon, wie diese Charakteristik im Vorwurf seines Sohnes zusammenpaßt mit dem widerlichen Kerl im Traum — und er schüttelt immer wieder den Kopf, als er ,begreift', daß er selbst dieser Händler ist, daß der Traum ihm sein eigenes Bild zeigt, die abgelehnte Seite seiner Selbst, jene Händlernatur, die ihm zutiefst verhaßt ist und die doch seine eigene ist, die groß ist im Nehmen, aber klein im Geben, und die deshalb auch in den persönlichsten menschlichen Beziehungen verarmt. — ,Das darf doch nicht wahr sein!' wiederholt er öfter. Ich schlug ihm vor, er möchte in seiner Phantasie diesen Händler einmal zu sich einladen. Vielleicht könnten sie sich gegenseitig etwas aus ihrem Leben erzählen. Schon bei dem Gedanken, daß er diesen Menschen zu sich einladen könnte, mußte er heftig weinen. Und als er, selbst in der Rolle dieses feisten Händlers, aus seinem Leben erzählte, kam eine erschütternde Biographie zutage — mit Verarmungsängsten nicht nur im finanziellen Bereich."[83]

So erzählt *K. Lückel,* der auf Grund von zum Teil sehr persönlichen Erfahrungen als Gemeinde- und Klinikpfarrer (Bethel) und einer Ausbildung zum Gestaltsoziotherapeuten (F. Perls; H. Petzold: s. o. S. 180 ff.) den Entwurf einer ,,Gestaltseelsorge" vorgelegt hat. Unter Anknüpfung an die Perls-Schule ist diese Art der Seelsorge besonders eng mit einer Traumarbeit verbunden. Die Bedeutung der Träume ist Lückel vornehmlich in seinem pastoralen Dienst an Sterbenden aufgegangen. In der Tat kommt es nicht selten vor, daß der Schwerkranke zu dem ihn besuchenden Seelsorger statt des bekannten Einleitungssatzes ,,Ich habe da ein Problem" sagt: ,,Ich habe da etwas geträumt, was mich beschäftigt." In der Endphase unseres Lebens pflegen sich unsere Lebenskonflikte offenbar noch einmal zu „intensivieren". Das kommt in der Sprache des Unsagbaren, der Traumsprache zum Ausdruck. Lückel unterscheidet sie als Sprache des „wilden Denkens" von der medizinisch-technischen Sprache der „Befunde". Als Anhänger der Gestalttherapie sucht er „diese beiden Sprachen miteinander ins Gespräch zu bringen", und zwar durch „Permeation", d. h. durch wechselseitige Durchdringung.

„Integration" wird in diesem Seelsorgeansatz ganz großgeschrieben. Die Gestalttherapie versteht den Traum als eine „existentielle Botschaft", die es dem Träumer aufgibt, die in einem „Du", einem Gegenüber verkörperten Anteile seines Ich, auch wenn sie noch so „paradox" bzw. ihm widerstrebend wären, in sein Ich, in die eigene Lebenswirklichkeit aufzunehmen. Der Traum erscheint hier als der „königliche Weg zur Integration" (das erinnert an Freud!); er ermutigt, das Vermeiden zu vermeiden und das Ablehnen abzulehnen (das erinnert an Jungs Integrierung des Schattens). Lückel hält es für möglich, daß Gott im erregenden Traumbild (etwa eines „Todesboten") zu mir spricht: „Es geht darum, . . . mir die Botschaft dieser anderen Seite nicht vom Leibe zu halten, sondern sie in mein Leiberleben zu integrieren." Natürlich sind in diesem Zusammenhang auch kritische Fragen zu stellen. Die „Seelsorge der Leiblichkeit", die vor helfendem Körperkontakt (non-verbal) nicht scheut, ist nicht jedermanns Sache. Da gibt es Grenzen. Das sieht Lückel selbst, wenn er auf „Zeichen der Verletzbarkeit" und Distanzbedürfnisse aufmerksam macht. Andere Fragen bleiben noch offen: Das „andere" Leben, das u. U. der Traum erschließt, ist noch nicht ohne weiteres das „ganz andere" Leben, das der Auferstandene vermittelt. Der Imperativ „Sei, was du träumst!" könnte von Gottes Wort her gesehen auch einmal heißen: „Sei nicht, was du träumst!" Die „Lebensrichtung" des Traumes ist keineswegs immer die Glaubensrichtung, die Christus von uns erwartet. Jedenfalls sollten wir wachsam sein, daß sich nicht etwa der Gedanke der Integration, der im Blick auf kritische Selbsterfahrung, Sinngewinnung und Lebensbewältigung durchaus hilfreich sein kann, unter der Hand verselbständigt und zur „Hypostase" hochstilisiert wird, der sich alle anderen christlichen Grundanliegen unterordnen müßten. Auch die integrierteste Integrierung kann nicht die Vergebung der Sünden ersetzen, und Durchdringung ist nicht dasselbe wie Vergebung!

Damit kein unnötiges Mißverständnis entsteht, sei ausdrücklich eine klärende Bemerkung hinzugefügt: „Integrieren" kann heißen, sich des dunklen Traumbildes bewußt werden, es in seiner Realität anerkennen, sich mit ihm identifizieren, im Sinne von: so bin ich wirklich. Dieses Verständnis schließt die Vorgänge wie Beichte, Vergebung und neues Handeln nicht aus, sondern kann sogar in bestimmten Fällen eine vorbereitende Hilfe dazu sein. „Integrieren" kann aber auch bedeuten, die dunkle Traumfigur so in sich aufzunehmen, daß sie in der „ganzen" Persönlichkeit aufgeht, sozusagen durch diese Einfügung entmächtigt wird und von selbst verschwindet, ohne daß dazu noch der Akt einer Vergebung im Namen Jesu erforderlich würde. Die Hauptsache wäre dann, daß bei dieser Therapie ein „ganzer" Mensch herauskommt, ein integriertes Wesen, weil das Ganze immer auch das Gesunde und das Heile ist. Der Akzent läge dann mehr auf dem „Sich selber (mitsamt seinem Schatten) annehmen", weniger oder gar nicht auf dem „Von Gott in Christus Angenommen-werden" (und deshalb den anderen oder sich selber annehmen). Die Verwandtschaft mit dem Schatten-Annahme-Gedanken von C. G. Jung ist unverkennbar. Es wäre interessant, einmal zu untersuchen, wieweit bewußt oder unbewußt der Zürcher Psychologe auf Perls und Petzold Einfluß ausgeübt hat. Wir brauchen nicht ausdrücklich zu betonen, daß wir uns nur mit dem ersten Verständnis von „Integrieren" befreunden können. Im übrigen sei die Bitte ausgesprochen, daß diejenigen Theologen, die mit gestalttherapeutischen Konzepten und Methoden arbeiten wollen, ihre Formulierungen zum Stichwort „Integration" immer wieder einmal überprüfen, ob sie im Horizont des biblisch-reformatorischen Denkens zu verantworten sind, oder ob sie zu verschwommen klingen und zu einem unbiblischen Glauben an eine Heilswirkung von bzw. eine Erlösung durch Integration führen.

K. Lückel selbst versteht seine „Gestaltseelsorge" (nach einer wohl vorläufigen Definition) als „personale Begegnung zwischen Menschen, als ein Miteinander im Namen Gottes". Hier bleibt gewiß noch einiges theologisch zu klären. Erfreulich ist, daß Lückel in einigen Fällen bewußt auch biblische Aspekte in die Beratungsarbeit einbezieht und im übrigen der Person des Seelsorgers einen hohen Stellenwert im Vollzug der Seelsorge beimißt. Wörtlich heißt es bei einer ausführlichen Falldarstellung: „Dabei kann . . . deutlich werden, auf welche Weise für mich ‚Gestalttherapie' und ‚Seelsorge' miteinander verbunden sind und was es heißt, daß nicht so sehr meine Gesprächsmethode als vielmehr meine Person selbst das wichtigste ‚Instrument' meiner Seelsorge ist."[84]

Soviel zur allgemeinen Einführung in die Trauminterpretation der „Gestaltseelsorge". K. Lückel hat eine ganze Reihe von teilweise wirklich bewegenden Traumerfahrungen referiert und interpretiert. Davon kann jeder Gemeindeseelsorger oder Krankenhauspfarrer dankbar lernen, auch von dem Ungewöhnlichen, was da aus der Nacht zutage tritt. Dazu gehört nun auch der oben berichtete Traum jenes „frommen Mannes, der — übrigens Mitte 60 — einige Zeit vor seinem Tode von einem dickwanstigen Händler mit den eingefallenen Wangen träumt und sich mit diesem Traumbild bis in die letzten Tage seines Lebens abquält. Im Anfang hat er, bei dem Ehrbarkeit hoch angeschrieben ist, sich noch sicher gefühlt und dem Pfarrer einige Leute benannt, die zu diesem ekelhaften Typus des gewinnsüchtigen und gleichzeitig geizigen Händlers passen. Beim weiteren Nachdenken fällt ihm plötzlich eine höchst peinliche Bemerkung seines Sohnes ein, er, der Träumer, sei ein „armer Reicher", ein bedauernswerter Kapitalist. An seiner spießbürgerlichen Sparsamkeit werde er noch einmal zugrunde gehen. Das Vertrauen zwischen Sohn und Vater ist dahin. Der emotionale Protestsatz sagt eigentlich alles: „Ich will nie so werden wie Du!" Gewiß wird der Seelsorger etwas von dem abziehen, was man gemeinhin den Generationenkonflikt nennt. Der Satz ist auch eine pädagogische Kriegserklärung. Der tiefere Auslöser aber ist doch wohl das, was die Traumerscheinung sagen will: der Vater predigt Sparsamkeit, straft aber seine moralinsauren Worte Lügen durch das habgierige Verhalten. In dem seelsorgerlichen Dialog braucht der Pfarrer gar nicht viel „nachzuhelfen". Plötzlich entdeckt der todkranke Fromme: „Du bist der Mann!" Er selber ist der widerliche Kerl, „der Goldmünzen frißt, aber nur kleine Kupfermünzen ‚unter sich läßt' ". Die Identifikation mit dem „anderen" ist erfolgt. Die Integration kann beginnen. „Beginnen" müssen wir schon sagen, denn die Widerstände sind groß: „Das darf doch nicht wahr sein", wendet der Mann ein. Der Seelsorger empfiehlt dem Angefochtenen einen gleichsam fiktiven Dialog mit seinem Schatten (dem „alter ego" = mit seinem anderen Ich). Eine zunehmende seelische Entspannung und Lösung tritt ein, so erzählt der Pfarrer, weil der Träumer die „abgelehnte Seite" seiner Persönlichkeit „integriert" habe.

Integrierung kann (siehe oben) in diesem Zusammenhang nur die bußfertige Anerkennung der dunklen Seite im eigenen Wesen sein, noch deutlicher ein Ja zur persönlichen Schuld. Es ist interessant zu erfahren, daß es in den seelsorgerlichen Bemühungen, die sich im Lauf der Zeit ergaben, die „Zöllnergeschichten" eine große Rolle gespielt haben: Jesus setzt sich mit dem „Händler Levi" an denselben Tisch (Mk. 2, 13 - 17), und er scheut sich nicht, in das Haus des „Händlers Zachäus" einzutreten und dessen Gastfreundschaft in

Anspruch zu nehmen (Luk. 19, 1 - 10). Allerdings gilt es wiederum festzuhalten: „Jesus nimmt die Sünder an!" — das ist das Erste und Entscheidende und nicht, daß ich meine dunkle Seite annehme und in mich integriere. Das letztere ist Folge des ersteren. Ich kann mir nicht selbst vergeben. Das macht Jesus, und der macht es gut und gültig[85]. Wir dürfen von den Träumen viel erwarten, z. B. Konfliktverarbeitung, Klärung, Entlastung, Verdeutlichung — aber eben nicht alles. Es ist nur „Ein Gott, der da wirket alles in allen", das ist der Gott in Christus (1. Kor. 12, 6).

— *Die Taufe unter der Wasserleitung*
„Soll in einer Privatwohnung ein Kind taufen. Komme aber nicht zur richtigen Taufhandlung, weil man mich durch unnötige Formeln und entsprechende Gewänder, die ich anziehen soll, daran hindert. Buch und Text fehlen, es fehlen auch andere notwendige Utensilien. Keine Namen werden mir genannt. Es ist auch kein Wasser da. Zudem kommen nun Festgäste zur Taufe, die feiern wollen, sie stehen in dem Hause herum und behindern das Wichtigste. Am Ende ist auch das Kind weggetragen worden. Ich lasse nun alle Formeln und renne hinterher! Ich nehme das Kind und taufe es dann unter der Wasserleitung in der Küche ganz allein."[86]

Die Person des Beraters, Therapeuten oder Seelsorgers tritt zuweilen in den Träumen der Ratsuchenden auf, vor allem, wenn ein Beratungsprozeß bereits begonnen hat. Das kann man z. B. in der Traumsammlung von A. Vetter nachlesen. In dem vorstehenden Traumtext bringt *J. Herzog-Dürck* die Niederschrift eines Mannes von Mitte vierzig, der selber von Beruf Seelsorger ist, ein Pfarrer oder ein Priester. Der Traum kann auch zum Mittel der Seelsorge an Seelsorgern werden. Der Träumer steht sichtlich unter Druck oder „Streß", wie das heute gern genannt wird. Er hat Nöte mit einer der „Grundbedingungen" menschlicher Existenz, nämlich mit der „Zeit". Andere Grundbedingungen sind nach der Personalen Psychotherapie „Geschlecht" und „Schuld". Der Seelsorger träumt von einer Haustaufe, die er halten soll. Dabei stört und hemmt ihn das „Hiesige" (Rilke) in immer neuen Anläufen. So gerät er von einer Schwierigkeit in die andere. Zunächst sind es die rein volkskirchlichen, liturgischen und pastoralen Pannen und Widrigkeiten, die dem Täufer zu schaffen machen: er fühlt sich durch „Formeln" eingeengt. Vermutlich würde er lieber eine „nichtreligiöse" Sprache im Sinne D. Bonhoeffers sprechen. Auch im Talar bzw. Ornat vermag er sich nicht so unbefangen zu bewegen. Er gäbe wohl dem Straßenanzug den Vorzug. Da wäre er den Leuten näher — so meint er. Ob nun der Pfarrer seine Bibel vergessen hat oder ob die Taufeltern dafür nicht gesorgt haben, wissen wir nicht. Jedenfalls stimmt überhaupt nichts. Man hat nicht gesagt, welchen Taufspruch man haben wolle, nicht einmal der Name des Kindes steht fest. Und an das notwendige Taufwasser hat auch niemand gedacht. Man sieht das Bild richtig vor sich: der ganze Rummel mit der Taufgesellschaft ist schon im Gange. Alle stehen unruhig und ungeduldig umher. Man wartet darauf, daß die Sache (d. h. der Taufakt) endlich vorüber ist, damit man wieder einmal so richtig feiern und „auf die Pauke hauen" kann. Zu guter Letzt fehlt sogar noch das Kind selbst. Jemand hat es weggetragen. In diesem Moment kommt es bei dem Träumer zu einer blitzartigen Erkenntnis. Sie ist gewiß mehr als ein bloßes Aha-Erlebnis. Vielleicht darf man sich den Vorgang als eine plötzliche geistliche „Kehre" vorstellen: der Seelsorger läßt nun alles Formale los und „rennt", kriegt das Kind zu fassen, stürzt in die Küche, hält es unter die Wasserleitung und tauft es. Ungeachtet der billigen Atmosphäre, bar aller schönen Form, vollzieht er das Sakrament, und zwar „ganz allein", wie es vielsagend heißt [87].

Die Traumsprache wirkt in diesem Text, wie so oft, etwas verfremdet. Sicher liegt über dem Ganzen so etwas wie Hektik. Die Sätze sind kurz und überstürzen sich fast. Da ist Tempo drauf. Zum Schluß rennt der Träumer. Die Spannung löst sich erst mit dem Aufdrehen des Wasserhahns. So wird die Einordnung des Traums in die „Zeit"-Träume verständlich . J. Herzog-Dürck will damit sagen, Zeit habe es mit dem Vergehen und Sterben und dementsprechend mit Angst und Verzweiflung zu tun. Obwohl der Träumer Theologie studiert hat und sogar kirchlicher Amtsträger ist, wirkt er seltsam „unbehaust" und ziellos. Er hat keinen rechten Boden unter den Füßen, geschweige denn, daß er den Himmel über sich offen sähe. So befindet er sich mitten in einer Amtshandlung und doch auf einer neuen, vielleicht letzten Suche nach Sinn. Die pastorale Geschäftigkeit verbirgt nur mühselig innere Unsicherheit, ja Angst. Wir kennen die näheren Umstände nicht. Aber soviel wird deutlich: Da steckt einer, „einer von uns" sogar, in einer „midlife-crisis". Das ist nicht nur die so oft beschworene, entwicklungsbedingte Identitätskrise à la Erikson, sondern eine sehr spezielle Identitätskrise; sie betrifft die Identität des Pfarrers als Seelsorger! Schließlich geht es um einen Vorgang der sogenannten Kasualseelsorge, um die Amtshandlung der Taufe. J. Herzog-Dürck ist als Therapeutin an diesem Aspekt des Traumtextes weniger interessiert. Sie sieht in dem „Christlichen" nur „das Kleid des inneren Vorgangs"; das „Wesentliche" oder „Wichtigste" (so der Traumtext!) erscheint ihr dies zu sein, daß der Träumer „zum Wesentlichen kommen" und „wesentlich werden" kann. Von ihrer Konzeption der Personalen Psychotherapie her sind solche Überlegungen verständlich. Die Annahme, daß die Hindernisse und Fehlanzeigen, die „andrängenden Festgäste . . . auch er selbst, wie auch das Kind er selbst" seien, hat, so gesehen, etwas für sich. Auch er ist einer von den Ungeduldig-Ziellosen unserer Zeit, auch er ist wie ein verlorenes Kind. Er kann sich mit den Figuren des Traums identifizieren. Sie sind von ihm mitentworfen und mitgeprägt. Die Therapeutin geht noch einen Schritt weiter. In Anlehnung an Paul Tillichs Verständnis der religiösen Erfahrung als etwas, was uns „unbedingt angeht", interpretiert sie das jähe Rennen als einen Durchbruch in die „Namentlichkeit". Er habe jetzt genug von dem Zeitgeist der Trägheit und seiner Flucht in die Nichtigkeit. Der Träumer übernehme jetzt plötzlich „Verantwortung". Sie gestattet ihm, seine Lebensangst zu überwinden: Er hat mit dem Herzen „geantwortet auf das, was not tat".[88]

Der Theologe, dem es von seinem Auftrag her um seelsorgerliche Lebenshilfe geht, in diesem Falle auch um Seelsorge am Seelsorger, wird in dem „Christlichen" dieses Textes noch etwas anderes sehen als „Kleid", Hülle oder Sageform. Es ist sicher mehr als nur eine Nebensache. Immerhin wird die „Taufe" vom Träumer selbst als das „Wichtigste" bezeichnet. Wenn dann die Traumerzählung, nach der Kehre, den Taufakt als deutlichen Schluß- und Höhepunkt herausstellt, dann muß das doch wohl für einen Pfarrer, der von Beruf Seelsorger ist, etwas zu bedeuten haben. Gewiß reibt sich dieser Mann an den angsterregenden Problemen, die ihm die heutige Welt mit ihrem Tempo, ihrer Gleichgültigkeit, ihren Süchten und ihrer Hoffnungslosigkeit auflastet. Gleichwohl spielt da noch eine tiefere Krise mit, nämlich die Suche nach einer geistlichen Linie, nach der Gewißheit einer sinnhaften Sendung von Gott her. Die unterschwelligen Protestgefühle, die der Träumer der verfaßten Kirche und ihren Ordnungen gegenüber in der Traumniederschrift zur Sprache bringt, sind unmißverständlich. Wahrscheinlich stößt er sich an dem Bürokratismus seiner kirchlichen Behörden oder an unglaubwürdigen Verhaltensweisen einzelner Kirchenleute. Es wäre nicht das erste Mal, daß einer Pfarrer geworden ist, ohne je eine volle innere Berufung erlebt zu haben. Es könnte auch sein, daß ein Seelsorger einmal eine „erste Liebe" geistlicher Art gehabt, aber inzwischen an die Routine des pfarramtlichen Alltags wieder verloren hat. In beiden Fällen kann es der unbegreifliche und barmherzige Gott schenken, daß er sich einmal auf außerordentliche Weise bemerkbar macht, und wäre es durch einen Anruf im Traum, wie das im vorliegenden Traumtext geschehen zu sein scheint. Was kann das Kind für seine spießbürgerliche Taufgesellschaft und zweitrangige Formulierungen? Es hat ein Anrecht darauf, von Gott berührt und benetzt und deswegen auch von einem Diener Gottes geliebt zu werden. Dieses Kind darf nicht verloren gehen (Mt. 18, 14). Ob es diese plötzliche Erkenntnis gewesen ist, die den Träumer zu seinem überraschenden Entschluß bestimmt oder wenigstens mitbestimmt hat? So würde das Loslassen noch tiefer verständlich: weg von den Formeln und den Leuten, hin zu dem verlorenen Kind und zu der nächsten Wasserquelle! Das Kind geht vor, das Kind soll leben. In der Tat, das ,,Wasser tut's freilich nicht, sondern das Wort Gottes, so mit und bei dem Wasser ist" (Luther: Kleiner Katechismus IV). Im Ernstfall genügt die kümmerliche Wasserleitung. Irgendwie hat man bei dem letzten Satz des Traumtextes die Empfindung: Der hat jetzt das Wagnis des Glaubens gewagt, ganz allein hat er sich als Zeuge und ohne Zeugen bewiesen. In einer namenlosen Welt und selber noch ein Pastor ohne nennenswerten Kredit hat er den Ruf gehört und beantwortet: ,,Fürchte dich nicht, denn ich habe dich erlöst; ich habe dich bei deinem Namen gerufen; du bist mein" (Jes. 43, 1). In der Taufe geht es darum, daß wir durch sie mit Christus begraben sind in den Tod und daß wir mit ihm in einem neuen Leben wandeln (Röm. 6, 4). Auch der ,,alte" Pastor muß ,,täglich sterben", damit ein ,,neuer" Pastor ,,täglich herauskommen und auferstehen" kann. In diese Richtung könnte ein seelsorgerliches Gespräch im Kontext mit der Traumniederschrift gehen: der Träumer ist von Gott gerufen, zu seiner persönlichen Identität, aber auch und nicht zuletzt zu seiner geistlichen Pastoralität.

VII. Seelsorge an Seelsorgern

Ein Nachwort

Der Person des Seelsorgers ist dieses Buch gewidmet. Es handelt vom Auftrag der Seelsorge und möchte den, der sie übt, zu seinen Möglichkeiten ermutigen, aber auch an seine Grenzen erinnern. Ob das wenigstens ein Stück weit gelungen ist, muß offenbleiben. Sicher gibt es da Unzulänglichkeiten und Mißverständnisse. Seelsorge an Seelsorgern ist ein schönes, aber auch ein schwieriges Geschäft. Man kann sich das an zwei literarischen Äußerungen deutlich machen.

Die eine stammt von einem Schriftsteller, die andere von einem Prediger. Der Nobelpreisträger Elias Canetti erzählt in seiner Lebensgeschichte „Die Fackel im Ohr", wie er in Wien bei dem zeitkritischen Meister des „Wortes", Karl Kraus, das „Hören" gelernt habe, „eine Dimension der Welt . . . vielleicht die bedeutendste, jedenfalls die reichste", weil es in ihr um die Verbindung von Sprache und Menschen gehe: „Diese Art des Hörens war nicht möglich ohne Verzicht auf eigene Regungen." Ein *offenes Ohr* tut not, ist aber selten. Canetti hatte ein „nie zu ersättigendes Interesse an ,jeder' Art von Menschen." Dabei aber macht er eine ihn erregende Erfahrung: „Mich beunruhigte diese Verschiedenartigkeit der Menschen. Sie zappelten auf jede Weise, um sich einander verständlich zu machen. Aber sie verstanden einander nicht." Das offene Ohr, von dem hier die Rede ist, bildet auch ein Grunderfordernis der Seelsorge, insbesondere der an Seelsorgern. Sonst kann kein Bruder den Bruder und kein Kollege den Kollegen verstehen.

Die andere Äußerung verdanken wir dem großen Erweckungsprediger C. H. Spurgeon, der ein Original der Seelsorge an Seelsorgern ist und bleibt. Er empfiehlt dem Seelsorger wiederum ein *taubes Ohr*, und zwar im Sinne von Prediger 7, 22: „Achte auch nicht auf alles, was geredet wird, damit du nicht hörst, wie dein Knecht dir flucht." Daraus folgert er für den seelsorgerlichen Dienst am Mitbruder: „Meine Brüder, das blinde Auge und das taube Ohr kommt euch auch zustatten im Verkehr mit anderen Gemeinden und Geistlichen . . . Das Sprichwort sagt: Es soll jeder seine schmutzige Wäsche selbst waschen, und ich füge noch den weiteren Rat hinzu: Besuche deinen Nachbarn nicht, wenn er gerade Wäsche hat. Das ist eine freundschaftliche Rücksicht, die den Frieden fördert. Manch kleiner Zwist

ist durch Einmischen von außen zu heller Flamme angefacht worden. Vor allem dürfen wir nie ein Urteil abgeben, ehe wir beide Teile gehört haben, aber wenn uns die Sache nichts angeht, so ist's am besten, wir hören keinen von beiden."[1]

Einmal also ein offenes Ohr, dann wieder ein taubes Ohr! Das muß kein Widerspruch sein. Die Liebe Christi macht nicht nur erfinderisch, sondern auch hellhörig; sie schafft eine seelsorgerliche Sensibilität dafür, wann Hinhören und wann Weghören geboten ist. Auf der anderen Seite aber zeigen diese beiden Beispiele, wie feinmaschig und verantwortungsvoll Seelsorge an Seelsorgern sein kann. Wir möchten deshalb in dem abschließenden Kapitel eine „praktische Hilfe" geistlicher Art geben bzw. noch einmal den inneren Akzent des Buches herausstellen und das Ganze damit soweit wie möglich abrunden.

Das *Thema* „Seelsorge an Seelsorgern" wird immer dann akut, wenn die Kirche Grenzsituationen zu bestehen hat und die Pfarrerschaft besonderen Belastungsproben ausgesetzt wird. Es genügt, ein paar Beispiele anzuführen. Der durch den Kirchenkampf im Dritten Reich geprägte *J. Schniewind* kannte nicht nur die seelsorgerliche Dimension der Theologie, sondern blieb bis zum Ende seines Lebens ein unermüdlicher Rufer zu einer „geistlichen Erneuerung des Pfarrerstandes" von den „Charismen" her. Denen, die zur Führung des geistlichen Amtes berufen sind, legt *A. Köberle* die innere Einheit von Amt und Person ans Herz: „Darum dürfen wir auf keinen Fall nur ‚Brot verkaufen'. Wir müssen selbst von dem Brot essen und leben, das wir anderen anbieten." In seinem Beitrag zur Theologie des Pfarrerberufs warnt *R. Leuenberger* vor einer falschen Idealisierung der Pfarrerehe und macht Mut, in ihr „aus der Vergebung zu leben". In der Prediger-Studie von *E. Lange* wird mit Recht auf die Schwierigkeit, Pfarrer zu sein, aufmerksam gemacht. Sie besteht nach Lange darin, „als Bürge für morgen an die Tür zu klopfen und als Bürge für gestern eingelassen zu werden." *M. Seitz* wiederum setzt sich für den „kommunitären" Gedanken unter den Pfarrern ein: „Fünf Pfarrer, die sich zusammenschließen und dies oder jenes tun, werden nicht ohne Segen und Erfahrung bleiben oder — wie man heute sagt — ihre pastorale Identität wiederfinden."

Mit den hier sich bildenden Konfliktzonen hat sich die „zeitgenössische" Pastoraltheologie von *M. Josuttis* befaßt. Diese Zonen lassen sich an den Schnittpunkten der beruflichen, religiösen und personalen Existenz des Pfarrers wahrnehmen. So betrachtet ist „der Pfarrer, der anders ist, anders sein will, anders sein soll und nicht anders sein darf", interessant. Die Frage bricht auf, ob und wieweit dieser Pfarrer angesichts des „ganz anderen" Gottes nun auch seinerseits Gemeinde und Welt „verändern" soll. Unwillkürlich gerät er so in den Spannungszustand zwischen Erwartungshorizont und Auftrag. Gerade im Bereich von Macht (Autorität des Helfers) und Zeit (Streß und Leistungsdruck) ist der Pfarrer als Seelsorger Versuchungen ausgeliefert. Josuttis nimmt diese Krisenherde des zeitgenössischen Pfarrers vorbildlich ernst (das Ausnahmebeispiel mit dem homosexuellen Gemeindepfarrer ist allerdings unglücklich gewählt und außerdem theologisch problematisch). In Sachen „Frömmigkeit" erinnert er bewußt etwas „konservativ" an Bibel, Gebet und Gottesdienst. Ja, er kann sogar einmal sagen, daß es in unserer Zeit der Säkularisierung „in der Theologie, die sich progressiv definiert, eine Unfähigkeit zu trauern" gibt. Auch wenn bei Josuttis die theologische Kritik im Vordergrund steht, hat er doch ein Gespür für die seelsorgerliche Verantwortung seiner Analyse. In diesem Sinne klingt sein Buch aus mit einem Appell an die Theologen, sich als selber Beschädigte der beschädigten Menschen in unserer Gesellschaft anzunehmen, und zwar unter dem Evangelium: „Es geht um die Heilung des beschädigten Lebens"[2]. Soweit der Stand des gegenwärtigen Gesprächs. Es kreist im wesentlichen um den Gemeindepfarrer im allgemeinen. Die besondere geistliche Frage nach der Person des Seelsorgers als solchen bedarf noch weiterer Klärung. Ihr wollen wir uns jetzt unter dem Thema „Seelsorge an Seelsorgern" im engeren Verständnis zuwenden.

Wenn man sich fragt, was es eigentlich *notwendig* macht, Seelsorge an Seelsorgern zu üben, so läßt sich darauf natürlich keine allgemein gültige und abstrakte Antwort geben. Die Auslöser solchen Dienstes liegen von Fall zu Fall verschieden, und es mögen auch von Zeit zu Zeit verschiedene Nöte sein, die die Seelsorger einer bestimmten Generation oder einer umgrenzten Periode der Kirchengeschichte bewegen. Heute stehen jedenfalls die Probleme im Vordergrund, die wir unter dem Titel der Mangelerscheinungen zusammenfassen können. Es ist so, als ob den christlichen Zeitgenossen, die sich von Amts wegen oder als freie Mitarbeiter um den einzelnen bemühen, manchmal die geistlichen „Vitamine" ausgegangen wären. Da begegnen in Theorie und Praxis öfters, als es der Kirche Christi lieb sein kann, Erscheinungen wie den hilflosen Helfer und den ratlosen Berater, aber auch den trostlosen Tröster und den sorglosen Seelsorger. Sie sind entweder alle in der Person manches heutigen Seelsorgers verkörpert, oder, wenn sie verschiedene Personen darstellen, dann sitzen sie mindestens in einem Boot.

Fragen wir nun nach dem, was heute Seelsorge an Seelsorgern dann noch *möglich* macht, so scheint uns diese Frage fürs erste in Verlegenheit zu bringen. Nehmen wir aber die Orientierung einer christlichen Seelsorge am biblischen Wort und am kirchlichen Bekenntnis grundsätzlich und praktisch ernst, dann bleibt der Bereich der pastoralen Mangelerscheinungen nicht bar aller Verheißungen und Hoffnungen. Im Gegenteil, da gibt es feste Zusagen. Sie lassen sich aus den Hirtenworten und den Jüngerreden der Bibel erschließen und an Hand des trinitarischen Glaubensbekenntnisses zusammenfassend aufweisen. Auch und gerade der einsame, gescheiterte und überforderte Seelsorger darf auf ein Evangelium bauen, das ganz besonders ihm gilt.

1. Mangelerscheinungen

Wie schon angedeutet, lassen sich die Bezeichnungen ,,Helfer, Berater, Tröster, Seelsorger'' auf einzelne Berufsgruppen verteilen; so könnten die Helfer den Ärzten und Sozialarbeitern, die Berater den Psychotherapeuten und Lebensberatern, die Tröster und Seelsorger den Pfarrern, Predigern, Diakonen, Jugendleitern und sonstigen kirchlichen Mitarbeitern zugeordnet werden. Andererseits aber haben Seelsorger gleichzeitig auch Funktionen als Helfer und Berater (siehe oben Kap. IV und V). Gerade in diesen Funktionen benötigen die Seelsorger heute oft selber ein Stück Seelsorge. Insofern dürfen und sollen die folgenden Gedanken auf beide bezogen werden, auf die sogenannten ,,Generalisten'' (Geistliche) und die ,,Spezialisten'' (,,weltliche Fachleute'').

a) Hilflose Helfer und ratlose Berater

— *Hilflose Helfer*
In einem gewissen Sinne gehört der Seelsorger, wenn er hauptamtlich tätig ist, zu den *,,helfenden Berufen''*. Er sucht dann von seinem geistlichen Auftrag her einen hilfsbedürftigen Ratsuchenden zu unterstützen und ihm beizustehen. Mit den Möglichkeiten und Grenzen dieser helfenden Berufe hat sich ein Team von amerikanischen Wahrnehmungspsychologen befaßt. *Arthur W. Combs*/Donald L. Avila/William W. Purkey sind der Überzeugung, daß diese ,,humanistische'' Psychologie für das auf den ,,Menschen'' bezogene Helfen ,,maßgeschneidert'' sei. Sie gehen von der Erkenntnis aus, daß soziales Helfen nicht nur der Rehabilitation von Kranken und Entmutigten diene, also bloß bei den ,,Schadensfällen'' des Systems grei-

fe, sondern daß Wesentliches auf die „Vorbeugung" ankomme: „Zu den potentiell Kranken gehören wir alle", d. h. auch die Seelsorger! Helfen ist mehr als Flickarbeit. Großen Wert legen Combs u. a. auf die Entdeckung und den Einsatz des eigenen „Selbst". Nur so könne der Helfer mit seiner Hilfe „unverzüglich" — d. h. nicht allein mechanisch! — reagieren. In einem gewissen Sinne hat der Helfer eine Art Schlüsselrolle beim Helfen. Es ist dessen eigentliches „Instrument" bzw. Werkzeug. Er kann es sich nicht leisten, ein „Garniemand" zu sein: „Tüchtige Helfer müssen jemand sein." Besonders hilfreiche Eigenschaften eines Helfers sind nach diesem Verständnis: „helfend" — nicht behindernd, „idendifiziert" — nicht distanziert und „befreiend" — nicht beherrschend. So wird das Gewinnen eines „Selbst-Bildes" (nicht zu verwechseln mit „Selbstdarstellung!") zu einer unerläßlichen Bedingung für den Vollzug des Helfens. Dabei muß sich der Helfer der Tatsache bewußt sein, daß dieses Selbst-Bild erst in der Interaktion, im Wechselspiel mit anderen Menschen erlangt wird, daß es also einen Bezug haben muß. Der Satz von Combs u. a. gilt nicht zuletzt der Person des Seelsorgers: „Leuten, die keine besondere Botschaft haben, hört man nicht lange zu. Helfer werden nach diesen Maßstäben beurteilt." Aber nun erschöpft sich ja das Helfer-Sein nicht einfach darin, daß der Helfer ein eigenes Selbst-Bild errungen hat, das Ziel des Helfens besteht vielmehr in dem Versuch, ein solches Selbst-Bild auch bei dem Hilfebedürftigen, Ratsuchenden, Schüler, Kranken usw. zu entwickeln. Die „Aktien" scheinen hier ganz günstig zu stehen: „Da das Selbst-Bild erlernt wird, kann es auch gelehrt werden." Zwar lassen sich Veränderungen im Selbst nur langsam bewerkstelligen, aber im Grunde genommen ist das Ziel des Helfens, nämlich die „Selbstverwirklichung" des Nothabenden und Ratsuchenden, durchaus erreichbar. Man muß nur Geduld haben und das, was man an eigenem Selbst hat, auch wirklich einsetzen („verkaufen" heißt es einmal)[3].

Das alles hört sich gut an, aber ist es auch immer wahr und immer möglich? Zwar kennen Combs u. a. auch die „Grenzen" (Mißerfolge, Versagen) des Helfers und die des Klienten, aber im Grunde genommen ist der Tenor ihres Buches recht optimistisch. Gerade was die „Hindernisse" im Innern (die ausschlaggebend sein sollen) der Klienten anbetrifft, so läßt sich die Befreiung von solchen Barrieren nicht so leicht zustande bringen. Die Hartnäckigkeit des Ichhaft-Bösen dürfen wir nicht unterschätzen. Umgekehrt kann man auch nicht unter allen Umständen behaupten, die „gesteigerte Erfüllung" des Selbst sei als „Triebkraft der Person inhärent" (innewohnend), sie brauche bloß „freigesetzt" zu werden. Ähnliche Bedenken erheben sich bei den zuweilen etwas euphorisch tönenden Erwartungen, die an die Selbsterfahrung und Selbstverwirklichung der Helfer gestellt werden. Der Appell „Hilfe zur Selbsthilfe" kann gegebenenfalls beide überfordern, den Helfer, der zu viel von dem anderen will, und den Hilfesuchenden, der sich, ohne es zu wissen, einfach übernimmt. Seelsorgerliche Helfer, die nur an Selbsterfüllung denken und dabei die von Jesus geforderte Selbstverleugnung vergessen würden, brauchten sich jedenfalls nicht zu wundern, wenn sie sich eines Tages statt als erfolgreiche, nun als hilflose entdecken müßten. Combs u. a. deuten auf eine richtige Perspektive hin, die hier einen Schritt weiterführen könnte. Sie sprechen nämlich davon, daß die Helfer, so wie Wissenschaftler von Zeit zu Zeit ihre Apparate überprüfen lassen, auch ihrerseits „das Instrument ,Mensch' eichen" sollten[4]. Es fragt sich nur, welche (anthropologischen) Maßstäbe sie dann anlegen. Der Seelsorger jedenfalls darf in diesem Prüfungsprozeß nicht zu kurz greifen. Er wird sich vielmehr dem radikalsten Kriterium stellen, dem Willen und Urteil seines Herrn. Im übrigen bedarf die heute mancherorts in der Theologie immer beliebter werdende Kategorie des „Selbst" weiteren kritischen Nachdenkens. Am ehesten ließe sich hier noch etwas mit dem amerikanischen Seelsorgetheoretiker S. Hiltner anfangen. Auch er hat als Ziel der Seelsorge Selbstfindung, Selbstverwirklichung und Selbsterfüllung bestimmt (ähnlich wie das Ziel des Helfens bei Combs u. a.), spricht aber dabei (im Anschluß an P. Tillichs Konzeption des „Neuen Seins") von einem *„Neuen Selbst* in Jesus Christus". Freilich darf man dann nicht dem verführerischen Gedanken erliegen, das Gewissen durch das Selbst ersetzen zu wollen[5].

Seiner Untersuchung über die seelische Problematik der helfenden Berufe hat der Psychoanalytiker *W. Schmidbauer* provozierend den Titel *„Die hilflosen Helfer"* gegeben. Er bezieht auch ausdrücklich die „Seelsorger" ein. Den Kernpunkt der Studie, die unter Ärzten wie unter Pfarrern umstritten ist, bildet das sogenannte *Helfer-Syndrom*. „Syndrom" ist medizinisch gesehen „eine in typischer Kombination auftretende Verbindung einzelner Merkmale, die einen krankhaften Prozeß bestimmen". Das „Helfer-Syndrom" speziell bedeutet dann eine „Verbindung charakteristischer Merkmale, durch die soziale Hilfe (d. h. auch seelsorgerliche Hilfe, d. Vf.) auf Kosten der eigenen Entwicklung zu einer starren Lebensform gemacht wird". Solchen Helfern schwebt das Idealbild eines optimalen Sozialhelfers oder eines perfekten Seelsorgers vor Augen, das es im Grunde genommen gar nicht geben kann. Sie überfordern sich selbst und werden dadurch seelisch krank. Dahinter stehen Erscheinungen wie das Über-Ich bei Freud oder das „Eltern-Ich" bei Berne. Wir alle kennen solche Typen, den sich im Gemeindebetrieb verzehrenden Pfarrer, der nie Pause machen kann, die christliche Sozialarbeiterin, die vor lauter Hingabe an den Dienst ein geradezu asketisches Gesicht bekommen hat und die sich eben deswegen nie ein kleines Vergnügen zu leisten wagt, oder den christlich engagierten Super-Jugendleiter, der von früh bis abends in seiner Gruppe aufgeht, so daß er Schule, Studium oder Beruf vernachlässigt. Der geheime Leitspruch — Schmidbauer spricht von „Fassade" — lautet hier: „Ich brauche nichts, ich gebe."

Die „hilflosen Helfer" wagen keine Wünsche auszusprechen, obwohl sie insgeheim welche haben, recht massive sogar zuweilen, und sie haben eine seltsame Unfähigkeit, gelegentlich eine fast trotzige Aversion, Hilfe von anderen zu akzeptieren, wiewohl sie deren bedürften, vielleicht sich sogar im stillen danach sehnen. Schmidbauer ist den psychogenen Bedingungen dieses Helfertypus nachgegangen und hat dabei narzißtische (in sich selbst verliebte) Züge aus der frühen Kindheit festgestellt, nicht zuletzt das verhaltene, aber doch vorhandene Bedürfnis nach Anerkennung. In der Tat begegnet auch bei den Seelsorgern, die es besonders gut machen wollen, die überstürzte Frage „Was war zu wenig, was habe ich übersehen?", statt ruhig einmal zu dem oder jenem Punkt seines seelsorgerlichen Vorgehens festzustellen: „Das habe ich gut gemacht." Man wird dem Analytiker zugestehen müssen, daß er das Phänomen der von dem Helfer-Syndrom Betroffenen nach inneranalytischen Gesichtspunkten betrachtet. Schmidbauer wählt deren fünf: (1) die Erfahrung, ein direkt oder indirekt „abgelehntes" Kind zu sein, (2) die Über-Identifizierung mit dem elterlichen Über-Ich, die eine Antwort auf die Ablehnung darstellt, (3) die bemerkenswerte Verliebtheit in sich selbst, die unersättlich werden kann, die sich aber der Helfer nach außen nicht merken läßt, (4) die Vermeidung von privaten Beziehungen zu Menschen, die nicht der Hilfe bedürfen, und (5) die Äußerung von indirekten Aggressionen gegen andere, weil der Helfer zwar wütend ist, aber seine Gefühle nicht frei ausdrücken kann[6].

Wir können im vorliegenden Zusammenhang nicht auf alle Einzelbeobachtungen Schmidbauers eingehen. Gewiß ist der Hinweis darauf, daß hilflose Helfer oft Mühe mit ihrem Ehrgeiz haben, weil er bei Mißerfolg leicht in Resignation umschlägt, auch für den Seelsorger relevant, der nach Seelen jagt wie ein Indianer, der den Erfolg nach Skalpen zählt. Sicher hat auch die Herausstellung der „Helfer-Kollusion" (uneingestandenes und voreinander vertuschtes Zusammenspiel von Partnern) dem Träger eines geistlichen Amtes etwas zu sagen. Man denke nur an den für diese Kollusion charakteristischen Satz: ,,Ich muß dich stützen, weil du so schwach bist — ich muß schwach bleiben, weil du mich dauernd stützt.'' Aber entscheidender sind Schmidbauers Ausführungen zu der *Zielsetzung* seiner Therapie in Sachen Helfer-Syndrom im allgemeinen und seine Einstellung zum christlichen Helfer-Motiv im besonderen. So stellt er die Frage, ob das Syndrom die Leistungsfähigkeit des Helfers immer einschränke, ob nicht ein Quentchen von diesem Syndrom für die altruistische ,,Sorge für andere'' geradezu notwendig sei. Die Antwort ist verblüffend, aber auch enthüllend: ,,Der HS(Helfer-Syndrom)-Helfer wird dort nützliche und sinnvolle Arbeit leisten, wo er sein Helfer-Syndrom in den Dienst seines Ichs stellen und sich von ihm distanzieren kann.'' Von hier aus entwickelt er an Hand seiner fünf Punkte ein ganzes therapeutisches Programm. Zwar möchte er das Helfen nicht ,,madig machen''. Vielmehr geht es ihm darum, daß die Helfer scharf unterscheiden lernen zwischen ,,Helfen als Abwehr'' und ,,Helfen als ich-gesteuerte Aktivität''. Aber natürlich zielt er auf die letztere: ,,Aus Über-Ich soll Ich werden!''[7]

Im Unterschied zu dem ,,Selbst'' bei Combs u. a. und doch letzten Endes mit ihm verwandt ist es hier das Freudsche ,,Ich'', um das sich alles dreht. Wenn diese Ich-Bestimmung dazu dienen soll, einem ich-schwachen, gehemmten und verklemmten Helfer Mut zu machen, daß er zu seinem gottgewollten Selbstsein, zu der schöpfungsgemäßen Personalität und Identität kommt, dann werden wir dafür von christlicher Warte aus Verständnis haben, ja solche therapeutischen Bemühungen unter bestimmten Voraussetzungen sogar begrüßen und fördern. Etwas anderes ist es aber, wenn aus diesem therapeutischen Ansatz eine ganze *Ideologie* wird. Dann ist Einspruch anzumelden. Nicht alle ,,hilflosen Helfer'' leiden an einem Helfer-Syndrom. Viele haben ein ganz aufrichtiges Motiv, nämlich die im Glauben an Jesus den Gekreuzigten erfahrene Liebe, die dazu befähigt, für den anderen ohne Eigennutz Sorge zu tragen. Aber für diese innere Begründung hat Schmidbauer entweder wenig oder gar kein Verständnis. Wenn das das ,,soziale Symbolsystem'' genannte ,,Christentum'' erwähnt wird, geschieht es meist mit einem negativen, abwertenden, verdächtigenden Akzent: die Lehre von der Erbsünde habe ein ,,dauerndes Schuldgefühl'' entwickelt, das sich natürlich bei christlichen Helfern schlecht auszahle. Daß es sich bei diesem überlieferten Begriff nicht um ein biologisches Dogma, sondern um ein mit zeitbedingten Formeln ausgesagtes Zeugnis von der ,,Personsünde'' (Luther) des Menschen handelt, hat sich offenbar noch nicht überall herumgesprochen. Weiter bemüht der Analytiker den Vater-Sohn-Konflikt im Freudschen Verständnis, um den Schuldcharakter der Schuld, den es auch beim Helfen gibt, zu desavouieren. Auch die Nächstenliebe bleibt so nicht verschont: sie werde bei den hilflosen Helfern „auf dem Weg über den Selbsthaß erreicht." „Selbstlosigkeit" und „Aufopferung" seien zwar immer noch Werte einer „christlich orientierten Ethik", aber das „wie dich selbst" hinter „liebe deinen Nächsten" werde „oft nicht deutlich genug gehört".

Warum nur das „oft"?! Anscheinend hat Schmidbauer mit seiner These, Kinder würden darauf dressiert, „ihre spontanen narzißtischen Bedürfnisse zu verleugnen", immer oder überwiegend nur die verzerrten Aspekte der „Selbstverleugnung" im Blick. Er hat recht, wenn er gegen die frommen Zwänge bzw. den christlichen Pharisäismus kämpft, den es leider tatsächlich gibt. Aber seiner Untersuchung fehlt die positive Würdigung der evangeliumsorientierten Aspekte des Helfens. Trotz der notwendigen Ideologiekritik, die Schmidbauer an manchen Fehlformen der Seelsorge übt und die wir selbstkritisch annehmen müssen, steht er in Gefahr, an manchen Punkten die Kritik der Ideologiekritik zu vergessen und damit dann ein „terrible simplificateur" (schrecklicher Vereinfacher) zu werden[8].

Betrachten wir das Problem der hilflosen Helfer im Lichte des *biblischen* Wortes, dann fällt auf, daß dort die Kategorie der Hilfe letzten Endes von Gott her begriffen wird: So bekennt der Prophet Jeremia, daß Israel „keine andere Hilfe" habe „als an Jahwe" (3, 24). Besonders die Psalmen machen die Hilfe Gottes gern zum Gegenstand des Betens (3, 9; 51, 14). Besonders eindrücklich sind hier die schönen Verse 121, 1 f.: „Ich hebe meine Augen auf zu den Bergen. Woher kommt mir Hilfe? Meine Hilfe kommt vom Herrn, der Himmel und Erde gemacht hat." Immer wieder wird im Alten Testament der „helfende Gott" gepriesen: „Wir haben einen Gott, der da hilft" (Ps. 68, 21). Sein „Arm" ist wirklich „nicht zu kurz, daß er nicht helfen könnte" (Jes. 59, 1). Hinter den hebräischen Worten, die in den deutschen Bibelübersetzungen mit „Hilfe, helfen" wiedergegeben werden, stehen die Momente des Heils, der Rettung und des Zu-Hilfe-Kommens. Kein Wunder, daß sie gerade im Neuen Testament gern zur Verdeutlichung des Evangeliums wiederkehren, nunmehr auch mit griechischen Sprachklängen vermischt. Jesus selbst gilt als der Inbegriff des Helfers bzw. Heilands (Lk. 2, 10 f.; Phil. 3, 20. — Vgl. den Messiasgedanken in Sach. 9, 9). Er hilft den Seinen (= er rettet sie; Mt. 8, 25), und „Gott, unser Heiland", will, daß allen Menschen geholfen (im Sinne von Retten) werde (1. Tim. 2, 4).

Gelegentlich gebraucht das urchristliche Schrifttum die anschauliche Wortgruppe „boetheo, boetheia" = auf den Hilferuf laufen (theo), Bedrängten zu Hilfe eilen, z. B. angesichts des Hilferufs aus Europa, auf den der Missionar Paulus reagiert (Apg. 16, 9). „Helfen" in diesem Sinne wird fast so etwas wie ein „seelsorgerlicher" Begriff (terminus technicus). Jedenfalls bittet der Vater des epileptischen Jungen: „Hilf meinem Unglauben!" (Mk. 9, 24), und im Hebräerbrief heißt es, daß der selber Versuchungen bestanden habende Jesus „denen helfen kann, die versucht werden" (2, 18). Kurz, dieser Jesus ist der Sinngeber christlichen Helfens, und er ist die richtige Adresse für die hilflosen Helfer im Bereich der Seelsorge.

— Ratlose Berater

Mußten wir uns bei den Mangelerscheinungen heutigen „Helfens" länger aufhalten, weil dieses Problem im Kreis der Seelsorger bisher nur ansatzweise diskutiert worden ist, so können wir uns bei der Frage nach den *ratlosen Beratern* verhältnismäßig kurz fassen. Einmal ist diese Thematik schon im grundsätzlichen Teil ausführlicher angeklungen (s. o. S. 68 ff.), und dann hat der Rat der EKD nach Vorarbeiten eines Ausschusses zum erstenmal, wenn auch zunächst nur vorläufig, eine klärende Position bezogen. Gleichwohl bleibt festzustellen: die Erscheinung der ratlosen Berater gibt es, und sie macht Beratern wie Ratsuchenden als offenes Problem zu schaffen, mancherorts mehr denn je.

Die Ratlosigkeit beginnt eigentlich schon mit der *Begriffsverwirrung,* die im Lauf der Zeit eingetreten ist. Ursprünglich gehörten Seelsorge und Beratung zusammen. Luther oder Blumhardt waren eben beides, seelsorgerliche Berater und beratende Seelsorger. Eine richtige „Konkurrenz" für das Pfarramt gab es nicht. Nach dem Aufbruch der Humanwissenschaften wanderte die Beratung teilweise aus der Seelsorge aus und verselbständigte sich zu einem besonderen Berufsbild. Wieder später, nach der „anthropologischen Wende" in der Theologie, zog die Seelsorge erneut das Beraten an sich, ja manche Seelsorger gingen in dem neuen Beratungsgeschäft so auf, daß Beratung zum Ersatz für Seelsorge zu werden drohte. Dadurch ergibt sich die immer noch nicht voll ausdiskutierte und endgültig abgeklärte Frage, ob nun die Prinzipien und Methoden der „psychologischen Beratung" auch unverändert für die „seelsorgerliche Beratung" gelten oder ob das Beraten im Vollzug der Seelsorge differenzierter zu verstehen und zu betätigen ist.

So wird das Problem der Ratlosigkeit in einer bisher nicht gekannten Dringlichkeit akut: Dürfen Seelsorger raten oder nicht? Nach den Grundsätzen der klassischen Beratungstheorie (Rogers u. a.) darf der Berater keine Ratschläge erteilen. Direkte Anweisungen sind tabu. Wollte also ein Seelsorger, der sich als „beratender" Seelsorger versteht, raten, dann wäre das gewissermaßen ein Kunstfehler, um im Jargon der Ärzte zu sprechen. Der Berater im strengen Sinne des Wortes ist mehr ein Helfer (manchmal sogar nur ein „Techniker") zur selbständigen Meinungsbildung des Ratsuchenden. Noch schlimmer erscheint den Vertretern des Beratungskonzepts ein „direkter Angriff auf das Selbstverständnis des Klienten". Das wäre ja so etwas wie die „pastorale" Ausnützung einer vorübergehenden, möglicherweise nur stimmungsbedingten Notlage des Ratsuchenden. Damit verbietet sich im Grunde genommen ein missionarisches Zeugnis, dessen eine biblisch-reformatorisch verstandene Seelsorge doch nicht zu ent-„raten" vermag!

R. Preul, der sich sonst mit Recht um eine theologische Zuordnung von Seelsorge und „Lebenssituation" bemüht, hat diesen Gesichtspunkt so formuliert: „Er (nämlich der Seelsorger) wird zunächst nicht von Gott reden, sondern erst dann, wenn sich zeigen sollte, daß die Bezugnahme auf religiöse Symbole zur rationalen Situationsbewältigung selber gehört, wenn also Gotteserkenntnis als ein sinnvoller Schritt im Prozeß vernünftiger Krisenbewältigung vollziehbar wird." Mit anderen Worten: nur ja keinen unmittelbaren Rat, geschweige denn einen detaillierten Ratschlag! Gewiß kann der christliche Seelsorger Ziele, wie sie von der Beratungstheorie eingebracht und von vielen Theologen (auch von Preul) vertreten werden, z. B. Fähigkeit zu kritischem Denken, selbständiger Gebrauch von Vernunft (Rationalität), Ich-Stärke und Selbstverwirklichung, auch seinerseits bejahen, wenn ihm ein allzu naiver, denkfauler, ich-schwacher und unselbständiger Ratsuchender begegnet[9].

Nur wird er nicht in jedem Falle, gleichsam aus Prinzip, so lange — vielleicht sogar noch künstlich herausgezögert — warten, bis der Fragende im Prozeß seiner Suche nach vernünftiger Bewältigung seiner Situation von sich aus soweit ist, auf eine letzte Sinnfindung zuzugehen. Wer sagt, wann jemand soweit ist? Zuweilen mag ein solches Zuwarten tatsächlich die beste Seelsorge im Namen Jesu sein. Als Boten des Evangeliums wollen wir ja nicht einfach mit der Tür ins Haus fallen. Andererseits könnte man so die Stunde des Zeugnisses in der beratenden Seelsorge verpassen. Hier bedarf es auch und gerade in dieser rationalen Welt der *Denkanstöße* und der Mitteilung persönlicher Glaubensüberzeugungen. Von nichts kommt nichts. Wenn die „Frage nach Gott" oder die religiöse „Deutung" nur ein „Schritt" ist in dem Prozeß der rationalen Situationsbewältigung, dann besteht zumindest die Gefahr einer Instrumentalisierung der christlichen Seelsorge. Sie wäre dann nicht mehr das Umgreifende, sondern nur noch ein Teil, ein Abschnitt, eine Phase in dem Beratungsvorgang, den eigentlich jeder, er sei nun Christ oder Nichtchrist, ausüben kann. Umgekehrt muß ein Seelsorger, der den Mut hat, sich in der Beratung etwas „direkter" zu engagieren, der sich die Freiheit nimmt, auch einmal seine eigene christliche Meinung zu dem anstehenden Problem zu sagen und nicht immer nur dem Ratsuchenden diese Freiheit einräumt, nicht ein Manipulierer oder Dirigist sein. Er kann das ja auch sachlich, liebevoll und behutsam tun, ohne dem Fragesteller den Spielraum der Freiheit zum Bilden einer eigenen Meinung bzw. zum Fällen einer selbständigen Entscheidung einzuengen. Wie weit er dann gehen soll, ob es nur eine angedeutete Richtung (Perspektive) oder ein ganz konkreter Hinweis sein mag, hängt ganz vom Einzelfall ab.

Ratlose Berater kann es im doppelten Sinne des Wortes geben. Entweder ist ein seelsorgerlicher Berater *nicht willig* zu beraten, getreu dem Prinzip der Beratungstheorie, oder er ist *nicht fähig,* einen Rat zu geben, weil er geistlich am Ende ist und nichts mehr zu sagen hat. Was die *Ratablehnung* anbetrifft, so ist dem oben Gesagten nichts mehr hinzuzufügen, mit einer Ausnahme, nämlich dem Hinweis auf die *„EKD-Leitlinien* für die psychologische Beratung" [10]. Hier werden die psychologischen *Beratungsdienste* auf ihre Zuordnung zum seelsorgerlich-diakonischen *Auftrag der Kirche* hin befragt. Bei der Suche nach dem „theologischen Ort" der Beratung macht die Handreichung mit gutem biblischen Recht auf das „Mandat Christi" aufmerksam. Will doch die Kirche den Menschen auf dem Weg durch das Leben mit ihrer Hilfe „begleiten". Dazu gehören Bemühungen um die Heilung von leidenden Menschen, zur Konfliktbewältigung und bei Reifungsschritten. Klar und unmißverständlich heißt es in 1.5: „Die Beratung geht aus von einer doppelten Voraussetzung: Gott hat sich in Jesus Christus dem Menschen zum Leben helfend zugewandt. In allen Konflikten, Unvollkommenheiten und Zwiespältigkeiten seiner Existenz ist der Mensch auf Glauben, Liebe und Hoffnung angewiesen. Diese Voraussetzung rückt alles aktuelle Handeln in der Beratung in den Horizont der im Evangelium erschlossenen Wahrheit von Gott, Mensch und Welt." Ebenfalls erfreulich klar sind die Thesen, daß die psychologische Beratungsarbeit der Kirche „auf der Verkündigung des Evangeliums" aufruhe, daß sich im

Sinne von Röm. 15, 7 (annehmen wie Christus angenommen hat) „Beratung und kirchlicher Auftrag berühren", und daß der Berater seine Glaubensüberzeugung in der Beratung „nicht verleugnen" dürfe. Freilich bleiben hier noch Fragen offen, nämlich wie sich denn nun im einzelnen die beiden „Arbeitsfelder" von Beratung und Seelsorge zueinander verhalten, ob sie auch ineinandergreifen, etwa in der Person des „beratenden Seelsorgers bzw. des seelsorgerlichen Beraters", wie sich in der Praxis therapeutische Annahme und seelsorgerliche Annahme „berühren", oder ob es da auch unterschiedliche Akzente gibt. Vermutlich ist und bleibt die heikelste Frage in allem das *Zielproblem*. Die Leitlinien sehen das Ziel der psychologischen Beratungsarbeit in der Befreiung von falschen Zwängen. Der Ratsuchende soll ein „verantwortliches Subjekt" werden, das sich aber gleichzeitig integrieren, beziehen und binden kann. Diese „Eigenständigkeit" „schließt" — so der Text — „auch den Gegenstand und die Beziehungen des religiösen Lebens mit ein". Hier stockt der Leser. Wenn damit keine Instrumentalisierung des Christlichen angestrebt wird, dann wäre dieser Satz doch noch ein wenig zu verdeutlichen. Personwerdung und Christwerdung hängen zwar zusammen, sind aber nicht einfach identisch.

Der zweite Teil der Leitlinien, der einen *Aufgabenkatalog* für die Beratungsarbeit in der Kirche enthält, bestimmt das Ziel rein „beraterisch" unter auffälligem Verzicht auf jede religiöse (christliche) Vokabel. Es mag seinen guten fachlichen Sinn haben, wenn der psychologische Berater, auch wenn er im kirchlichen Dienst steht, bei Zielangaben zurückhaltend formuliert. Trotzdem wäre es wünschenswert, wenn die angezielte Selbstfindung auch einmal unter dem Gesichtspunkt des *von Gott dem Schöpfer gemeinten Selbst* gesehen würde. Dann würden Recht und Grenze dieser Nahtstelle zwischen Beratung und Seelsorge deutlicher heraustreten. Auch die beratende Weisheit im Alten Testament setzt Vernunft frei (Spr. 10, 13), aber sie verankert den „Rat" zutiefst in Gott; er hat das Monopol der guten Beratung (21, 30 f.).

Ratlosigkeit im Sinne von *Unfähigsein* zur Raterteilung ist ein Notstand, den jeder Seelsorger früher oder später einmal kennenlernt und durchleiden muß. Ist der Seelsorger zum ratlosen Berater geworden, der im Vollzug der seelsorgerlichen Beratung in eine Sackgasse geraten ist, weder vorwärts noch rückwärts kann, weil er einfach nicht weiter weiß, dann ist er mehr denn je auf ein Stück Hoffnung angewiesen. Aber woher die Hoffnung nehmen? Sollte etwa die Ratlosigkeit selber den Grund der Hoffnung bilden? Fast sieht es bei

E. Guhr so aus. Er übersetzt 2. Kor. 4, 8 „aporoumenoi" mit „ratlos": „Wir sind ratlos (Luther: „uns ist bange"), aber wir verzweifeln nicht." Da ist etwas Richtiges daran. Wer sich in einer *Aporie* vorfindet, ist ungewiß, hat Zweifel und muß seine Verlegenheit zugeben (Mk. 6, 20: Herodes; Lk. 24, 4: die Frauen am Grabe). Auch Paulus gesteht als Prediger des Evangeliums und Seelsorger seiner Gemeinden, er sei Besitzer eines Schatzes, der aber in einem recht zerbrechlichen Gefäß liege. So kennt er jenes Gefühl der verlegenen Ratlosigkeit, in der man der Gemeinde kein Rezept verordnen und einem Ratsuchenden keine fertige Problemlösung anzubieten hat. Gleichwohl er „dreht nicht durch": „wir verzweifeln nicht" (exaporoumenoi = „überaus verlegen und ratlos" = verstärktes „aporoumenoi"!). Guhr selber meint: „In der Identifikation (in der verstehenden Gleichsetzung mit dem anderen) wird die Aporie (Ratlosigkeit) wirklich. Sie ermöglicht ein Wirklichkeitwerden der Hoffnung." Als Anwalt der „personalen Beratung" kämpft Guhr gegen Verkündiger und Therapeuten, die „meinen, schon vorher zu wissen, was zu sagen und zu raten ist . . . Sie sind ihre eigenen Botschafter und können die Situation nicht aporetisch erleben."[11] Sofern mit dieser polemischen Bemerkung für ein echtes brüderliches Mitfragen und Mitzweifeln plädiert wird, können wir ihm folgen. Soweit aber die Aporie bzw. Ratlosigkeit als solche unnötig hochstilisiert werden sollte, müssen wir ein Ausrufezeichen setzen. Der Grund der Hoffnung liegt nicht in ihr, sondern in dem lebendigen Gekreuzigten, im Auferstandenen (1. Tim. 1, 1). Der ratlose Berater ist letzten Endes in dem barmherzigen „Rat" geborgen, den Gott in Christus ein für allemal beschlossen hat (Eph. 1, 11 f.). Er ist kein hoffnungsloser Fall.

b) Trostlose Tröster und sorglose Seelsorger

— *Trostlose Tröster*

In seiner Beratungshilfe für Nicht-„Profis" schildert *J. Eikmann* eine den kirchlichen Mitarbeiterinnen und Mitarbeitern wohlvertraute Szene: Eine Frau kommt in das Gemeindebüro und fängt zu weinen an, als sie erfährt, der *Pfarrer* sei nicht da. Die Pfarramtssekretärin sucht sie zu beruhigen. Wörtlich redet der Autor die Sekretärin an: „Aber alles Zureden wirkt nicht. Ihre Hilflosigkeit wächst. Und dabei werden Sie zunehmend ärgerlich auf Ihren Chef (Warum ist er wieder nicht hier! Trösten ist doch eigentlich *seine Sache,* dafür wird er bezahlt. Und ich kann jetzt zusehen, wie ich allein klarkomme . . .). Aber die Frau vor Ihnen braucht Hilfe."[11] Eine trostlose Trösterin im Vorzimmer. Sie hat nicht gelernt, wie man einen „seelischen Notverband" anlegt. Aber wenn nun der Pfarrer da wäre? Hätte er mehr zu bieten, oder würde er nur in seine bekannte religiöse Trickkiste greifen, um den schwierigen, fast peinlichen Zwischenfall rasch und gekonnt zu bereinigen?

Genug der kritischen Fragen! Es ist kein Geheimnis, daß es trotz aller Blüte analytischer „Trauerarbeit" um die Sache des Trostes in der Seelsorge schlecht bestellt ist. Das Trösten gilt zwar als Sache des Pfarrers, aber es hat in Fachkreisen wie in der Öffentlichkeit an Kredit verloren. Viele gebrauchen die Vokabel „Trösten" nur noch abwertend, ja spöttisch, etwa im Sinne von *„Ver-Trösten"*. Wer tröstet, scheint in einem Wolkenkuckucksheim zu leben und andere dahin befördern zu wollen, wo man als aufgeklärter Mensch doch weiß: „Kein Jenseits gibt's, kein Wiedersehn?" Um nicht in den Verdacht des Reaktionären zu geraten, schalten dann manche Seelsorger auf das alltägliche Diesseits um und argumentieren mit dem sogenannten gesunden Menschenverstand. So appelliert der eine an die Vernunft: „Das müssen Sie doch einsehen, Sie sind ja schließlich ein vernünftiger Mensch!" Ein anderer mag dem von einem Schicksal Betroffenen auf die Schulter klopfen: „Kopf hoch, alter Junge, so schlimm ist das doch gar nicht. Du mußt nur näher hinsehen." Wieder ein anderer hält dem Leidenden angeblich tröstende Parallelen vor, seien es ganz ähnliche Fälle oder eine Erfahrung aus dem eigenen Leben: „Dem ist es genauso ergangen, und er hat es doch geschafft" oder „Ich selber habe so etwas erlebt und fühle mich heute wie verwandelt". Bei näherer Betrachtung stellt sich dann oft heraus, daß diese Trostversuche entweder Abwehrmechanismen oder *Ablenkungsmanöver* sind. Es mag sein, daß der Seelsorger einen heimlich-unheimlichen Horror davor hat, vom Tode, von schwerer Krankheit oder persönlicher Schuld zu reden, weil er selber von diesen Dingen angefochten ist und sich noch nicht zu einem heilsgewissen Glauben hat durchringen können. So erklärt sich die eine oder andere Art des Ausweichens, die vom Trost des Wortes Gottes keinen Gebrauch macht.

Merkwürdig, aber wahr: die trostlosen Tröster christlicher und nichtchristlicher Provenienz sitzen da in einem Boot. *Gabriele Wohmann* hat in ihrem Roman „Ach wie gut, daß niemand weiß" (daß ich Rumpelstilzchen heiß') die Problemwelt einer Psychotherapeutin geschildert, die eine Art weltlicher Seel-Sorge übt und eigentlich selber der Seelsorge im christlichen Sinne des Wortes bedarf. Sie fährt mit Gernot Förster, einem Freunde, in den Berufs- und Eheurlaub. Der Mann hält es mit dem „Sand": „Sand als das Gleitende, Ruhelose." Marlene, die Therapeutin, fragt zurück: „Und ist denn das tröstlich, das mit dem Sand. Ich meine, hilft es? Statt der Ewigkeit und so was?" Nun reflektiert sie: „Er verstand gewiß unter Trost etwas anderes als sie, brauchte es nicht handfester als sie und womöglich überhaupt nicht, das Tröstliche." Dann heißt es weiter: „In der Bibel ist es Gras, nicht wahr, statt Sand, sagte Marlene, vorsichtig, eine Spur unterwürfig. Das alles ist fern der Bibel, ich hatte seit meinem 14. Lebensjahr dieses Grunderlebnis mit dem Sand, summte Gernot Förster. Die *Bibel* ließ ich sehr früh *hinter mir,* eigentlich ohne sie je so richtig *vor mir* gehabt zu haben . . ." Später ist noch einmal von den „trostlosen Trostversuchen" die Rede. Die Therapeutin nennt sie eine „Unterhaltungsmusikreligion"[13]. Sicher wollen wir hier keine indirekte Werbung für den stoischen, pragmatischen und utilitaristischen Trost machen, sondern vielmehr auf den neuralgischen Punkt aufmerksam machen, den die Doppelformel: „Bibel hinter mir, Bibel vor mir" verkörpert. Leider haben auch nicht wenige Seelsorger zu schnell die Bibel hinter sich gelassen, ohne sie je vor sich gehabt zu haben. Es ist eine regelrechte Tragik, daß heute so viele Seelsorger ihre eigenen Schätze nicht heben, d. h. nicht auf die geistlichen Fundamente zurückgreifen, die in dem Faktum „Jesus Christus" angelegt und abrufbar sind.

Was hat das für *Gründe?* Natürlich liegt das von Fall zu Fall verschieden. Gleichwohl ist auf einen Tatbestand zu verweisen, der vielen Fehlformen der Seelsorge zugrunde liegt und den schon Rainer Maria *Rilke* attackiert hat: „Nie hat sich die Religion mehr ihrer inneren Demütigkeit begeben, nie ist sie anmaßender geworden, als wo sie mich meint trösten zu können. Das Einsehen unserer Trostlosigkeit wäre zugleich der Moment, in dem jene eigentliche religiöse Produktivität einsetzen könnte, die allein zwar nicht zum Troste, aber zum redlichen Entbehrenkönnen aller Tröstung führt."[14] Wahrscheinlich machen wir Seelsorger einen großen Fehler: wir trösten zu sehr vom *Balkon* herab statt vom *Keller* herauf! Die tröstenden Seelsorger, die sich im Namen Jesu um den Menschen sorgen, identifizieren sich mit der Not des Ratsuchenden, um sie ganz dem Retter und Erlöser Christus auszuliefern. Diese letzte Zielrichtung dürfen sie nicht aus den Augen verlieren. Sonst tritt dieselbe Gefahr ein, die wir schon bei der Ratlosigkeit kennengelernt haben: man macht aus der Not eine Tugend bzw. aus der Aporie eine Religion. Auch Rilke traut der Trostlosigkeit schon zuviel zu, nämlich „jene eigentümliche religiöse Produktivität".

Es ist zu verstehen, daß bei der um sich greifenden Verunsicherung über die Aufgaben der Seelsorge einerseits und bei dem steigenden

Bedürfnis der Ratsuchenden nach ganz praktischer Lebensorientierung andererseits in Konfliktfällen die überlieferten seelsorgerlichen Kategorien wie ,,Trost'' und ,,Ermahnung'' in den Hintergrund treten. Das Konzept der ,,haushalterischen Beratung'' von *H. Niederstrasser* ist ein Beispiel dafür: Gewiß liegt hier ein Nachholbedarf der Kirchen vor. Andererseits ist es zu bedauern, daß in einem solchen Verständnis von ,,evangelischer Beratung und Lebenshilfe'' für das Trösten nun kein rechter *Platz* mehr zu finden ist bzw. daß es praktisch in den engen Bereich der Kasualseelsorge bei Trauerfällen oder in die Beichtpraxis eingeordnet, um nicht zu sagen abgeschoben, wird. Anders H. Faber: ,,Der Pastor als ,Bettler' zeigt, wo es Brot gibt[15].''

Das seelsorgerliche Trostamt ist ein *bleibender Auftrag* der Kirche Christi. Das war von Anfang an so. Zur Zeit des Urchristentums lastete eine Wolke der Trostlosigkeit über der hellenistischen Welt. Eine Gottheit, deren Funktion das Trösten gewesen wäre, existierte nicht. Heute finden wir uns abermals in einer traurigen und trostlosen Welt vor, an der sogar die Seelsorger und Berater partizipieren; sie sind, jedenfalls einige, zu trostlosen Tröstern geworden. Und wenn schon irgendwo und irgendwann Trost gespendet wird, dann legt man ihn auf die Goldwaage: ist er auch echt? Erschöpft er sich im Verbalen, oder hat er auch etwas Non-Verbales zu bieten, worauf man sich im Alltag verlassen kann? Das Trösten unterliegt der Kritik des Traurigen. Das haben schon Hiobs Freunde erfahren müssen. Der Aussätzige quittiert ihre billigen (,,nichtigen'': 21, 34) Trostversuche mit dem Satz: ,,Ihr seid allesamt leidige Tröster'' (16, 2). Demgegenüber ist Gott in der Botschaft des *Alten Bundes* das eigentliche Subjekt des Trostes. Er tröstet wie eine ,,Mutter'' (Jes. 66, 13) und wie ein ,,Hirte'' (Jes. 40, 11). Daran knüpft das biblische Wort des *Neuen Testamentes* an. Paulus lobt Gott als den Vater Jesu Christi und den Vater der Barmherzigkeit, kurz, er nennt ihn den ,,Gott alles Trostes'' (2. Kor. 1, 3). Jesus selber verheißt den Leidtragenden, daß sie getröstet werden (Mt. 5, 4). Aus dem Indikativ ,,Ihr alle seid Kinder des Lichts'' (1. Thess. 5, 5) folgt der ,,evangelische'' Imperativ: ,,Tröstet die Kleinmütigen'' (1. Thess. 5, 14). Noch klarer: ,, . . . der uns tröstet in aller unsrer Trübsal, damit wir trösten können, die da sind in allerlei Trübsal, mit dem wir selber getröstet werden von Gott'' (2. Kor. 1, 4). Deutlicher geht es nicht. Wie könnte man so eine frohe Kunde denen vorenthalten, die todtraurig sind!

Vermutlich ist das Geschäft des Tröstens bei den Seelsorgern und bei ihren potentiellen ,,Kunden'' deswegen so in Mißkredit gekommen, weil es zu wenig fall- und fragebezogen, vielleicht noch zu emotional und doktrinär oder auch zu farblos und schüchtern betrieben wird. Wir wollen hier keine Pauschalurteile fällen. Wohl aber möchten wir auf einen der schönen Kurzsätze von Georges *Bernanos* aufmerksam machen, die bei ihm meistens einen provozierenden Ton haben, aber auch gleichzeitig einen seelsorgerlichen Akzent im Sinne der Seelsorge an Seelsorgern tragen. Der französische Schriftsteller berührt in dem „Tagebuch eines Landpfarrers" das Problem des Lehrens von Wahrheit. Dieses Lehren, so meint der Pfarrer von Torcy, sei „kein Spaß". Nur Marktschreier redeten von „trostspendenden Wahrheiten". Jetzt wörtlich: *„Die Wahrheit befreit zunächst, dann tröstet sie."* Weiter: „Mit welchem Recht nennt man sie übrigens einen Trost? Man könnte sie ebenso gut eine Beileidserklärung nennen. Gottes Wort! das ist glühendes Eisen. Und da willst du, der du es lehrst, es mit Zangen anfassen, aus Angst, du könntest dich verbrennen, und greifst nicht gleich mit beiden Händen danach?"[16] Man könnte es angesichts der trostlosen Tröster von heute auch so sagen: Wer trösten will, darf das befreiende Wort der Wahrheit nicht scheuen, wer emanzipatorisch befreien möchte, darf die tröstliche Kunde des Evangeliums nicht vergessen. Wir haben heute Anlaß, mit dem König Hiskia nach Luthers Übersetzung zu klagen: „Siehe, um Trost war mir sehr bange" (Jes. 38, 17).

— Sorglose Seelsorger

Das Prädikat „sorglos" hat beim ersten Hinhören einen etwas anderen Klang als die bisherigen Worte, die wir für die Mangelerscheinungen des heutigen Seelsorgers gebraucht haben. „Hilflos", „ratlos", „trostlos" — das alles hat einen mehr negativen Tenor. Aber „sorglos"? Hat das nicht etwas Leichtes, Ungezwungenes, ja Beglückendes an sich? Unwillkürlich denkt man da an den Geist von „Sanssouci". Aber in Verbindung mit dem Hauptwort „Seelsorger" bekommt das Beiwort „sorglos" einen etwas zweifelhaften, ja fast makabren Akzent. Einen sorglosen Seelsorger, das ist doch zuletzt ein Widerspruch in sich selber. Das müßte ja dann einer sein, der seinen wichtigen Auftrag, nämlich die „Sorge" um den anderen, vergessen hätte oder gar absichtlich hintanstellte. Und doch begegnen wir seit dem Einströmen der amerikanischen Beratungstechniken nicht wenigen, die am liebsten den Sorgegedanken, jedenfalls sofern er missionarisch verstanden wird, einklammern möchten. Die Vertreter dieser Seelsorgekonzeption haben auch durchaus ehrenwerte Motive. Ihre Zurückhaltung ist von dem Prinzip der Nächstenliebe bestimmt, die sich dem anderen nicht aufdrängt und ihn nicht geistlich vergewaltigen will. Außerdem ist von der Beratungsmethodik tatsächlich vieles dankbar zu lernen — wir haben das in den vorstehenden Kapiteln auch selber schon ausdrücklich betont —, die Schwierigkeit bzw. der Kurzschluß liegt nur darin, daß einige inzwischen aus der Methode eine ganze Theologie gemacht haben. Diese Entwicklung zwingt uns, die „Sorglosigkeit" im Bereich der Seelsorge noch einmal kritisch zu hinterfragen, nicht um die sorglosen Seelsorger besserwisserisch zu schelten, sondern um ihnen wieder Mut zu einer echten evangelischen Sorge um den Nächsten zu machen.

Aus seiner Arbeit an den *Kriegsgefangenen* in England ist dem Verfasser die Niederschrift eines jungen Mannes in lebhafter Erinnerung. Sie ist gewiß zeitbedingt, aber die Erfahrungen, die der Schreiber seinerzeit hinter Stacheldraht mit den „Christen" gemacht hat, haben sich im Grunde genommen leider immer wieder bestätigt. Deswegen sei das Papier wörtlich wiedergegeben: „Ich bin in vielen Lagern gewesen, und nie hat mich ein Mensch angesprochen. Ich bin kein Suchender gewesen. Ich hatte eine Scheu davor, in das Kirchenzelt und später in die Kirchenbaracke zu gehen. Und doch war ich ein Wartender. Die Christen, das war ein Club für sich! Sie schlossen sich nach außen hin ab. Es war eine Wand zwischen ihnen und den anderen. Es war so, als wenn sie etwas Besonderes, Geheimnisvolles zu verwalten hätten und niemand anderes heranlassen dürften. Ich habe in meiner Gefangenschaft nie einen Pfarrer in meinem Zelt oder in meiner Hütte gesehen . . . Ich habe ein gutes halbes Jahr zwischen lauter Christen gelebt, evangelischen und katholischen. Über mir, neben mir schliefen sie. Ich war der einzige Heide unter ihnen. Ich habe auf das Wort gewartet, und es ist nicht gesprochen worden."[17] Hier hat einer die Sorge der Seelsorger vermißt, und die Seelsorger waren offenbar zu sehr mit sich selbst beschäftigt, als daß sie auf den anderen zugegangen wären.

Wie anders hat sich da der „Pastor" *D. Bonhoeffer* verhalten, als er in Berlin-Tegel als politischer Häftling und Todeskandidat einsaß. Obwohl ihm durch die Zellenwände der Zugang zu den anderen Gefangenen nun wirklich blockiert war, hat er das geistliche Sorgeamt für sie ausgeübt und die „Gebete für Mitgefangene" geschrieben, die dann heimlich an andere Häftlinge weitergegeben wurden. Das „Ich", das hier betet, schließt den und die Nachbarn in der anderen Zelle ein. Bonhoeffer hat in dem Gedicht „Nächtliche Stimmen in Tegel" mitgeteilt, wie es zu diesen Gebeten gekommen ist: „Ich höre in der eigenen Seele Zittern und Schwanken / Sonst nichts? / Ich höre, ich höre, / wie Stimmen, wie Rufe, / wie Schreie nach rettenden Planken, / der wachenden, träumenden Leidensgefährten / nächtliche stumme Gedanken. / Ich höre unruhiges Knarren der Betten, /

ich höre Ketten." In diesem Kontext muß man dann die einzelnen Zeilen der Gebete für Mitgefangene lesen, etwa: „Ich traue Deiner Gnade und gebe mein / Leben ganz in Deine Hand. / Mach Du mit mir, wie es Dir gefällt und / wie es gut für mich ist. / Ob ich lebe oder sterbe, ich bin bei Dir / und Du bist bei mir, mein Gott."[18]

Der gewiß aufrichtig gemeinte Versuch moderner Seelsorger, sich nur am „Klienten" zu orientieren und ihn nicht zu bevormunden, soll nicht rundweg als „Sorglosigkeit" abqualifiziert werden, es bildet aber sozusagen nur der Sorge ersten Teil. Jedenfalls gibt das in der neueren Seelsorgelehre immer wiederkehrende Sich-Abgrenzen gegen die Einfügung aller seelsorgerlichen Tätigkeiten unter den zentralen Gedanken der „Verkündigung" oder der „Glaubenshilfe" bzw. das auffällige *Zurücktreten geistlicher Zielsetzungen* in der christlichen Beratung kritisch zu denken. Eine vermittelnde Position sucht hier beispielsweise *M. Klessmann* zu beziehen, wenn er Seelsorge als „Hilfe zur Reifung der Person" bezeichnet und sie weder als „primär Glaubenshilfe" noch als „primär Lebenshilfe", sondern als „beides in unauflöslicher Verschränkung" interpretiert. Anstöße zum Weiterfragen vermittelt die Untersuchung von *J. Scharfenberg/H. Kämpfer,* die eine seelsorgerliche „Konfliktbearbeitung" unter dem Leitgedanken des Symbols anstrebt. Hier will man im Sinne einer *„Resymbolisierung"* den Ratsuchenden von seinen „Zeichen" und „Klischees" zu den großen Grundsymbolen zurückführen und damit nach vorn helfen. Dabei wird mit den Symbolen der Psychoanalyse, aber auch mit den biblischen Symbolen gearbeitet. Die kritischen Fragen, die in diesem Zusammenhang entstehen, beziehen sich wieder auf das Ziel solcher Bemühungen. Als Ziele werden z. B. angegeben: „Verständigung" und „nicht Konfliktaufhebung" oder „Heilung als Ich-Integration". Aber genügt das Ausbalancieren der Konflikte wie Regression und Progression, und wieweit hilft die neue Benennung dieser Konflikte mit tiefenpsychologischen Symbolen? Kommt es so zu einer vollen Erneuerung im Sinne des „neuen Lebens", wie es das Neue Testament Röm. 6, 4 verheißt? Ähnliche Rückfragen wären hinsichtlich der therapeutischen Ich-Integration erforderlich. Welche Rolle spielt in diesem Prozeß der Versöhner der Verlorenen und der Heiland der Sünder? Offensichtlich führt die Erkenntnis, „daß mit Jesus der Menschheit eine neue Stufe der Bewußtheit aufgegeben ist", nicht ohne weiteres in die Mitte des Evangeliums[19].

Wenn es nicht zu dem verhängnisvollen Grenzfall der sorglosen Seelsorger kommen soll, dann ist ein Umdenken in Sachen Seelsorge notwendig. Ein Seelsorger im biblisch-reformatorischen Verständnis tut nicht genug, wenn er sich in den Ratsuchenden einfühlt, sich seiner Situation anpaßt und seinen Fall auslegt, er wird auch die Herausforderungen des Evangeliums zur Sprache bringen und Anstöße zum Glauben geben müssen. Es versteht sich von selbst, daß es dem Geiste Jesu widersprechen würde, wenn das mit einem frommen Holzhammer geschähe. Jesus will von den Seelsorgern der Gemeinde Jesu nicht, daß sie die Leute mit dem Evangelium erschlagen, sondern daß sie sie mit verstehender Liebe und mit großer Geduld, aber auch ernstlich und zielklar zu ihm führen, soweit ihnen das möglich ist. Die Stunde der Seelsorge kann jederzeit schlagen. Das ,,Eine, das not ist" (Luk. 10, 42), verträgt keine Sorglosigkeit, es sei denn die tröstliche Sorglosigkeit der ,,Vögel" und ,,Lilien" von Mt. 6, 26 ff. Noch ist es Tag. ,,Es kommt die Nacht, da niemand wirken kann" (Joh. 9, 4). Wie sagte doch v. Bodelschwingh? ,,Sie sterben sonst darüber!"

2. Zusagen

Die Mangelerscheinungen, die wir zur Zeit unter den Seelsorgern beobachten können, sind beträchtlich. Sie wären unerträglich, wenn es nicht die festen Zusagen Gottes gäbe, an die wir uns um Christi willen halten dürfen: ,,Es sollen wohl Berge weichen und Hügel hinfallen, aber meine Gnade soll nicht von dir weichen, und der Bund meines Friedens soll nicht hinfallen, spricht der Herr, der Erbarmer" (Jes. 54, 10). Das bekräftigt der Apostel unmißverständlich: ,,Denn auf alle Gottesverheißungen ist in ihm das Ja. Darum sprechen wir auch durch ihn das Amen, Gott zu Lobe" (2. Kor. 1, 20). Diese Zusage gilt in ihrer trinitarischen Ganzheit nicht zuletzt den Seelsorgern, insbesondere den verunsicherten, gescheiterten und überforderten Seelsorgern. Gott hält sein Wort als Vater, Sohn und Heiliger Geist.

a) An einen verunsicherten Seelsorger

Der Vater gibt acht

Es ist etwas ungemein Tröstliches, daß der ,,Pastor" (lat. Hirte) einen eigenen Pastor hat, nicht bloß den vorgesetzten Superintendenten oder Dekan, sondern jenen ewigen ,,pastor pastorum" (Hirte der Hirten), den ,,Guten Hirten" von Psalm 23, der auch bei den Wanderungen durch das ,,finstere Tal" dabei ist und auf den Verunsicherten acht gibt. Er führt sogar wieder zum ,,frischen Wasser". Gott umsorgt auch seine Seelsorger. Er ist der ,,Ewig-Vater", von dem der Prophet spricht (Jes. 9, 5). Nicht zuletzt darf an das so persönliche Vater-Sohn-Verhältnis erinnert werden, das zwischen Jahwe und Israel besteht. Gott nimmt den geliebten Sohn auf die Arme (5. Mose 1, 31; Hosea 11, 1 ff.). Gottes Wesen darf im Sinne einer väterlichen Erzieherliebe verstanden werden, in der auch die Züchtigung zum Zeichen der Barmherzigkeit wird (Spr. 3, 11). Dieser Vatergott läßt seine Leute nicht allein.

Kein Wunder, daß das Evangelium die väterliche Liebe, die in dem Sohne Jesus Christus Gestalt angenommen hat, so in den Mittelpunkt seiner Aussagen und Zusagen stellt. Gott erscheint als der alle Autoritäten transzendierende Vater („vollkommen": Mt. 5, 48). Er kennt unsere Bedürfnisse wie kein anderer, und zwar noch bevor der verunsicherte Seelsorger ihn um etwas für seinen Ratsuchenden oder für sich selber gebeten hat (Mt. 6, 8). In unbegreiflicher Fürsorge ist er ein gebefreudiger Vater, noch ganz anders als ein irdischer Vater, der seinem hungrigen Jungen etwas zu essen gibt (Lk. 11, 11 ff.). Wir sollten nur nicht zu schüchtern sein, wenn wir diesen Gottvater um etwas in Sachen Seelsorge angehen. Gerade dann, wenn ein Seelsorger über eigener Schuld am anderen in die Isolation geraten ist, darf er auf die väterliche Vergebung hoffen. Bei diesem Vater ist Vergebung Gabe und Aufgabe zugleich (Mk. 11, 25). Der Vater gibt acht, d. h. er ist kein kleinkarierter Aufpasser, wohl aber ein freundlicher Begleiter und ein treuer Wächter. Und weil er so ist, gibt er damit auch die eigentlichen Impulse für eine wirklich „väterliche" Seelsorge, die in unserer „Welt ohne Väter" (das ist noch etwas anderes als die Welt mit den vielen Erzeugern!) so bitter nötig ist. Wenn Paulus sich als väterlicher Seelsorger seiner Gemeinden (1. Thess. 2, 11 f.) und als väterlicher Seelsorger an einem einzelnen Seelsorger (1. Kor. 4, 15 - 17; 2. Tim. 1, 2) versteht, dann bedeutet das kein autoritäres Verhältnis, sondern helfende Nähe. Das Mittel der geistlichen Zeugung ist das „Wort". Der väterliche Seelsorger, der in Christus Gottes Vaterliebe erfahren hat, übt keine falsche Herrschaft über die Seelen aus. Der geistliche Vater und der geistliche Sohn sind „beide" (!) zum Dienst am Evangelium gerufen (Phil. 2, 22). Das Recht des Vaters erfährt seine Grenze am Glauben. Es gibt nicht geistliche Vaterschaft schlechthin, sondern nur Väter im Glauben und Kinder im Glauben (1. Tim. 1, 2).

Was bedeutet das nun alles für den „verunsicherten" Seelsorger? Natürlich nimmt auch der christliche Seelsorger an den geistigenNöten seiner Zeit teil. Wir leben in einer Welt, die normlos und damit auch orientierungslos geworden ist. Die Pfarrer, die längere Zeit im Amt sind, und die freien Reichsgottesarbeiter, die schon größere Erfahrungen auf dem Missionsfeld haben, merken früher oder später, daß sich mit der veränderten Welt auch die Theologie gewandelt hat.

Was man einst auf der Universität oder im Seminar gelernt hat, scheint nicht mehr zu gelten. Umgekehrt fühlen sich die Jüngeren, die gerade vom Studium herkommen, seltsam unbeholfen und ratlos, weil die Anforderungen der Praxis sich so gar nicht mit dem eben theoretisch Rezipierten und Diskutierten in Einklang bringen lassen.

Zwischen 40 und 50 setzt bei einigen Seelsorgern zusätzlich noch die pastorale Variante der midlife-crisis ein. Man ist dann nicht mehr jung genug, um mit den jungen theologischen Wölfen zu heulen, aber auch noch nicht alt genug, um sich auf das Altenteil des ,,weisen" Seelsorgers zurückzuziehen. Dazu mögen persönliche Belastungen kommen, etwa Frustrationen der Ehepartner oder Generationenkonflikt mit den Kindern, Konflikte mit Kollegen oder andere Nöte, die in Glaubenszweifel, Erwählungsängste und sittliche Anfechtungen stürzen.

Was aber nun die Verunsicherung für einen Seelsorger besonders bedrängend macht, das ist die dahinter stehende *Vereinsamung,* die in einzelnen Fällen zur geistlichen Verzweiflung führen kann. Wir haben schon anfänglich bei unserer ,,Problemanzeige" betont, daß Seelsorger einsame Leute sind. Wir müssen und dürfen nun zum Schluß noch einmal auf diesen Punkt zu sprechen kommen, und zwar angesichts der Verunsicherung des Seelsorgers heute und unter der Zusage von Gottes väterlicher Sorge. Pfarrer und Evangelisten haben es mit vielen Menschen zu tun. Sie sind Multiplikatoren des Evangeliums in der Öffentlichkeit. Auch Gruppenleiter stehen zumindest mit den Gliedern des ihnen anvertrauten Kreises ständig in Fühlung. Auch die Berater in ihren Sprechstunden und die Mitarbeiter in der Telefonseelsorge sind Ansprechstellen für einen Plural von Ratsuchenden. Da kann man schon vereinsamen. Man ist zwar nicht einfach allein, aber mitten in Masse und Mehrzahl fühlt man sich einsam. Wie gern würde da der Seelsorger einmal jemand haben, bei dem er sich selber aussprechen, mit dem er beten könnte! Aber da fehlt es an Brüdern und Schwestern, an geistlichen Müttern und Vätern. Wie gut wäre es dann, wenn wir uns auf das Bekenntnis und die Zusage Jesu verlassen dürften: ,,Ich bin nicht allein, sondern ich und der mich gesandt hat" (Joh. 8, 16), d. h. der Vater und Jesus handeln und richten (urteilen) zusammen. Oder: ,,Und der mich gesandt hat, ist mit mir. *Der Vater läßt mich nicht allein"* (Joh. 16, 29). Der Vater gibt acht, wie bei Jesus, so bei den Jüngern Jesu.

Eine besondere Belastung im Leben vieler Seelsorger besteht darin, daß sie nie richtig gelernt haben, allein zu sein, Einsamkeit zu ertragen und aus Vereinsamung etwas Positives zu machen. Da mag schon ein erzieherisches Versäumnis der Eltern in der frühen Kindheit vorliegen. Vielleicht hat auch etwas in der theologischen Ausbildung gefehlt. In den meisten Fällen aber liegt auch ein Stück persönliche Verantwortung vor. Die Verunsicherung der Seelsorger würde gewiß abnehmen, wenn sie sich mehr in die *Psalmen* vertiefen oder sich in den *Meditations*schatz der Kirche versenken würden. Der Psalm 102 mag als Beispiel genügen. Da betet einer anschaulich meditierend: ,,Ich bin wie die Eule in der Einöde, wie das Käuzchen in den Trümmern. Ich wache und klage wie ein einsamer Vogel auf dem Dache" (7 f.). Im Vollzug des Gebets aber wird er der väterlichen Sorge Gottes gewiß: ,,Du aber, Herr, bleibst ewiglich und dein Name für und für" (13)[20].

Die Verunsicherung durch Einsamsein kann den Seelsorger zur Verzweiflung treiben. Es ist grausam, gerade von den Freunden oder der eigenen Familie nicht verstanden zu werden. Wie leicht kann man sich dann in das Alleingelassenwerden hineinsteigern. Es gibt Pfarrer, die einen solchen ,,Verschleiß" an Menschen gehabt haben oder die durch Verständnislosigkeit der Nächsten dermaßen enttäuscht wurden, daß sie nun zur Menschen- und Redescheu neigen. *H. J. Schultz* hat gut beobachtet, wenn er sagt: ,,Ich kenne Menschen, die, weil sie einsam sind, immer einsamer werden. *Einsamkeit* ist eine *Spirale.*"[21]

Verunsicherung bei Seelsorgern ist oft die Folge von zerstörerischer Vereinsamung. Die Arme des ,,himmlischen Vaters" aber sind groß genug, um den an sich selbst und an seinem Seelsorgeamt unsicher gewordenen Seelsorger zu umfangen und durch alle Täler durchzutragen. Wenn ein zur Seelsorge Berufener den Boden unter den Füßen, die Fühlung zu den Freunden und die Orientierung nach vorn verloren hat, dann darf er sich um Christi willen auf den Vater verlassen, der acht gibt. *Manfred Hausmann* hat es in dem Brief eines Segelschiff-Kapitäns an seinen Sohn so gesagt: ,,Beim Ruder steht der *Kompaß.* Da soll das Schiff in ein Wellental sinken und schlingernd wieder emporsteigen, da sollen die Verbände unter den stürzenden Brechern ächzen, da sollen die Segel in Fetzen davonwehen und die Spieren von oben kommen, da soll der Tag zur Nacht werden: die Nordmarke der Kompaßrose bleibt verläßlich. Das ist eine gewaltige Sache. Der Seemann wäre verloren, wenn er sich nicht auf den Kompaß verlassen könnte. Ich habe nie aufgehört, wie alt ich auch geworden bin, die Kraft des Kompasses mit einer gewissen Scheu in meinem Gemüte zu verehren. Wie ich denn auch, lieber Sohn, immer die geheimnisvolle Macht geehrt habe, die im Gewoge der Welt barmherzig die gleiche ist, gestern, heute und in Ewigkeit. Du weißt, wen ich meine. Ihm sollst du anbefohlen sein."[22]

b) An einen gescheiterten Seelsorger

Jesus gibt nicht auf

In einigen Erzählungen des Neuen Testaments spielt der Typus des gescheiterten Jüngers eine wichtige Rolle. Das klassische Beispiel ist der Verleugner Petrus, dem Jesus nach der johanneischen Überlieferung erneut den seelsorgerlichen Hirtenauftrag erteilt: ,,Weide meine Schafe!" (Joh. 21, 17). Auch der Zweifler Thomas wird von Jesus nicht einfach verstoßen, sondern seelsorgerlich auf den wahren Osterglauben hingewiesen: ,,Selig sind, die nicht sehen und doch glauben" (Joh. 20, 29). Aus mehreren Notizen des Neuen Testaments erfahren wir, daß ein Johannes Markus, der auf dem Missionsfeld versagt hat (15, 38), später von dem seelsorgerlich eingestellten Missionar Paulus wieder zur gemeinsamen geistlichen Arbeit zugelassen wird (1. Kor. 9, 6; Phlm. 24).

Das Phänomen des ,,Scheiterns" hat das besondere Interesse der Existenzphilosophie (Jaspers) und der von ihr beeinflußten Pädagogik (Bollnow) gefunden[23]. Hier stellt man es gern dem Gegenpol des ,,Wagnisses" gegenüber: Während ich im Experiment nur ,,etwas" einsetze, muß ich im Wagnis mich ,,selbst" hingeben. Dem Scheitern haftet dann ein Moment des Tragischen an. Gerade aber, weil es Fälle des Wagens gibt, in denen der ,,ganze Mensch" eingesetzt werden muß, wie etwa im Wagnis des Glaubens, das der Seelsorger gleichsam von Berufs wegen zu wagen hat, lassen sich *Schuld* und *Schicksal* nicht so ohne weiteres aufteilen. Die Bibel kennt jedenfalls beim ,,Scheitern" beide Perspektiven. Der gescheiterte Mensch kann einem Schicksal erliegen oder auch persönlich selber schuld sein. Davon sind die Christen und die Seelsorger nicht ausgenommen. So kann ein Seelsorger an die Grenzen seines Könnens kommen oder an einen widerborstigen Ratsuchenden geraten. Das ist schicksalhaftes Scheitern. Ein Seelsorger aber kann sich auch ehrgeizig übernehmen oder der Versuchung einer allzu leidenschaftlichen Gegenübertragung nachgeben. Das ist schuldhaftes Scheitern.

Wer seine Bibel kennt, der weiß, daß sie mit immer wieder neuen Stimmen eine „Gute Nachricht" für Gescheiterte bezeugt: Jesus gibt nicht auf! Wir greifen nur zwei besonders eindrückliche Stellen heraus. Was das Scheitern als Schicksal anbetrifft, so weiß *Paulus* ein Lied davon zu singen. Er kennt nach 2. Kor. 6, 3 — 10, aus eigener Erfahrung, was ein „Diener Gottes" in Trübsal, Angst und Not, unter Schlägen, im Gefängnis und bei Unruhen, in Mühen, Nachtwachen und Fasten durchmachen muß. Gerade darin aber weiß er sich vom Wort der Wahrheit, durch die Kraft des Geistes und mit den Waffen der Gerechtigkeit getragen. Er gibt nicht auf, weil ihn sein Herr nicht aufgibt. So vermag er die ungeheure Spannung durchzuhalten, wie sie in den berühmten dialektischen Gegensatzpaaren zur Sprache kommt: „. . . als die Sterbenden, und siehe, wir leben; als die Gezüchtigten, und doch nicht ertötet; als die Traurigen, aber allezeit fröhlich; als die Armen, aber die doch viele reich machen; als die nichts haben, und doch alles haben." Für den Seelsorger, der sich mit dem eigenen Stimmungstief, mit den Aggressionen des Ratsuchenden, ja mit dem manchmal Zu-Tode-Verzweifelt-Sein abquälen muß, ist das so etwas wie biblische Seelsorge an Seelsorgern.

Die andere Perspektive, das schuldhafte Scheitern, geht der *1. Johannesbrief* an, neben dem 2. Korintherbrief wohl das seelsorgerlich ernsteste und tiefste Schreiben des Neuen Testaments. Hier heißt es: „Solches schreibe ich euch, auf daß ihr nicht sündigt. Und ob jemand sündigt, so haben wir einen Fürsprecher bei dem Vater, Jesus Christus" (2, 1 f.). Dem Zeugen Jesu geht es darum, daß sein Nächster nicht scheitert. Wo das aber geschieht, da wird der Christ ein Zeuge der Verteidigung. Die Verteidigung ist der Verteidiger selbst. Jesus ist der rechtskundige Anwalt aller derer, die ihn brauchen, auch des Seelsorgers selbst. Gerade er sollte sich nicht über sich selbst täuschen, als ob er „keine Sünde" hätte (1, 8). Gleichwohl brauchen wir nicht über unser dienstliches Versagen und über unserer privaten Schande zu verzweifeln. Dem gescheiterten Seelsorger gilt die Verheißung des Sohnes, der nicht aufgibt: „Wenn wir unsere Sünden bekennen, so ist er treu und gerecht, daß er uns die Sünde vergibt und reinigt uns von aller Untugend" (1, 9). Jesus ist der große Wegträger der Schuld. Unvergebene Schuld hindert an der Mitteilung der freien Gnade an andere. Ein Seelsorger, der meint, auf Beichte und Absolution verzichten zu können, stellt sich selbst ein Bein. Aber auch die Korrektheit des Bekennes und die Perfektion der Vergebung können zur gefährlichen Routine werden. Auf die „Früchte", auf die Konsequenzen kommt es an. Wenn Jesus gerade mein (Amts-)Zimmer gesäubert hat, kann ich es doch nicht wieder schmutzig machen. Sind also Seelsorger als Gotteskinder sündlos? Keineswegs. Wer seine Schuld nicht freimütig bekennt, schwindelt. Ein Christ darf und soll das werden, was er durch seinen sündlosen Heiland ist. Maßstab ist dabei nicht die Christlichkeit, sondern der Christus. In ihm sein und bei ihm bleiben, das ist das Entscheidende (3, 1 — 7).

Mancher wird einwenden: was hat schon ein Seelsorger zu beichten. Normalerweise wird er ja nicht gerade ein großer Verbrecher sein. Dann hätte er sich wohl einen anderen Beruf ausgesucht. Gemach, gemach! Einmal fragt sich, was man unter ,,normal" versteht. Weiter sucht sich der Teufel gern die Normalen aus, um sie zum Bösen zu verführen. Und schließlich sind es gerade die latenten und indirekten Formen der Schuld, die dem Seelsorger zu schaffen machen. Gerade er hat stundenlange Entschuldigungsreden parat, angefangen von angeblich unechten Schuldgefühlen bis hin zu einem christlich frisierten Emanzipationsbedürfnis. In der modernen Literatur äußern sich die Schriftsteller nicht so zimperlich, sie gehen vielmehr oft recht selbstkritisch mit sich ins Gericht. In dem Mut zur Beichte überrunden sie manchen gestandenen Pfarrer. Ja selbst diese ihre dichterische Selbstkritik ziehen sie noch in Zweifel. So läßt *Martin Walser* im ,,Schwanenhaus" seinen Helden Gottlieb (der selber ,,dichtet") reflektieren: ,,An den meisten zeitgenössischen Dichtern störte ihn, daß sie sich aussprachen. Jeder wollte den anderen im Gestehen übertreffen. Ihn interessierte, was man durch Aufschreiben verschweigen konnte. Das kam wahrscheinlich von seiner Schüchternheit oder Feigheit oder Unaufrichtigkeit oder Unerwachsenheit." [24] Enthüllender kann Verhüllung nicht sein.

Um noch einmal auf den ,,Teufel" zurückzukommen: Er sitzt bekanntlich im Detail. Darum muß der Seelsorger auch die kleinen Dinge ernst nehmen. Sie werden leicht zum Sand im Getriebe. Ob es nun die Staubkörnchen oder ganze Schlammfluten sind, wenn uns etwas in der Seelsorge blockiert, sollten wir es nicht in dem unruhigen Gewissen lassen, sondern von dem Angebot der Privatbeichte Gebrauch machen. Natürlich kostet das Überwindung. Aber *E. Thurneysen* behält recht, wenn er sagt: ,,Seelsorge beruht auf Demut. Und nichts ist im heilsamen Sinne demütigender für uns als ein Gang zu unserem eigenen Seelsorger. Wer erkannt hat, daß er selber aus dem letzten Loch pfeift, d. h. daß er selber immer neu der Gnade bedarf und von Gnade lebt und sich auf solche Gnade hinweisen lassen muß durch einen Bruder, dem er sich anvertraut, der wird dann auch andere recht trösten, lehren und ermahnen können." [25] Der Mann hat recht.

Als nach dem entsetzlichen Ende des Zweiten Weltkriegs die große Pause hinter Stacheldraht eintrat, manch einer in sich ging und ein unheimliches Großreinemachen auch die Pfarrer und Theologiestudenten erreichte, haben die in jenen Zeiten entstandenen evangelischen ,,Bruderschaften'' der Pfarrer, Theologiestudenten und Jugendleiter (z. B. die Michaelskette und die Rimini-Bruderschaft) die freiwillige Beichte in ihre Ordnungen aufgenommen. Für manche war das ein Anstoß zu einer ewigen Bewegung. Soll das nur eine Ausnahme bleiben?[26]

Der Sohn gibt nicht auf, schon gar nicht den, der im Namen Jesu Seelsorge übt und dabei scheitert. Der Schweizer Alttestamentler *Ludwig Köhler,* gleichzeitig ein begnadeter Seelsorger, erzählt ein bewegendes Beispiel der Seelsorge an Seelsorgern: ,,Ein Pfarrer kommt und klagt bitterlich. Er hat erwartet, an eine bestimmte Pfarrstelle berufen zu werden, aber es ist nicht geschehen. Er spricht offen seine Enttäuschung, die an Bitterkeit grenzt, aus. Ich bin verwundert, fast traurig. Ist er so wenig in Gott gefestigt?'' Köhler spürt, wie sehr hier wieder ein übrigens hochbegabter Seelsorger von den ,,Teufeln der Enttäuschung und der Eifersucht im Beruf und der Empfindlichkeit gegenüber'' geplagt wird. Was soll er ihm sagen? ,,Ich sage gar nichts. Er redet sich selbst wieder zurecht. Er fängt mit seiner Hoffnung und ihrer Enttäuschung an; er kommt auf das Für und Wider zu reden und ist jetzt schon fast wie der alte, klare, ruhige Mensch, als den ich ihn bis jetzt gekannt habe; er sieht das Gute daran, daß sein Wunsch sich nicht erfüllt hat, und er spricht von all dem, was er auf seinem jetzigen Posten leisten kann. Er hat sich aus-gesprochen. Nun ist er wieder still und fest, äußerlich und innerlich. Er ist einen Schritt weitergeführt worden. *Die Eiche wächst im Sturm.* Eine Seele kann in einer Viertelstunde den Weg durch weite Räume zurücklegen. Und welche Gnade, dabeistehen und es ansehen dürfen!''[27]

Es ist nicht das Schlechteste, wenn der Seelsorger einmal durch eine handfeste Krise hindurch muß, sei es in seiner eigenen Ehe, im Blick auf das gestörte Verhältnis zu einem Kollegen oder auf Grund eines ernüchternden Versagens in Sachen Seelsorge. ,,Die Eiche wächst im Sturm!'' Wie immens tröstlich ist es, daß Gott, wie Krummacher gesagt hat, sein Reich auch und gerade ,,mit zerbrochenen Stäben'' baut.

c) An einen überforderten Seelsorger

Der Geist gibt Vollmacht

Von mehreren Seiten wird immer wieder über Müdigkeit geklagt, auch und gerade unter den Seelsorgern. In den Beratungsspalten der Illustrierten heißt es dazu: ,,Das kommt vom vielen Essen!'' Wahrscheinlich ist tatsächlich das Sattsein die Folgekrankheit nicht nur einer Konsumgesellschaft, sondern auch einer Konsumkirche. Das alles führt — seelsorgerlich gesehen — zu einer geistlichen Lähmung. Unwillkürlich muß man da an *Goyas* gespenstischen Zug ,,Pilger in Säcken'' denken, an jene Menschen, die sich nicht bewegen können. Sie sind nicht in der Lage, jemand die Hand zu geben. In der Finsternis trifft das Licht nur ihre Hülle, das Sacktuch. Drinnen bleibt es dunkel. So humpeln sie, ohne Kontakt, paarweise hinter dem Krummen her [28]. Man kann sich nicht vorstellen, daß diese Gruppe (oder wenigstens einer davon) aus ihrer Lähmung erwachte. Oder gibt es da einen Impuls, der sie wieder zu neuem Leben und zu neuen Initiativen erwecken könnte? Vielleicht haben sie sich selbst überfordert oder sind über ihrem geistlichen Betrieb todmüde geworden, so daß sie sich auf sich selbst zurückzogen und sich dieser grotesken Pilgerschar anschlossen. Das Evangelium weiß von einem solchen Impuls. Es nennt ihn den Heiligen Geist. Wenn dieser Geist die Pilger erfaßte, müßte es eigentlich wie ein Ruck durch den Zug des müden Elends gehen. Da entdeckte man plötzlich mit dem Täufer, daß ,,die Blinden sehen und die Lahmen gehen'' (Mt. 11, 5), ja dann würden die wegen Überforderung Zusammengebrochenen ihre ,,lässigen Hände und die müden Knie'' wieder aufrichten und ,,gewisse Tritte tun'', d. h. eben nicht mehr ,,straucheln wie ein Lahmer'', sondern ,,gesund werden'' (Hebr. 12, 12 f.).

Was ist das für ein *Geist,* der solche Wunder tut? Es ist der Geist Gottes, der in Christus Gestalt angenommen hat. So kann er auch konkret der ,,Geist Christi'' genannt werden (Röm. 8, 9). Der johanneische Jesus verheißt ihn seinen Jüngern als ,,Beistand'' (Paraklet), der ihnen zur Seite steht, wenn sein irdischer Weg zu Ende ist und er wieder beim Vater ist. Das *Neue Testament* gibt ein vielfältiges, aber auch eindeutiges Zeugnis vom Wirken dieses Geistes. Wir erinnern hier nur an vier Hauptmerkmale seines Wesens, und zwar jeweils mit einem Beleg aus der paulinischen und der johanneischen Theologie.

— Paulus bezeugt, daß der Geist eine *lebenschaffende* Kraft (creator spiritus) ist. Er steht als Apostel nicht im Dienst des toten Buchstabens, sondern des lebendigen Geistes: ,,Der Geist macht lebendig'' (2. Kor. 3, 6 f.) Ähnlich setzt sich Johannes vom vergänglichen ,,Fleisch'' ab: ,,Der Geist ist's, der da lebendig macht.''

— Der Geist Jesu hat eine *befreiende* Funktion: Schon vom ,,historischen'' Jesus erfahren wir, daß er seinen Jüngern die Vollmacht gibt, Dämonen auszutreiben (Mk. 6, 7). Wer sich den Geist Jesu schenken läßt, der wird frei von psychischen Zwängen und enger Gesetzlichkeit. Denn ,,wo der Geist des Herrn ist, da ist Freiheit.'' Diese Verheißung gilt den Seelsorgern wie den Ratsuchenden. Die johanneische Überlieferung erzählt, daß Jesus seinen Jüngern den Geist gibt (sie anbläst) und damit die Vollmacht zur Absolution erteilt: ,,Welchen ihr die Sünden erlasset, denen sind sie erlassen'' (Joh. 20, 22 f.).

— Der Geist hat den Lehrauftrag schlechthin. Paulus beruft sich als Prediger auf den *lehrenden* Geist: Ihm geht es nicht bloß um gescheite Worte, sondern um ,,Worte, die der Geist lehrt'' (1. Kor. 2, 13). In den johanneischen Abschiedsreden kündigt Jesus den Heiligen Geist (als Beistand) an, und zwar ausdrücklich als einen Geist, ,,welchen mein Vater senden wird in meinem Namen, der wird euch alles lehren'' (Joh. 14, 26). Er ist ein ,,Geist der Wahrheit'' (16, 17).

— Eine besonders freundliche Eigenschaft hat der Heilige Geist: Er leistet in geistlichen Krisen spontan und potent Fürbitte. Er ist ein *betender* Geist. Angesichts der Bedrängnisse, die ihn umgeben, vertritt Paulus eine Theologie der Hoffnung. Dazu gehört auch die Berufung auf die Lebenshilfe des Geistes: Er ,,hilft unserer Schwachheit auf. Denn wir wissen nicht, was wir beten sollen, wie sich's gebührt; sondern der Geist vertritt uns mit unaussprechlichem Seufzen'' (Röm. 8, 26). Diese Linie wird bis zum 1. Johannesbrief durchgehalten, dessen Schreiber gewiß ist, ,,daß, wenn uns unser Herz verdammt, Gott größer ist als unser Herz'', weiter, daß wir das, ,,was wir bitten'', auch ,,von ihm nehmen'' werden, und schließlich, daß wir uns auf eine Zusage ganz bestimmt verlassen können: ,,Daran erkennen wir, daß er (Christus) in uns bleibt, an dem Geist, den er uns gegeben hat'' (3, 20. 22. 24).

Der lebenschaffende, befreiende, lehrende und betende Geist hat eine einzigartige Bedeutung für den *überforderten Seelsorger*. Wie immer die Überforderungen im Einzelfall liegen mögen, ob sie bedingt sind durch Innenleben oder durch Außenerfahrung, er verwandelt Ohnmacht und verleiht Vollmacht. Diese Geistesmacht ist nicht bloß ein Rechtspapier, sondern eine Macht, die Gott selber legitimiert hat. Da mag einer von dem Gemeindebetrieb, dem anstrengenden Reisedienst oder der nicht mehr zu meisternden Jugendgruppe richtig abgeschafft sein, — der Geist schafft neues Leben. Da mag einer unter einem schlechten Gewissen leiden, sich an sich selber ekeln und mit dunklen Mächten nicht fertig werden, — der Geist befreit von Sünden und Zwängen. Da mag einer die Orientierung verloren haben und in der Beratung einfach nicht mehr weiter wissen, — der Geist lehrt und führt in alle Wahrheit. Da mag einer geistlich so erledigt sein, daß er über zahllosen Sprechstunden, Anrufen und Briefen nicht mehr die Hände zu falten vermag, obwohl er dogmatisch genau weiß, welche Kraft er sich aus dem Gebet holen könnte, — der Geist übt Stellvertretung im Gebet und bringt das Unsagbare wieder zur Sprache, wäre es auch nur durch ein unartikuliertes „Seufzen".

Der Geist Gottes, der einen Seelsorger bevollmächtigt, kann wie ein Sturm dahinfegen und wie ein Feuer lodern. Dann ist sein Wirken dynamisch, explosiv und abrupt. Wir können uns ihm nicht entziehen und werden überwältigt. Aber die Regel ist das nicht. Wer von den überforderten Seelsorgern darauf warten wollte, könnte enttäuscht werden. Gottes Geist liebt die feineren Formen. Oft weht er leise, still, säuselnd und zart. Seine Wirkungen sind dann aber um so tröstlicher. *Martin Doerne* hat einmal in einer seiner reifsten Predigten von dieser Seite des Geistes vor der Universitätsgemeinde in Göttingen Zeugnis abgelegt[29]. An Hand des Textes von Röm. 8, 12 — 17, weist er auf die „Adoption" hin, die der Heilige Geist vollzieht: „Welche der Geist Gottes treibt, die sind *Gottes Kinder*". Im Unterschied zu den schwärmerischen Umtrieben in Korinth sind wir nicht auf Ekstasen und Überhitzungen angewiesen. „Was da treibt, das ist der leise Hauch eines Wortes, die Stimme des Gottesknechtes . . ." Wer sich das stille Wirken des Geistes gefallen läßt, der erfährt, daß er ein Kind Gottes ist. Noch deutlicher, er gehört dann zu den „Söhnen" Gottes: „Der Geist spricht: Er, der Sohn, zieht viele Söhne nach sich. Es stehen keine neben ihm. Aber er zieht sie nach sich." Welch ein Trost! Welch eine Vollmacht! Der überforderte Seelsorger, der sich vom Geiste Gottes „treiben" läßt und sich deswegen als Kind Gottes versteht, bekommt neue Vollmacht für seinen seelsorgerlichen Dienst. Er ist den magischen Mächten des „Fleisches" „nichts mehr schuldig". Kinder Gottes sind Kinder und keine Knechte. Sie dürfen deswegen auch ganz unbefangen rufen: „Abba, lieber Vater." Der Geist weht, wann und wo er will. Er erlaubt es aber, daß wir um ihn bitten. Wir dürfen uns dabei auf die festen Zusagen des dreieinigen Gottes berufen. So groß auch die Mangelerscheinungen mit den hilflosen Helfern, den ratlosen Beratern, den trostlosen Tröstern und den sorglosen Seelsorgern sein mögen, die Zusagen Gottes sind größer: Der Vater gibt acht. Der Sohn gibt nicht auf. Der Geist gibt Vollmacht.

Die *Schlüsselperson der Seelsorge* ist nach menschlichem Ermessen der *Seelsorger* selbst. Wir haben seine *Möglichkeiten* getestet und sind uns seiner *Grenzen* bewußt geworden. Der Sinn des vorliegenden Buches besteht gleichwohl nicht darin, dem Leser Angst vor der Seelsorge, sondern vielmehr darin, ihm Mut zur Seelsorge zu machen. Vielleicht kann der Hannoversche Erweckungsprediger und Leiter der Hermannsburger Mission *Louis Harms* deutlich machen, worum es letzten Endes geht. In seiner handfesten und gewiß zeitbedingten Sprache hat er einen Seelsorger brieflich ermuntert, seinem Dienst zielklar und fröhlich nachzugehen [30]:,,Dabei bitte ich Sie, wandeln Sie heilig, predigen Sie kein Wort, das Sie nicht selber tun, meiden Sie gänzlich alles, was nach der Welt schmeckt oder riecht. Und nennen Sie alles beim rechten Namen, daß man es mit Händen greifen kann, was Sie meinen, so konkret wie möglich, daß es nicht über den Köpfen hingeht. Und bei den Krankenbetten und Hausbesuchen gar keine Theorie; was not ist, wird und muß der Herr dem Beter geben, und mit Gebet müssen Sie hingehen, dann macht sich alles von selbst oder vielmehr *der Herr macht alles, und der macht's allein gut;* was man selbst macht, ist alles dummes Zeug.''

Anmerkungen

I. Seelsorger unter sich

1 *S. Lenz:* Das Vorbild, 1973, S. 105.

2 *Carl R. Rogers:* Die nicht-direktive Beratung, 1972. — *R. Affemann:* Möglichkeiten und Grenzen der Psychotherapie, in: *F. Gutsche (Hg.):* Mut zur Seelsorge, 1974, S. 7—17. — *J. Herzog-Dürck:* Lebenskrise und Selbstfindung, 1978. — *V. Frankl:* Der Wille zum Sinn. Ausgewählte Vorträge über Logotherapie, 2. Aufl. 1978. — *Chr. Meves:* Seelische Gesundheit und biblisches Heil, 1969.

3 *H. v. Bezzel:* Der Dienst des Pfarrers, 3. Aufl. 1926; *ders.:* Ausgewählte Kostbarkeiten. Edelsteine, 1978.

4 *E. Schick:* Der helfende Mensch, o. J., S. 43ff., 97.

5 *H. J. Schultz (Hg.):* Einsamkeit, 1980.

6 *K. Krolow:* Ausgewählte Gedichte, 1963, S. 72 (Robinson III).

7 *W. Schmidbauer:* Die hilflosen Helfer, 1977, S. 9 ff.

8 *S. Lenz,* a. a. O. S. 346, 348 f.

9 *G. Grass:* örtlich betäubt, 1969, S. 170 f.

10 *K. Barth:* Kirchliche Dogmatik, IV, 3, 1959, S. 690.

II. Pastorale Existenz

Was dem Seelsorger Not macht

1 *G. Rauh:* Pastoraltheologie, 1970. — *M. Seitz:* Praxis des Glaubens, 1978. — *M. Josuttis:* Der Pfarrer ist anders, 1982.

2 *R. Rehmann:* Der Mann auf der Kanzel (Fragen an einen Vater), 2. Aufl. 1979. Die Klammerzahlen im Text geben die Seiten an. — *G. Wohmann:* Frühherbst, 1978.

3 *F. Riemann:* Die Persönlichkeit des Predigers aus tiefenpsychologischer Sicht, in: *R. Riess (Hg.):* Perspektiven der Pastoralpsychologie, 1974, S. 152—166.

4 *P. Tillich:* Systematische Theologie, II, 1958, S. 84—87.

5 *H. Beintker:* Die Überwindung der Anfechtung bei Luther, 1954. — *C. H. Ratschow:* Der angefochtene Glaube, 1957; Neuauflage 1978.

6 *M. Luther:* WA 44, 466 ff.

7 *I. Asheim:* Glaube und Erziehung bei Luther, 1961, S. 141 ff.

8 Zur Problematik dieses Themenkreises vgl. *D. Stollberg:* Wenn Gott menschlich wäre . . . (Auf dem Wege zu einer seelsorgerlichen Theologie), 1978, S. 7 ff., 13 ff.

9 *E. H. Erikson:* Jugend und Krise, 1970, S. 11—40, 131—138.

10 *M. Niemöller,* (1937), zit. nach *K. Kampffmeyer (Hg.):* Das teure Predigtamt, 2. Aufl. 1954, S. 98 f., 4. Aufl. unter dem Titel ,,Gesandt zu predigen'', 1980, S. 105. — Zum ganzen Abschnitt vgl. auch *W. Jentsch:* Prediger und Predigt, 1978.

11 *W. Löhe:* Der evangelische Geistliche, II, 1852, S. 269.

12 *T. Moser:* Gottesvergiftung, 1976, S. 38 f., 40.

13 *J. Chr. Blumhardt:* Ausgewählte Schriften (ed. O. Bruder), 1949 ff. III, S. 208; *ders.:* Dein Glaube hat dir geholfen (V. Valenti), 1930, S. 65.

14 Zum Ganzen vgl. *W. Jentsch:* Zwischenbemerkung (Neuralgische Punkte zwischen Universitätstheologie und Gemeindefrömmigkeit), 1968, S. 44 ff.

15 Vgl. dazu *K. Holl:* Luthers Bedeutung für den Fortschritt der Auslegungskunst, in: Ges. Aufsätze zur Kirchengeschichte, I, 1932, S. 544 ff.

16 *H. Rendtorff:* Das persönliche Leben des Botschafters, 1958, S. 25.

17 *J. Jeremias:* NTD 9 (Die Briefe an Tim und Tit), 11. Aufl. 1975, S. 40, 61.

18 *P. M. van Buren:* Reden von Gott in der Sprache der Welt, 1965. — *D. Sölle:* Politisches Nachtgebet, 5. Aufl. 1972.

19 *W. Schrage:* NTD 10 (Die katholischen Briefe), 13. Aufl. 1973, S. 9 f., 51.

20 *D. Bonhoeffer:* Nachfolge, 10. Aufl. 1971, S. 138.

21 Vgl. *F. Chr. Oetingers* Gebetsparole: ,,Mit Gott wirken!'' Neuauflage 1980 (hg. v. *K. Rommel).*

22 *W. Löhe:* Correspondenzblatt der Diakonissen von Neuendettelsau, 1858.

23 *M. Frisch:* Mein Name sei Gantenbein, 1964, S. 152; *ders.:* Montauk, 1975, S. 5, 48, 151.

24 *I. Bachmann:* Gedichte — Erzählungen — Hörspiel — Essays, 1964, S. 41 f.

25 *P. Althaus:* Die christliche Wahrheit, II, 1948 (8. Aufl. 1969), S. 114 f.

26 *H. Hatzfeld:* Feuer und Wind, 1953, S. 142 f.

27 *M. Bieler:* Mädchenkrieg, 1975, S. 263.

28 *W. Jentsch:* Sachliche Vergebung, 1958, S. 28—40; *ders.:* Luthers Sicherheit und Gewißheit, in : Mitarbeiterhilfe 4/1975, S. 36—41.

29 *F. Schleiermacher:* Über die Religion (Reden, hg. v. R. Otto), 1926, S. 34.

30 *O. Rieker:* Die seelsorgerliche Begegnung, 1947, S. 67.

31 *G. Grass:* Der Butt, 1977, S. 35.

III. Pastorale Kompetenz

Was dem Seelsorger not tut

1 *R. Musil:* Der Mann ohne Eigenschaften, 1960, S. 150, 762, 1024.

2 *J. Habermas:* Legitimationsprobleme im Spätkapitalismus, 1973; *ders.:* Kultur und Kritik, 1973; *ders.:* Was heißt Universalpragmatik? in: *K.-O. Apel (Hg.):* Sprachpragmatik und Philosophie, 1976.

3 *K.-E. Nipkow:* Grundfragen der Religionspädagogik, I, 1975; II, 1975.

4 *H. Schilling:* Religionspädagogik, 1970.

5 *M. Seitz:* Praxis des Glaubens, 1978, S. 84-96.

6 Der folgende Abschnitt fußt auf der ausführlichen Untersuchung des Verfassers zum biblischen Verständnis der Seelsorge: *W. Jentsch:* Handbuch der Jugendseelsorge, I (Geschichte), 2. Aufl. 1977, S. 17-96 (Biblische Perspektiven). — *H. Reller/A. Sperl (Hg.)* Seelsorge im Spannungsfeld, 1979, S. 35 ff. *(H. Bräumer,* 47 ff. *(F. Merkel).*

7 Vgl. dazu *W. Jentsch:* Urchristliches Erziehungsdenken, 1951; *ders.:* Erziehung und Bildung im Neuen Testament, in: Pastoralblätter 4/1968, S. 206-222; *ders.:* Jugendseelsorge II (Theologie), 2. Aufl. 1977, S. 297-300.

8 *P. Rabbow:* Seelenführung (Methodik der Exerzitien in der Antike), 1954.

9 *W. Jentsch:* Von Beruf Seelsorger, in: *U. Michelsen/L. Mohaupt:* Gegen den Strom der Zeit (Wölber-Festschrift), 1978. S. 247-279.

10 *H.-O. Wölber:* Das Gewissen der Kirche, 1963, S. 26 ff., 34 f.

11 *H. Tacke:* Glaubenshilfe als Lebenshilfe, 1975, S. 81 ff.

12 *Ch. Bourbeck:* Neue Aufgaben der Seelsorge, in: *H. Thimme (Hg.):* Neue Aufgaben der Seelsorge, 1958, S. 24.

13 *D. Stollberg:* Mein Auftrag — Deine Freiheit, 1972, S. 33. — *H. Tacke,* a. a. O. S. 10.

14 Vgl. dazu *H. Tacke,* a. a. O. S. 42, 70 f.

15 *D. Stollberg:* Wahrnehmen und Annehmen, 1978, S. 30, 32.

16 *W. Busch:* J. Busch. Ein Botschafter Jesu Christi, 1956, S. 233.

17 *A. Sommerauer:* A. Sommerauer antwortet, 1976, S. 14.

18 *H. Hoffmann:* Briefe, 1902.

19 *D. Rößler:* Rekonstruktion des Menschen (Ziele und Aufgaben der Seelsorge in der Gegenwart), in: *V. Läpple/J. Scharfenberg:* Psychotherapie und Seelsorge, 1977, S. 399-411.

20 *H.-O. Wölber,* a. a. O. S. 24 f., 34.

21 *S. Hiltner:* Preface to Pastoral Theology, 1958, S. 145 ff., 171 f.

22 *H. v. Bezzel:* Der Dienst des Pfarrers, 1926. — Zit. nach *K. Kampffmeyer,* a. a. O. S. 141; 4. Aufl., S. 129.

IV. Beraten — Bezeugen — Befreien

1 *H. Trüb:* Heilung aus der Begegnung, 2. Aufl. 1962, S. 107.

2 Siehe oben Kap. III, S. 50—52.

3 *W. Jentsch:* Hdb. der Jugendseelsorge, II (Theologie), 2. Aufl. 1977, S. 161-166.

4 Näheres hierzu und zum Folgenden bei *W. Jentsch:* Beraten und Bezeugen. Eine Grundfrage der Seelsorge heute, in: *D. Rößler u. a. (Hg.):* Fides et communicatio (M. Doerne-Festschrift), 1970, S. 155-182.

5   *O. F. Bollnow:* Existenzphilosophie und Pädagogik, 1959, S. 78 ff.

6   *K. Mollenhauer/C. W. Müller:* ,,Führung'' und ,,Beratung'' in pädagogischer Sicht, 1965, S. 25-41.

7   *Th. Sprey:* Beraten und Ratgeben in der Erziehung, 1968, S. 125.

8   *Rollo May:* The Art of Counseling, 1939, p. 75 ff., 123 f. (pastorale Beratung), 165 ff., 170, 177 f., 218.

9   *Carl R. Rogers:* Die nicht-direktive Beratung (1942), 1972, S. 13 f., 28 (Definition), 38-50 (Schritte), 196, 213.

10 *G. v. Rad:* Theologie des Alten Testaments, I, 1958, S. 429, 432, 437 f. — *H.-J. Hermisson:* Studien zur israelitischen Spruchweisheit, 1968. — *W. Zimmerli:* Prediger (ATD), 2. Aufl. 1967, S. 132 f., 134.

11 *G. v. Rad:* Weisheit in Israel, 1970, S. 29 f., 36 f., 135, 319, 390 ff. — *W. Zimmerli,* a. a. O. S. 128 f.

12 *G. Schrenk:* Art. ,,bulomai'', in: ThWB, I, S. 628-636.

13 *W. Bauer:* Wörterbuch zum Neuen Testament (5. Aufl. 1971), 3. Aufl. 1937, S. 1294.

14 *H. Asmussen:* Die Seelsorge, 3. Aufl. 1935. — *E. Thurneysen:* Die Lehre von der Seelsorge, 1946 (3. Aufl.), S. 182 ff., 202 ff.

15 *J. Scharfenberg:* Seelsorge als Gespräch, 1972 (2. Aufl. 1974), S. 12, 44, 142 ff.

16 *H.-J. Thilo:* Beratende Seelsorge, 1971 (2. Aufl. 1975), S. 8, 10 f.

17 *D. Stollberg:* Mein Auftrag — Deine Freiheit, 1972, S. 15 f.; *ders.:* Wahrnehmen und Annehmen. Seelsorge in Theorie und Praxis, 1978, S. 64-66.

18 *W. Jentsch:* Der Einfluß Tillichs auf die Religionspädagogik der Gegenwart, in: Der Ev. Erzieher, 9/1970, S. 345-364.

19 *Howard J. Clinebell:* Modelle beratender Seelsorge, 1971, S. 16 f., 21. 30.

20 *D. Stollberg:* Mein Auftrag — Deine Freiheit, a. a. O. S. 63. Das sicher gutgemeinte, aber mindestens mißverständliche Kontext-Modell stammt von *Seward Hiltner/Lowell G. Colston:* The Context of Pastoral Counseling, 1961.

21 *Chr. Meves:* Kleines ABC für Seelenhelfer, 1980, S. 122 f. — *R. Bärenz (Hg.):* Gesprächsseelsorge, 1980, S. 110.

22 *Joseph W. Knowles:* Gruppenberatung als Seelsorge und Lebenshilfe, 1971, S. 65 ff., 71 ff. — *D. Stollberg:* Seelsorge durch die Gruppe, 1971 (3. Aufl. 1975), S. 15, 17, 19, 195 f., 201; *ders.:* Wahrnehmen und Annehmen, a. a. O. S. 67-70.

23 *M. Balint:* Der Arzt, sein Patient und die Krankheit, 1970, S. 206 ff. — *H.-J. Thilo,* a. a. O. S. 33-35.

24 *J. Scharfenberg (Hg.):* Glaube und Gruppe. Probleme der Gruppendynamik in einem religiösen Kontext, 1980, S. 9 ff., bes. 12, 13, ff., bes. 15, 143 *(J. Mayer-Scheu/W. Ruff).* — *W. Jentsch:* Gruppenarbeit unter dem Evangelium, in: Mitarbeiterhilfe 7/8 1952, S. 193-203. Hier schon die Thematik ,,Gruppe u. Glaube'' u. ,,Glaube an die Gruppe''!

25 *H.-K. Hofmann:* Psychonautik Stop, 1977, S. 32 ff., 62 ff., bes. 67. — *H. W. Beck:* Gruppen-Psychotechnik, 1978. — Vgl. auch *H. Böttcher:* Versuchung zur Selbsterlösung, in: Luth. Monatshefte 16/1977, S. 524-527.

26 *D. Stollberg:* Seelsorge durch die Gruppe, a. a. O. S. 189 ff. — *R. Rieß:* Seelsorge. Orientierung, Analysen, Alternativen, 1973, S. 146 ff.

27 *R. Cohn:* Von der Psychoanalyse zur themenzentrierten Interaktion, 1975.

28 *H. Tacke:* Glaubenshilfe als Lebenshilfe, 1975, S. 64 f.

29 *J. W. Knowles,* a. a. O. S. 47. — *D. Stollberg,* a. a. O. S. 99 f.

30 *W. Jentsch:* Jugendseelsorge, II, a. a. O. S. 184-203.

31 *H. Niederstrasser:* Theologie und Oikonomie. Ev. Beratung u. Lebenshilfe, 1972, S. 16, 118 ff., 169, 171, 175, 179 ff. — *H. Konzelmann:* K 1. Kor., 1969, S. 101 f.

32 *H. Niederstrasser,* a. a. O. S. 28, 56, 80, 85, 118 ff., 356 ff., bes. 358, 367 f.

33 A. a. O. S. 417 ff., 447 ff.

34 *E. Guhr:* Personale Beratung, 1981, S. 19 f., 21 ff. (Fall), 31, 78 ff. (Schritte), 89, 187.

35 *E. Guhr,* a. a. O. S. 195, 208, 211 f., 214, 221 f., 229.

36 *A. Solschenizyn:* Der Archipel GULAG, I, 1974, S. 167. — *M. Seitz:* Überlegungen zum Verhältnis von Theologie und Psychologie, in: *F. Gutsche (Hg.):* Mut zur Seelsorge, 1974, S. 26 f.

37 *S. Lenz:* Duell mit dem Schatten, 1953; *ders.:* Brot und Spiele, 1959; *ders.:* Stadtgespräch, 1963, S. 33, 77, 206.

38 *H. Strathmann:* Art. „martyr etc.", in: ThWB, IV, S. 477-520.

39 *G. Ebeling:* Das Wesen des Glaubens, 2. Aufl. 1963, S. 48 ff., 83 f.

40 *W. A. Visser't Hooft (Hg.):* New-Delhi 1961, 2. Aufl. 1962.

41 *J. Scharfenberg,* a. a. O. S. 62 f. — *A. Allwohn:* Das heilende Wort, 1958; *ders.:* Ev. Pastoralmedizin, 1970. — *D. Stollberg:* Therapeutische Seelsorge, 1969.

42 *Wayne E. Oates:* The Christian Pastor, 1951, p. 161 ff. — *D. Stollberg:* Wahrnehmen, a. a. O. S. 32 f., 47.

43 *H.-J. Thilo,* a. a. O. S. 20 f., 23.

44 *H. Niederstrasser,* a. a. O. S. 370 f.

45 *H. Tacke,* a. a. O. S. 147, 152, 153.

46 *W. Jentsch:* Kirche und Bildung, in: *Chr. Dannenmann (Hg.):* Bildung und Bildungspolitik in der Bundesrepublik Deutschland, 1973, S. 189-250, bes. 231 ff.

47 *C. G. Jung:* Beziehungen der Psychotherapie zur Seelsorge (1932), in: *J. Scharfenberg (Hg.):* Psychotherapie und Seelsorge, 1977, S. 175-196, bes. 187 f., 190.

48 *P. Tillich:* Systematische Theologie, II, 1958, S. 191 f.; *ders.:* Seelsorge und Psychotherapie, in: GW VIII, 1970, S. 316-335, bes. 318, 321, 329 f.

49 *C. R. Rogers:* Die nicht-direktive Beratung, a. a. O. S. 44 f., 151, 188 f.; *ders.:* Die klient-bezogene Gesprächstherapie (1951), 1973, S. 62 f. — *Th. C. Oden:* Kerygma and Counseling, 1966, p. 21 ff., 59 ff., 110 f., 63, 66.

50 *M. Hirsch:* Welche Rolle spielt der christliche Glaube in der psychotherapeutischen Praxis?, in: *H. Zahrnt (Hg.):* Jesus und Freud, 1972, S. 119-140, bes. 126 f.

51 *D. Stollberg:* Seelsorge praktisch, 1970, S. 16; *ders.:* Wahrnehmen, a. a. O. S. 47, 93, 149 f. — *R. Rieß,* a. a. O. S. 214.

52 *M. Kroeger:* Themenzentrierte Seelsorge, 1973, S. 48 f., 82 f., 141.

53 *H. Lemke:* Theologie und Praxis annehmender Seelsorge, 1978. S. 25 f., 33, 41, 45, 63.

54 *H. Tacke,* a. a. O. S. 137-146, bes. 140 f., 142 f., 144 f. — Vgl. auch *M. Seitz:* Praxis des Glaubens. Gottesdienst, Seelsorge und Spiritualität, 1978, S. 144-153 (Der Fortschritt im Verhältnis von Seelsorge und Beratung). Mit Recht hinterfragt Seitz kritisch den Unbedingtheitscharakter der Annahme: „bedingungslos annehmen kann nur der Unbedingte" und insistiert in der Seelsorge auf der „Nachfrage" (S. 151).

55 *W. Schnurre:* Der Schattenfotograf, 1978, S. 23.

56 *W. Jentsch:* Schuld — Schuldgefühle — Schulderleben, in: Das missionarische Wort 9/10, 1976, S. 164-170.

57 *Th. Adorno:* Erziehung zur Mündigkeit, 1971. — *K. Mollenhauer:* Erziehung und Emanzipation, 4. Aufl. 1970. — *H. Giesecke:* Die Jugendarbeit, 2. Aufl. 1973.

58 *W. Jentsch:* Erziehung aus Verantwortung (Zum christlichen Verständnis des pädagogischen Ethos), in: *Collegium Augustinum (Hg.):* Zeiten des Menschen, 1979, S. 11-44, bes. 20 f.; *ders.:* Christus in der Bresche zwischen Emanzipation und Resignation, in: Das missionarische Wort 7/8, 1979, S. 136-141.

59 *H.-J. Thilo:* Beratende Seelsorge, a. a. O. S. 18 f.

60 *D. Stollberg:* Mein Auftrag — Deine Freiheit, a. a. O. S. 38, 42, 46, 55 f.

61 *J. Scharfenberg:* Seelsorge als Gespräch, a. a. O. S. 13, 34, 42, 92.

62 *M. Josuttis:* Praxis des Evangeliums zwischen Politik und Religion, (1973), 2. Aufl. 1980, S. 109-116 (Integration oder Emanzipation), bes. 109 f., 114, 116.

63 *J. Moltmann:* Der gekreuzigte Gott, 2. Aufl. 1973, S. 268-292 (Wege zur psychischen Befreiung des Menschen), bes. 268 f., 270 f., 275, 280, 283.

64 *W. Jentsch/H. Jetter/M. Kießig/H. Reller (Hg.):* Evangelischer Erwachsenenkatechismus, 3. Aufl. 1977, S. 416-454 (4. Aufl. 1982).

65 *E. Thurneysen,* a. a. O. S. 294-312. — *W. Jentsch:* Exorzismus als theologisches Problem, in: Pastoralblätter 4/1959, S. 195-214; *ders.:* Hdb. der Jugendseelsorge, I (Geschichte), a. a. O. S. 291 f., 311-313.

66 *J. Scharfenberg:* Seelsorge als Gespräch, a. a. O. S. 70; *ders.:* Sigmund Freud und seine Religionskritik als Herausforderung für den christlichen Glauben, 1968 (4. Aufl. 1974), S. 163 f.

67 *D. Stollberg:* Mein Auftrag — Deine Freiheit, a. a. O. S. 25, 31, 33, 39, 45, 55 f.

68 *M. Josuttis,* a. a. O. S. 109 f. — *J. Moltmann,* a. a. O. S. 268, 270. — *H. Tacke,* a. a. O. S. 270.

69 *Jay E. Adams:* Befreiende Seelsorge, 1972, S. IX f., XVII, 4 ff., 17, 45, 47, 68 ff., 109 ff.

70 *H. Tacke,* a. a. O. S. 29, 32.

71 *K. E. Nipkow:* Grundfragen der Religionspädagogik, I, 1975, S. 108 ff.

72 *J. Habermas:* Legitimationsprobleme im Spätkapitalismus, 1973. — *K.-O. Apel u. a. (Hg.):* Hermeneutik und Ideologiekritik, 1971.

73 *M. Buber:* Reden über Erziehung, 1964, S. 11 ff., bes. 22 f. — *H. E. Richter:* Die Gruppe. Hoffnung auf einen neuen Weg, sich selbst und andere zu befreien, 1972.

74 *J. Chr. Hampe:* Türen ins Freie. Essays zur Welterfahrung, 1976, S. 150-158, bes. 152, 154 f.

V. Hilfen für das Helfen I Angebote der Psychotherapie

1 *J. Matthes:* Soziale Stereotype in der Theorie der Fürsorge, in: Soziale Welt, 13/1963. — *H. Böttcher:* Sozialpädagogik im Überblick, 1975, S. 27, 40 ff.

2 *W. Jentsch:* Jugendseelsorge, III, 1, 1973, S. 19 ff.

3 *H. v. Bezzel:* Der Dienst des Pfarrers, 1926. — *W. Hoch:* Evangelische Seelsorge, 1937. — *O. Riecker:* Die seelsorgerliche Begegnung, 1947. — *L. Köhler:* Wahres Leben (Ein Buch für die Nöte und Pflege des täglichen Lebens), 1954. — *E. Schick:* Der Christ als Seelsorger, 1957.

4 *W. Jentsch,* a. a. O. III, 1, S. 511-514.

5 *J. Scharfenberg:* Übertragung und Gegenübertragung in der Seelsorge, in: Forschung und Erfahrung im Dienst der Seelsorge (O. Haendler-Festschrift), 1961, S. 80-89; *ders.:* Seelsorge als Gespräch, 1972, S. 90.

6 Vgl. hierzu die Freud-Kritik bei *W. Schütz:* Seelsorge, 1977, S. 94.

7 Zu *J. Scharfenberg,* a. a. O. S. 77. — Gut ist aber hier der Hinweis, daß Seelsorge nur ,,eine Partnerschaft auf Zeit'' ist.

8 *S. Freud:* Studienausgabe (10 Bde.), 1969-1975; *ders.:* Abriß der Psychoanalyse (Fischer TB 47); *ders.:* Darstellung der Psychoanalyse (Fischer TB 6016). — *J. Scharfenberg:* S. Freud und seine Religionskritik als Herausforderung für den christlichen Glauben (1968), 4. Aufl. 1976; *ders.:* (u. *H. Kämpfer):* Mit Symbolen leben, 1980. — *H.-J. Thilo:* Beratende Seelsorge (1971), 2. Aufl. 1975, S. 35 f., 45 ff.; *ders.:* Psyche und Wort, 1974, S. 19 f., 46 f. — *H. Feiereis/H.-J. Thilo:* Basiswissen Psychotherapie (betr. nur die klassische Psychoanalyse), 1980. — Vgl. auch *K. Winkler:* Tiefenpsychologisch orientierte Seelsorge, in: *H.-J. Scharfenberg (Hg.):* Freiheit und Methode, 1979, S. 102-112.

9 *A. Adler:* Praxis und Theorie der Individualpsychologie (1926), 1974; *ders.:* Menschenkenntnis (Fischer TB 6080). — *F. Künkel:* Ringen um Reife, 3. Aufl. 1962; *ders.:* Charakter, Liebe, Ehe, 4. Aufl. 1973. — *E. zur Nieden:* Sprechstunden mit deinem Ich, 1975.

10 *C. G. Jung:* Ges. Werke, 1972 ff.; *ders.:* Bewußtes und Unbewußtes (Fischer TB 6058). — *R. Affemann:* Psychologie und Bibel, 1956; *ders.:* Krank an der Gesellschaft, 1980. — *W. Uhsadel:* Ev. Seelsorge, 1966. — *A. Köberle:* Heilung und Hilfe, 1968. — *H. Barz:* Stichwort: Selbstverwirklichung, 1981.

11 *H. Schultz-Henke:* Der gehemmte Mensch, 3. Aufl. 1969. — *K. H. Wrage/P. Petersen:* Seelsorge und Therapie, 1971, S. 65 f. — *Chr. Meves:* Kleines ABC für Seelenhelfer, 1980, S. 33, 58 ff., 92, 113, 126, 147.

12 *V. E. v. Gebsattel:* Prolegomena einer medizinischen Anthropologie, 1954, S. 358 f.; *ders.:* Imago hominis, 1968, S. 51 f. — *V. E. Frankl:* Der Mensch auf der Suche nach Sinn (1959), 1972. — *H. Thielicke:* Menschsein — Menschwerden, 1970, S. 457-471. — *J. Herzog-Dürck:* Person und Identität in der personalen Psychotherapie, 1969; *ders.:* Lebenskrise und Selbstfindung, 1978.

13 *C. R. Rogers:* Die nicht-direktive Beratung (1942), 1972; *ders.:* Die klient-bezogene Gesprächstherapie (1951), 1973; *ders.:* Entwicklung der Persönlichkeit (1961), 1973, S. 64-70.

14 *R. Tausch:* Gesprächspsychotherapie, 2. Aufl. 1968, S. 5, 9 f., 47, 79-147.

15 *C. R. Rogers:* Die klient-bezogene Gesprächstherapie, a. a. O. S. 134 f., 141, 423 f.; *ders.:* Entwicklung der Persönlichkeit, a. a. O. S. 51 f., 116 f., 167 ff., 181, 347.

16 *D. Stollberg:* Therapeutische Seelsorge, 1969, S. 150 ff.; *ders.:* Wahrnehmen und Annehmen, 1978, S. 20-43. Dieses Taschenbuch ist (s. o.) theologisch ausgewogener als die frühere ,,Kampfschrift'': Mein Auftrag — Deine Freiheit, 1972. Zu den amerikanischen Autoren vgl. *W. Jentsch:* Jugendseelsorge, III, 1, S. 466-476.

17 *H. Faber/E. van der Schoot:* Praktikum des seelsorgerlichen Gesprächs, 1968 (6. Aufl. 1980), S. 100-103; *H.-Chr. Piper:* Klinische Seelsorgeausbildung, 2. Aufl. 1973; *ders.:* Gesprächsanalysen, 1973 (3. Aufl. 1980), S. 105 ff. — *H. Lemke:* Theologie und Praxis annehmender Seelsorge, 1978, S. 28 f., 49-63; *dies.:* Verkündigung in der annehmenden Seelsorge, 1981, S. 21-28, 132 ff.

18 *M. Seitz:* Praxis des Glaubens (Gottesdienst, Seelsorge und Spiritualität), 1978, S. 82 f. — *H. Tacke:* Glaubenshilfe als Lebenshilfe, 1975 (2. Aufl. 1979), S. 77-89.

19 *E. Berne:* Spiele der Erwachsenen, 1974, S. 14 f., 27, 32-39. — *D. E. Babcock/ T. D. Keepers:* Miteinander wachsen (TA für Eltern und Erzieher), 1980, S. 27-44 („Bedürfnisse"). — *M. James/L. M. Savary:* Befreites Leben (TA und religiöse Erfahrung), 1977, S. 32 (ER am Steuer). — *H. Harsch:* Theorie und Praxis des beratenden Gesprächs (Telefonseelsorge), 1973 (4. Aufl. 1979), S. 61-76.

20 *Th. A. Harris:* Ich bin o.k. — Du bist o.k. (Wie man über seinen Schatten springen lernt), 1973. — *E. Berne,* a. a. O. S. 57 ff., bes. 192-197. — *Babcock/Keepers,* a. a. O. S. 59-63, 274.

21 *Babcock/Keepers,* a. a. O. S. 245. — *James/Savary,* a. a. O. S. 33, 42, 54, 97, 186 f.; — *E. Berne,* a. a. O. S. 15. — *H. Fischer:* Wie o.k. ist die TA?, in: Deutsches Pfarrerblatt, 4/1981, S. 158-161; 5/1981, S. 211-215. — Die Kritik dieser Kritik ist auch noch nicht frei vom „Reizklima" („Freistil-Methoden"): *Th. Born, H. Harsch, Th. Weil:* Wie o.k. ist H. Fischers k.o. über die TA?, ebd. 9/1981, S. 211-215. — *H. Harsch,* a. a. O. S. 65. — Positiv und kritisch zur TA urteilt *Th. C. Oden:* Wer sagt: Du bist o.k.? Eine theologische Anfrage an die TA, 1977, S. 12 (Intimität), 97 ff.: Wer sagt: Du bist o.k.? Antwort: „etwas in der Wirklichkeit selber" (S. 98), „etwas in der Geschichte" (S. 100: „Gottes Ja" zu Israel, in Christus). Aber besteht hier wirklich eine so eindeutige Parallele?! Zur Kritik an Oden vgl. *W. Jentsch:* Jugendseelsorge, III, 1, a. a. O., S. 474-476.

22 *D. Stollberg:* Seelsorge durch die Gruppe, 1971 (1975). — *K.-W. Dahm/H. Stenger:* GD in der kirchlichen Praxis, 1974. — *H.-K. Hofmann:* Psychonautik Stop, 1977. — *H. W. Beck:* Gruppenpsychotechnik, 1978. Zwischen (mehr sozialpsychologischen „Laboratorien") GD und (eigentlich psychoanalytischer) „Gruppenpsychotherapie" ist begrifflich zu unterscheiden, obwohl beide Arbeitsweisen natürlich auch gemeinsame Elemente haben und sich gegenseitig ergänzen können.

23 *K. Lewin:* Feldtheorie in den Sozialwissenschaften, 1963. — *P. R. Hofstätter:* Gruppendynamik, 1957 (1972, S. 43 ff. (Die Gruppe im Laboratorium). — *T. Brocher:* Gruppendynamik und Erwachsenenbildung, 1967, S. 121 ff. (Arbeitsmethoden der GD). — *J. W. Knowles:* Gruppenberatung als Seelsorge und Lebenshilfe, 1971, S. 122 ff. (Katalysator). — *M. Kleßmann:* Was ist eigentlich GD?, in: *J. Scharfenberg (Hg.):* Glaube und Gruppe, 1980, S. 39-52.

24 *R. Battegay:* Der Mensch in der Gruppe, I, 1963, S. 83 ff.; II, (1969) 2. Aufl. 1972, S. 11, 69-72. — *F. Nietzsche:* Werke (Kröner), 7. Bd.: Also sprach Zarathustra, IV, S. 418, (3.). — *H. W. Beck:* Gruppen-Psychotechnik, 1978, S. 37 ff., 61 f., 68 f.

25 *J. Scharfenberg (Hg.),* a. a. O. S. 11. — *R. Battegay,* a. a. O. II, S. 50-72. — *D. Stollberg,* a. a. O. S. 84-89. — *G. Hartmann:* Macht Gruppenarbeit süchtig?, in: *J. Scharfenberg (Hg.),* a. a. O. S. 95-114. — *E. Brunner:* Die Kirchen, die Gruppenbewegung und die Kirche Jesu Christi, 1936. — *P. Howard:* Frank Buchmans Geheimnis, 2. Aufl. 1962. — *H.-K. Hofmann,* a. a. O. S. 116, 119.

26 *J. W. Knowles,* a. a. O. S. 48, 121 ff. — *D. Stollberg,* a. a. O. S. 91 ff., 117. — *K.-W. Dahm/H. Stenger,* a. a. O. S. 22 ff., 43 ff. (Dahm), 236 ff. (A. Hollweg). — *H. Frik:* Evangelium und Gruppenpädagogik, 1976, S. 10, 76 ff: Zum Ganzen vgl. auch *S. Findeisen:* Gruppendynamik in der Krise der Kirchen, in *A. Roller/A. Sperl (Hg.),* a. a. O. S. 91—117..

27 *R. C. Cohn:* Von der Psychoanalyse zur themenzentrierten Interaktion, 4. Aufl. 1980 (1975), S. 7, 68, 88, 97.

28 *R. C. Cohn,* a. a. O. S. 113 f., 115 ff., 121-128.

29 *M. Kroeger:* Themenzentrierte Seelsorge, 1973, S. 90, 121 f., 124 ff., 130, 182, 207, 221. — *R. C. Cohn,* a. a. O. S. 109, 114, 122 f., 198 ff. (Pfarrer), 224-232 (inneres Jenseits).

30 *A. T. Boisen:* Religion in Crisis and Custom, 1945 (1955). Deutsche Übersetzung von Boisen-Texten finden sich bei *D. Stollberg:* Therapeutische Seelsorge, a. a. O. S. 163-191, bes. 174 ff. — *G. Caplan:* Principles of Preventive Psychiatry, 1964, bes. p. 40 f. — *D. K. Switzer:* Krisenberatung in der Seelsorge (The Minister as Crisis Counselor), 1974, S. 25-28, 33 ff., 41-43, 52 f.

31 *D. K. Switzer,* a. a. O. S. 26 f., 44-46, 114 f.

32 *D. K. Switzer*, a. a. O. S. 14-22, 37 f., 49 ff. — *W. Becher:* Seelsorge und Sozialpsychiatrie, in: *D. K. Switzer*, a. a. O. S. 192 f., — *H. P. Rome:* Leitfaden für den Umgang mit akuten Krisen, ebd. S. 121-126. — *Y. Spiegel:* Der Prozeß des Trauerns, 1973.

33 *W. Glasser:* Realitätstherapie, 1972, S. 81-83.

34 *W. Glasser:* a. a. O. S. 16 f., 19 f., 23, 28.

35 a. a. O. S. 29, 31, 36, 45.

36 a. a. O. S. 23 f., 36, 39 f., 63 f.

37 *H. J. Clinebell:* Modelle beratender Seelsorge, 1971 (4. Aufl. 1979), S. 14-17, 209 ff., bes. 215, 217, 220, 227., 254. — *O. H. Mowrer:* Morality and Mental Health, 1967; *ders.:* Vorwort, in: *W. Glasser:* a. a. O. S. 1-10. — *J. W. Drakeford:* Integrity Therapy, 1965. — *W. Glasser*, a. a. O. S. 16 ff., 31, 49 f., 51-55, 61-64.

38 *J. B. Pawlow:* Vorlesungen über die Arbeit der Großhirnhemisphäre, G. W. IV, 1953, S. 329. — *J. B. Watson:* Behavior: An introduction to comparative psychology, 1914. — *Chr. Kraiker (Hg.):* Handbuch der Verhaltenstherapie, 1974, S. 11-32.

39 *J. Wolpe:* Praxis der Verhaltenstherapie, 1972. —+ *S. Rachmann:* Verhaltenstherapie bei Phobien, 1970, S. 33.

40 *B. F. Skinner:* Wissenschaft und menschliches Verhalten (engl. 1953), 1972. — *O. H. Mowrer:* The Crisis in Psychiatrie and Religion, 1961.

41 *J. B. Pawlow*, a. a. O. S. 329. — *M. Hartig:* Die Anwendung von Techniken der Selbstkontrolle in der Verhaltenstherapie, in: *Chr. Kraiker (Hg.):* Hdb., a. a. O. S. 325-350, bes. 327.

42 *G. Besier:* Seelsorge und Klinische Psychologie, 1980, S. 15 f., 21, 79-93. — *E. Guhr:* Personale Beratung, 1981, S. 168 ff. — *W. Schütz:* Seelsorge, 1977, S. 73 f.

43 *P. Tillich:* Auf der Grenze, 2. Aufl. 1965, S. 9. — *K. H. Mandel/E. Stadter/D. Zimmer:* Einübung in Partnerschaft durch Kommunikationstherapie und Verhaltenstherapie, 1971, S. 25, 31, 44, 81, 86.

44 *P. Watzlawick u. a.:* Menschliche Kommunikation, 1969. — *J. Haley:* Gemeinsamer Nenner Interaktion (Strategies of Psychotherapy), 1978; *ders.:* Die Psychotherapie Milton H. Ericksons, 1978, S. 17. — *J. Bell:* Family Group Therapy in: Public Health Monograph 64/1961. — *V. H. Satir:* Conjoint Family Therapy, 1964; *dies.:* Selbstwert und Kommunikation, 1975. — *H. E. Richter:* Eltern, Kind und Neurose, 1967; *ders.:* Patient Familie, 1970.

45 *E. Stadter*, a. a. O. S. 325-402 (Philosophische Aspekte der Partnerbeziehung und der Kommunikationstherapie), bes. 327, 330, 334, 338, 339 f., 343, 351 f.

46 *K. H. Mandel*, a. a. O. S. 2, 26 f. — *E. Stadter*, a. a. O. S. 337, 359 ff., 380-386, 387-392.

47 *K. H. Mandel*, a. a. O. S. 135, 214 ff., 251. — *E. Stadter*, a. a. O. S. 329. — *H. Frör:* Konfliktregelung, 1976, S. 13 ff., 107, 109, 143 ff. — *J. Scharfenberg/H. Kämpfer:* Mit Symbolen leben (soziologische, psychologische und religiöse Konfliktbearbeitung), 1980, S. 195 f., 197, 212 ff. (Fallbeispiele).

48 *H. Cox:* Verführung des Geistes, 1974, S. 134-142. — *F. H. Perls:* Gestalt-Therapie in Aktion, 1969, S. 10; *ders.:* Grundlagen der Gestalt-Therapie, 2. Aufl. 1977.

49 *F. H. Perls:* Gestalt-Therapie in Aktion, a. a. O. S. 15, 17, 22, 24 f., 36, 49, 52, 62.

50 *H. Petzold* (und *G. J. Brown):* Gestaltpädagogik, 1977; *ders.:* Integrative Gestalttherapie in der Ausbildung von Seelsorgern, in: *J. Scharfenberg (Hg.):* Freiheit und Methode, 1979, S. 113-135. — *J. O. Stevens:* Die Kunst der Wahrnehmung, 1975, S. 24, 47, 65 ff., 132-143, 213, 229. — *F. H. Perls*, a. a. O. S. 44, 78. — Zum ,,personalen" Aspekt der Gestalt-Therapie vgl. *H. Petzold (Hg.):* Die Rolle des Therapeuten und die therapeutische Beziehung, 1980, S. 223-290. — Petzold läßt in diesem Sammelband auch die Rollenkonzepte der anderen therapeutischen Schulen durch deren Fachvertreter zu Worte kommen. Dabei werden auch weniger bekannte Richtungen wie die rational-emotive Therapie oder die Bioenergetische Analyse u. a. referiert. Petzold sieht in der therapeutischen Beziehung das ,,Kernstück" der Therapie, die ihrerseits als ,,interaktionales Geschehen" verstanden wird; sie dient der Überwindung von Störungen und hilft zur Selbstverwirklichung des Klienten (S. 7). Wesentlich für das Verständnis der Therapeutenrolle einer psychotherapeutischen Schule ist nach Petzold deren jeweiliges Menschenbild. Er selber interpretiert die therapeutische Beziehung als ,,Korrespondenzprozeß" (S. 242). Die Aufgaben des Gestalttherapeuten bestehe darin, sich im Interesse des Klienten sowohl als Person einzusetzen als auch darin, sich als Person zurückzunehmen (S. 267): ,,Wo Übertragung war, muß Beziehung werden" (S. 259; vgl. 257, 260 f.). — *E. und M. Polster:* Gestalttherapie (,,Gestalt Therapy Integrated"), 1975, S. 19 f., 186.

51 *F. H. Perls,* a. a. O. S. 12 f. (Gebet), 18 f., 24, 26 f., 28, 51. — *G. Besier,* a. a. O.
S. 64. — *H. Petzold:* Integrative Gestalttherapie in der Ausbildung von Seelsorgern,
a. a. O. S. 113-135, bes. 115. — *S. Essen:* Körperleben und religiöse Erfahrung, in:
Wege zum Menschen 1/2, 1981, S. 18-32, bes. 19 f., 26 f.

52 *F. H. Perls,* a. a. O. S. 30, 32 (Selbstregulierung), 34 f., 35, 55 (Schuld), 81 (Katalysator). — *H. Petzold,* a. a. O. S. 114, 119, 132. — *S. Essen,* a. a. O. S. 21, 26 f., 30. —
K. H. Ladenhauf: Curriculum: Beratende Seelsorge und christliche Pädagogik, in:
Diakonia. Internationale Zeitschrift für praktische Theologie 8 (1977), S. 324-333,
bes. 325.

53 *F. H. Perls,* a. a. O. S. 40, 45 f., 80 ff. (Traumarbeit), bes. 81, 83, 88-90. — *H. Cox,*
a. a. O. S. 196 ff., bes. 204, 207, 209. — *K. Lückel:* Gestalttherapeutische ' — .inar-
beit in der Seelsorgebegleitung sterbender Menschen, in: Wege zum Menschen, a. a.
O. S. 46-63, bes. 56 f.; *ders.:* ,,Gestaltseelsorge'' in der Begleitung sterbender Menschen, 1981, bes. S. 229. — Lückel, Krankenhausseelsorge in Bethel, sucht die ,,inte-
grative'' Gestalttherapie mit ihren personalen Elementen in die Sterbeseelsorge einzubringen. Zu Recht und Grenze dieses Versuchs s. o. S. 290-294.

54 Zum Begriff ,,cartesianisch'' vgl. *H. Thielicke:* Der evangelische Glaube, I, 1968,
S. 22-143, 294-303.

55 Eine ausführliche Darstellung des Verhältnisses von Psychotherapie und Seelsorge hat
der Verfasser in seinem Seelsorgehandbuch gebracht: *W. Jentsch:* Jugendseelsorge,
III, 1 (Praxis), 1973, S. 511-516.

VI. Hilfen für das Helfen II Beispiele zur Methodik

1 *M. Luther:* Schmalkaldische Artikel III, 4 = WA 50, 241. — *E. Thurneysen:* Die Lehre von der Seelsorge, 1949, S. 90 ff. — Zusammenfassende Einführungen in die Methodik der seelsorgerlichen Gesprächsführung bieten: *G. Eisele/R. Lindner:* Seelsorge
lernen (Anleitung für helfende Gespräche), 3. Aufl. 1976. — *W. Weber:* Wege zum
helfenden Gespräch (Gesprächspsychotherapie in der Praxis), 1974, 5. Aufl. 1981. —
J. Eikmann: Kann ich helfen? (Ein Übungsbuch für alle, die mit ratsuchenden Menschen zusammenkommen), 1979. — Da diese Handreichungen weitgehend auf den Arbeiten anderer Autoren aufbauen, sind Rück- und Seitenblicke auf diese Untersuchungen für jeden, der sich gründlich orientieren will, unerläßlich. — Vgl. auch die Gesprächsanalysen, die aus der Seelsorgearbeite in der DDR stammen: *W. Schulz (Hg.):*
Seelsorgepraxis (Erfahrung — Klärung — Erkenntnis), 1981. — Zum Gesprächscharakter der Seelsorge als solchen vgl. *W. Jentsch:* Handbuch der Jugendseelsorge, II
(Theologie), 2. Aufl. 1977, S. 184-203.

2 *E. Thurneysen,* a. a. O. S. 94, 119 f.

3 *M. Buber:* Die Schriften über das dialogische Prinzip, 1954, S. 135, 176.

4 *K. Bühler:* Sprachtheorie, 1934. — Vgl. dazu *H. Noack:* Sprache und Offenbarung,
1961. — *M. Buber:* Ich und Du, 1958, S. 107 ff. — *W. Jentsch,* a. a. O. S. 200 f.

5 *A. Rensch:* Das seelsorgerliche Gespräch, 1963, S. 28 ff., bes. 32 f., 35. — *W. Weber,*
a. a. O. S. 137 f.

6 *J. Kilpeläinen:* Zuhören und Helfen in Seelsorge und Beratung, 1969, S. 12, 17, 61 f.

7 *W. Weber,* a. a. O. S. 59-64, bes. 59.

8 *D. Rößler:* Der ,,ganze'' Mensch. Das Menschenbild der neueren Seelsorgelehre und
des modernen medizinischen Denkens im Zusammenhang der allgemeinen Anthropologie, 1962. — *A. Rensch:* Das seelsorgerliche Gespräch, 1963 (2. Aufl. 1967), S. 26 f.,
37-118.

9 *A. Rensch,* a. a. O. S. 75 f. — *J. Eikmann,* a. a. O. S. 47-51; vgl. auch die Übung mit
den Fotos ,,Gefühle vom Gesicht ablesen'', S. 131-138.

10 *D. Bonhoeffer:* Gemeinsames Leben, 12. Aufl. 1966, S. 83 f.

11 *J. Scharfenberg:* Seelsorge als Gespräch, 1972, S. 47, 56 f.

12 *J. Scharfenberg,* a. a. O. S. 66 f., 70 f.; vgl. auch 101 ff., 121 ff.

13 *H.-J. Thilo:* Beratende Seelsorge, 1971, S. 61 ff.

14 *H.-J. Thilo,* a. a. O. S. 95 f.

15 Theol. Wörterbuch zum NT: Bd. V, Art. ,,pascho'' *(W. Michaelis),* S. 903 ff., bes.
,,sympascho'' (924 f.), ,,sympatheo'' (935 f.) und ,,metriopatheo'' (938).

16 *C. R. Rogers:* Die klient-bezogene Gesprächstherapie (1951), 1973, S. 49, 161. —
H. Faber/E. van der Schoot: Praktikum des seelsorglichen Gesprächs, 1968, S. 94.

17 *H. Harsch:* Theorie und Praxis des beratenden Gesprächs, 1973, S. 74-76.

18 D. *Stollberg:* Seelsorge praktisch, 1970, S. 23-26. — *H.-Chr. Piper:* Gesprächsanalysen, 1973, S. 70-75.

19 *S. Freud:* GW, VIII, S. 384. — *G. Eisele/R. Lindner:* Seelsorge lernen, 2. Aufl. 1974, S. 11 f., 15.

20 *H. Harsch,* a. a. O. S. 216, 277.

21 *J. Scharfenberg,* a. a. O. S. 104-108. — *H. Harsch,* a. a. O. S. 85-89. — *W. Weber,* a. a. O. S. 142-157.

22 *H. Harsch,* a. a. O. S. 87. — *J. Scharfenberg,* a. a. O. S. 106. — *W. Weber,* a. a. O. S. 156. — *F. Copei:* Der fruchtbare Moment im Bildungsprozeß, 5. Aufl. 1966, S. 92-100, bes. 96 f.

23 *H.-J. Thilo,* a. a. O. S. 78-82. Das ,,Finalschweigen'' wird hier nicht näher erläutert.

24 *H. J. Baden:* Das Schweigen, 1952, S. 70-105, bes. 88.

25 *H. Lemke:* Verkündigung in der annehmenden Seelsorge, 1981, S. 172; *dies.:* Theologie und Praxis annehmender Seelsorge, 1978, S. 51 f. – *G. Hennig:* Stärkt die Seelen (Grundlinien evangelischer Seelsorge und Seelsorgeausbildung), 1981, S. 14 ff., 38.

26 *A. Rensch,* a. a. O. S. 113, 115 f. — *J. Kilpeläinen,* a. a. O. S. 17, 23 f.

27 *W. Weber,* a. a. O. S. 67 f. — *G. Eisele/R. Lindner,* a. a. O. S. 18 f.

28 *M. Seitz,* in: Studienbrief, S. 3: Begleitung Sterbender, o. J., S. 6 f. Vgl. *ders.:* Praxis des Glaubens, 1978, S. 131-143. — Vgl. auch *H. Faber:* Seelsorge am kranken Menschen, 1969. — Themaheft ,,Krankenhausseelsorge heute'', Wege zum Menschen 1/1977. — *H.-D. Abermeth:* Gespräche auf der Krankenstation (für Krankenschwestern), 1982.

29 *H. Faber,* a. a. O. S. 94, 104 f.; *ders.:* Profil eines Bettlers? Der Pfarrer im Wandel d. mod. Gesellschaft, 1976, S. 16 ff. — *H. Harsch* (1973), a. a. O. S. 185 ff., bes. 185, 187, 194 f., 199 f., 202. — *H. Tacke,* a. a. O., 1975, S. 169 ff.

30 *H.-J. Thiio,* a. a. O. S. 43, 103, 105. — *W. Schütz:* Seelsorge, 1977, S. 160 f.

31 *J. Eckert/H. Schwartz:* Informationsblätter der Ges. f. wiss. Gesprächstherapie, 5/1971; *diess.:* Diss. Hamburg 1972.

32 *R. Tausch:* Gesprächstherapie, 3. Aufl. 1973 (7. Aufl. 1979), S. 284 ff. Vgl. auch *W. Weber,* a. a. O. S. 126-134.

33 *J. Eickmann,* a. a. O. S. 52-57, 59.

34 *W. Becher (Hg.):* Seelsorgeausbildung, 1976, S. 80 f., 88-90. — *R. Carkhuff:* Helping and Human Relations, 1969.

35 Näheres zu dem biblischen und reformatorischen Aspekt bei *W. Jentsch:* Handbuch der Jugendseelsorge, a. a. O. I, S. 17-87; II, S. 58-68, 254-265; III, 1, S. 562-586; IV, 1, S. 619-630, 650-663.

36 *H. Harsch,* a. a. O. S. 89 f.

37 *W. Weber,* a. a. O. S. 139 f.

38 *W. de Bont:* Faustregeln für das Seelsorgegespräch, 1968, S. 16-31. — Vgl. dazu auch *J. Scharfenberg,* a. a. O. S. 131.

39 *H.-J. Thilo,* a. a. O. S. 97-106, bes. 9M, 99 f. — Zum Ganzen vgl. auch *R. Bang:* Das gezielte Gespräch, I, 1968. — *H. Lattke:* Das helfende Gespräch, 1969.

40 *P. Handke:* Der kurze Brief zum langen Abschied, 3. Aufl. 1975, S. 9 f., 165. — *W. Jentsch:* Briefe, die schwerer wiegen, in: Unser Auftrag 7/8, 1979, S. 172-176.

41 *W. Jentsch:* Schreiben befreit: Einführung in die Briefseelsorge, 1981. — Die monographische Darstellung ist im Rahmen des ,,Handbuchs der Jugendseelsorge'' vorgesehen, und zwar für Bd. IV, 2.

42 Zu KGI vgl. *F. Krenzer:* Morgen wird man wieder glauben, 18. Aufl. 1978. Zu *H. Thielicke* – Glaubensbriefe vgl. *H. Westphal (Hg.):* Projektgruppe Glaubensinformation: Wer glaubt, denkt weiter, 4. Aufl. 1978.

43 Zum Thema ,,Verlassenheit'' vgl. *H. J. Schultze (Hg.):* Einsamkeit, 1980. — Zum Thema ,,Sekten'' vgl. *F.-W. Haack:* Jugendreligionen, 1979. — Zu anderen Themen (Sex, Selbstmord, Beruf, Krankheit u. a.) siehe die entsprechenden Artikel im EEK.

44 *W. Jentsch:* Luther als Briefseelsorger, in: Zeitwende 10/1967, S. 655-670.

45 Selbstverständlich gibt es auch ,,Grenzen'' der Briefseelsorge, z. B. einen Mangel an Ausdrucksfähigkeit und Schreibgewandtheit und die Möglichkeit von festgeschriebenen Mißverständnissen, — aber die Schwachstellen heben die Stärken dieser Art der Seelsorge nicht auf.

46 Zur Telefonseelsorge vgl. *H. Harsch:* Theorie und Praxis des beratenden Gesprächs, 1974. — *H. Frör:* Vertiefung (Fortbildungskonzepte zu Themen der Seelsorge), 1981.

47 *R. Pokorny:* Psychologie der Handschrift, 1973.

48 EEK, a. a. O. S. 1321-1341.

49 *J. G. Hamann.* Aesthetica in nuce, 1761.

50 Zum Vorstehenden vgl. *W. Jentsch:* Briefe, die schwerer wiegen, in: Unser Auftrag 7/8, 1979, S. 172-176.

51 Zu diesem Beispiel W. Jentsch: Briefseelsorge, in: Botschafter an Christi Statt (Georg-Lanzenstiel-Festschrift), 1970, S. 69-113, bes. 104-107.

52 *Christa Meves:* Antworten Sie gleich: Lebenshilfe in Briefen, 1977, S. 39-42.

53 Einführung in die Traumforschung bieten *H. J. Schultz (Hg.):* Was weiß man von den Träumen?, 1972. — *W. Horkel:* Träume sind keine Schäume, 1974. — *H. Dieckmann:* Umgang mit Träumen, 1978. — *W. Jentsch:* Handbuch der Jugendseelsorge, a. a. O. III, 2, S. 437-540, bes. 437-463. — Die Stelle im babylonischen Talmud findet sich in: Berakot 55 a.b. (Strack-Billerbeck: Kommentar I, 60).

54 *H. J. Schultz (Hg.),* a. a. O. S. 125-134. — *H. Dieckmann,* a. a. O. S. 12 f. — *W. Jentsch,* a. a. O. S. 446.

55 *S. Freud:* Die Traumdeutung, Studienausgabe II, 1972. — Zu ,,Irmas Traum'' vgl. *E. H. Erikson:* Das Traummuster der Psychoanalyse, in: *J. v. Graevenitz (Hg.):* Bedeutung und Deutung des Traumes in der Psychotherapie, 1968, S. 19-74. — *H. Schultz-Hencke:* Lehrbuch der Traumanalyse, 2. Aufl. 1968, versteht den Traum von den Voraussetzungen seiner ,,Neo-Psychoanalyse'' her als ,,Lösungsversuch der Konflikte zwischen Antriebserlebnissen (Besitz-, Geltungs- und Sexualstreben) und Welt''. Nach ihm kommen die latent ,,gehemmten'' Antriebserlebnisse im Traum wieder manifest zum Zuge.

56 *C. G. Jung:* Über psychische Energetik und das Wesen der Träume, 4. Aufl. 1971; *ders.:* Vom Wesen der Träume, in: *J. v. Graevenitz,* a. a. O. S. 95-115. — *H. Dieckmann:* Träume als Sprache der Seele, 1972.

57 *L. Binswanger:* Traum und Existenz (1946), ebenda S. 116-145. — *M. Boss:* Der Traum und seine Auslegung (1953), ebd. S. 146-184; *ders.:* Es träumte mir vergangene Nacht, 1975.

58 *E. Wiesenhütter:* Traum-Seminar, 1966; *ders.:* Therapie der Person, 1969, S. 71 ff. — *J. Herzog-Dürck:* Menschsein als Wagnis, 1960, S. 121-144; *dies.:* Leiden, Traum und Befreiung, 1979, S. 44 f., 86, 135 ff.

59 *A. Vetter:* Personale Anthropologie, 1966, S. 142 ff.; *ders.:* Die Zeichensprache von Schrift und Traum, 1970, S. 223-309.

60 Grundlegendes zum biblischen Verständnis des Traumes bringt *A. Oepke:* Art. ,,onar'', in: Theol. Wörterbuch zum NT, Bd. V, 1954, S. 220-238. — *F. Oser/ R. Merz/H. Venetz:* Ich hatte einen Traum: Die literarische Gattung des Traumes. Sprache und Bedeutung des Traumes in der Bibel und in der persönlichen Erfahrung, 1972. Dieses (kath.) Schweizer Werkbuch für Lehrer des Religionsunterrichts im 7. bis 9. Schuljahr bringt eine kurze Zusammenfassung der biblischen Aussagen in dem Kapitel ,,Der Traum in der Bibel'' (S. 13-35) und arbeitet sie in einer wirklich guten Handreichung didaktisch für 12- bis 14jährige auf (mit Arbeitsmappe für Schüler). — *Y. Spiegel (Hg.):* Psychoanalytische Interpretation biblischer Texte, 1972. — *Chr. Mewes:* Die Bibel antwortet uns in Bildern, 1974. — *J. A. Sanford:* Gottes vergessene Sprache, 1966. — Unter Anknüpfung an diesen Titel hat *H. Hark:* Der Traum als Gottes vergessene Sprache, 1982, eine ,,symbolpsychologische'' Deutung biblischer und heutiger Träume versucht (nach Fertigstellung des Manuskriptes erschienen). Hark legt sich auf die Trauminterpretation von C. G. Jung fest. Das ist seine Stärke, aber auch seine Grenze. Er versteht das Traum-Symbol als ,,Sprache der Religion''. Das Symbol sei durch ,,meditatives Sehen'' wahrnehmbar. Es gleiche Gegensätze aus und leiste Entwicklungs- wie Glaubenshilfe (S. 12, 19). Der zusätzliche Einfluß der Gestalttherapie bei Hark's Engagement für den Ganzheits- und Integrationsgedanken ist unverkennbar (57, 72). Die Auslegung der biblischen Träume findet sich S. 35-140.

61 *G. v. Rad:* Das erste Buch Mose, 1949, S. 18.

62 *W. Horkel,* a. a. O. S. 24-36, bes. 28: ,,Davon (von dem Segen) hat er, der Träumer, sich nichts träumen lassen.''

63 *G. v. Rad,* a. a. O. S. 308 f., 325, 329 f. — *A. Oepke,* a. a. O. S. 229. — *F. Oser u. a.,* a. a. O. S. 21 ff., 30 f. sprechen bei den Josephträumen von ,,symbolischen'' Träumen, stellen aber auch bei allen biblischen Texten die kritische Frage, ob es sich um wirkliche Träume oder nur um ,,Stilmittel'' handle. — *H. Hark,* a. a. O. S. 82 ff.

weist mit Recht darauf hin, daß der Träumer Joseph zu einer „Symbolgestalt" geworden sei, und zwar als Gesegneter, Gedenkender, Weiser und Gottesfürchtiger. Seine These, daß in den symbolischen Bildgestalten der Träume „ein anordnender Faktor erkannt" wird, „den Joseph Gott nennt und die Tiefenpsychologie als Archetypus des Selbst bezeichnet", ist dagegen eine unnötige Überzeichnung im Sinne der Jung'schen Traumdeutung (80).

64 G. Quell: Wahre und falsche Propheten, 1952, S. 43 ff., 161-168 (Traum = Stroh, Wort = Korn). — J. Meyer: Jeremia und die falschen Propheten, 1977. — Merkwürdigerweise fehlt bei H. Hark die innerbiblische Traumkritik völlig, — als ob sie nicht in das Konzept gepaßt hätte.

65 Zu Artemidor vgl. J. Leipoldt/W. Grundmann (Hg.): Umwelt des Urchristentums, II, 1972, S. 77 f. (Onirocriticon I 24). — Zu R. Meir: b Gittin 52a.

66 A. Oepke, a. a. O. S. 235.

67 E. Schweizer: Das Evangelium nach Matthäus, NTD, 13. Aufl. 1973, S. 12, 332 f.

68 A. Oepke, a. a. O. S. 234 f. — E. Haenchen: Die Apostelgeschichte, 5. Aufl. 1965, S. 427-431. — G. Stählin: Die Apostelgeschichte, NTD, 12. Aufl. S. 214, 245.

69 W. Schrage: Der Judasbrief, in: H. Balz u. ders.: Die „katholischen" Briefe, NTD, 11. Aufl. 1973, S. 217 ff., bes. 225 f.

70 G. Pfahler: Der Mensch und seine Vergangenheit, 1950, S. 162.

71 J. Herzog-Dürck, a. a. O. S. 135 ff., bes. 140.

72 So verbindet E. Wiesenhütter, a. a. O. S. 126 f. die „ganzheitlich phänomenologische" Traumauslegung von Boss mit der „zergliedernd deutenden" von Freud: „Deshalb kann es gar nicht genug Traumbearbeitungsmethoden geben!" — J. Herzog-Dürck, a. a. O. S. 16 findet: „Eine Synoptik der verschiedenen psychotherapeutischen Schulen ist heute Notwendigkeit, um weiterzukommen." — Vgl. auch das „eklektische oder integrierte" Modell bei D. Stollberg: Wahrnehmen und Annehmen, a. a. O. S. 84. — Auch bei der Interpretation von religiösen Träumen heute Lebender in der Arbeit von H. Hark, a. a. O. S. 143 ff. fällt auf, daß der Jungianer von Perls gelernt hat (Individuation und Integration). Im übrigen sind für unsere Fragestellung besonders die Träume von zwei Pfarrern (146 ff.) und die Traumserie einer seelsorgerlich engagierten kirchlichen Mitarbeiterin (165 ff.) interessant. Gewiß hat Hark recht, wenn er den Traum als „Spiegel unseres wahren Selbst" (145) versteht, seine Zuordnung von Wort Gottes und religiöser Traumerfahrung aber lösen zum Teil kritische Fragen aus. Gotteserfahrung und Selbsterfahrung haben zwar etwas miteinander zu tun, sind aber nicht ohne weiteres identisch (152, 196). Der Schlußabschnitt will dem Laien helfen, „Träume selber zu verstehen". Dabei werden eine geschichtliche (Tagesrest, Lebenskonflikt), eine kompensatorische (Schatten), eine verbindende (Archetypus, Selbst) und eine religiöse (Glaubens- und Lebenshilfe) Dimension unterschieden (201-212). Das Buch von K. Thomas: Träume — selbst verstehen, 1972, bleibt unerwähnt.

73 H. Dieckmann, a. a. O. S. 28-37, bes. 30.

74 K. Thomas: Träume — selbst verstehen, 1972, S. 87-90.

75 G. R. Heyer: Künstlerische Verfahren, in: Hdb. der Neurosenlehre und Psychotherapie, IV, 1959. — E. Wiesenhütter, a. a. O. S. 91 ff., bes. 94 f.

76 A. Vetter: Die Zeichensprache von Schrift und Traum, a. a. O. S. 249 ff.

77 W. Jentsch: Hdb. d. Jugendseelsorge, a. a. O. III, 2, S. 454-463, bes. 486 f.

78 F. Grempel: Reifungskrisen des Kindes in Traumanalysen und Märchenwelt, 1975, S. 18, 252-260, bes. 256 f. — R. D. Laing: Phänomenologie der Erfahrung, 1972, S. 117.

79 E. Wiesenhütter: Traumseminar, a. a. O. S. 74-76.

80 K. Thomas: Träume — selbst verstehen, 1972, S. 3, 90 f. (Fragebogen), 94-97 (Brückentraum).

81 H. Dieckmann: Umgang mit Träumen, a. a. O. S. 173.

82 J. H. Schultz: Das autogene Training, 6. Aufl. 1959, S. 156 ff. (Schwere), 164 ff. (Wärme).

83 K. Lückel: Gestalttherapeutische Traumarbeit in der Seelsorgebegleitung sterbender Menschen, in: Wege zum Menschen 1/2, 1981, S. 46-63, bes. 53 f; ders.: Begegnung mit Sterbenden („Gestaltseelsorge" in der Begleitung sterbender Menschen), 1981, S. 90.

84 K. Lückel: Begegnung, a. a. O. S. 80-112, 214-228, bes. 38 f., 43, 83 f., 89, 92, 101, 113, 116, 216, 223.

85　*K. Lückel:* Gestalttherapeutische Traumarbeit, a. a. O. S. 53 f. Hier erfolgt eine eingehendere Analyse als in: Begegnung, a. a. O. S. 90. — Zum Ganzen vgl. *H. Petzold:* Theorie und Praxis der Traumarbeit in der Integrativen Therapie, in: Integrative Therapie 3/4, 1977. — *G. Franz:* Traumarbeit in der Gestalttherapie, ebd. 2/3, 1980.

86　*J. Herzog-Dürck:* Leiden, Traum und Befreiung, a. a. O. S. 19 f.

87　*J. Herzog-Dürck,* a. a. O. S. 16 f. — *R. M. Rilke:* Der Brief des jungen Arbeiters, in: Ausgewählte Werke (Insel), 1948, S. 308. — *D. Bonhoeffer:* Widerstand und Ergebung, 1952, S. 183.

88　*J. Herzog-Dürck,* a. a. O. S. 18 f., 20 f. — Zu P. Tillich vgl. *W. Jentsch:* Der Einfluß Tillichs auf die Religionspädagogik der Gegenwart, in: Der Evangelische Erzieher, 9/1970, S. 345-364, bes. 358.

VII.　Seelsorge an Seelsorgern

1　*E. Canetti:* Die Fackel im Ohr, 1980, S. 247 f., 316. — *C. H. Spurgeon:* Vom geistlichen Reden (hg. v. *H. Thielicke*), 3. Aufl. 1967, S. 180 ff., bes. 188.

2　*J. Schniewind:* Geistliche Erneuerung, (1974) 1981. — *A. Köberle:* Seelsorge an Seelsorgern (1962), 3. Auflage, 1981, S. 11. — *R. Leuenberger:* Berufung und Dienst. Beitrag zu einer Theologie des evangelischen Pfarrerberufs, 1966, S. 232. — *E. Lange:* Predigen als Beruf, 1976, S. 159. — *M. Seitz:* Praxis des Glaubens, 1978, S. 224 f. — *M. Josuttis:* Der Pfarrer ist anders, 1982, S. 14, 20, 29, 73 ff., 128 ff., 170 ff. (Pfarrer und Sexualität), 198, 204, 229. — Vgl. auch *H. Wulf:* Wege zur Seelsorge, 1970, S. 57 ff; *ders.:* Pfarrer — wie lange noch, 1971, S. 41 ff, 95 f.

3　*A. W. Combs/D. L. Avila/W. W. Purkey:* Die helfenden Berufe, 1975, S. 7, 11, 14 f., 23, 70 f., 194, 199, 203.

4　*A. W. Combs u. a.,* a. a. O. S. 167, 175, 198 f., 224, 333 ff.

5　*S. Hiltner:* Tiefendimensionen der Theologie, 1977, S. 67, 136.

6　*W. Schmidbauer:* Die hilflosen Helfer, 7. Aufl. 1979, S. 11, 15, 24, 52, 56, 58, 60 ff. (Fallbeispiele), 90 (fünf Konfliktbereiche).

7　A. a. O. S. 110, 112, 116, 197 ff., 200.

8　A. a. O. S. 42, 44.

9　*R. Preul:* Seelsorge als Bewältigung von Lebenssituationen, in: *J. Scharfenberg (Hg.):* Freiheit und Methode, 1979, S. 61-81, bes. 70, 73 („anzusetzen ist bei der gestörten Rationalität"), 74 ff. — Vgl. hierzu auch *E. Herms:* Pastorale Beratung als Vollzug theologischer Anthropologie, in: Wege zum Menschen, 1977, S. 202-223.

10　Leitlinien für die Psychologische Beratung in evangelischen Erziehungs-, Ehe-, Familien- und Lebensberatungsstellen (EKD), 1981, 26 S. (MS).

11　*E. Guhr:* Personale Beratung, 1981, S. 221 f.

12　*J. Eikmann:* Kann ich Ihnen helfen . . .?, 1979, S. 8.

13　*G. Wohmann:* Ach wie gut, daß niemand weiß, 1980, S. 23 f., 344, 369.

14　Vgl. *J. Amstutz:* Die Seelsorge *Rilkes,* 1948, S. 48.

15　*H. Niederstrasser:* Theologie und Oikonomie. 1972, S. 80, 194 ff., 417 ff. — *H. Faber:* Profil eines Bettlers, a. a. O. S. 28, 53 ff. (Identität), 97 ff.

16　*G. Bernanos:* Tagebuch eines Landpfarrers (Fischer-TB), 1956, S. 73 f.

17　*W. Jentsch:* Der geistliche Ertrag und Auftrag der Gefangenschaftskirche, in: Pastoralblätter, 1952, S. 683-700, bes. 692.

18　*D. Bonhoeffer:* Von guten Mächten (hg. von *J. Chr. Hampe*), 1976, S. 9, 16.

19　*M. Klessmann:* Identität und Glaube, 1980, S. 159 f. — *J. Scharfenberg/H. Kämpfer:* Mit Symbolen leben, 1980, S. 113, 156 f., 176, 217 f.

20　*G. Ruhbach:* Glaube — Erfahrung — Meditation, 1977. — *K. Tilmann:* Übungsbuch zur Meditation, 3. Aufl. 1976. — *F. Melzer:* Innerung. Wege und Stufen der Meditation, 2. Aufl. 1977.

21　*H. J. Schultz (Hg.):* Einsamkeit, 1980, S. 230.

22　*H. Hausmann:* Einer muß wachen, 1971, S. 143 ff., bes. 147.

23　*K. Jaspers:* Von der Wahrheit, 1947, S. 882 ff. — *O. F. Bollnow:* Existenzphilosophie und Pädagogik, 1959, S. 132 ff.

24　*M. Walser:* Das Schwanenhaus, 1980, S. 43.

25　*E. Thurneysen:* Die Lehre von der Seelsorge, 1946, S. 318.

26　Näheres bei *W. Jentsch:* Das geistliche Vermächtnis der Gefangenschaftskirche, 1948, S. 14-24 („Die Bruderschaft der Ernstgenommenen").

27 *L. Köhler:* Wahres Leben: Ein Buch für die Nöte und Pflege des täglichen Lebens, 1954, S. 165 f.

28 *W. Meinhof:* Christlicher Glaube im Zeugnis alter und neuer Bilder, 1941.

29 *M. Doerne:* Die Finsternis vergeht. Predigten, 1963, S. 141-146.

30 *L. Harms:* Lebensbeschreibung, 1868.

Ergänzende Literaturangaben

(Kapitel) II, (Anmerkung) 1:
Zum Stand der Pastoraltheologie in den Kirchen der DDR vgl. *G. Holtz:* Zur Person des kirchlichen Amtsträgers, in: Handbuch der Praktischen Theologie, I, 1975, S. 299 – 335. – Auch in der Religionspädagogik beginnt die Person des Religionslehrers interessant zu werden. Dazu vergl. *W. Jentsch:* Kirche und Bildungsreform, in: *Chr. Dannenmann (Hg.):* Bildung und Bildungspolitik in der Bundesrepublik Deutschland, 1973, S. 241 – 246. – *H. G. Heimbrock (Hg.):* Religionslehrer – Person und Beruf, 1982. – *A. Biesinger/W. Nonhoff:* Religionsunterricht und Schülerpastoral, 1982. –

IV, 19 *H. Clinebell:* Wachsen und Hoffen, I, 1982; II, 1983.

V, 8 *Y. Spiegel:* Analyse und Beratung, 4. Aufl. 1981.

V, 19 *D. Stollberg:* Lernen, weil es Freude macht (Einführung in die Themenzentrierte Interaktion), 1982.

V, 32 *H. Gastager/S. Gastager (Hg.):* Hilfen in Krisen, 1982.

VI, 28 Über andere Spezialgebiete der Gesprächsseelsorge orientieren die folgenden Arbeiten: *J.-U. Schwarz:* Gegenseitigkeit (Erfahrungen einer Seelsorgerin an einem Psych. Landeskrankenhaus), 1982. – *E. Stubbe:* Seelsorge im Strafvollzug, 1978. – *W. Molinski (Hg.):* Versöhnen durch Strafen?, 1979. – *G. Diestel u. a. (Hg.):* Kirche für Gefangene, 1980. *K. Hoffmann:* Evangelische Militärseelsorge (Ein Konzept kirchlicher Erwachsenenbildung), 1980.

Namensregister

Adams, J. E. 113f., 172, 334
Abermeth, H. D. 338
Adler, A. 70, 130 f., 140, 190, 334
Adorno, Th. 106, 333
Affemann, R. 19, 131, 191, 330, 334
Allwohn, A. 92, 333
Althaus, P. 43, 331
Amstutz, J. 341
Apel, K.-O. 331, 334
Aquin, Th. v. 177
Asheim, I. 330
Asmussen, H. 74, 332
Augustin 178
Avila, D. L. 301, 341

Babcock, D. E. 138, 140, 142, 190, 335
Bachmann, I. 42, 331
Baden, H. J. 219, 338
Bärenz, R. 78, 332
Balint, M. 79, 332
Balz, H. 340
Bang, R. 338
Barth, J. Chr. 69
Barth, K. 25, 44, 74, 99, 122, 330
Barz, H. 131, 334
Battegay, R. - 146f., 190, 335
Bauer, W. 332
Becher, W. 160, 191, 227, 336, 338
Beck, H. W. 146, 191, 335
Beintker, H. 330
Bell, J. 176, 336
Bergmann, I. 177
Bernanos, G. 315, 341
Berne, E. 59, 138ff., 143, 190, 227, 304, 335
Besier, G. 172f., 184, 191, 336f.
Bezzel, H. v. 65, 123, 330f., 334
Bieler, M. 44, 331
Binswanger, L. 132, 259f., 339
Blöschl, L. 171, 190
Blumhardt, J. Chr. 23, 36, 110, 116, 130, 307, 330
Bodelschwingh, F. v. 318
Böttcher, H. 332, 334
Boisen, T. 156, 159, 190, 335
Bollnow, O. F. 69, 322, 332, 341
Bonhoeffer, D. 99, 135, 204, 294, 316, 330, 337, 341
Bont, W. de 231, 338
Born, Th. 142, 335
Boss, M. 132, 255, 259f., 339
Bourbeck, Chr. 55, 331
Brocher, T. 190, 335
Brunner, E. 74, 335
Buber, M. 116, 178, 184, 197, 334, 337
Buchmann, F. 148, 335
Bühler, K. 197, 337
Bultmann, R. 74, 122, 179
Buren, P. M. van 38, 330
Busch, J. 58
Busch, W. 331
Bhagwan, Guru 188

Calvin, J. 143, 239
Campe, J. H. 69
Canetti, E. 298, 341
Caplan, G. 156f., 160, 190, 335
Carkhuff, R. 228, 338
Clinebell, H. J. 77, 92, 165f., 191
Cohn, R. C. 53, 59, 151ff., 190, 332, 335f.
Colston, L. G. 332
Combs, A. W. 301ff., 305, 341
Conzelmann, H. 82, 102f., 332
Copei, F. 217, 338
Cox, H. 180f., 188, 336f.

Dahm, K.-W. 150, 335
Dannenmann, Chr. 333
Dieckmann, H. 259, 277, 339f.
Doerne, M. 328, 342
Drakeford, J. W. 166, 190, 336

Ebeling, G. 89, 333
Eckert, J. 225, 338
Eikmann, J. 204f., 227, 311, 337f., 341
Einstein, A. 154
Eisele, G. 214, 221, 337f.
Erikson, E. H. 33, 132, 175, 190, 220, 330, 336, 339
Essen, S. 185, 187, 337

Faber, H. 137, 191, 212, 222, 314, 335, 337f., 341
Feiereis, H. 334
Findeisen, S. 335
Fischer, H. 142f., 191, 335
Fosdick 222
Frankl, V. E. 19, 132f., 164, 190, 330, 334
Franz, G. 341
Freud, S. 59, 75, 113, 125ff., 158, 166, 175, 181f., 185, 189f., 255ff., 259, 271, 286, 291, 304, 306, 334, 338f.
Frik, H. 150, 335
Frisch, M. 42, 331
Frör, H. 180, 191, 336, 339
Fromm, E. 132, 181, 190

Gebsattel, V. E. v. 132, 190, 203, 334
Gehlen, A. 251
Giesecke, H. 333
Glasser, W. 162ff., 171, 190, 336
Giesen, H. 25
Goethe, J. W. v. 50, 154
Goya, F. 326
Graevenitz, J. v. 339
Grass, G. 24, 46, 53, 330f.
Grempel, F. 284, 340
Grundmann, W. 340
Guhr, E. 82, 84, 179, 191, 311, 332, 336, 341
Gutsche, F. 330, 332

Haack, F. W. 338
Habermas, J. 49, 116, 331, 334
Haenchen, E. 340
Haendler, O. 108
Haley, J. 175, 190, 336

344

Bibelstellenregister

Altes Testament

1. Mose	1,27	177
(Gen)	2,18	177
	11	196
	11,1ff.	196
	15,12	263
	20,3	263
	28	263
	28, 10—22	263
	32	265
	37,5ff.	264
	37—41	264
	38	265
	40,5ff.	264
2. Mose (Ex)	5,20	175
4. Mose (Num)	12, 6—8	265
5. Mose	1,31	319
(Dtn)	13, 2—6	266
	17,6	88
Ri.	7, 13ff.	265
1. Sam.	3	273
2. Sam.	16, 23	73
1. Kön.	3	263
	3, 5—15	265
Hi.	4, 13—21	265
	7, 11ff.	273
	7, 13f.	265
	16, 2	314
	20, 8	267
	21, 34	314
	31, 35	201
	33, 15f.	265
Ps.	3, 9	306
	23	105, 318
	31, 16	222
	51, 14	306
	68, 21	306
	73, 20	267
	73, 24	116
	118, 13	285
	121, 1	306
	135	200
	102	321
Spr.	1, 7	83
	1, 8—19	73
	2, 7	251
	3, 11	319
	6, 27f.	73
	10,13	310
	19, 21	72
	21, 30	72, 310
Pred.	5 ,2.6	267
	7, 22	298
Jes.	5, 19	72
	9, 5	318
	14, 24—27	72

	30, 15	219
	38, 17	315
	40, 11	314
	43, 1	297
	43, 12	88
	44, 21	244
	50, 4	37
	53, 4	45
	54, 10	318
	59, 1	23, 306
	66, 13	283,314
Jer.	3, 24	306
	18, 18	72, 73
	23	267
	23, 28	267
	29, 7f.	267
	31, 31	289
Hes.	7,26	73
Dan.	2, 48	266
	7	266
	7, 1	266
	7, 28.30	266
	10, 13	269
Hos.	11, 1ff.	319
Joel	3, 1f.	268
Amos	3, 5—8	73
Micha	7, 7	280
Sach.	9, 9	306
	10, 2	267
Mal.	3, 23f.	280
Sirach	38, 34—39, 11	73
	39, 7f.	73

Neues Testament

Mt.	1, 20	269
	2, 13	269
	2, 19	269
	2, 22	269
	5, 4	314
	5, 48	319
	6, 8	116, 319
	6, 25 ff.	50, 318
	7, 7—11	153
	7, 9	123
	7, 12	153, 163
	7, 16	89
	8, 25	306
	9, 22	159
	10, 18	90
	10, 20	90
	10, 27	90
	11, 5	326
	11, 25	319
	13, 31f.	91
	18, 14	297
	18, 15	46

Von Prof. Dr. WERNER JENTSCH, München,
sind u. a. ferner erschienen:

Bei GÜTERSLOHER VERLAGSHAUS GERD MOHN

Handbuch der Jugendseelsorge

Teil I, (1):	*Geschichte der Jugendseelsorge*
	2. Auflage. 542 Seiten. Ln.
Teil II, (2):	*Theologie der Jugendseelsorge*
	2. Auflage. 528 Seiten. Ln.
Teil III, 1, (3):	*Praxis der Jugendseelsorge: Mittel*
	1. Halbband: Information und Interpretation
	597 Seiten. Ln.
Teil III, 2, (4):	*Praxis der Jugendseelsorge: Mittel*
	2. Halbband: Dokumente und Analysen
	548 Seiten. Ln.
Teil IV, 1, (5):	*Praxis der Jugendseelsorge: Wege*
	1. Halbband: Stufenseelsorge
	Seelsorge an Kindern, Jugendlichen
	und jungen Erwachsenen
	676 Seiten. Efalin-Pp.
Teil IV, 2, (6):	*Praxis der Jugendseelsorge: Wege*
	2. Halbband: Gesprächsseelsorge —
	Briefseelsorge — Gruppenseelsorge
	(in Vorbereitung)

Bei R. BROCKHAUS VERLAG, WUPPERTAL

Schreiben befreit
Einführung in die Briefseelsorge

R. Brockhaus Taschenbuch Bd. 317, 140 Seiten